初等数学
复习及研究(立体几何)

朱德祥　朱维宗　编著

哈尔滨工业大学出版社

内容提要

本书以中学平面几何和立体几何为基础写成,为了方便读者学习,特别注意全书内容自成系统,对立体几何知识加以系统地复习、整理和适当地加深、提高.全书内容分为五章,分论空间直线与平面、球与轨迹、初等几何变换、面积和体积、简单球面几何与球面三角.编写时注意到与平面几何、解析几何、射影几何、几何基础各科间的联系.每章末附有习题(附录中有解答),以帮助读者进一步加深对本课程的理解.

本书可作为高等院校数学与应用数学专业的参考教材、中学教师自修用书或教学参考资料,也可作为喜欢初等几何并愿意在这门课程上深入研讨的读者的自学用书.

图书在版编目(CIP)数据

初等数学复习及研究.立体几何/朱德祥,朱维宗编著.
—哈尔滨:哈尔滨工业大学出版社,2010.5(2022.2重印)
ISBN 978-7-5603-3002-0

Ⅰ.①初… Ⅱ.①朱… ②朱… Ⅲ.①初等数学—教学研究—师范大学—教材 ②立体几何—教学研究—师范大学—教材 Ⅳ.①G633.602

中国版本图书馆 CIP 数据核字(2010)第 059024 号

策划编辑	刘培杰 张永芹
责任编辑	唐 蕾
出版发行	哈尔滨工业大学出版社
社　　址	哈尔滨市南岗区复华四道街10号 邮编150006
传　　真	0451-86414749
网　　址	http://hitpress.hit.edu.cn
印　　刷	哈尔滨市石桥印务有限公司
开　　本	787mm×960mm 1/16 印张 20.75 总字数 362 千字
版　　次	2010年6月第1版 2022年2月第2次印刷
书　　号	ISBN 978-7-5603-3002-0
定　　价	58.00元

(如因印装质量问题影响阅读,我社负责调换)

代序言[①]

对《初等数学复习及研究(立体几何)》教学和学习的体会

　　教材是学校进行教育必不可少的条件之一.新中国成立前,我国大专院校所使用的教材绝大部分是欧美教材;解放初期又多以苏联教材为主,唯独没有适合我国国情的自己的教材,有鉴于此,解放初的新中国,在百废待兴、百业待举的关键时刻,就开始组织力量编写适合我国国情、具有中国特色的教材.一系列的筹备之后,于1955年在长沙召开了师范院校教学大纲的讨论会,经过会议的充分讨论和研究,制定出各科教学大纲试行草案作为编写教材的依据.

　　由于朱德祥教授在几何方面有很高的造诣,因此教育部把编写《初等数学复习及研究(立体几何)》的任务交给了他,这是一项光荣而艰巨的任务,也是昆明师范学院(现为云南师范大

[①] 该文是朱德祥先生的学生,云南师范大学郑佩瑶教授为纪念朱德祥先生执教55周年所撰.郑佩瑶教授师从朱德祥先生,1949年毕业于昆明师范学院数学系,后留校任教至20世纪80年代末退休(期间曾到滇西大学组建数学系).郑佩瑶教授历任昆明师范学院数学系几何教研室主任、滇西大学数学系主任、云南师范大学函授处处长等职.郑佩瑶教授对几何学有精深的造诣,尤其对初等几何的教学与研究在云南省享有盛誉,曾多次与朱德祥先生合作编写几何教材,是朱德祥先生最喜爱的学生之一.

学)的光荣.学校及数学系领导对此给予极大的关心和支持.朱老师除完成自己的教学任务外,把全部精力和时间都花在了这本书的编写上.

1960年,高等教育出版社以高等学校教学用书作为高师院校教材正式出版《初等数学复习及研究(立体几何)》一书.1979年由人民教育出版社重印[①],两次共印了34万册,充分说明了这本教材在全国师范院校对提高教学质量所起的突出作用和巨大影响.至今仍不失为一非常适用的优秀教材.

近水楼台先得月,我很荣幸第一个使用初稿的油印本为教材,对我来说这是一个向老师学习的好机会,经过多年的教学实践,对朱老师的这本教材我体会颇深.

初等数学复习及研究这类课程,在师范院校里是比较难教的,因此教材也较难于编写,既要注重"复习及研究"的关系处理,又要让学生在彻底掌握知识的同时注重能力的培养.朱老师的书给我们树立了一个典范.初等数学复习及研究这类课程,既是师范生的基础课,又是他们的业务课.既要把初等数学讲深讲透,又不能是中学数学的简单重复再现,必须开阔视野、居高临下,用高观点来处理初等数学,既要注重本学科与其他学科的内在联系,又要注意结合中学数学教育的实际.兹举例以明之:

作为复习来讲,该书包括了全部中学立体几何的内容,又不是简单的重复,如立体几何一开始所讲的点、直线、平面及其相互位置关系,本书是用公理法讲述,把中学课本中不能讲清楚的问题讲清了.这恐怕就是常说的要给学生一碗水,教师得有一桶水的关系了.虽然在中学的几何教材里不讲希尔伯特公理体系,但教师都应该知道这些,才能对中学的几何有深刻地理解,讲起课来心里就踏实而不致出错.

该书用语十分准确,如不少教科书上把圆柱定义为"底面是圆的柱",在本书第4.5节中定义为"直截面是圆的柱",两者在表达的准确和精确程度上的差别显而易见.

该书的论证是严密的,如第1.10.7小节三直三角面,在这里共讲了四个命题,是一环紧扣一环的论证.证法严密、巧妙.尤其是其中的第3款,同时给了三个证法,广泛联系体积概念及解析几何知识,给人以新的启迪.再如第1.7.4小节直线与平面间的角,有的教科书是这样定义的:"一个平面的斜线和它在这平面内的射影所成的锐角,叫做这条直线和这个平面所成的角."在本教材上首先

[①] 本书第一版1960年由高等教育出版社出版.在"文化大革命"期间,高等教育出版社和人民教育出版社合并,因此1979年重印时,属名人民教育出版社.

证明了定理12"斜线与其在平面α上的射影所成的锐角,小于该斜线与α上任何其他直线间的角."然后才给出直线与平面夹角的定义.这样就使人对直线与平面夹角的定义又有了更深入的了解;在第1.9节作图题3"给定两条不共面直线,求作一直线和它们垂直相交."这定理如1987年出版的中学教师专业合格证书数学教材——杨大淳主编的《解析几何》中第285页,第3.6节一开头就指出现行立体几何中没有给出存在性与唯一性.杨编解析几何给出了解析证法.在朱老师所编立体几何中论证是全面的.又如第1.7节定理3证明了"平行线段的比,不因平行射影而变"这里实际上是为讲仿射几何做准备,等等.从此可看出朱老师是如何处理复习及研究的关系的.

存在性的证明是本书的一大特点.言之有物还是言之无物,是唯物论与唯心论的重要分水岭.

少而精在本教材中也为我们树立了典范,如本书第1.10.1~1.10.6小节中用了不到12页的版面,把三面角和多面角作了较完整的介绍.在第5.3~5.6节中就把球面三角形和球面多边形讲了,这样前呼后应真是一举两得,如果我们再将它们与有关的平面几何相联系,那将是一举三得.少而精不是少在内容上,而是独具匠心的前后安排、内容归类、方法巧妙、化难为易.这一点在朱先生所编的《高等几何》一书中体现得更明显.

这本书第四章讲了面积与体积及其计算公式,采用的不是可公度与不可公度的理论,而是极限的理论.这不仅解决了当前的需要,更广泛一点,若用其法,那么圆周长、圆面积、球的表面积、球的体积等都能得到解决,方法的选择,用心的奥妙,真是越想味越浓.

这本教材不仅讲了立体几何,而且广泛联系球面几何、球面三角、解析几何、近世几何与几何基础,这里就不再赘述了.最后还需说明一点,教材中对我国立体几何方面的历史成果适时地给予介绍,让学生对立体几何及其发展有了一定的了解,如第4.4.1小节祖暅原理、附录B及习题中均有所见.这样不但让学生受到了爱国主义教育,而且对学生树立民族自尊心与民族自信心起到良好的教育作用.

由于教学计划的改动,初等数学授课时数锐减,本书已难于在现行教学计划中作为教材使用.但本书仍不失为一本很好的教学参考书,并且有它的现实性和积极意义,其理由有二:

1.本书概念准确,论证严密、解题方法巧妙,尤其是内容丰富,是我国自编的为数不多的立体几何优秀教材之一,是教好、学好现行的朱德祥编《初等几何研究》的必备参考书,是师范生和中学数学教师的一本好的参考书.

2.众所周知,球面几何、球面三角在天文、航海、测量、制图学、结晶学、矿山几何学等方面都有广泛的应用.我校地理系就有老师询问、学习和应用,所以本书也是从事这些方面工作的同志的一本很好的参考书[①];对于数学工作者来说,学一点球面几何知识,有利于了解罗氏几何,从而对认识空间、开阔视野也是很有益的.

限于本人水平,对老师的著作只能有这点挂一漏万的体会,不妥之处,请同行多给指教,仅就此向老师执教55年奉献一点心意,感谢老师栽培,并祝老师健康长寿.

郑佩瑶
1991年于云南师范大学

[①] 2003年我国第八次课程改革中,在高中选修课的系列3中有一个专题就是球面上的几何.

第二版前言

几何学起源得很早,至少可追溯至公元前3500年.古代的中国、埃及、巴比伦等地的先民们从生产、生活中积累了大量的几何知识,特别是从尼罗河泛滥之后的土地重新测量,建筑金字塔等实践活动中,逐步形成了经验几何.古埃及的经验几何在公元前7世纪左右传入古希腊,与古希腊的逻辑学相结合,以抽象化、逻辑化、初等的公理化为特点,成为数学的独立学科.欧几里得(Euclid,约前330—前275)在前人工作的基础上写成《几何原本》,可以说是集古埃及、古希腊几何之大成.在其后的2 000多年里,从《几何原本》发展出来的初等几何成为基础教育中的数学学科最基本、最重要的课程之一.

本书系统地论述初等几何中的立体几何部分,入手点是希尔伯特公理体系,在对中学已学过的初等几何进行复习的同时更关注立体几何的研究.全书分为五章,论证了215个立体几何定理,45个推论,收录了427道习题,此外有四个附录.本书与梁绍鸿教授编著的《初等数学复习及研究(平面几何)》是国内高师院校数学专业在20世纪60年代初等数学方面最有影响的教材.

本书初版是遵照1956年3月教育部第69号文件的指示,按1955年在长沙所讨论的立体几何教学大纲,以前苏联数学家别列标尔金著《初等几何教程(下卷)》为主要参考资料编写.1957年7月朱德祥先生完成初稿,同年8月印成讲义,在昆明师范学院数学系和西南师范学院数学系试用,并向国内各高师院校的同行征求意见,先后收到9所院校的意见.1959年3月教育部组织了对本书的审查,通过对原讲义增、删,进一步突出党的教育方针和师范特色,于1959年完稿,1960年由高等教育出版社出版,印刷了20 000册.1979年人民教育出版社重印32万册,以满足当时青年学生学习初等几何的需求.之后,朱德祥先生收到了许多读者的信函,与朱先生探讨立体几何的学习,索要资料.1982年高等教育出版社向朱先生约稿,希望出版朱先生的《初等几何复习及研究》(当时只写了平面部分)讲义.朱德祥先生对原讲义加以增、删、改,并将本书内容压缩成第四章,取名《初等几何研究》,1985年2月由高等教育出版社出版,2003年又出版第二版并多次重印.

  本次修订保留了第一版的特色与精华,增补了两个附录.鉴于本书已是一本很完善的有影响的教材,再版时仅对原书的文字作局部修改,增加一些注释.增补的两个附录,一个是"习题简解",对原书427道习题中的绝大部分给出解答(一些读者只要认真阅读本书就能完成的习题,限于篇幅不再给出解答),有些题目提供二至三种不同解答,以供读者学习之需.另一个附录是朱德祥先生在80岁时写的"八旬回顾",供读者加深对朱德祥先生的了解.朱德祥先生是我国著名几何学家、数学教育家,在初等几何方面有很深的造诣,在教书育人方面做出了卓越的贡献,把毕生精力奉献给了祖国边疆的教育事业,他的一生有许多值得我们学习的地方.云南师范大学郑佩瑶教授是朱德祥先生的高足,在云南省几何界享有盛誉.本书再版时将他1991年写的"对《初等数学复习及研究(立体几何)》教学和学习的体会"作为本书的代序言,在此向郑佩瑶教授致以真挚的感谢!

  限于修订时间紧迫,加上我的水平有限,不妥之处,尚祈读者教正.

  感谢哈尔滨工业大学出版社再版这本书!感谢云南师范大学、云南师范大学数学学院及教务处对本书再版的大力支持!感谢云南师范大学"几何课程"精品教材建设教学团队成员对本书修订的指导!

朱维宗

2009年9月于云南师范大学

第一版前言

本书是根据中华人民共和国教育部 1955 年编订的师范学院数学系初等数学复习及研究（立体几何）教学大纲编写的. 依据教学大纲，主要参考书为别列标尔金著《初等几何教程（下卷）》. 编者除以此为主要参考书资料并参考了大纲所列其他文献外，还参考了另外一些资料，其中特别应该提出的是阿达玛著的《初等几何（下册）》（1966 年，上海科技出版社出版）.

本书是编者在昆明师范学院试用过几次的教材，在边教边改的过程中，吸取了很多兄弟院校的意见，作了适当地修改和补充而编著的.

根据教学大纲和通过大纲时的小组总结："本学科应从公理出发系统进行讲授，关于公理的选择，需适当照顾学生程度，使其易于接受，并建议按照别氏书所列公理."由于本课程讲授学时有限，而内容相当多，没有很多时间详细地从公理出发系统地讲授. 并且别氏书中所列公理与四年级的几何基础里所列的公理讲法不同. 例如按照别氏所列结合公理 I_b，"每直线通过无限多点"，这与几何基础里讲的有出入. 事实上，根据希尔伯特公理系统，直线上点数的无限性不是结合公理的推论. 我们知道，适当地定义点、直线和平面以及结合关系，可以证明只有四点六直线四平面的四面体模型，已可实现全部结合公理. 为了不致在学生思想上造成混乱,并避免与几何基础交错,编者采用了希氏公理系统,重点地介绍了结合公理,将别氏所列出的某些公理当作定理采用,声明这些命题在几何基础里可以一一证明.其他较复杂的顺序公理、连续公理的推论,也只有留给几何基础了.在条件允许的情况下,在这方面可酌量增补.

本书内容共分五章.第一章空间直线与平面,在内容上占最多篇幅,也是学好立体几何的关键所在.若时间不敷,有关四面体的材料可以少讲点.

第二章球与轨迹,教学大纲要求未来的教师能熟练地运用交规法解作图题,因此对轨迹要深刻理解和掌握.

第三章初等几何变换,螺旋运动是教学大纲上所没有的,可考虑不讲或介绍第 3.2.4 小节和第 3.2.5 小节的一部分,略去第 3.2.6 小节.

第四章面积和体积,大纲上规定讲四个学时,这里所写的材料当然无法在四个学时内教完,可着重面积与体积的基本概念和有关极限概念的地方,其他供读者参考自学.

第五章简单球面几何与球面三角,这一章要经常注意与几何基础的联系.这里比教学大纲多一个定理,即球面三角形的面积和它的球面过剩成正比,因为在这里介绍这个定理是比较方便的.我们知道,罗巴切夫斯基几何上有一个类似命题,即三角形面积与其角度亏缺成正比.球面几何的这一简单性质,有助于了解罗氏几何.

轨迹虽集中在第二章讲,习题仍分散于各章.作图题也是基本上采取分散在各章讲授.习题是本书的重要组成部分之一,每一章都备有数目相当多的题目,大体上按讲授的顺序排列,其中一些是简易的,有的则较难,希望能帮助学习者培养兴趣、理解并巩固讲授的内容.所有证明题、计算题、轨迹探求、作图问题等,兼容并包,希望有助于独立思考的锻炼.

本书注意搜罗了一些解决实际应用问题的例题和习题,以培养解决实际问题的能力,但为数尚少,希望各校教师结合当地具体情况,加以补充.

承昆明师范学院许多同志给以帮助,并承郑佩瑶同志制图,在这里谨向他们致谢!

由于本人水平有限,疏漏之处在所难免,尚希读者指正!

朱德祥
1960 年 1 月于昆明师范学院

目　录

第一章　空间直线与平面 ……………………………………… 1
  1.1　点与直线、点与平面的相关位置・空间几何
    公理 ……………………………………………………… 1
    1.1.1　结合公理 ………………………………………… 1
    1.1.2　顺序公理 ………………………………………… 2
    1.1.3　合同公理 ………………………………………… 2
    1.1.4　连续公理 ………………………………………… 3
    1.1.5　平行公理 ………………………………………… 3
    1.1.6　公理的推论 ……………………………………… 3
    1.1.7　希尔伯特几何体系的三个基本对象和三个基本
          关系 …………………………………………………… 5
  1.2　空间二直线的相关位置 ……………………………… 5
    1.2.1　注意 ………………………………………………… 6
    1.2.2　引理 ………………………………………………… 6
    1.2.3　平行线的传递性 ………………………………… 7
    1.2.4　空间二直线间的角 ……………………………… 7
  1.3　直线与平面的相关位置 ……………………………… 8
  1.4　二平面的相关位置・三平面的相关位置 ……… 11
    1.4.1　介于平行平面间的平行线段 ………………… 13
    1.4.2　三平面的相关位置 …………………………… 14

1.5 立体几何作图 …………………………………… 15
 1.5.1 立体几何作图公法 ……………………… 16
 1.5.2 简单作图题 ……………………………… 16
1.6 直线与平面的垂直 ………………………………… 18
1.7 正射影・平行射影 ………………………………… 23
 1.7.1 从一点到一平面的垂线和斜线 ………… 25
 1.7.2 三垂线定理及其逆定理 ………………… 26
 1.7.3 直角的射影 ……………………………… 27
 1.7.4 直线与平面间的角 ……………………… 28
1.8 二面角 ……………………………………………… 29
1.9 作图题三则 ………………………………………… 32
1.10 三面角・多面角 …………………………………… 34
 1.10.1 互补三面角 ……………………………… 34
 1.10.2 关于多面角中面角与二面角的不等式 … 36
 1.10.3 三面角的外二面角 ……………………… 37
 1.10.4 有向三面角 ……………………………… 38
 1.10.5 两个三面角的相等 ……………………… 38
 1.10.6 三面角的面角与其二面角之间的关系 … 41
 1.10.7 三直三面角 ……………………………… 42
1.11 四面体 ……………………………………………… 45
 1.11.1 四面体的外接平行六面体 ……………… 45
 1.11.2 四面体的高线 …………………………… 47
 1.11.3 四面体的相等 …………………………… 49
1.12 多面体 ……………………………………………… 51
 1.12.1 关于凸多面体的欧拉定理 ……………… 51
 1.12.2 正多面体 ………………………………… 53
 1.12.3 正多面体至多有五种 …………………… 53
 1.12.4 有五种正多面体存在 …………………… 55
 1.12.5 例题 ……………………………………… 58
习题 1 ………………………………………………………… 58

第二章 球・轨迹 ………………………………………… 68
 2.1 球 …………………………………………………… 68

2.2　球与直线以及球与平面的相关位置 …………… 68
　　2.3　两球的相关位置 …………………………………… 70
　　2.4　点对于球的幂 ……………………………………… 72
　　2.5　立体几何轨迹 ……………………………………… 73
　　　　2.5.1　基本轨迹命题 ……………………………… 74
　　　　2.5.2　较复杂的轨迹命题 ………………………… 76
　　2.6　四面体的外接、内切和旁切球 …………………… 80
　　2.7　用交轨法解作图题 ………………………………… 82
　习题 2 …………………………………………………………… 84

第三章　初等几何变换 …………………………………………… 89
　　3.1　图形的相等 ………………………………………… 89
　　3.2　运动 ………………………………………………… 92
　　　　3.2.1　平移 ………………………………………… 93
　　　　3.2.2　旋转 ………………………………………… 94
　　　　3.2.3　半周旋转或轴反射 ………………………… 95
　　　　3.2.4　螺旋运动 …………………………………… 95
　　　　3.2.5　螺旋运动与轴反射 ………………………… 97
　　　　3.2.6　螺旋运动的乘积 …………………………… 98
　　3.3　反射或对称变换 …………………………………… 99
　　　　3.3.1　面反射 ……………………………………… 99
　　　　3.3.2　（中）心反射 ……………………………… 101
　　3.4　合同变换 …………………………………………… 102
　　3.5　自相对称——面对称、轴对称、（中）心对称 … 103
　　　　3.5.1　正多面体的内切球和外接球 ……………… 104
　　　　3.5.2　正多面体所容许的旋转和对称变换 ……… 105
　　　　3.5.3　立方体所容许的旋转和对称变换 ………… 106
　　3.6　利用运动和反射解作图题 ………………………… 107
　　3.7　位似形及其性质 …………………………………… 110
　　3.8　两球的位似 ………………………………………… 113
　　3.9　用位似法解作图题 ………………………………… 114
　　3.10　反演 ……………………………………………… 115
　　　　3.10.1　反演的二重点 …………………………… 116

3.10.2　直线、平面、球面、圆周的反形 …………………… 116
　　　3.10.3　反演的保角性 …………………………………………… 118
　　　3.10.4　用反演法解作图题 ……………………………………… 119
　习题 3 …………………………………………………………………… 119

第四章　面积和体积 ………………………………………………… 123
　4.1　面积和体积的概念 ……………………………………………… 123
　4.2　长方体的体积 …………………………………………………… 124
　4.3　棱柱和平行六面体 ……………………………………………… 126
　4.4　棱锥 ……………………………………………………………… 129
　　　4.4.1　祖暅原理 …………………………………………………… 132
　　　4.4.2　棱锥的体积 ………………………………………………… 134
　　　4.4.3　棱台 ………………………………………………………… 135
　4.5　圆柱 ……………………………………………………………… 136
　4.6　圆锥 ……………………………………………………………… 138
　4.7　球面积 …………………………………………………………… 141
　4.8　球体积 …………………………………………………………… 143
　习题 4 …………………………………………………………………… 147

第五章　简单球面几何与球面三角 ………………………………… 154
　5.1　球面几何 ………………………………………………………… 154
　5.2　球面角、球面二角形、大圆的垂直 …………………………… 155
　5.3　球面多边形 ……………………………………………………… 156
　　　5.3.1　球面多边形与多面角的关系 ……………………………… 157
　　　5.3.2　极三角形 …………………………………………………… 158
　5.4　球面三角形的合同 ……………………………………………… 159
　5.5　关于球面三角形中边与角的不等 ……………………………… 159
　5.6　球面三角形边与角之间的关系 ………………………………… 161
　5.7　一点到一圆的球面距离 ………………………………………… 161
　5.8　球面三角形的面积 ……………………………………………… 163
　5.9　球面三角 ………………………………………………………… 165
　5.10　正弦定律 ………………………………………………………… 166
　5.11　边的余弦定律 …………………………………………………… 168
　5.12　角的余弦定律 …………………………………………………… 169

  5.13 半角公式 …………………………………… 170
  5.14 半边公式 …………………………………… 171
  5.15 例题 ………………………………………… 172
  习题 5 …………………………………………………… 175
附录 …………………………………………………………… 179
  附录 A 关于四面体旁切球的存在与分布 ………… 179
    A1 几何的处理 …………………………………… 179
    A2 解析的处理 …………………………………… 181
    A3 讨论 …………………………………………… 183
  附录 B 祖暅求球体积法 ………………………… 184
  附录 C 习题简解 ………………………………… 186
  附录 D 八旬回顾 ………………………………… 299
  附录 E 原书的参考文献 ………………………… 307
编辑手记 …………………………………………………… 309
后记 ………………………………………………………… 312

第一章 空间直线与平面

1.1 点与直线、点与平面的相关位置·空间几何公理

我们现在以中学几何以及一年级所学平面几何为基础,来学习立体几何. 第一章是这个学习的关键部分.

首先介绍初等几何即欧几里得①几何公理体系. 这里所介绍的,基本上就是 1899 年希尔伯特②在历史成就的基础上所完成的初等几何公理体系.

关于希尔伯特公理体系,在学习平面几何时可能已经介绍过了,此地为了完备和引用方便起见,再重复一下.

点、直线、平面称为几何元素. 几何元素集合起来,便组成我们研究的对象几何图形. 以后除非另有声明,将以大写字母 A, B, C 等表示点,以小写字母 a, b, c 等表示直线,以小写希腊字母 α, β, γ 等表示平面. 并且当谈到两点、两直线、三平面等时,我们理解作不相同的两点、两直线、三平面.

若点 A 在直线 a 上,也就是说直线 a 通过或含有点 A. 若点 A 在平面 α 上,也就是说平面 α 通过或含有点 A③.

1.1.1 结合公理

I_1　通过任意给定的两点有一直线.

I_2　通过任意给定的两点至多有一直线.

I_3　每一直线上至少有两点;至少有三点不同在一直线上.

I_4　通过任意给定的不共线三点(即三点不在同一直线上)有一平面;每一平面上至少有一点.

I_5　至多有一平面通过任意给定的不共线三点.

I_6　若直线 a 的两点 A, B 在平面 α 上,则 a 的所有点都在 α 上. 这时直线

---

① Euclid(约前 330—前 275).
② David Hilbert(1862—1943).
③ 这里的"通过"或"含有"即"结合关系",也称"关联关系",参看本书 1.1.7.

a 称为在平面 α 上,或平面 α 通过或含有 a.

I_7　若两平面有一公共点,则至少还有一公共点.

I_8　至少有四点不同在一平面上.

1.1.2　顺序公理

II_1　若点 B 介于两点 A,C 之间,则 A,B,C 是一直线上的不同点,且 B 也介于 C,A 之间.

II_2　对于任意两点 A,B,直线 AB 上至少有一点 C 存在,使 B 介于 A,C 之间.

II_3　在共线三点中,一点介于其他两点之间的情况不多于一次.

II_4　(帕斯①公理) 设 A,B,C 是不共线的三点,a 是平面 ABC 上不通过 A,B,C 中任一点的一直线,则若 a 有一点介于 A,B 之间,那么它必还有一点介于 A,C 之间或介于 B,C 之间.

1.1.3　合同公理

III_1　设 A,B 为一直线 a 上两点,A' 为同一或另一直线 a' 上的点,则在 a' 上点 A' 的给定一侧有一点且只有一点 B' 使线段 AB 合同于或等于线段 $A'B'$,即 $AB=A'B'$. 并且对于每一线段,要求 $AB=BA$.

III_2　设线段 $A'B'=AB, A''B''=AB$,则也有 $A'B'=A''B''$.

III_3　设 AB 和 BC 是直线 a 上没有公共内点的两线段,而 $A'B'$ 和 $B'C'$ 是同一或另一直线 a' 上的两线段,也没有公共内点. 如果这时有 $AB=A'B'$,$BC=B'C'$,则也有 $AC=A'C'$.

III_4　在平面 α 上给定 $\angle(h,k)$,在同一或另一平面 α' 上给定直线 a',而且在平面 α' 上指定了关于直线 a' 的一侧. 设 h' 是直线 a' 上以一点 O' 为原点的射线,那么在平面 α' 上直线 a' 的指定一侧,有一条且只有一条以 O' 为原点的射线 k' 使 $\angle(h,k)=\angle(h',k')$. 每个角都要求与自身合同,即 $\angle(h,k)=\angle(h,k)$ 和 $\angle(h,k)=\angle(k,h)$.

即是说:每个角可以唯一地放在给定平面上给定射线的给定一侧.

III_5　设 A,B,C 是不共线三点,而 A',B',C' 也是不共线三点,如果这时有
$$AB=A'B', AC=A'C', \angle BAC=\angle B'A'C'$$
那么也就有
$$\angle ABC=\angle A'B'C', \angle ACB=\angle A'C'B'$$

---

①　Moritz Pasch(1843—1930). 这公理发表于 1882 年.

1.1.4 连续公理

$\mathbb{N}_1$ （阿基米德①公理）设 AB 和 CD 是任意两线段，那么在直线 AB 上存在着有限个点 $A_1,A_2,\cdots,A_n$，排成这样：A_1 介于 A 和 A_2 之间，A_2 介于 A_1 和 A_3 之间，以此类推，并且线段 $AA_1,A_1A_2,\cdots,A_{n-1}A_n$ 都合同于线段 CD，而且 B 介于 A 和 A_n 之间（图 1.1）.

图 1.1

$\mathbb{N}_2$ （康托②公理）设在一直线 a 上有由线段组成的一个无穷序列 A_1B_1，$A_2B_2,\cdots$，其中在后的每一线段都包含在前一个内部，并且任意给定一线段，总有一个足码 n 使线段 A_nB_n 比它小. 那么在直线 a 上存在一点 X，落在每个线段 $A_1B_1,A_2B_2,\cdots$ 的内部（图 1.2）.

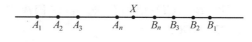

图 1.2

1.1.5 平行公理

$\mathbb{V}$ 通过直线外一点至多可引一直线平行于该直线.

1.1.6 公理的推论

从这五组公理可以推出欧氏几何全部结论，当然这个过程是十分不简单的. 我们举几个最简单的例子：从结合公理出发，可以推证下列诸命题.

由公理 I_1 和 I_2 立刻得到

定理 1 两点决定唯一直线.

从公理 I_4 和 I_5 得到

定理 2 不共线三点决定唯一平面.

定理 3 一直线 a 和它外面一点 A 决定唯一平面.

证明 因为直线 a 上至少有两点 B,C（公理 I_3），不共线三点 A,B,C 决定一平面 α（公理 I_4）. 这平面 α 通过直线 a（公理 I_6）和点 A. 又凡通过 a 和 A 的平面都要含三点 A,B,C，所以根据公理 I_5，只能与 α 重合. 证完.

---

① Archimedes（前 287—前 212）. 阿基米德公理一个比较简明的说法是：设 AB,CD 是两条线段（不妨设 $AB>CD$），则存在正整数 n，使得 $(n-1)CD<AB<nCD$.
② Georg Cantor（1845—1918）. 这公理是 1871 年写成的.

定理 4　两相交直线决定唯一平面.

证明　设两直线 a,b 相交于点 O(图 1.3),由公理 I_3,在 a 上除 O 外还有一点 A,在 b 上除 O 外还有一点 B.根据公理 I_4,不共线三点 O,A,B 决定一平面 α.这平面 α 既通过 a 又通过 b(公理 I_6).

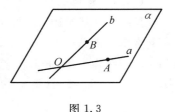

图 1.3

此外不再有任何平面既通过 a 又通过 b,因为这样的平面必含 O,A,B 三点,因而与 α 重合.证完.

定理 5　两平行直线决定唯一平面.

留给读者自证.

定理 6　空间至少有四平面六直线.

证明　根据公理 I_8,空间至少有不共面(即不在同一平面上)的四点 A,B,C,D(图 1.4).根据公理 I_1,它们决定了六直线 AB,AC,AD,BC,BD,CD;根据公理 I_4,它们决定四平面 BCD,ACD,ABD,ABC.

推论　不共面的直线存在.

AB 和 CD 便是不共面的直线.

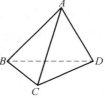

图 1.4

定理 7　若两平面公有一点,则必公有一直线上的点,且此外不再有其他公共点.

证明　设两平面 α,β 有一公共点 A,则至少还有一公共点 B(公理 I_7).有一直线 a 通过两点 A,B(公理 I_1),而由公理 I_6,直线 a 上所有各点既在 α 上又在 β 上,所以平面 α 和 β 公有直线 a 上各点.

平面 α 和 β 不能再有其他公共点,否则 α 和 β 将重合了(定理 3).证完.

这时平面 α 和 β 称为相交,直线 a 称为其交线.所以,若两平面有一公共点,便相交于一直线.

到此可以看出,运用结合公理可以推出一些命题.但必须指出,只用公理 $I_{1\sim 8}$ 所能证明的几何事实为数甚少,例如,从结合公理就不能推出几何元素的集合是无穷的.这样的论证,我们留在几何基础里去谈.利用结合公理和顺序公理,经过相当复杂的推理,可以证明定理 8～13,在此我们无妨把它们作为公理来引用.

定理 8　每一直线上有无穷多点.

定理 9　每一平面上有无穷多点,而且它们不尽在一直线上.

定理 10　共线三点中有一点也只有一点介于其他两点之间.

定理 11 若 A,B 为已知点,则在直线 AB 上有无穷多个点介于 A,B 之间,且有无穷多个点使 B 介于 A 与它们每个点之间.

定理 12 一直线上每一点 O 将线上其余的点分为两类,点 O 介于异类的任两点之间,而不介于同类的任两点之间.

这时我们说点 O 分该直线为两条半直线或射线,O 称为它们的原点或端点.

定理 13 平面 α 上的一直线 a 将 α 上除 a 以外的点分为两类,异类两点的连线段必与直线 a 相交,而同类两点的连线段不与直线 a 相交.

这时我们说直线 a 分该平面为两半平面,a 称为它们的边缘.

现在我们可以证明

定理 14 在每一平面上有无穷多条不都共点的直线. 通过每一点有无穷多条不都共面的直线.

这命题的证明留给读者.

定理 15 通过一直线有无穷多个平面(共轴面).

证明 设 a 为已知直线. 根据公理 I_3,至少有一点 A 不在 a 上(图 1.5). 直线 a 和点 A 决定一平面 α(定理 3). 根据公理 I_8,至少有一点 B 不在平面 α 上. 点 A 和 B 决定一直线 AB(公理 I_1). 直线 AB 上有无穷多点(定理 8),其中任一点 M 和直线 a 决定一平面 μ(定理 3). 由于直线 AB 和 a 不共面,这些平面 μ 彼此不重合. 所以有无穷个平面通过 a. 证完.

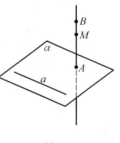

图 1.5

1.1.7　希尔伯特几何体系的三个基本对象和三个基本关系

希尔伯特取三个基本对象即点、直线、平面和三个基本关系即结合关系(点在直线上,点在平面上)、顺序关系(介于……之间)、合同关系(线段的相等,角的相等)作为不加定义的六个基本概念,并要求这些关系满足五组公理 $I_{1\sim 8}$,$II_{1\sim 4}$,$III_{1\sim 5}$,$IV_{1\sim 2}$,V 的要求,建立了初等几何的基础. 从此可以建立运动概念、测量理论等. 许多几何事实(特别是平面几何事实)我们就作为可以从公理推导出来而加以引用.

1.2　空间二直线的相关位置

由公理 I_2 立刻得到

定理 1 空间两直线至多有一公共点.

当两直线有一个公共点时,就称为相交.从 1.1 定理 4,我们知道相交直线是共面的.反过来,从平面几何,共面两直线却未必相交,并且共面而不相交的两直线称为平行线.

从 1.1 定理 6 推论,又知道不共面的两直线存在,所以总结起来就得到

定理 2 空间两直线可以有下列各种相关位置.

(1)两直线不共面,因而也就没有公共点(不共面直线).

(2)两直线共面,这时分为两款.

① 共面而有一公共点(相交直线).

② 共面而没有公共点(平行直线).

1.2.1 注 意

(1)过去在平面几何,两直线不平行便相交.在立体几何,不平行的直线却未必相交,因为它们可能不共面.重要的还在于另外一面:要断定两直线平行,不能仅仅证明它们不相交就算完事,首先还要确定它们是共面的.

(2)利用平行公理Ⅴ,和平面几何一样,仍然得到:通过已知直线外一点,有一且仅有一直线与已知直线平行.事实上,通过已知点而与已知线平行的直线,只能在该点与该线所决定的平面上.

(3)从平行线的定义,我们知道,平行性有对称性,即是说:若 $a /\!/ b$,则 $b /\!/ a$.现在要证明:在空间和在平面上一样,平行性有传递性,即是说,空间三直线 a,b,c 间,若有 $a /\!/ c$ 和 $b /\!/ c$,则亦有 $a /\!/ b$.为了证明这个重要性质,我们先证明下面的引理.

1.2.2 引 理

设相交两平面各通过两已知平行线之一,那么它们的交线平行于这两平行线.

证明 假设直线 $a /\!/ b$,平面 α 通过 b,平面 β 通过 a,且 α 和 β 相交于直线 c(图 1.6),求证 $c /\!/ a, c /\!/ b$.

我们取 $c /\!/ a$ 证之,$c /\!/ b$ 仿此证明.

以 γ 表示平行直线 a 和 b 所在的平面.由于 c 和 a 都在平面 β 上,要断定 $c /\!/ a$,只要断定 c 与 a 不可能相交.我们使用反证法.

设直线 c 和 a 相交于一点 X.一方面,X 在 a 上,因之既在 β 上又在 γ 上.另一方面,X 在 c 上,因之既在 β 上又在 α 上.从此推出 X 既在 γ 上又在 α 上,因而在 γ 和 α 的交线 b 上.那么 a 和 b 相交于一点 X 了!这矛盾反

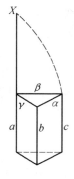

图 1.6

证了 $c \mathbin{/\mkern-2mu/} a$. 证完.

1.2.3 平行线的传递性

定理 3 同平行于第三直线的两直线互相平行.

证明 设直线 $a \mathbin{/\mkern-2mu/} c, b \mathbin{/\mkern-2mu/} c$, 求证 $a \mathbin{/\mkern-2mu/} b$.

当三直线 a,b,c 共面时,从平面几何我们知道这定理成立.当 a,b,c 不共面时证明如下.

在直线 a 上任取一点 A(图 1.7),以 β 表示 A 和 b 所决定的平面,以 γ 表示 A 和 c 所决定的平面.由于假设 a,b,c 不共面,而 A 为 a 上任一点,那么 β 和 γ 不会重合.既然 β 和 γ 有一公共点 A,就相交于一直线 a'(1.1 定理 7).

由于 $b \mathbin{/\mkern-2mu/} c$, β 通过 b, γ 通过 c, 且 β 和 γ 相交于 a', 所以根据引理得 $a' \mathbin{/\mkern-2mu/} c$ 和 $a' \mathbin{/\mkern-2mu/} b$.

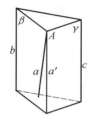

图 1.7

但通过点 A 只能有一直线与 c 平行,而根据假设 a 就是这样一条直线,所以 a' 即是 a.

从 $a' \mathbin{/\mkern-2mu/} b$ 于是就得到我们的结论 $a \mathbin{/\mkern-2mu/} b$. 证完.

1.2.4 空间二直线间的角

在讨论了空间二直线三种可能的相互位置(即不共面、相交、平行),并证明了平行性的传递性以后,我们来将平面上两直线夹角或交角的概念,推广于空间二直线. 为了这个,我们先证明

定理 4 设两角的边分别同向平行,则此两角相等.

证明 假设两角 $\angle A$ 和 $\angle A'$ 的边分别平行且同向,要证明 $\angle A = \angle A'$.

当这两角在同一平面上时,这定理已在平面几何证过. 现在假定它们在两个平面 α 和 α' 上(图 1.8). 在两角的边上取对应相等的线段:$AC = A'C'$, $AD = A'D'$, 并联结 $AA', CC', DD', CD, C'D'$.

由于 AC 和 $A'C'$ 同向平行且相等,所以 AA' 和 CC' 平行且相等. 同理 AA' 和 DD' 平行且相等. 由于平行性和等量的传递性, CC' 和 DD' 平行且相等, 从而断定 CD 和 $C'D'$ 平行且相等.

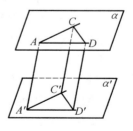

图 1.8

两三角形 $\triangle CAD$ 和 $\triangle C'A'D'$ 因三边对应相等而全等, 所以 $\angle A = \angle A'$. 证完.

推论 （1）设两角的边分别异向平行，则此两角相等.

（2）设两角的边分别平行，一同向而一异向，则此两角相补.

证明了定理4以后，我们就可以来定义不共面二直线间的角.

设 a,b 为两条不共面直线（图1.9），为了确定起见，我们各给它们一个正向.通过空间任意两点 O' 和 O''，各引直线 a' 和 a'' 与 a 同向平行，各引直线 b' 和 b'' 与 b 同向平行. 根据定理4，$\angle(a',b') = \angle(a'',b'')$. 这个大小因 a,b 而定，而与角顶的选择无关的角，就定义作**不共面二直线间的角**.

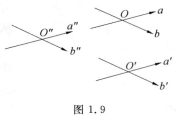

图 1.9

我们显然可以从（例如）直线 a 上一点引 b 的平行线，由这两条相交线的交角来代表不共面二直线间的角.

如果没有给出 a 和 b 的正向，那么不共面二直线 a,b 也和平面几何里一样，形成两个互补的角.

如果这两个互补的角相等，即各为一直角，不共面二直线就称为互相垂直的.这垂直的概念，是平面几何同一概念的推广.

但必须特别注意，在平面几何两条垂直线一定相交.在空间，不相交的两直线依然可以垂直.不过当我们说："从一点 A 向一直线 a 作垂线"时，指的则是与 a 垂直相交的线.

1.3 直线与平面的相关位置

设 α 为一平面，a 为空间一直线. 按照公理 I_6，若 a 有两点在 α 上，则其每一点都在 α 上，于是直线在平面上，或平面通过或含有该直线. 比如，在工业生产上用刀口尺检查工件的平面性时，观察刀口尺与工件的接触处是否透光，便是应用这个性质.

定理1 一平面和不在其上的一直线至多有一公共点.

若直线 a 与平面 α 有一且仅有一公共点 A，它们就称为**相交**，A 为**交点**. 若 α 与 a 没有任何公共点，就说直线**平行**于平面（或平面平行于直线），记作 $a // \alpha$.

首先指出，与平面 α 相交的直线存在，因按公理 I_8，必有一点不在 α 上，这样的点与 α 上任一点连线，就是与 α 相交的一条直线.

与定平面 α 平行的直线的存在性，由定理2保证.

定理2 设平面外一直线与平面上一直线平行，则与此平面平行.

证明 设直线 l 平行于平面 α 上的直线 l'(图1.10),求证 $l/\!/\alpha$.

以 β 表示含平行线 l 和 l' 的平面,若定理的反面成立,直线 l 和平面 α 相交于一点 X,那么 X 既在 α 上又在 β 上,因之在 α 和 β 的交线 l' 上,于是 l 和 l' 相交于 X. 这矛盾反证 $l/\!/\alpha$. 证完.

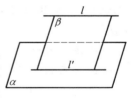

图 1.10

推论 通过平面外一点有无穷多条直线平行于这平面.

事实上,设 A 为平面 α 外一点,在 α 上任取一点 B,并在 α 上通过 B 引一组直线 b(图 1.11). 通过 A 引一些直线 a 与这一组中每一直线对应平行. 由于通过一点不能引一直线与两相交线平行,这些直线 a 不能重合. 它们都通过 A 而平行于 α. 证完.

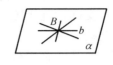

图 1.11

由上面所说看来,直线与平面的相关位置,由定理 3 所概括:

定理 3 直线与平面有下列三种可能的相关位置.

(1) 直线在平面上(<u>直线上各点在平面上</u>).

(2) 直线与平面相交(<u>直线有一点也只有一点在平面上</u>).

(3) 直线与平面平行(<u>直线没有任何点在平面上</u>).

定理 4 设二平行线之一与一平面相交,则另一直线也与该平面相交.

证明 假设两平行线 a, a' 中的一条 a 与平面 α 相交于点 A(图 1.12). 以 β 表示 a 和 a' 所在的平面. 两平面 α 和 β 有了一个公共点 A,就相交于一直线 b(1.1 定理 7).

在平面 β 上,直线 b 既交二平行线之一 a 于一点 A,必交另一线 a' 于一点 A'. 点 A' 既在直线 a' 上又在平面 α 上,所以是二者的交点. 证完.

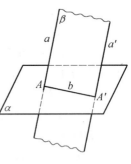

图 1.12

定理 5 设一直线平行于一平面,则凡通过这直线的平面只要与此平面相交,交线必与该直线平行.

证明 设直线 a 平行于平面 α(图 1.13). 首先指出,通过 a 而与 α 相交的平面存在,因若以 B 表示 α 上任一点,则 a 和 B 所决定的平面 β 和平面 α 已有了一个公共点 B,因而相交于一直线 b.

在同一平面 β 上的两直线 a 和 b 不可能相交,因若相交于一点 X,则 a 和 α

也就要在 X 相交了，这与 $a /\!/ \alpha$ 的假设矛盾，故 $a /\!/ b$.

推论 若一直线平行于一平面，则必平行于这平面上互相平行的无穷多条直线.

因为在 α 上与 b 平行的直线都与 a 平行 (1.2.3).

定理 6 通过直线外一点有无穷多个平面与该直线平行，它们都通过与该直线平行的过该点的同一直线.

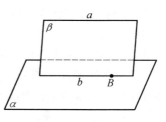

图 1.13

证明 设 A 为直线 a 外一点（图 1.14）. 通过 A 而与 a 平行的平面假若存在，必与 a 和 A 所决定的平面相交（因为它们已有了一个公共点 A）. 根据定理 5，这交线 a' 和 a 平行. 所以这些平面假若存在，就一定含有通过 A 而平行于 a 的唯一直线 a'.

反过来，我们知道（1.1 定理 15），有无穷多个平面通过直线 a'. 根据定理 2，这其中除了一个（即 a 和 A 所决定的那个）以外，都和 a 平行，所以命题证明了. 证完.

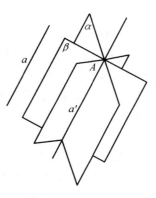

图 1.14

推论 若两相交平面都平行于一直线，则它们的交线也平行于该直线.

事实上，假若平面 α 和 β（图 1.14）都和直线 a 平行，我们在其交线 a' 上标出一点 A，就可以应用定理 6 了.

定理 7 若两平行直线之一平行于某平面，则另一线也平行于这平面（或在这平面上）.

证明 若第二条直线与所设平面相交，则由定理 4，第一直线也将和它相交，与假设矛盾，所以第二直线与平面平行（或在平面上）. 证完.

定理 8 有一个也只有一个平面通过不共面二直线之一且与另一直线平行.

证明 设 a, b 是两条不共面直线（图 1.15）. 在 a 上任选一点 A，并通过 A 引直线 $b' /\!/ b$. 相交直线 a 和 b' 决定一平面 α，它既通过 a，而根据定理 2，又和 b 平行. 存在性证明了.

任何通过 a 而平行于 b 的平面，必定和 b 与 A 所

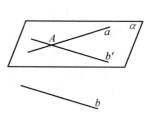

图 1.15

决定的平面相交,这交线通过 A 而与 b 平行(定理 5),因之就是 b'. 可见通过 a 而平行于 b 的平面,既含有 a 又含有 b',只能与 α 重合. 唯一性也证明了. 证完.

1.4　二平面的相关位置·三平面的相关位置

我们先讲两平面的相关位置.

从 1.1 定理 7,我们知道如果两平面有了一个公共点,就相交于一直线.

若两平面 α,β 没有任何公共点,就称为互相平行,记作 $\alpha /\!/ \beta$,因此有

定理 1　两平面有以下两种可能的相关位置.

(1)相交于一直线.

(2)平行.

要平行的定义和这个定理有意义,首先要指出平行平面存在.

定理 2　给定一平面 α 及其上两相交直线 a,b,则通过平面 α 外一点 A 而与 a,b 平行的直线 a',b' 所决定的平面 α',平行于平面 α.

证明　首先:直线 a' 和 b' 不能重合,否则通过同一点而与同一直线平行的直线 a,b 也将重合了,所以 a',b' 的确可以决定一个平面 α' (图 1.16).

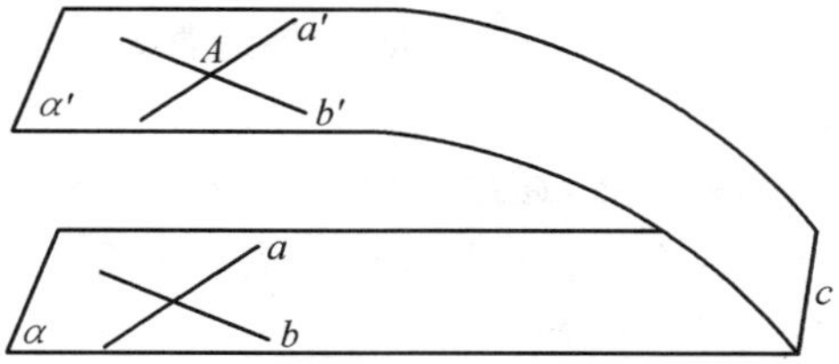

由于 $a'/\!/a$,所以 $a/\!/\alpha'$,(1.3 定理 2). 同理 $b/\!/\alpha'$.

图 1.16

如果 α 和 α' 不平行,那么就相交于一直线 c. 根据 1.3 定理 5 便得 $c/\!/a$ 以及 $c/\!/b$,即 c 和两条相交线 a,b 都平行. 这矛盾反证了 $\alpha/\!/\alpha'$. 证完.

一平面 α 如果和另一平面 α' 平行,则必和 α' 上的所有直线平行:因为如果它和 α' 上某一直线有公共点,这点就属于两个平面,于是 α 和 α' 就不能平行了.

反之,如果平面 α 和平面 α' 上的所有直线平行,则 $\alpha/\!/\alpha'$:因为如果 α 和 α' 有一公共点,平面 α' 上通过这点的直线就将不与 α 平行了.

所以两平面平行的充要条件是:其中一平面和另一平面上的所有直线平行. 这条件太强了,我们来证明下面的定理.

定理 3　两平面平行的充要条件是:其中一平面和另一平面上的某两条相交直线平行.

证明　设平面 $\alpha'/\!/\alpha$,则根据方才所说,α' 平行于 α 上的所有直线,显然也

就平行于 α 上某两相交线.

反之,设平面 α' 平行于平面 α 上的两条相交线 a,b(图 1.16),那么 $\alpha'\!/\!/\alpha$. 若不然,设 α' 和 α 相交于一直线 c,由于 α 上的直线 c 至少要与 α 上的两相交线 a,b 之一相交,因而 α' 至多与 a,b 之一平行,与假设矛盾.证完.

安装机床时,要求床身在水平位置.我们利用水准器,先后沿两个相交方向放下,如果水银泡都在正中,则水准器所在的两条直线都是水平的,根据定理 3,床身便在水平位置.

定理 4 通过平面外一点,有一个也只有一个平面与该平面平行.

证明 设 A 是平面 α 外一点(图 1.16).在 α 上任选两相交线 a,b,以 a',b' 表示通过 A 而分别平行于 a,b 的两直线.两相交线 a',b' 决定一平面 α'.根据定理 3,$\alpha'\!/\!/\alpha$.存在性证明了.

凡通过 A 而与 α 平行的平面,必与 a 以及 b 平行.这样的平面与 A 和 a 所决定的平面必相交(因已有一公共点 A),而且交线与 a 平行(1.3 定理 5),因而与 a' 重合.这就表明这样的平面一定通过 a'.同理,这样的平面也要通过 b',从而重合于 α'.唯一性也证明了.证完.

推论 1 (平行平面的传递性)若两平面都平行于第三平面,则彼此必平行.

如果不然,通过它们的一公共点将有两平面平行于第三平面了.

推论 2 若一平面与两平行平面之一相交,则也与另一平面相交,并且两条交线互相平行.

在 1.3 定理 4 曾证明,若二平行线之一与一平面相交,则另一直线也与该平面相交.

现在我们证明

定理 5 若一直线与二平行平面之一相交,则与另一平面也相交.

证明 假设直线 l 与两平行平面 α,α' 之一 α 相交于一点 A(图 1.17),求证 l 与 α' 相交.

通过 l 的任一平面 β,既和 α 有了一个公共点 A,就和 α 相交于一直线 a(1.1 定理 7).根据定理 4 推论 2,β 必与 α' 相交,而且交线 a' 和 a 平行.

在平面 β 上,直线 l 和两平行线 a,a' 之一 a 相交于一点 A,就必和另一线 a' 相交于一点 A',所以 l 和 α' 相交于点 A'.证完.

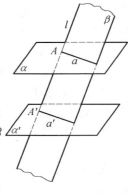

图 1.17

推论 若一直线以及不通过这直线的一平面都平行于同一平面,则它们自身互相平行.

定理 6 给定两条不共面直线,则有一对且只有一对平行平面通过其中一直线而平行于另一直线.

证明 假设 a,b 是两条不共面直线(图 1.18),要证明有一平面 α 通过 a 而平行于 b,有一平面 β 通过 b 而平行于 a,并且它们是互相平行而唯一决定的.

我们首先姑且假定它们存在,研究其必要属性从而确定它们. 这是数学上研究存在问题的一般方法.

平面 α 除了通过 a 以外还要平行于 b,从 1.3 定理 8,这样的平面 α 有一个且只有一个. 要决定它,只要通过直线 a 上随意取定的一点 A 作直线 $b'\!/\!/b$,那么 a 和 b' 就决定了 α.

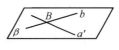

图 1.18

同理,通过 b 而平行于 a 的平面 β 有一个且只有一个,要决定它,只要通过直线 b 上任意取定的一点 B 作直线 $a'\!/\!/a$,那么 a' 和 b 就决定了 β.

从上面的分析,命题中所说的平面如果存在,那是唯一的. 至于存在问题还没有完全解决:α 和 β 是否平行呢?

由于 $a'\!/\!/a, b'\!/\!/b$,根据定理 2 的证明,我们的答案是肯定的,因而完成了证明.

1.4.1 介于平行平面间的平行线段

定理 7 介于平行平面之间的平行线段相等.

证明 设 A_1B_1 和 A_2B_2(图 1.19)是介于平行平面 α 和 β 之间的平行线段,以 γ 表示它们所在的平面,那么 A_1A_2 是 γ 和 α 的交线,B_1B_2 是 γ 和 β 的交线. 根据定理 4 推论 2,$A_1A_2\!/\!/B_1B_2$,因此 $A_1B_1B_2A_2$ 是平行四边形,所以 $A_1B_1=A_2B_2$. 证完.

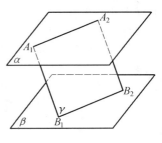

图 1.19

定理 8 若两直线被三平行面所截,则对应线段成比例.

证明 设两直线分别被三平行面 α,β,γ 截于 A_1,B_1,C_1 及 A_2,B_2,C_2(图 1.20). 如果这两直线共面,在一般情况下有 $A_1A_2\!/\!/B_1B_2\!/\!/C_1C_2$,由平面几何得到

$$\frac{A_1B_1}{B_1C_1}=\frac{A_2B_2}{B_2C_2}$$

当 A_1 和 A_2 重合,或者 B_1 和 B_2 重合,或者 C_1 和 C_2 重合时,这比例式一样成立.

如果这两直线不共面,通过 A_1 引直线与 $A_2B_2C_2$ 平行,它与平面 β 和 γ 相交(定理 5),以 B' 和 C' 表示这两交点,于是 $B_1B' \parallel C_1C'$(定理 4 推论 2).根据平面几何定理和定理 7 得出

$$\frac{A_1B_1}{B_1C_1}=\frac{A_1B'}{B'C'}=\frac{A_2B_2}{B_2C_2}$$

证完.

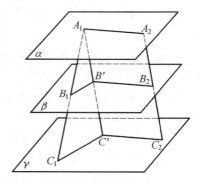

图 1.20

1.4.2 三平面的相关位置

现在讨论三个互异①平面 α,β,γ 的相关位置.由于两个互异的平面不相交便平行,故可分为有或没有平行平面两种情况进行讨论.

首先,假设三平面两两相交:分别以 a,b,c 表示 β 和 γ、γ 和 α、α 和 β 的交线.

(1)设直线 a 和平面 α 相交:以 P 表示交点(图 1.21),那么三平面 α,β,γ 有一个也只有一个公共点 P,同时三直线 a,b,c 也相交于 P.

(2)设直线 a 平行于平面 α:根据 1.3 定理 5,a 平行于 b 和 c.于是三直线 a,b,c 互相平行,而三平面没有公共点(图 1.22).

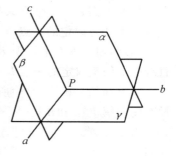

图 1.21

(3)设直线 a 在平面 α 上:三平面通过同一直线,三直线 a,b,c 就重合在这直线上(图 1.23).

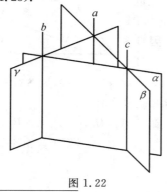

图 1.22

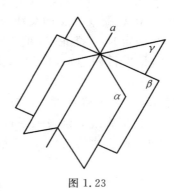

图 1.23

---

① 既是研究三个互异的平面,那就与解析几何上给定三个一次方程而讨论它们的轨迹不是同一回事.

其次,假设三平面中有两个平行,例如,说 $\alpha \mathbin{/\mkern-6mu/} \beta$.

(1)若第三平面 γ 与 α,β 之一相交,则也与另一平面相交,而且两条交线平行(定理 4 推论 2). 这时 α,β,γ 没有公共点(图 1.24).

(2)若第三平面 γ 与 α 平行,则三平面相互平行(图 1.25).

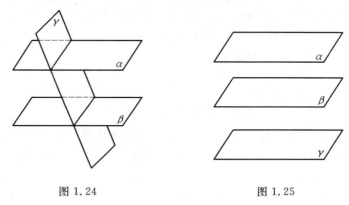

图 1.24　　　　　　图 1.25

从上所说得

定理 9　三平面的相互位置有下列可能情形.

(1)三平面交于一点(有一个也只有一个公共点).

(2)三平面共轴(以一直线上的点作为公共点).

(3)三平面没有公共点,这时又分下列三种情况.

① 三平面中没有相平行的,但两两交线互相平行.

② 两个平行平面被第三平面所截.

③ 三平面彼此平行.

1.5　立体几何作图

在初等平面几何里,我们根据已知条件,借助于作图工具(圆规、直尺),作出所求的图形,称为解作图问题. 一般较复杂的问题,分为下面四个步骤去解.

(1)分析:假设求作的图形已经作出了. 研究已知条件和未知条件间有何可以沟通的关系或中间条件,从而发现如何从已知条件通过中间条件的媒介达到未知条件.

(2)作法:从分析的结果,说出每一个作图过程.

(3)证明:证明所作图形确实满足所设条件.

(4)讨论:研究在怎样的条件下,解答存在或不存在,以及当解答存在时解数有多少.

在空间解作图题,情况比较复杂,因为在空间实际上没有像圆规和直尺在平面上完成作图的工具.因此,我们采取下列作图公法,在这里面我们假定几种基础作图题的可解性,其他的作图问题,只要能归结到有限次运用公法中所列出的基础作图题而得到解决,便算问题已解决了.

1.5.1 立体几何作图公法

以下的问题我们承认其可解.

(1)通过不共线三点作一平面.

(2)求两个已知其相交的平面的交线.

(3)在已知平面上用直尺与圆规按照平面几何解决一切作图题.

(4)任意取一点,在或不在已知直线上,在或不在已知平面上;任意取一直线,通过或不通过一已知点,在或不在已知平面上;任意取一平面,通过或不通过一已知点,通过或不通过一已知直线.

1.5.2 简单作图题

现在举出一些最简单的作图题,它们的解决可以立刻归结到问题(1)~(4),在这些作图题中,解答存在与否,从以往的定理,已不难判定.

作图题 1 求作一平面使满足下列条件之一.

(1)通过一已知直线及其外一已知点.

(2)通过两已知相交直线.

(3)通过两已知平行直线.

作图题 2 求已知直线和已知平面的交点.

作图题 3 求三已知平面的交点.

作图题 4 通过已知直线外一已知点,求作一直线使与该直线平行.

作图题 5 给定两条不共面直线,求作一平面通过其中一线而平行于另一线.

从 1.3 定理 8,解答唯一存在.

作图题 6 给定两条不共面直线,过每一直线作一平面使两平面互相平行.

从 1.4 定理 6,解答唯一存在.

作图题 7 过给定平面外一点求作一平面,使平行于该平面.

从 1.4 定理 4,解答唯一存在.

作图题 8 给定两直线 a,b 及一点 A,求作一平面使通过 A 并平行于 a 及 b.

解 若所求平面 α(图 1.26)存在,那么直线 a 和点 A 所决定的平面(若它们可以决定一平面)交 α 于一直线 $a' \parallel a$(1.3 定理 5).同理,直线 b 和点 A 所决定的平面(如果存在的话)交 α 于一直线 $b'//b$.

所以通过点 A 作直线 $a'//a$ 和 $b'//b$,那么两条直线 a',b' 所决定的平面(如果它们可以决定一平面的话)便是所求的.

证明是立刻可以得到的.

我们来讨论这个问题.

(1)若 a,b 不共面,且 A 不在通过其中一线而平行于另一线的平面上,则问题有唯一解答.

(2)若 a,b 相交,且 A 不在 a,b 所决定的平面上,也有唯一解答.

(3)若 a,b 平行,且 A 既不在 a 上又不在 b 上,则问题不定,即有无穷多个解答.

(4)在其他情形下,问题无解.

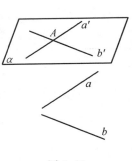

图 1.26

作图题 9 求作一直线 l 使与两已知直线 a,b 相交,并通过此两线以外的一已知点 M.

解 我们分两种情况来处理.

(1)设两已知直线 a,b 共面.当已知点 M 在这平面上时,有无穷多个解答;当 M 不在这平面上时,如果 a 和 b 相交,有一解答,但如果 a 和 b 平行,便没有解答.

(2)设两已知直线 a,b 不共面.假定问题已解,l 是所求直线(图 1.27),那么两条相交直线 a 和 l 决定一平面,这平面实际上就是 a 和 M 所决定的平面 aM,l 应该在这个平面上.同样,l 也应该在 b 和 M 所决定的平面 bM 上.

因此,首先作出平面 aM 和 bM,这两平面是唯一确定的.它们已经有了一个公共点 M,就必然相交于一直线 l.所以如果 l 既和 a 相交,又和 b 相交,就得到唯一的解答.

图 1.27

我们来考察在假设的情况下,何时无解.

直线 l 不可能与 a,b 都不相交,因为 l 与 a 共面,与 b 也共面,如果与 a,b 都不相交,便有 $l//a$ 和 $l//b$,那么根据平行线的传递性便将有 $a//b$,这与 a,b 不共面的假设矛盾.所以没有解答的情况只能是:

①l 与 a 平行而与 b 相交.这时 M 在通过 b 而平行于 a 的平面 β 上(图1.28,参看 1.3 定理 8).

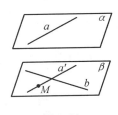

图 1.28

②l 与 b 平行而与 a 相交. 这时 M 在通过 a 而平行于 b 的平面 α 上. 根据上面的结果得出下表.

已知条件的情况		解答数
a 和 b 共面	M 在这平面上	∞
	M 不在这平面上,且 a 和 b 相交	1
	M 不在这平面上,且 a 和 b 平行	0
a 和 b 不共面	M 在通过 a,b 之一而平行于另一线的平面 α 或 β 上	0
	M 既不在 α 上又不在 β 上	1

作图题 10 给定两条不共面直线 a 和 b,求作一直线 l 使与 a,b 相交,并与第三直线 c 平行.

解 根据条件,要问题有解,c 不能和 a 平行,因此可分两种情况处理.

(1)设 c 与 a 相交:所求直线 l 只能在 a 和 c 所决定的平面 ac 上. 并且由于 a 和 b 假设不共面,b 不会在此平面上. 所以

①当平面 ac 和直线 b 平行时[①],无解.

②当平面 ac 和直线 b 相交时,一解. 要得到这解 l,只要从平面 ac 和直线 b 的相交点 B 作直线 c 的平行线[②].

(2)设 c 与 a 不共面:所求直线 l 只能在通过 a 而与 c 平行的平面 α 上,这时 α 是唯一存在的(1.3 定理 8). 所以

①当平面 α 和直线 b 平行时,无解. 这时三已知直线平行于同一平面(平行于 α 但不通过 b 的任一平面,便可以充当这样的平面).

②当平面 α 和直线 b 相交时,一解. 通过 b 和 α 的交点作 c 的平行线,便是所求直线.

我们知道,当 $a/\!/c$ 或 $b/\!/c$ 时,通过不在 c 上的一点所作平行于 a 和 b 的平面(唯一存在),便也平行于 c. 因此总括起来说,当 a,b,c 平行于同一平面时,本题无解,其他情形下,只有一解.

1.6 直线与平面的垂直

我们在 1.2.4 已定义过两直线的互相垂直,即是说它们间的角度是直角.

---

① 这时三直线 a,b,c 平行于同一平面.
② 如果 c 和 a 相交,和 b 也相交,即 B 是 b 和 c 的交点,仍然无解,除非我们把直线 c 本身作为解.

如果一条直线 l 垂直于一平面 α 上的所有直线,我们就说直线 l 垂直于平面 α,或是说平面垂直于直线,或者说它们互相垂直,记作 $l \perp \alpha$.

所有垂直于平面 α 的直线 l,一定不在 α 上,因为如果在 α 上,那么 α 上与 l 平行的直线,按照上面的定义,就将和 l 垂直了,这显然是不可能的.

另一方面,所有垂直于平面 α 的直线 l,不可能和 α 平行.因为如果 $l /\!/ \alpha$,那么 l 平行于 α 上的一组平行线(1.3 定理 5 推论),于是 l 和这组平行线就不能垂直了.

可见垂直于平面的直线一定和该平面相交,这交点就称为垂(线)足.

与平面相交但不垂直的直线,称为平面的斜线,交点称为斜(线)足.

注意直线与平面垂直的这个定义,与中学教材上的相应定义在表面上如何区别而实质上又如何沟通,这是很必要的.我们这样定义,可以使得某些定理的证明更简洁些.

当 $l \perp \alpha$ 时,定义中要求直线 l 垂直于平面 α 上的所有直线,现在来证明,只要 l 垂直于 α 上的两条相交直线,就有 $l \perp \alpha$.

定理 1 若一直线 l 垂直于一平面 α 上两条相交直线 a_0, b_0,则必垂直于这平面上的一切直线,因而垂直于这平面.

证明 首先,从假设 $l \perp a_0$ 和 $l \perp b_0$,就可以断定直线 l 不能平行于平面 α(或在 α 上),因为如果这样的情况发生,直线 l 一定平行于平面 α 上的某直线 l_0(1.3 定理 5 推论),于是在 α 上,就将有一直线 l_0 和两条相交线同时垂直了,这是不可能的.

既然 l 不能在 α 上,也不能平行于 α,那么 l 就必然和 α 相交于一点 O(图 1.29).

其次,我们来证明 l 垂直于平面 α 上任一直线 c_0.从点 O 引三直线 $a /\!/ a_0, b /\!/ b_0, c /\!/ c_0$.那么立刻知道 $l \perp a, l \perp b$.我们只要证明了 $l \perp c$ 就可以断定 $l \perp c_0$ 了.

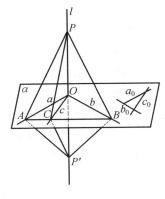

图 1.29

为了这个目的,在 α 上任意作一条不通过 O 的直线,使与 a, b, c 相交于点 A, B, C.在 l 上任取一点 P,并取 P 关于 O 的对称点 P',联结 $PA, PB, PC, P'A, P'B, P'C$. a 和 b 是线段 PP' 的中垂线,所以
$$PA = P'A, \quad PB = P'B$$
从此可知 $\triangle PAB$ 和 $\triangle P'AB$ 有三边分别相等因而合同,推知 $\angle PBC = \angle P'BC$,那么 $\triangle PBC$ 和 $\triangle P'BC$ 因两边及其夹角分别相等而合同了,所以有

$PC = P'C$. CO 是等腰 $\triangle CPP'$ 的中线，所以有 $l \perp c$。

可见直线 l 一经垂直于 α 上的两条相交线，就垂直于 α 上任一直线，因而根据定义，$l \perp \alpha$。证完。

推论 若一直线垂直于两相交直线，则也垂直于它们所决定的平面。

定理 2 过一定点 A 有一个也只有一个平面 α 垂直于一定直线 a。

证明 我们分两种情况来处理。这证明过程也告诉了我们实际上如何作图。

(1) 假设 A 在 a 上（图 1.30）。

通过 a 任作两平面 β 和 γ，并过点 A 分别在平面 β 和 γ 上作 a 的垂线 b 和 c。两相交直线 b 和 c 决定一平面 α，它通过 A 而与 a 相垂直（定理 1 推论）。

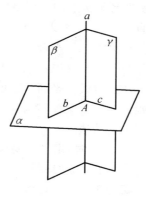

图 1.30

证明了存在性以后，再转入唯一性证明。设 α' 是通过 A 而垂直于 a 的任一平面，由于 α' 和 β 已有了一个公共点 A，它们相交于一直线，这直线在 β 上通过 A 且垂直于 a，所以就是 b。同理，α' 和平面 γ 的交线就是 c。因此，α' 就只能是 α。

(2) 假设 A 不在 a 上（图 1.31）。

假设问题已解，α 是通过 A 而垂直于 a 的平面，和 a 相交于点 B。那么由 $a \perp \alpha$ 推得 $a \perp AB$。这点 B 是唯一存在的，事实上，B 就是在 A 和 a 所决定的平面 β 上从 A 向 a 所引的垂线足。这说明所求平面就是通过定线 a 上定点 B 而垂直于 a 的平面，因此其存在和唯一性由 (1) 保证。证完。

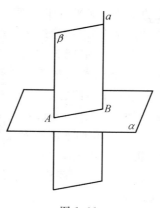

图 1.31

推论 通过一定点 A 而与一定直线 a 垂直的直线在同一平面上，即在通过 A 而垂直于 a 的平面上。

证明 由定理 2，通过 A 有一个平面 $\alpha \perp a$，根据直线垂直于平面的定义，在平面 α 上通过点 A 的一切直线都垂直于 a。

此外，再也没有通过 A 而垂直于 a 的直线了：因为若有一条直线 b' 通过 A 垂直于 a 而不在 α 上，我们任取一条通过 A 而且在 α 上的直线 b，那么两相交线 b 和 b' 决定了一个平面 $\alpha' \perp a$（定理 1 推论）。由于 α' 含有一条不在 α 上的直线 b'，α 和 α' 不能重合。这样一来，通过 A 便有两平面 α 和 α' 同垂直于 a 了，这是与定理 2 矛盾的。

所以不论 A 在或不在 a 上,这证明都成立. 证完.

定理 3 通过一定点 A 有一条也只有一条直线垂直于定平面 α.

证明 这证明过程也告诉了我们实际上如何作图,我们分两种情况处理.

(1) 假定点 A 在平面 α 上(图 1.32).

在平面 α 上过 A 任意画一条直线 a,根据定理 2,有一个平面 β 通过 A 而垂直于 a. 在本节开始我们曾提到过,垂直于平面的直线不会在这平面上,那么 a 在 α 上而不在 β 上,可见 α 和 β 不可能重合. 它们既有了一个公共点 A,就要相交于一直线 b. 在平面 β 上过点 A 引直线 $c \perp b$,那么 c 就是所求的垂线.

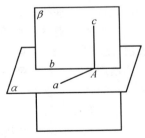

图 1.32

事实上,由作法,$c \perp b$. 又由 $a \perp \beta$ 得出 $a \perp c$. 于是由 $c \perp a$ 和 $c \perp b$ 得出 $c \perp \alpha$ (定理 1).

存在性证明了,我们来证唯一性.

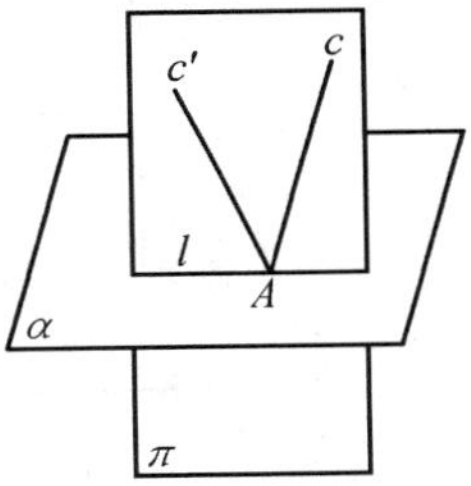

若通过 A 有两条直线 c 和 c' 都垂直于 α(图 1.33),那么它们决定一平面 π,由于 c 在平面 π 上,但不可能在 α 上(本节开始),所以 α 和平面 π 不重合,它们已有一公共点 A,就必然相交于一直线 l. 由假设得出
$$c \perp l, c' \perp l$$
即是说在平面 π 上,通过一点 A 有两条直线 c 和 c' 同垂直于一直线 l,这是不可能的,所以唯一性证明了.

(2) 假设点 A 不在平面 α 上(图 1.34).

在平面 α 上任意画一条直线 a,并从 A 向 a 引垂线 b,以 B 表示垂足. 在 α 上,过 B 作 a 的垂线 c. 两相交线 b 和 c 决定一平面 β,在平面 β 上从 A 作 c 的垂线 d,那么 d 就是经过 A 而垂直于 α 的直线.

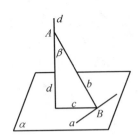

图 1.33

理由是这样的:根据作图有
$$a \perp b, a \perp c$$
所以 a 垂直于 b, c 所在的平面 β,因而垂直于 β 上的直线 d. 从
$$d \perp a, d \perp c$$
得出
$$d \perp \alpha$$

图 1.34

这证明了垂线的存在.至于唯一性,完全与(1)相仿,留读者自证.证完.

要检查一根电线杆是否与地面垂直,根据定理3,只要在其上一点悬挂一重物,观察杆与铅垂线是否自由贴合.

定理 4 垂直于同一直线的两平面互相平行.

因为如果不平行,从它们的一个交点就可以引两个平面同垂直于该直线了,与定理2矛盾.

定理 5 若两平行线之一垂直于某一平面,则另一直线也垂直于该平面.

证明 若直线 a 垂直于平面 α(图 1.35),那么 a 一定垂直于 α 上两条相交线 c 和 d,因而 a 的平行线 b 也垂直于 c 和 d,所以 $b\perp\alpha$.证完.

定理 6 垂直于同一平面的两直线互相平行.

证明 设两直线 a,b 同垂直于一平面 α(图 1.36).由定理3,a 和 b 不可能有公共点.从 b 上一点 B 作直线 $b'//a$,那么应用定理5得 $b'\perp\alpha$.但从 B 只能引一直线垂直于 α(定理3),所以 b' 即是 b,因而 $b//a$.证完.

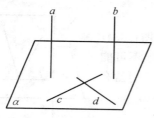

图 1.35

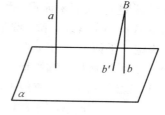

图 1.36

推论 给定平面 α 以及不和它垂直的一直线 a(图 1.37),那么与 a 相交且垂直于 α 的一切直线同在一个平面上.

因为这些垂直线互相平行(定理6),如果在其中选定一条,它与 a 决定一平面 β,那么其余的垂线都在 β 上.

定理 7 设两平行平面之一垂直于一直线,那么另一平面也垂直于这直线.

证明 设平面 $\alpha//\beta$(图 1.38),且直线 $l\perp\alpha$,求证 $l\perp\beta$.

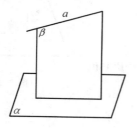

图 1.37

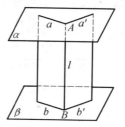

图 1.38

我们知道，垂直于 α 的直线 l 一定和 α 相交于一点 A，因而也和 β 相交于一点 B(1.4 定理 5)．通过直线 l 任作两平面，分别与 α 相交于直线 a, a'，和 β 相交于直线 b, b'．根据 1.4 定理 4 推论 2，有 $a // b, a' // b'$．由假设，$l \perp \alpha$，因此
$$l \perp a, l \perp a'.$$
那么从此推出
$$l \perp b, l \perp b'.$$
所以 $l \perp \beta$．证完．

定理 8 设一平面 β 与不在其上的一直线 b 同垂直于另一直线 a，则它们彼此平行．

证明 以 O 表示 a 和 β 的交点(图 1.39)，过 O 引直线 $b' // b$，则 b' 在 β 上(定理 2 推论)．由于 b 和 β 上的 b' 平行，所以 $b // \beta$(1.3 定理 2)．证完．

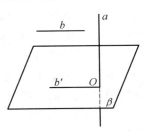

图 1.39

1.7 正射影·平行射影

直线垂直于平面的概念，可以用来讨论正射影．在机械制图中画工件的三个视图时，便要利用平行射影这个工具．

给定一平面 α，我们知道，从一点 A 可以引 α 的唯一垂线，我们把这垂线足称为点 A 在平面 α 上的正射影，简称射影．

由某图形上各点的正射影所组成的图形，称为该图形在平面 α 上的正射影，简称射影．

一点的正射影仍然是一点．一条直线呢，一般说来，它的正射影仍然是一条直线，但当它和 α 垂直时，正射影就只是一个点了．一个圆周，当也只当它所在平面平行于 α 的时候，正射影才是一个圆周；运用解析几何的知识，我们知道在一般情况下它的正射影是椭圆；当椭圆所在平面与 α 垂直时(两平面垂直的意义参看 1.8)，这椭圆变成一个线段．

从一个图形上各点所作平面 α 的垂线，称为各点的投射线，从 1.6 定理 6，这一切直线互相平行．因此我们来推广正射影的概念．

设给定一平面 α 以及与 α 相交的一直线 l(图 1.40)．直线 l 以后经常被它的

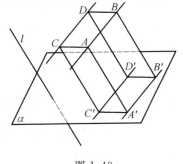

图 1.40

平行线所代替,重要的只是它的方向,因此把直线 l 的方向称为投射方向.

通过一点 A 作平行于 l 的直线(称为投射线),必交 α 于一点 A'(1.3 定理 4),我们把点 A' 称为 A 沿方向 l 在平面 α 上的平行射影. 一个图形上各点的平行射影所组成的图形,就叫做该图形的平行射影. 我们也把从一个图形得到它的平行射影的过程,称为平行射影.

正射影是平行射影的特例,它的投射方向是平面 α 的法线方向. 当投射方向 l 不与 α 垂直时,就称为斜射影. 我们约定,以后凡称"射影"就是指正射影,而"平行射影"则兼指斜射影或正射影.

显然,若一直线与 l 平行,则其平行射影为一点;若不与 l 平行,则仍为一直线. 一个角、三角形、多边形的平行射影仍然是一个角、三角形、多边形(我们假设角、三角形、多边形所在的平面不平行于投射方向). 平面 α 上的点(也只限于这些点)投射为其自身.

下列各定理表示平行射影的基本性质,不论在正或斜射影都成立.

定理 1 共线点平行投射为共线点,共点线平行投射为共点线(我们假设前者所在的线,后者所在的面,与投射方向不平行).

这两个性质从图 1.41 和图 1.42 立刻知道.

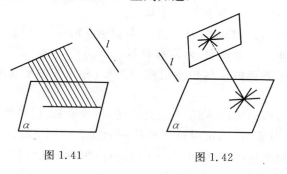

图 1.41　　　　图 1.42

定理 2 设两平行直线不与投射方向平行,则其在平面 α 上的平行射影是相平行或相重合的直线.

证明 设直线 $AB \parallel CD$(图 1.40),而点 A,B,C,D 沿方向 l 在平面 α 上的平行射影分别是 A',B',C',D'.

若两平面 ABA', CDC' 不重合,则由于 $AB \parallel CD, AA' \parallel CC'$,它们必相平行(1.4 定理 2). 这两直线上各点的平行射影分别在这两平面上,所以平行射影 $A'B' \parallel C'D'$.

若上面所说的两平面重合,则直线 $A'B'$ 和 $C'D'$ 也重合. 证完.

定理 3 平行线段的比,不因平行射影而变.

证明 设线段 $AB \mathbin{/\mkern-5mu/} CD$(图 1.43)且不垂直于平面 α,则它们的平行射影 $A'B' \mathbin{/\mkern-5mu/} C'D'$(定理 2).作直线 $AB_1 \mathbin{/\mkern-5mu/} A'B'$,交直线 BB' 于点 B_1(图 1.43);作直线 $CD_1 \mathbin{/\mkern-5mu/} C'D'$,交直线 DD' 于点 D_1.那么 $AA'B'B_1$ 和 $CC'D'D_1$ 都是平行四边形,所以

$$AB_1 = A'B', \quad CD_1 = C'D'$$

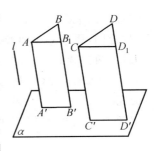

图 1.43

$\triangle ABB_1$ 和 $\triangle CDD_1$ 的边彼此平行,所以各角分别相等(1.2.4),因而相似,于是有

$$\frac{AB}{CD} = \frac{AB_1}{CD_1} = \frac{A'B'}{C'D'}$$

证完.

推论 若平行四边形所在的平面不与投射方向平行,则它的平行射影仍然是平行四边形.

共线性、共点性、平行性和平行线段的比,不因平行射影而改变,这些正是平行射影的基本性质.我们在近世几何中将详细研究.

1.7.1 从一点到一平面的垂线和斜线

现在讨论从一点 O 到一平面 α 的垂线和斜线的大小关系,其中"垂线"和"斜线"实际上指的是从点 O 到垂足和斜足的线段,垂足到斜足的连线段是斜线的射影.

定理 4 从平面外一点到平面引垂线和一些斜线,则

(1)垂线小于任一斜线.

(2)射影相等的两条斜线相等.

(3)射影不等的两斜线中,射影较大的斜线也较大.

证明 (1)设从点 O 到平面 α 引垂线 OH 和任一斜线 OA(图 1.44),那么对于直线 HA 说,OH 是垂线而 OA 是斜线,根据平面几何,有 $OH < OA$.

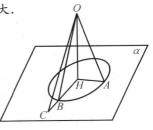

图 1.44

从一点 O 到一平面 α 的垂线 OH 称为从该点到该平面的距离.根据以上所说,它是二者之间的最短路线.

(2)设两斜线 OA 和 OB 满足 $HA=HB$,则两直角三角形 $\triangle OHA$ 和 $\triangle OHB$ 合同,所以 $OA=OB$.

(3)设两斜线 OA 和 OC 满足 $HC>HA$,那么在半直线 HC 上取一点 B,使 $HB=HA$,于是斜线 OB 等于 OA((2))而小于 OC.

证完.

定理 5 (定理 4 中(2)和(3)的逆定理)从平面外一点向平面引一些斜线,那么

(1)相等的斜线有相等的射影.

(2)不等的两斜线中,斜线大的射影也较大.

推论 1 在平面 α 上到平面外一点 O 有定距离 k 的点的轨迹是一个圆周.

轨迹乃是以 O 在 α 上的射影 H 为中心而以 $\sqrt{k^2-OH^2}$ 为半径的圆周.轨迹存在的条件是 $k\geqslant OH$.

推论 2 正棱锥的顶点在底面上的射影是底面的中心.

我们知道,假如棱锥以正多边形为底而所有侧棱都相等,便叫做正棱锥.由于各侧棱相等,所以它们的射影也相等,因此顶点的射影是底面正多边形的中心.

定理 6 两平面若相平行,则从一平面上各点到另一平面有等距离.

定理 7 若一直线平行于一平面,则从直线上各点到平面有等距离.

1.7.2 三垂线定理及其逆定理

现在我们来介绍经常要用到的三垂线定理及其逆定理.由于我们所采用的直线垂直平面的定义,与中学教材不同,我们的介绍就有可能较为简单.

定理 8 (三垂线定理)在斜线射影所在平面上的直线,若垂直于这射影,便也垂直于斜线本身.

证明 设斜线 OA 在平面 α 上的射影是 HA(图 1.45),直线 l 在 α 上并且 $l\perp HA$,求证 $l\perp OA$.

OH 是平面 α 的垂线,所以 $OH\perp l$.于是应用 1.6 定理 1,从

$$l\perp OH, l\perp HA$$

得出 $l\perp OA$.证完.

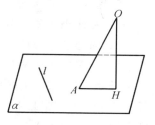

图 1.45

定理 9 (三垂线定理的逆定理)在斜线射影所在平面上的直线,若垂直于该斜线,便也垂直于其射影.

证明的过程完全和上面相仿,读者自证.

我们在图 1.34 里所用的方法,事实上和现在是一样的.

1.7.3 直角的射影

定理 10 一个直角在一个平面 α 上的射影仍然是直角的充要条件是:该直角有一边平行于这平面 α 而另一边不垂直于 α.

证明 充分性. 假设 $\angle AOB$ 是直角,且有一边 $OA /\!/ \alpha$(图 1.46),但 OB 不垂直于 α,我们来证明它在 α 上的射影 $\angle A'O'B'$ 也是直角.

由 $OA \perp OB$ 和 $OA \perp OO'$,推得 $OA \perp$ 平面 $BOO'B'$. 因而也有 OA 的平行线 $O'A' \perp$ 平面 $BOO'B'$(1.6 定理 5),所以 $O'A' \perp O'B'$.

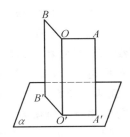

图 1.46

必要性. 假设 $\angle AOB$ 和它的射影 $\angle A'O'B'$ 都是直角,那么显然 OA 或 OB 不能垂直于 α,要证明 OA 和 OB 中至少有一边平行于 α. 我们的证法是:假设 OB 不平行于 α,那么 $OA /\!/ \alpha$.

由 $O'B' \perp O'A'$ 和 $O'B' \perp O'O$,推得 $O'B' \perp OA$(1.6 定理 1). 然后从 $OA \perp O'B'$ 和 $OA \perp OB$(并且根据假设 OB 和 $O'B'$ 共面而不平行),得出 $OA \perp$ 平面 $BOO'B'$. 但 $O'A'$ 垂直于平面 $BOO'B'$ 内两相交直线 $O'O$ 和 $O'B'$,因而也垂直于这平面. 同一平面的两条垂线互相平行(1.6 定理 6),所以 $OA /\!/ O'A'$,所以 $OA /\!/ \alpha$(1.3 定理 2). 证完.

已经证明,一直角若有一边平行于 α,则它在 α 上的射影没有改变大小,如果两边都平行于 α,当然可以应用这个定理,并且是显然的(1.2 定理 4). 那么,直角在什么情况下射影成锐角,又在什么情况下射影成钝角呢? 当然,这时候不会有任何一边与 α 平行了.

设直线 AOD 和 BOC 互相垂直(图 1.47),与平面 α 相交于 A 和 B. 点 O 在 α 上的射影仍然以 O' 表示. 那么 $\angle AOB$ 在 α 上的射影是 $\angle AO'B$.

作 $O'E \perp AB$,$O'E$ 就是 OE 的射影. 根据三垂线定理,$AB \perp OE$. 在直角 $\triangle OO'E$ 中,显然 $OE > O'E$,所以可在线段 OE 上取一点 O'' 使 $O''E = O'E$. 容易看出 $\triangle AO''B \cong \triangle AO'B$,因而 $\angle AO'B = \angle AO''B$.

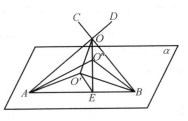

图 1.47

但点 O'' 在 $\triangle AOB$ 内部①,显然 $\angle AO''B > \angle AOB$,即

---

① 因 OE 是直角 $\triangle AOB$ 斜边 AB 上的高线,所以 OE 在三角形内部.

$$\angle AO'B > \angle AOB$$

从此得到

定理 11 (1) 若一直角的两边都和一平面 α 相交(如 $\angle AOB$)或者它们的延长线都和 α 相交(如 $\angle COD$),则此角在 α 上的射影是钝角.

(2) 若一直角有一边和一平面 α 相交,另一边的延长线和 α 相交(如 $\angle AOC$),则它在 α 上的射影是锐角.

推论 (1) 若一角的两边都和一平面 α 相交,或者它们的延长线都和 α 相交,且从角顶向这两交点连线所作的垂线足介于这两交点之间,则此角在 α 上的射影比原有的增大.

(2) 若一角的一边和 α 相交,另一边的延长线和 α 相交,且从角顶向这两交点连线所作的垂线足介于这两点间,则此角在 α 上的射影比原有的减小.

1.7.4 直线与平面间的角

定理 12 斜线与其在平面 α 上的射影所成的锐角,小于该斜线与 α 上任何其他直线间的角.

证明 我们知道,当两直线之一保持平行于其自身而移动时,该两线间的角仍保持不变,所以我们只要比较斜线 OA 与 α 上通过斜足 O 的各直线间的角就够了(图 1.48).

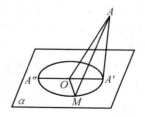

图 1.48

以 A' 表示斜线上一点 A 在 α 上的射影,于是 OA' 就是 OA 的射影.在平面 α 上,以斜足 O 为中心 OA' 为半径作圆周,并由 O 引任意半直线交圆周于点 M.在 $\triangle AOA'$ 和 $\triangle AOM$ 中,有两边分别相等但第三边不等:$AA' < AM$(定理 4),所以 $\angle AOA' < \angle AOM$.证完.

斜线 OA 和它在平面 α 上的射影所成的锐角 $\angle AOA'$,称为该斜线与平面 α 间的角.

如果以 ϕ 表示这角,以 OA'' 表示 $A'O$ 的延长线,那么当点 M 从 A' 出发沿圆周绕行一周时,斜线 OA 和半直线 OM 的夹角 $\angle AOM$ 的变化是这样的:由最小值 ϕ 起始逐渐增大,在 A'' 到达最大值 $\angle AOA'' = 2d - \phi$[①],此后又逐渐减小而回复到 ϕ.

明显的,斜线和平面的夹角是该斜线和平面的垂线所成锐角的余角.

若 $OA \perp \alpha$,则 OA 与 α 上任何直线成直角,我们说,平面的垂线和平面所成

---

① d 表示直角.

的角是直角.

当一直线和平面 α 平行时,便平行于它在 α 上的射影.在平面几何,我们把两条平行线间的角看做等于零(或 $2d$).因此,我们把平行于 α 的直线和 α 间的角定义等于零.

既然平面的斜线、垂线、平行线和平面间的角都有了定义,此后我们就可以说"直线和平面间的角"了.

1.8 二面角

有公共边缘的两个半平面所组成的图形称为二面角.这公共边缘称为二面角的棱,这两半平面称为它的面.

以两个半平面 α,β 为面的二面角记作 $\angle(\alpha,\beta)$.若 XY 为二面角的棱,一面通过一点 A,一面通过一点 B,这个二面角就记作 $\angle A \cdot XY \cdot B$ 或 $\angle A - XY - B$.若只有一个二面角以 XY 为棱,也可写作二面角 XY.

从二面角棱上任一点 P 在每一面上作半直线垂直于棱,这两半线的夹角称为二面角的一个平面角,换句话说,通过二面角棱上任一点 P 作一平面垂直于棱,它与两面交线的夹角就是二面角的一个平面角.

这样所定义的平面角的大小,只与二面角有关,而与点 P 的选取无关.事实上,设再取一点 P' 得出平面角 $\angle A'P'B'$(图 1.49),那么由于 PA 与 $P'A'$ 同向平行,PB 与 $P'B'$ 同向平行,这两个角相等,即 $\angle APB = \angle A'P'B'$.

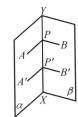

图 1.49

因此我们可以陈述这样一个命题:同一个二面角的所有平面角相等.这命题的意义还可以用另外一种形式来表达:对应于每一个二面角有唯一的平面角.

这命题的逆命题也是正确的:对应于每一个平面角有唯一的一个二面角.假设给定平面角 $\angle APB$,以 π 表示这角所在的平面(图 1.50).假若有一个二面角以 $\angle APB$ 为其平面角,它的棱应通过 P 而垂直于 PA 和 PB,因之即是平面 π 在点 P 的垂线.它的面应该是这垂线分别和 PA,PB 所决定的两半平面,所以确定了一个也只有一个二面角.

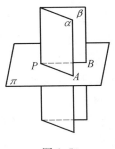

图 1.50

当两个二面角的平面角相等时,就说这两个二面角相等,仍然用"="表之.

设两二面角有公共的棱,有一个公共的面,并且位于这公共面的异侧,我们就说它们是相邻的. 图 1.51 的两二面角 $\angle(\alpha,\beta)$ 和 $\angle(\beta,\gamma)$ 就是相邻的二面角. 这时二面角 $\angle(\alpha,\gamma)$ 称为两二面角 $\angle(\alpha,\beta)$ 和 $\angle(\beta,\gamma)$ 之和,二面角 $\angle(\beta,\gamma)$ 称为 $\angle(\alpha,\gamma)$ 和 $\angle(\alpha,\beta)$ 之差,$\angle(\alpha,\beta)$ 也是 $\angle(\alpha,\gamma)$ 和 $\angle(\beta,\gamma)$ 的差.

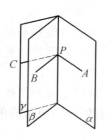

图 1.51

要求两二面角的和,移置其一使它们成为相邻. 要求两二面角的差,移置其一使它们有一公共面并位于这公共面的同侧.

如果二面角 $\angle(\alpha,\gamma)$ 是 $\angle(\alpha,\beta)$ 和 $\angle(\beta,\gamma)$ 之和,就说 $\angle(\alpha,\gamma)$ 大于 $\angle(\alpha,\beta)$ 和 $\angle(\beta,\gamma)$,或后两个小于 $\angle(\alpha,\gamma)$.

根据以上所说,显然下面的定理成立.

定理 1 (1)较大的二面角有较大的平面角;反之,有较大平面角的二面角较大.

(2)两二面角之和(差)所对应的平面角,是原来两二面角所对应的平面角之和(差).

(3)每一二面角等于其自身,即 $\angle(\alpha,\beta)=\angle(\alpha,\beta)$,$\angle(\alpha,\beta)=\angle(\beta,\alpha)$.

可见二面角的相等有反身性、对称性和传递性,因为它们的平面角具有这些性质.

在度量二面角的时候,我们就可以考虑用它的平面角来替代. 如果二面角的平面角是直角或平角,就称为直二面角或平二面角,如果两个二面角的平面角互补,就说这两个二面角互补,其他类推.

在二面角两面上各任取一点 A,B,那么线段 AB 的内点(也只有这些点)称为二面角的内点,一切内点构成二面角的内部. 这时我们默认所研究的二面角小于平二面角.

定理 2 一个二面角可以被平分,而且平分面是唯一的.

将构成二面角的两个半平面分别延长,新得的二面角称为原二面角的对棱二面角.

定理 3 两个对棱二面角相等.

两平面相交,组成四个二面角. 两两对棱,它们的平分面构成两个平面.

有时除了线段和角外,我们要用有向线段和有向角的概念. 关于二面角的情况也一样. 如果二面角 $\angle(\alpha,\beta)$ 的两面 α,β 依次叫做第一面、第二面,那么这便叫做有向二面角,记作 $\overline{\angle(\alpha,\beta)}$. $\overline{\angle(\alpha,\beta)}$ 和 $\overline{\angle(\beta,\alpha)}$ 有相反的转向.

二平面的垂直 若两平面相交所成相邻的二面角相等(每个都是直二面角),则两平面称为互相垂直,用记号"⊥"表示.

两平面相交所成四个二面角的平分面,构成互相垂直的两个平面.

定理 4 通过已知平面的一条垂线的平面,必垂直于已知平面.

证明 设直线 $OL \perp$ 平面 π,而 α 是通过 OL 的任一平面,求证 $\alpha \perp \pi$(图 1.52).

以 O 表示 OL 和 π 的交点,OA 表示 α 和 π 的交线,那么 OA 是二面角 $\angle(\alpha,\pi)$ 的棱.在 π 上作直线 $OP \perp OA$,那么从 $OP \perp OA$ 和 $OL \perp OA$,知道 $\angle LOP$ 是二面角 $\angle(\alpha,\pi)$ 的平面角.而 $\angle LOP$ 是直角,即 $\angle(\alpha,\pi)$ 是直二面角,所以 $\alpha \perp \pi$.证完.

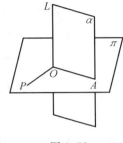

图 1.52

砌墙时,以悬挂重物的绳检查墙是否砌正,就是应用这个定理.

推论 1 通过一已知点可作一组共轴面与一已知平面垂直.

推论 2 垂直于平面上一直线的平面,必与该平面垂直.

事实上,设平面 α 垂直于平面 π 上的直线 OP(图 1.52),那么由于 $OP \perp \alpha$,π 既通过 OP,根据定理 4,$\alpha \perp \pi$.

定理 5 设两平面相垂直,若一直线在其一平面上且垂直于交线,则必垂直于另一平面.

证明 设 $\alpha \perp \pi$(图 1.52),而 OL 在 α 上且 $OL \perp$ 交线 OA,求证 $OL \perp \pi$.

在 π 上作 $OP \perp OA$,则 $\angle LOP$ 是二面角 $\angle(\alpha,\pi)$ 的平面角,故为直角,即 $OL \perp OP$.OL 垂直于 π 上两相交线 OA 和 OP,因而 $OL \perp \pi$.证完.

推论 1 设两平面相垂直,从第一平面上一点所作第二平面的垂线必在第一平面上.

这是定理 5 的逆定理,要证明它只要利用定理 5 以及从一点所作一平面的垂线的唯一性.

推论 2 设两平面同垂直于第三平面,则其交线也垂直于第三平面.

设 $\alpha \perp \pi, \beta \perp \pi$(图 1.53).从其交线上一点 L 作直线 $LO \perp \pi$,则由推论 1,LO 既在 α 上又在 β 上,即是 α 和 β 的交线,所以 α 和 β 的交线 $\perp \pi$.

推论 3 若一平面与其外一直线同垂直于某平面,则必相平行.

设 $\alpha \perp \pi, l \perp \pi$(图 1.54),若 l 交 α 于一点 L,则从 L 所作 α 和 π 交线的垂线,一方面在 α 上因而不同于 l,另一方面又垂直于 π(定理 5),于是从 L 可作 π 的两条垂线了.这矛盾反证了 $l // \alpha$.

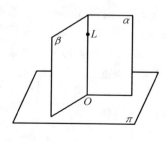
图 1.53

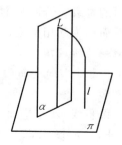
图 1.54

1.9 作图题三则

作图题 1 给定一平面及一斜线,求在平面上通过斜线足作一直线,使与该斜线成已知锐角.

解 假设问题已解,π 为给定平面,OA 为给定斜线,OT 为所求直线满足 $\angle AOT=$ 已知角 ψ(图 1.55).

在斜线 OA 上任意取定一点 A,并作 $AH \perp \pi$,H 为垂足. 作 $HT \perp OT$,由三垂线定理(1.7.2),$AT \perp OT$.

从直角 $\triangle AOT$ 看,它的斜边 OA 和锐角 $\angle AOT = \psi$ 都已定了,所以边 AT 有定长. 再从直角 $\triangle AHT$ 看,两边 AT 和 AH 已定,所以 HT 有定长. 可见点 T 在以 H 为中心以定长 HT 为半径的圆周上. 所求直线是从斜足 O 所引这圆周的切线.

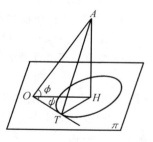
图 1.55

如果以 ϕ 表示斜线 OA 和平面 π 的夹角,那么
$$OH = OA\cos\phi, \quad OT = OA\cos\psi$$
从直角 $\triangle OHT$ 看,有解条件是 $OH \geq OT$,或 $\phi \leq \psi$;从 1.7.4 这是显然的. 所以

(1) 若 $\psi < \phi$,则 $OT > OH$. 无解.

(2) 若 $\psi = \phi$,则 $OT = OH$,$HT = 0$,T 重合于 H. 一解 OH.

(3) 若 $\psi > \phi$,则 $OT < OH$,O 在圆外,可引两切线. 两解.

作图题 2 通过一定直线求作一平面,使与定平面成定角.

解 当定直线 a 在定平面 π 上或与平面 π 相平行时,设问题已解,只要用一个与定直线 a 垂直的平面一截,就可设法找到一个辅助直角三角形(例如当 $a /\!/ \pi$ 时,这可由图 1.56 看出). 这时若所

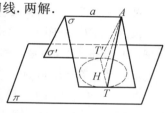
图 1.56

设角不是直角,问题有两解,是直角只有一解.

当 $a\perp\pi$ 时,问题或者无解(若定角非直角),或者有无穷多解(若定角是直角).

设定线 a 是定平面 π 的斜线(图 1.57),以 O 表示斜足,以 ϕ 表示 a 和 π 的夹角. 假设问题已解,σ 是所求平面,它通过 a 而与 π 夹定角 ψ. 显然可以假设 ψ 是锐角而无损于普遍性.

在 a 上任意取定一点 A,作 $AH\perp\pi$,H 为垂足. 作 $HT\perp OT$(σ 和 π 的交线),由三垂线定理(1.7.2),$AT\perp OT$,所以 $\angle ATH=\psi$. 在直角 $\triangle ATH$ 中,一腰 AH 已定,锐角 $\angle ATH=\psi$,所以 HT 有确定的长度. OT 就是从斜足 O 所作以 H 为中心而以这定长为半径的圆的切线. OA 和 OT 就决定了所求平面 σ.

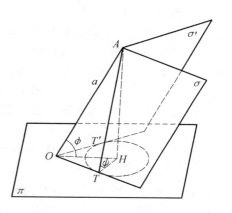

图 1.57

从直角三角形 $\triangle AOH$ 和 $\triangle ATH$ 得
$$OH=AH\cot\phi, HT=AH\cot\psi$$
从直角 $\triangle OHT$ 看,可知

(1) 若 $\psi<\phi$,则 $OH<HT$. 无解.

(2) 若 $\psi=\phi$,则 $OH=HT$,上面所说的圆以 H 为中心,而通过斜足 O,这时 OT 应代以此圆在点 O 的切线. 一解.

(3) 若 $\psi>\phi$,则 $OH>HT$,O 在圆外,从 O 可引圆的两条切线. 两解.

作图题 3 给定两条不共面直线,求作一直线和它们垂直相交.

解 假设问题已解,AB 为所求直线(图 1.58),和两条已知不共面直线 a,b 分别垂直相交于 A,B.

过 B 引直线 $a_0\parallel a$,由 $AB\perp a$ 得 $AB\perp a_0$. 又 $AB\perp b$,因而 AB 垂直于 a_0 和 b 所决定的平面 β. 这平面 β 不是别的,正是通过 b 而平行于 a 的唯一平面(1.3 定理 8),而 a_0 正是 a 在 β 上的射影.

可见如果解存在,点 B 只能是 a 在 β 上的射影 a_0 和 b 的交点.

由这个分析得出下面的作法:通过直线 b 上任一点引直线 $a'\parallel$

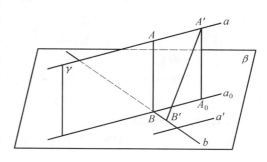

图 1.58

a,作通过 b 和 a' 的平面 β.通过 a 作平面 $\gamma \perp \beta$,以求 a 在 β 上的射影 a_0.这直线 a_0 一定不重合于 b(因为 a,b 不共面,b 不能在 γ 上),也不和 b 平行(否则从 $a_0 // b$ 和 $a_0 // a$(1.3 定理 5),应用平行线的传递性,得出 $a // b$,便和 a,b 不共面的假设矛盾).因此 a_0 和 b 有唯一交点 B.在 B 作 β 的垂线 BA,则 $BA \perp a_0$,因而 $BA \perp a$.又因 BA 在 γ 上(1.8 定理 5 推论 1),它既和 a_0 相交,也就和 a_0 的平行线 a 相交于一点 A.所以 AB 和 a,b 同时垂直相交.证完.

定理 两条不共面直线有一条也只有一条公共的垂直相交线.

设 A' 是 a 上除 A 以外的任一点,B' 是 b 上除 B 以外的任一点,则必有 $A'B' > AB$.事实上,作 $A'A_0 \perp \beta$,则 A_0 在 a_0 上.根据垂线和斜线比较定理得
$$A'B' > A'A_0 = AB$$

这公垂线段 AB 称为**不共面二直线间的距离**.

1.10 三面角·多面角

设从一点 S 顺次引出不共面的射线 $SA, SB, SC, \cdots, SK, SL$,那么由 S, $SA, SB, \cdots, SK, SL$ 以及 $\angle ASB, \angle BSC, \cdots, \angle KSL, \angle LSA$ 的内部所形成的图形,称为多面角 $S-ABC\cdots KL$,S 称为它的顶(点),$SA, \cdots, SL$ 称为它的棱,相邻二棱之间的平面部分称为它的面,一面上由二棱所形成的角称为它的面角[①],相邻二面形成的二面角称为它的二面角.

多面角按它的面数分为三面角、四面角、五面角等.

若多面角在其每一面所在平面的同侧,便称为凸多面角,否则称为凹的.三面角一定是凸的.

设一平面截凸多面角的各棱,则截口为一凸多边形.事实上,若这多边形不是凸的,就不能在其某一边所在直线的同侧,从而原有的多面角也就不能在该直线和顶点所决定平面的同侧了.

反之,给定一凸多边形,从不在其平面上一点向它的各顶点引射线,就可以得到一个凸多面角.

任以一平面截多面角的各面得一多边形,则多边形内部的点称为多面角的内点,一切内点的总体称为多面角的内部.

1.10.1 互补三面角

设给定三面角 $S-ABC$,从顶点 S 出发作三射线 SA_0, SB_0, SC_0 分别垂直

[①] 我们约定,各面角恒小于二直角.

于平面 BSC, CSA, ASB，并与射线 SA, SB, SC 分别在各该平面同侧，那么三面角[1] $S-A_0B_0C_0$ 称为 $S-ABC$ 的补三面角(图 1.59)。

我们来证明，$S-ABC$ 也是 $S-A_0B_0C_0$ 的补三面角，即它们是互补的。为了证这个，我们先证明

引理 设从平面上一点引两射线，一条是平面的垂线，一条是斜线，那么这两射线形成锐角的充要条件是：它们在平面的同侧。

证明 设 OA 是垂线，OB 是斜线，以 OB' 表示 OB 在平面 π 上的射影，那么三射线 OA, OB, OB' 共面。如果 OA 和 OB 在 π 的同侧(图 1.60(a))，那么
$$\angle AOB < \angle AOB'$$
即 $\angle AOB$ 为锐角。如果 OA 和 OB 在 π 的异侧(图 1.60(b))，那么
$$\angle AOB > \angle AOB'$$
即 $\angle AOB$ 为钝角。证完。

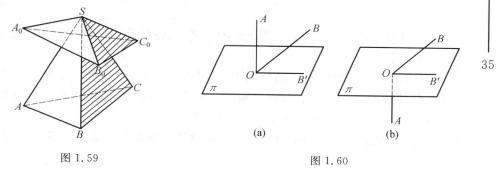

图 1.59　　　　　　　　　　　　图 1.60

定理 1 若 $S-A_0B_0C_0$ 是 $S-ABC$ 的补三面角，则 $S-ABC$ 也是 $S-A_0B_0C_0$ 的补三面角。

证明 从定义和引理，有(图 1.59)
$$SB_0 \perp 平面\ CSA, SC_0 \perp 平面\ ASB, \angle ASA_0 < d$$
由此推出
$$SB_0 \perp SA, SC_0 \perp SA$$
所以有
$$SA \perp 平面\ B_0SC_0, \angle A_0SA < d$$
即是说，射线 $SA \perp$ 平面 B_0SC_0，而且 SA 和 SA_0 在这平面的同侧。同理，$SB \perp$ 平面 C_0SA_0，而且 SB 和 SB_0 在平面 C_0SA_0 的同侧；$SC \perp$ 平面 A_0SB_0，而且 SC 和 SC_0 在

---

[1] 读者试证：由于平面 ASB, BSC, CSA 不共线，SA_0, SB_0, SC_0 必不共面。

平面 A_0SB_0 的同侧.根据定义,$S-ABC$ 也是 $S-A_0B_0C_0$ 的补三面角.

定理 2 两个互补三面角中,就度量来讲,一个的面角和另一个的相应二面角互补,即 $\angle BSC+\angle B_0-SA_0-C_0=2d$,$\angle B_0SC_0+\angle B-SA-C=2d$,等等,其中(例如说)$\angle B-SA-C$ 表示该二面角的度量,即是说它的平面角的度量.

这定理留给读者自证.

1.10.2 关于多面角中面角与二面角的不等式

定理 3 三面角的任何面角小于其他两个面角之和而大于其差.

证明 我们只要证明定理的后半.例如,若有 $\angle ASC \leqslant \angle ASB$,那么不等式
$$\angle ASC < \angle ASB + \angle BSC$$
就是显然的;而如果 $\angle ASC > \angle ASB$,那么上面的不等式就可以从
$$\angle ASC - \angle ASB < \angle BSC$$
推出来.

要证明这个最后的不等式,在面 ASC 上作 $\angle ASB'=\angle ASB$(图 1.61),因而 $\angle B'SC$ 代表 $\angle ASC-\angle ASB$.

截取线段 $SB=SB'$,然后通过点 B 和 B' 作一个平面使截棱 SA 和 SC(而不是它们的延长线)于 A 和 C,两三角形 $\triangle SAB$ 和 $\triangle SAB'$ 因两边及其夹角分别相等而合同,于是 $AB=AB'$.从 $\triangle ABC$ 看,$BC>AC-AB=AC-AB'=B'C$.最后,在两三角形 $\triangle SBC$ 和 $\triangle SB'C$ 中,两边分别相等而第三边不等,得出 $\angle BSC>\angle B'SC$,即
$$\angle BSC > \angle ASC - \angle ASB$$
证完.

推论 在任何多面角中,任一面角小于其他各面角之和.

现在取五面角 $S-ABCDE$(图 1.62)为例证之(这个证法是具有普遍性的)

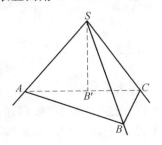

图 1.61

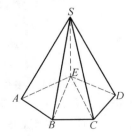

图 1.62

$$\angle ASE<\angle ASB+\angle BSE<\angle ASB+\angle BSC+\angle CSE<$$
$$\angle ASB+\angle BSC+\angle CSD+\angle DSE$$

定理 4 三面角各面角之和小于四直角.

证明 延长一棱 SA 得出 SA'(图 1.63),在三面角 $S-A'BC$ 中应用定理 3,有

$$\angle BSC<\angle CSA'+\angle A'SB=(2d-\angle CSA)+(2d-\angle ASB)$$

移项得

$$\angle BSC+\angle CSA+\angle ASB<4d$$

证完.

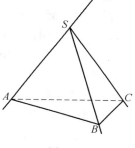

图 1.63

定理 4′ 任何凸多面角各面角之和小于四直角.

证明 取一个与各棱相交的平面截多面角,以 $A,B,C,\cdots,K,L$ 表示其与各棱的交点. 根据定理 3,有

$$\angle ABC<\angle ABS+\angle CBS$$
$$\angle BCD<\angle BCS+\angle DCS$$
$$\vdots$$
$$\angle LAB<\angle LAS+\angle BAS$$

相加,左边是凸多边形 $ABCD\cdots KL$ 的内角和,因之等于 $2(n-2)d$;右边等于 $(2d-\angle ASB)+(2d-\angle BSC)+\cdots+(2d-\angle LSA)=2nd-(\angle ASB+\angle BSC+\cdots+\angle LSA)$,则

$$\angle ASB+\angle BSC+\cdots\cdots+\angle LSA<4d$$

证完.

定理 5 三面角的三个二面角之和大于二直角.

证明 以 $S-A_0B_0C_0$ 表示 $S-ABC$ 的补三面角,应用定理 4 于 $S-A_0B_0C_0$,有

$$\angle B_0SC_0+\angle C_0SA_0+\angle A_0SB_0<4d$$

应用定理 2,这等式可以写为

$$(2d-\angle B\text{-}SA\text{-}C)+(2d-\angle C\text{-}SB\text{-}A)+(2d-\angle A\text{-}SC\text{-}B)<4d$$

或

$$\angle B\text{-}SA\text{-}C+\angle C\text{-}SB\text{-}A+\angle A\text{-}SC\text{-}B>2d$$

证完.

1.10.3 三面角的外二面角

三面角中一个二面角的邻补二面角称为它的一个外二面角. 外二面角可以大于、等于或小于不相邻的内二面角.

事实上,设 $S-ABC$ 为一三面角,SA' 为棱 SA 的反向延长线(图 1.63). 若选

取 $S-ABC$ 使以 SB 和 SC 为棱的二面角都是锐二面角,则其外二面角 $\angle C-SB-A'$ 显然大于其不相邻的内二面角 $\angle A-SC-B$;而就三面角 $S-A'BC$ 说,它的外二面角 $\angle A-SC-B$ 就小于其不相邻的内二面角 $\angle C-SB-A'$ 了.

如果选取 $SA \perp$ 平面 BSC,那么以 SB 为棱的外二面角就等于以 SC 为棱的内二面角了.

1.10.4 有向三面角

在平面几何里,我们讨论过有向角,现在我们来讨论有向三面角.

设给定三面角 $S-ABC$,如果约定把 SA,SB,SC 依次叫做第一、第二、第三棱,那么这便叫做有向三面角,记作 $\overline{S-ABC}$.

设以不通过顶点的任一平面 π 截三棱,如果从点 S 看平面 π 上的截口三角形,围线 $ABCA$ 是逆时针方向(图 1.64 左),就说 $\overline{S-ABC}$ 有正向;如果是顺时针方向(图 1.64 右),就说 $\overline{S-ABC}$ 有负向.向的正负与平面 π 的选择无关.

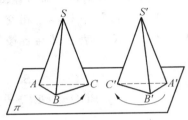

图 1.64

从这个定义立刻看出:①如果互换三面角的两棱,就改变了它的向,即 $\overline{S-ABC}$ 和 $\overline{S-BAC}$ 的向相反;②若轮换三面角的三棱,它的向保留不变,即 $\overline{S-ABC}$ 和 $\overline{S-BCA}$ 以及 $\overline{S-CAB}$ 的向相同.

若反向延长三面角 $S-ABC$ 的三棱,得一新三面角 $S-A'B'C'$(图 1.65),称为 $S-ABC$ 的对顶三面角.若将 SA 与 SA',SB 与 SB',SC 与 SC' 相对应,那么显然两个三面角 $S-ABC$ 和 $S-A'B'C'$ 的对应面角相等,对应二面角也相等,但是它们的向相反.

图 1.65

两个对顶三面角虽有对应相等的面角和二面角,在一般情况下却是无法叠合的.因在一般情况下,$S-ABC$ 的三个面角不相等,所以 $S-A'B'C'$ 中只有面 $B'SC'$ 能与面 BSC 相叠合,因此如果两个三面角能叠合,只有棱 SA 与 SA' 相叠合.同理,棱 SB' 需与 SB 叠合,SC' 需与 SC 叠合.但这是不可能的:当 SB',SC' 分别与 SB,SC 叠合以后,由于这两个三面角有反向,棱 SA 和 SA' 各位于平面 BSC 的一侧,绝不可能叠合.

1.10.5 两个三面角的相等

如果两个三面角的对应面角相等,对应二面角也相等,就称为相等的.除此以外，如果它们有同向，则称为全相等，简称全等；而如果有反向，则称为对称的或镜照相等．所以，相等兼指全等和对称而言．如果两个三面角是对称的，则其中一个和另一个的对顶三面角全等．两个对顶三面角是对称的，即相等而一般说来不全等．

如果两个三面角可以叠合，那么就有对应相等的面角和二面角，且有同向，所以是全等的．反过来，若对应面角相等，对应二面角也相等，并有同向，就可以叠合．所以全等与可叠合的意义是相同的．

我们约定，将相等的三面角中相等的元素写在相应位置．因此，如果 $S\text{-}ABC$ 和 $S'\text{-}A'B'C'$ 相等，则面角 $ASB=$ 面角 $A'S'B'$，二面角 $SA=$ 二面角 $S'A'$，其他类推．

三面角的相等满足反身律、对称律和传递律．这意思就是说：①任一三面角与其自身相等；②如果 $S\text{-}ABC$ 与 $S'\text{-}A'B'C'$ 相等，那么 $S'\text{-}A'B'C'$ 与 $S\text{-}ABC$ 也相等；③如果 $S\text{-}ABC$ 和 $S'\text{-}A'B'C'$ 都和 $S''\text{-}A''B''C''$ 相等，那么 $S\text{-}ABC$ 和 $S'\text{-}A'B'C'$ 也相等．

三面角的对称或镜照相等只满足对称律，而不满足反身律和传递律．

根据定理 2 和这里的定义，立刻知道下面的定理成立．

定理 6 两个三面角若相等，则它们的补三面角也相等．

我们在本书最初所列公理中，没有移置或运动的概念，这乃是公理的产物．以下关于两个三面角相等的四个定理，证明时避免用叠合法，因此较繁．

定理 7 设两个三面角的三个面角对应相等，则必相等．①

证明 设在三面角 $S\text{-}ABC$ 和 $S'\text{-}A'B'C'$ 中（图 1.66），有
$$\angle ASB=\angle A'S'B', \angle BSC=\angle B'S'C', \angle CSA=\angle C'S'A'$$

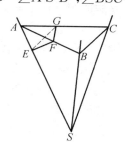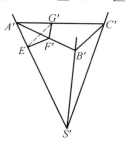

图 1.66

---

① 若两个三面角有同向则全等，有反向则对称或镜照相等，以下三定理同此．

要证明对应的二面角相等. 我们取 $\angle B-SA-C=\angle B'-S'A'-C'$ 为例来证明.

首先在两三面角的各棱上截取 $SA=SB=SC=S'A'=S'B'=S'C'$,于是得到三对合同的等腰三角形:$\triangle ASB$ 与 $\triangle A'S'B'$,$\triangle BSC$ 与 $\triangle B'S'C'$,$\triangle CSA$ 与 $\triangle C'S'A'$. 因而
$$\angle SAB=\angle S'A'B',\angle SAC=\angle S'A'C',AB=A'B',AC=A'C',BC=B'C'$$
所以
$$\triangle ABC\equiv\triangle A'B'C'$$
从而
$$\angle BAC=\angle B'A'C'$$

其次,因 $\angle SAB$ 和 $\angle SAC$ 都是锐角,一定可以在线段 SA 上充分接近点 A 选取一点 E,在面 ASB 上作 $EF\perp SA$,在 ASC 面上作 $EG\perp SA$,使可能与线段 AB,AC 各交于一点 F,G. 并在线段 $S'A'$ 上取一点 E' 使 $A'E'=AE$,同法得出相应的交点 F',G'. 于是从两对合同直角三角形 $\triangle AEF\equiv\triangle A'E'F'$,$\triangle AEG\equiv\triangle A'E'G'$,得出
$$AF=A'F',AG=A'G'$$
那么 $\triangle AFG$ 和 $\triangle A'F'G'$ 有两边及其夹角分别相等,因而合同,所以 $FG=F'G'$.

最后,$\triangle EFG$ 和 $\triangle E'F'G'$ 有三边分别相等,所以就有 $\angle FEG=\angle F'E'G'$. 二面角 $\angle B-SA-C$ 和 $\angle B'-S'A'-C'$ 的平面角既相等,这两二面角也就相等.

同理可证明其他的二面角相等. 两个三面角的面角和二面角对应相等,所以是相等的. 证完.

定理 8 设两个三面角有两个面角及其所夹二面角对应相等,则必相等.

证明 设在三面角 $S-ABC$ 和 $S'-A'B'C'$ 中(图1.66),有
$$\angle ASB=\angle A'S'B',\angle ASC=\angle A'S'C'$$
$$\angle B-SA-C=\angle B'-S'A'-C'$$
要证明这两个三面角相等,根据定理7,只要能证明 $\angle BSC=\angle B'S'C'$.

为了这个目的,首先,仍然取 $SA=SB=SC=S'A'=S'B'=S'C'$. 从合同等腰三角形 $\triangle ASB$ 和 $\triangle A'S'B'$ 得出 $AB=A'B'$,$\angle SAB=\angle S'A'B'$;从合同等腰三角形 $\triangle ASC$ 和 $\triangle A'S'C'$ 得出 $AC=A'C'$,$\angle SAC=\angle S'A'C'$.

其次,像上面一样取 $AE=A'E'$,并完全同样地得出点 F,G,F',G'. 从合同直角三角形 $\triangle AEF$ 和 $\triangle A'E'F'$ 得出 $EF=E'F'$,$AF=A'F'$. 仿此得出 $EG=E'G'$,$AG=A'G'$. 于是 $\triangle EFG$ 和 $\triangle E'F'G'$ 因两边及其夹角分别相等而合同,从而 $FG=F'G'$.

再次,$\triangle AFG$ 和 $\triangle A'F'G'$ 因三边分别相等而合同,所以 $\angle BAC=\angle B'A'C'$. 于是 $\triangle ABC$ 和 $\triangle A'B'C'$ 有两边及其夹角分别相等,所以 $BC=B'C'$.

最后，$\triangle BSC$ 和 $\triangle B'S'C'$ 有三边分别相等，因而达到了证明的目的 $\angle BSC = \angle B'S'C'$. 证完.

定理 9 设两个三面角的两个二面角及其所夹面角对应相等，则必相等.

证明 设在三面角 $S-ABC$ 和 $S'-A'B'C'$ 中（图 1.66），两个二面角及所夹面角对应相等，以 $S-A_0B_0C_0$ 和 $S'-A_0'B_0'C_0'$ 分别代表它们的补三面角. 应用定理 2，这两新三面角有两个面角及所夹二面角对应相等，由定理 8，它们相等. 根据定理 6，$S-ABC$ 和 $S'-A'B'C'$ 也相等. 证完.

定理 10 设两个三面角的三个二面角对应相等，则必相等.

证明 仿照定理 9 的证明，$S-ABC$ 和 $S'-A'B'C'$ 的补三面角有三个面角对应相等，因而相等（定理 7）. 所以按照定理 6，$S-ABC$ 和 $S'-A'B'C'$ 相等. 证完.

1.10.6 三面角的面角与其二面角之间的关系

定理 11 三面角中，若两个面角相等，则它们所对的二面角也相等.

证明 设在三面角 $S-ABC$ 中，$\angle ASB = \angle ASC$. 考察两个三面角 $S-ABC$ 和 $S-ACB$，它们有两个面角及其所夹二面角对应相等，应用定理 8 得
$$\angle B-SC-A = \angle C-SB-A$$
证完.

三面角若有两个面角相等，则称为等腰三面角.

定理 12 三面角中，若两个二面角相等，则它们所对的面角也相等.

这是定理 11 的逆定理，可仿照上面的方法应用定理 9 证明.

推论 三面角中，若三个面角相等，则三个二面角也相等；若三个二面角相等，则三个面角也相等.

定理 13 一个三面角能与它的对称三面角相叠合的充要条件是：它是等腰三面角.

证明 在 1.10.4 我们曾说过，一个三面角的三个面角如果互不等，它就不可能和它的对顶三面角（即其对称三面角）相叠合. 必要性证明了.

反过来，设在三面角 $S-ABC$ 中，有 $\angle ASB = \angle ASC$. 那么考察 $S-ABC$ 和它的对顶三面角 $S-A'C'B'$（注意顺序！）它们有同向[①]，并且
$$\angle ASB = \angle A'SC', \angle ASC = \angle A'SB', \text{二面角 } SA = \text{二面角 } SA'$$
所以根据定理 8，它们全等，即可叠合. 证完.

定理 14 三面角中，若两个二面角不相等，则所对的面角也不等；大二面

[①] $S-ABC$ 和 $S-A'B'C'$ 反向，因此和 $S-A'C'B'$ 同向（1.10.4）.

角所对的面角也较大.

证明 设在三面角 $S-ABC$ 中,二面角 SA 大于二面角 SC.在二面角 $\angle B-SA-C$ 内作 $\angle D-SA-C=\angle B-SC-A$(图 1.67),于是 $S-ADC$ 是等腰三面角(定理 12):$\angle ASD=\angle CSD$.

但在三面角 $S-ABD$ 中,应用定理 3,有
$$\angle ASB<\angle ASD+\angle BSD$$
或 $\angle ASB<\angle CSD+\angle BSD=\angle BSC$
证完.

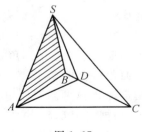

图 1.67

定理 15 (定理 14 的逆定理)三面角中,若两个面角不相等,则所对的二面角也不等;大面角所对的二面角也较大.

证明从定理 12 和 14 立刻得到.

定理 16 两个三面角中,若两个面角对应相等而所夹二面角不等,则第三个面角也不等;大二面角所对的面角也较大.

证明 设两个三面角 $S-ABC$ 和 $S-ABC'$ 有公共面角 $\angle ASB$,两个面角 $\angle BSC=\angle BSC'$,$\angle A-SB-C'>\angle A-SB-C$(图 1.68).在二面角 $\angle C-SB-C'$ 中,作平分面 SBE 交面 ASC' 于 SE.

两个三面角 $S-BEC$ 和 $S-BEC'$ 是对称的,事实上,面角 $\angle BSE$ 是公用的,面角 $\angle BSC$ 和 $\angle BSC'$ 依假设相等,并且由于 SBE 是平分面,这些面夹相等的二面角,因此

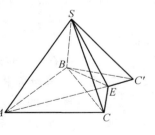

图 1.68

$$\angle ESC=\angle ESC'$$

但在三面角 $S-ACE$ 中,两个面角之和大于第三个面角,即
$$\angle ASE+\angle ESC>\angle ASC$$
用 $\angle ESC'$ 代替 $\angle ESC$ 得出
$$\angle ASC'>\angle ASC$$
证完.

定理 17 (定理 16 的逆定理)两个三面角中,若两个面角对应相等但第三个面角不等,则不等面角所对的二面角也不等;大面角所对的二面角也较大.

证明从定理 8 和 16 立刻得到.

1.10.7 三直三面角

在结束有关三面角的知识以前,我们介绍有关三直三面角的一些性质.所

谓单直、双直、三直三面角,是指一个三面角分别有一个、两个、三个二面角是直二面角,统称直三面角.立体解析几何里的正交坐标系的一个卦限,便是三直三面角.建议读者证明下述命题作为练习:①两个单直三面角中,若直二面角所对的面角和另一面角对应相等,则此两三面角相等.②两个单直三面角中,若直二面角所对的面角和另一二面角对应相等,则此两三面角相等.我们转入下面有关三直三面角的命题.

设以一平面 π 截三直三面角 $S-ABC$ 得出 $\triangle ABC$,则

(1)$\triangle ABC$ 的垂心 H 是顶点 S 在 π 上的射影.

(2)$\triangle ASB$ 的面积是 $\triangle ACB$ 和 $\triangle AHB$ 的面积的比例中项.

(3)$\triangle ABC$ 的面积的平方等于 $\triangle ASB$,$\triangle BSC$,$\triangle CSA$ 的面积的平方和.

(4)若已知 $\triangle ABC$,如何作出以 AB,BC,CA 为棱的二面角的平面角?

下面证明这个命题:

(1)$\triangle ABC$ 的垂心 H 是顶点 S 在该三角形平面上的射影.

从顶点 S 向 $\triangle ABC$ 所在平面引垂线 SH(图 1.69).应用 1.8 定理 4,由于 $SH\perp$ 平面 ABC,可见平面 $ASH\perp$ 平面 ABC;由于 $SA\perp$ 平面 BSC,可见平面 $ASH\perp$ 平面 BSC.根据 1.8 定理 5 推论 2,平面 ABC 和 BSC 的交线 $BC\perp$ 平面 ASH,因此 $BC\perp AH$.

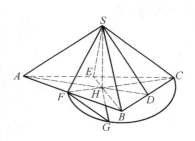

图 1.69

同理,$CA\perp BH$,$AB\perp CH$,所以 H 是 $\triangle ABC$ 的高线 AD,BE,CF 的交点,即 $\triangle ABC$ 的垂心.

(2)$\triangle ASB$ 的面积是 $\triangle ACB$ 和 $\triangle AHB$ 的面积的比例中项.

由于 $SC\perp$ 平面 ASB,所以 $SC\perp SF$. SH 是直角 $\triangle SCF$ 斜边上的高,所以根据平面几何定理,有

$$SF^2 = FH \cdot FC$$

以 $\dfrac{1}{4}AB^2$ 乘两端,得

$$\left(\frac{1}{2}AB\cdot SF\right)^2 = \left(\frac{1}{2}AB\cdot FH\right)\left(\frac{1}{2}AB\cdot FC\right)$$

即

$$S^2_{\triangle ASB} = S_{\triangle AHB}\cdot S_{\triangle ACB}$$

(3)$S^2_{\triangle ABC} = S^2_{\triangle ASB} + S^2_{\triangle BSC} + S^2_{\triangle CSA}$.

事实上,依上面所讲

$$S_{\triangle ABC} \cdot S_{\triangle AHB} = S^2_{\triangle ASB}$$
$$S_{\triangle ABC} \cdot S_{\triangle BHC} = S^2_{\triangle BSC}$$
$$S_{\triangle ABC} \cdot S_{\triangle CHA} = S^2_{\triangle CSA}$$

相加得
$$S^2_{\triangle ABC} = S^2_{\triangle ASB} + S^2_{\triangle BSC} + S^2_{\triangle CSA}$$

我们再用另一个方法证明这个结果
$$4S^2_{\triangle ABC} = BC^2 \cdot AD^2 =$$
$$BC^2 \cdot (SA^2 + SD^2) =$$
$$BC^2 \cdot SD^2 + SA^2(SB^2 + SC^2) =$$
$$4S^2_{\triangle BSC} + 4S^2_{\triangle ASB} + 4S^2_{\triangle CSA}$$

以 4 除两边就得到证明.

如果以 a, b, c 表示 SA, SB, SC 的长,那么从此就可以用 a, b, c 表示 $\triangle ABC$ 的面积
$$4S^2_{\triangle ABC} = b^2c^2 + c^2a^2 + a^2b^2$$
$$S_{\triangle ABC} = \frac{1}{2}\sqrt{b^2c^2 + c^2a^2 + a^2b^2}$$

并且容易计算出从顶点 S 到平面 ABC 的垂线长 SH[①].

用两种方法计算直角 $\triangle BSC$ 的面积,得
$$SD \cdot BC = SB \cdot SC = bc$$

则
$$SD = \frac{bc}{\sqrt{b^2 + c^2}}$$

从直角 $\triangle ASD$ 得到
$$AD^2 = SA^2 + SD^2 = a^2 + \frac{b^2c^2}{b^2+c^2} = \frac{b^2c^2 + c^2a^2 + a^2b^2}{b^2+c^2}$$

用两种方法计算直角 $\triangle ASD$ 的面积,得到
$$SH^2 \cdot AD^2 = SD^2 \cdot SA^2$$

即
$$SH^2 \cdot \frac{b^2c^2 + c^2a^2 + a^2b^2}{b^2+c^2} = \frac{b^2c^2}{b^2+c^2} \cdot a^2$$

---

① 如果准许利用三棱锥求体积的公式,用两种不同的方法计算三棱锥 $S-ABC$ 的体积
$$\frac{1}{3}S_{\triangle ABC} \cdot SH = \frac{1}{3}S_{\triangle SBC} \cdot SA = \frac{1}{3} \cdot \frac{1}{2}bc \cdot a$$

立刻得到
$$SH = \frac{abc}{\sqrt{b^2c^2 + c^2a^2 + a^2b^2}}$$

应用立体解析几何,求从原点到平面 $\frac{x}{a} + \frac{y}{b} + \frac{z}{c} = 1$ 的距离,也得到这结果.

所以
$$SH = \frac{abc}{\sqrt{b^2c^2+c^2a^2+a^2b^2}}$$

我们附带声明一下，$\triangle ABC$ 的三角都是锐角.

事实上，设 $a \geqslant b \geqslant c$，由于
$$AB^2 = a^2+b^2, BC^2 = b^2+c^2, CA^2 = c^2+a^2$$
可见 AB 是最大边，即
$$AB \geqslant CA \geqslant BC$$
但
$$BC^2+CA^2 = a^2+b^2+2c^2 > AB^2$$
可见最大边的对角是锐角，因而三个角都是锐角.

(4) 设已知 $\triangle ABC$，求作以 AB,BC,CA 为棱的二面角的平面角.

由于 $HF \perp AB$，根据三垂线定理，$SF \perp AB$. 所以 $\angle SFH$ 是以 AB 为棱的二面角的平面角. 设在平面 ABC 上，以 $\triangle ABC$ 的高线 CF 为直径作半圆周，通过垂心 H 作直线垂直于 CF，交半圆周于 G. 显然两直角三角形 $\triangle CSF$ 和 $\triangle CGF$ 合同，因而 $\angle CFG$ 等于以 AB 为棱的二面角的平面角 $\angle CFS$.

要得到以 BC,CA 为棱的二面角的平面角，只要在高线 AD,BE 上作相应的作图.

1.11 四面体

不共面的四点，它们每两点相连所得的六线段，以及每三点所成三角形的内部点的总体称为四面体(或三棱锥). 这四点、六线段和四个三角形连同它们的内部分别称为它的顶(点)、棱和面. 以每条棱为棱的二面角，称为四面体的二面角；以每一顶为顶的三面角称为它的三面角. 有时候我们有必要取四面之一作为底面，其余的三面称为侧面. 从底面所对的顶点到这底的垂线称为它的高线. 一平面截四面体得一截口多边形(三角形或四边形)，这多边形内部的点称为四面体的内点，一切内点的总体称为四面体的内部.

1.11.1 四面体的外接平行六面体

四面体的六棱分为三双，没有公共端点的一双称为对棱. 在四面体 $ABCD$ (图 1.70) 中，AB 和 CD，AC 和 BD，AD 和 BC 各是一双对棱.

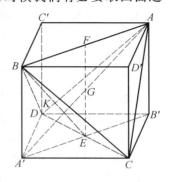

图 1.70

两条对棱必然不共面,因此可以作两平行面使各通过其中一棱(1.4 定理 6).通过三双对棱所作的三组平行面围成一平行六面体,称为四面体的外接平行六面体.四面体的六棱是六面体六面的对角线.

反过来,平行六面体的一顶和过此顶三面的三个对顶,就是一个四面体的顶点.

观察外接平行六面体,就可以证明四面体的一些性质.

从平行四边形的性质,容易知道平行六面体的各对角线通过同一点,而且在此点互相平分.根据这性质可以证明

定理 1 (1)通过四面体的每一棱及其对棱中点的平面共有六个,它们通过同一点.

(2)联结四面体的每一顶点与其对面重心的线段共有四条,也都通过这一点,而且从各该顶点算起都被这点分为 3∶1.

(3)三双对棱中点的三个连线段也通过这一点,而且都被它平分.

这点称为四面体的重心.

证明 (1)通过四面体的棱 AB 及其对棱 CD 中点 E 的平面(图 1.70),显然就是外接平行六面体 $AC'BD'B'DA'C$ 中通过两棱 AB' 和 BA' 的平面 $ABA'B'$,因而通过其对角线的交点 G.同理,其余五个类似平面也通过 G.

(2)平面 $ABA'B'$ 交四面体的面 BCD 于其中线 BE.同理,平面 $ACA'C'$ 交四面体的面 BCD 于其另一中线.可见四面体顶点 A 与其对面 BCD 的重心 K 的连线,就是两平面 $ABA'B'$ 和 $ACA'C'$ 的交线,即是平行六面体的对角线 AA',所以 AK 通过 G.其余三条类似线段同理证明其通过 G.

至于 $AG:GK=3:1$ 乃是平行四边形的一个简单性质(参考图 1.71).

(3)联结一双对棱 CD 和 AB 中点的线段 EF,显然通过 AA' 的中点 G 并被 G 所平分.其余类推.

证完.

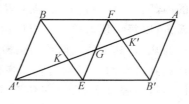

图 1.71

推论 若平行六面体外接于四面体,则平行六面体的各棱分别等于四面体各双对棱中点的连线段.

从图 1.70 立刻看出 $AB'=BA'=CD'=DC'=EF$,其他类推.

由于四面体的棱是它的外接平行六面体各面的对角线,因此

(1)如果四面体有一双对棱相等,例如,$AB=CD$(图 1.70),则外接平行六面体含这两棱的平行面是矩形,反过来也对.

(2)如果四面体有两双对棱分别相等,则外接平行六面体含有两双平行的矩形面,从而是直平行六面体,反过来也对.

(3)如果四面体有三双分别相等的对棱,则外接平行六面体含有三双平行的矩形面,从而是长方体,反过来也对.这时四面体称为等面四面体,因为它的各面有三边分别相等而合同.

由此可知,四面体的三双对棱可以都不相等,可以有一双相等,可以有两双分别相等,也可以有三双分别相等.

1.11.2 四面体的高线

定理 2 四面体中从两顶点发出的高线相交的充要条件是:联结这两顶点的棱垂直于其对棱.

证明 必要性.设四面体 $ABCD$ 的两条高线 AK 和 BL 相交于一点 H(图 1.72),那么既然 $AK\perp$ 平面 BCD,就垂直于这平面上的直线 CD;同理 $BL\perp CD$. 于是从 $CD\perp AK$ 和 $CD\perp BL$ 得出

$$CD\perp 平面 ABH$$

所以 $\qquad CD\perp AB$

充分性.设 $CD\perp AB$.一方面 $CD\perp AB$,另一方面 $CD\perp AK$(因为 $AK\perp$ 平面 BCD,所以 $AK\perp CD$),所以有

$$CD\perp 平面 ABK$$

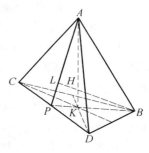

图 1.72

以 P 表示直线 CD 和平面 ABK 的交点,作 $\triangle ABP$ 的高线 BL.那么从 $BL\perp AP$ 和 $BL\perp CD$(因为 BL 在与 CD 垂直的平面 ABK 上),我们得出 BL 垂直于 AP 和 CD 所决定的平面 ACD,即是说 BL 是四面体的高线.

可见 $\triangle ABP$ 的垂心 H 即是四面体两高线 AK 和 BL 的交点.证完.

推论 若由四面体的两顶所作的高线相交,则由其余两顶所作的高线也相交.

因为根据定理 2 的必要部分,若四面体两顶 A,B 的高线相交,便有 $AB\perp CD$,于是从它的充分部分,两顶 C,D 的高线也就相交了.

定理 3 设四面体有两双对棱互相垂直,则第三双对棱也互相垂直,此时四面体的四高线通过同一点.

证明 设在四面体 $ABCD$ 中(图 1.72),$AB\perp CD$,$AC\perp BD$,求证 $AD\perp BC$.

以 AK 表示从顶点 A 所作的高线,在此我们应用三垂线定理及其逆定理

(1.7 定理 8,9). 既有 $CD \perp AB$,那么 CD 就垂直于 AB 的射影 BK,即 BK 是 $\triangle BCD$ 的一条高线. 同理,CK 也是 $\triangle BCD$ 的一条高线,可见 K 是 $\triangle BCD$ 的垂心,从而 $DK \perp BC$. BC 既然垂直于 AD 的射影 DK,也就有 $BC \perp AD$.

根据定理 2,当两双对棱因而三双对棱互相垂直时,四面体的四高线两两相交. 由于四高线不共面(否则四顶点共面),必然得出它们通过同一点的结论.

定理的前半也可以从四面体的外接平行六面体得到. 既然 $AB \perp CD$,也就有 $A'B' \perp CD$(图 1.70),因而 $A'CB'D$ 和 $AC'BD'$ 是菱形. 同理,$AB'CD'$ 和 $A'BC'D$ 也是菱形. 可见外接平行六面体的棱都等长,因而 $AB'DC'$ 和 $A'BD'C$ 也都是菱形. 从此得出 $AD \perp BC$. 证完.

按照定理 2 和 3,四面体可按高线的性质分为以下三类.

(1) 任意四面体:任何一双对棱不垂直,任何两高线不相交.

(2) 有一双也只一双对棱互相垂直的四面体:四高线分为两双,交于两点.

(3) 垂心四面体(或正交四面体):有两双(因之有三双)对棱互相垂直,四高线交于一点. 这时每一顶点在对面上的射影是对面的垂心(例如,图 1.72 中,K 是 $\triangle BCD$ 的垂心).

我们把四高线的交点称为四面体的垂心,那么垂心四面体(并且也只有垂心四面体)有垂心,这垂心在每一面上的射影就是该面的垂心.

在垂心四面体中,每一双对棱的公共垂直相交线通过垂心. 事实上,设图 1.72 中 $ABCD$ 为垂心四面体,H 为垂心. 则一方面由于 $CD \perp$ 平面 ABP,因而 $HP \perp CD$;另一方面,HP 是 $\triangle ABP$ 的第三高线,$HP \perp AB$,所以 AB 和 CD 的公共垂直相交线通过 H. 其他类推.

定理 4 若四面体的一双对棱互相垂直,则另两双对棱中点的连线段相等. 垂心四面体中,三双对棱中点的连线段都相等. 反之,若四面体两双对棱中点的连线段相等,则第三双对棱互相垂直;若三双对棱中点的连线段相等,则必为垂心四面体.

证明 设四面体 $ABCD$ 的一双对棱 $AB \perp CD$,那么在平行四边形 $A'CB'D$ 中(图 1.70),两对角线互相垂直,因而是菱形,于是 $A'C = B'C$. 根据定理 1 推论,得出其他两双对棱中点的连线段相等.

根据垂心四面体的定义,它的三双对棱互相垂直,所以三双对棱中点的连线段都相等.

这推理是可逆的. 证完.

从以上的推理,知道垂心四面体并且也只有垂心四面体的外接平行六面体的各面都是菱形,即是说当也只当四面体的四高线共点时,它的外接平行六面体的各面是菱形.

设三棱锥 $ABCD$ 是一个正三棱锥（图 1.72），即是说若底面是正三角形，而且顶点 A 在底面 BCD 上的射影 K 是底面的中心，那么这时有
$$BC=BD=CD, AB=AC=AD$$
即有
$$CD\perp BK$$
根据三垂线定理，便也有
$$CD\perp AB$$
可知正三棱锥是垂心四面体，它的外接平行六面体的各面是全等的菱形（因各面的对角线分别相等），这样的平行六面体叫做菱面体.反过来，与菱面体相对应的四面体是正三棱锥.

根据 1.11.1 和 1.11.2 所论，得出下表，表明四面体与其外接平行六面体的各种特殊情况.

外接平行六面体	四面体
任意的	任意的
以菱形为底（侧面是任意的平行四边形）	有一双垂直的对棱
以菱形为面	垂心四面体（三双垂直的对棱）
菱面体	正三棱锥
以矩形为底（侧面是任意的平行四边形）	有一双相等的对棱
直平行六面体	有两双相等的对棱
长方体	等面四面体（三双相等的对棱）
正方体（同时是菱面体与长方体）	正四面体（同时是垂心与等面四面体）

1.11.3 四面体的相等

假设两个四面体 $ABCD$ 和 $A'B'C'D'$ 相对应，对应顶点写在对应位置，如果对应的三面角 $A\text{-}BCD$ 和 $A'\text{-}B'C'D'$ 同向或反向，我们就说这两个四面体同向或反向.如 $A\text{-}BCD$ 和 $A'\text{-}B'C'D'$ 同向，则对应的三面角 $B\text{-}ACD$ 和 $B'\text{-}A'C'D'$ 也同向，其他类推.

如果两个四面体对应的棱、面角、二面角、面、三面角对应相等，这两个四面体就称为相等的；如果此外它们还同向，就称为全相等，简称全等；而如果反向，则称为对称的或镜照相等.

定理 5 若一四面体的两个面及其所夹二面角，与另一四面体的两个面及其所夹二面角分别相等，并且与由一个顶点发出的三棱对应相等的三棱也由一个顶点发出，则此二四面体相等（全等或对称）.

我们首先解释条件"与由一个顶点发出的三棱对应相等的三棱也由一个顶点发出"的意义,再作证明.

在图 1.73 中,我们假设

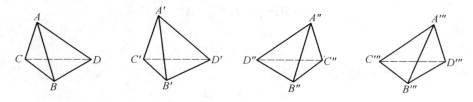

图 1.73

$$\triangle BCD \equiv \triangle B'C'D' \equiv \triangle B''C''D'' \equiv \triangle B'''C'''D'''$$
$$\triangle ACD \equiv \triangle A'C'D' \equiv \triangle A''C''D'' \equiv \triangle A'''D'''C'''$$
二面角 $CD=$ 二面角 $C'D'=$ 二面角 $C''D''=$ 二面角 $C'''D'''$

其中 $ABCD$ 和 $A'B'C'D'$ 以及 $A''B''C''D''$ 是满足所说条件的,而 $ABCD$ 和 $A'''B'''C'''D'''$ 却不满足:由顶 C 发出的三棱 CD, CB, CA 与三棱 $C'''D''', C'''B''', D'''A'''$ 对应相等,但后面的三棱不由一顶点发出.

证明 假设在四面体 $ABCD$ 和 $A'B'C'D'$ 中,有
$$\triangle BCD \equiv \triangle B'C'D', \triangle ACD \equiv \triangle A'C'D'$$
二面角 $CD=$ 二面角 $C'D'$

根据假设,有
$$\angle BCD=\angle B'C'D', \angle ACD=\angle A'C'D'$$
二面角 $CD=$ 二面角 $C'D'$

应用 1.10 定理 8,三面角 C 和 C' 相等.由是可知对应的面角相等,即
$$\angle ACB=\angle A'C'B'$$
从而
$$\triangle ACB\equiv\triangle A'C'B'$$
同理,三面角 D 和 D' 相等,有
$$\angle ADB=\angle A'D'B'$$
$$\triangle ADB\equiv\triangle A'D'B'$$

到此,可知对应的棱、面角、面都相等.由于各对应面角相等,应用 1.10 定理 7,对应的三面角就相等,从而各二面角对应相等.

所以两个四面体 $ABCD$ 和 $A'B'C'D'$ 根据定义相等.证完.

1.12 多面体[①]

一组平面多边形（包括它们的内点）所围成的几何图形，称为多面体，各多边形称为多面体的面；多边形的边称为多面体的棱，每一棱是两个邻面的公共边；多边形的顶点称为多面体的顶（点），棱是两个相邻顶点的连线段；通过同一顶点的各面构成多面体的多面角，各多面角的面角和二面角称为多面体的面角和二面角；不在同一个面上的两顶的连线，称为对角线；不在同一面上的三顶所决定的平面称为对角面.

最简单的多面体是 1.11 所研究的四面体.

多面体若在其每一面的同一侧，称为凸多面体，四面体就是凸的.若用一个平面截凸多面体，则截口是一个凸多边形.

一平面截多面体得一多边形，这多边形内部的点称为多面体的内点，一切内点的总体称为多面体的内部.

1.12.1 关于凸多面体的欧拉[②]定理

虽说多面体是古代希腊几何的研究中心之一而且当时已掌握了五种正多面体的存在，但下面的定理直到 1640 年笛卡尔[③]才发现，1752 年欧拉再度发现并加以运用.这个定理不仅适用于凸多面体，也适用于较广泛一些的所谓第零类多面体，这样的多面体没有"孔"，因而它的表面可以通过连续变形以形成一个球面.

图 1.74 表示一个第零类多面体，图 1.75 表示一个非第零类多面体.

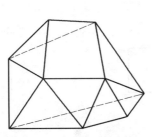

图 1.74 第零类多面体
$V+F-E=9+11-18=2$

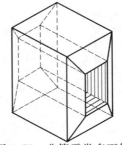

图 1.75 非第零类多面体
$V+F-E=16+16-32=0$

---

① 读者如欲对多面体作较严谨的了解，可参考别列标尔金著《初等几何教程（下卷）》§109.
② Leonard Euler(1707—1783).
③ Rene Descartes(1596—1650).

定理 1 （欧拉定理）[①]设凸多面体的顶数为 V，面数为 F，棱数为 E，则
$$V+F-E=2$$

证明 设想给定的凸多面体是空的，由薄橡皮做成，当我们割去其一面以后，就可以将其余表面连续变形直到铺平在一个平面上，以形成连成一片的网络．尽管在这过程中，长度、角度、面积等度量性质改变了，但还有一些未变的性质[②]．这平面网络所含的顶数和棱数，与原先多面体的一样，而面数少了 1，因为我们去掉了一个面．我们只要能证明对于平面网络有 $V+F-E=1$，那么对于原来的多面体就有 $V+F-E=2$ 了．

首先，我们将平面网络照下述方法划为由三角形构成的网络，在一个还不是三角形的多边形中，添上一条对角线．这样做，E 和 F 都增加了 1，但顶点数 V 没有变动，因而总数 $V+F-E$ 依旧未变．这样逐次画上一些对角线，就可以把平面网络化为三角网络，它的 $V+F-E$ 和原来的平面网络一样．

其次，在三角网络中，有一些三角形在边界上．其中的三角形可能有一边在边界上，也可能有两边在边界上．有一边在边界上的三角形（例如，图 1.76 的 $\triangle ABC$），我们去掉这一边，因而去掉一个面，所以 $V+F-E$ 仍然未变．有两边在边界上的三角形（例如，图 1.76 的 $\triangle MNP$），我们去掉这两边，因而 E 减少

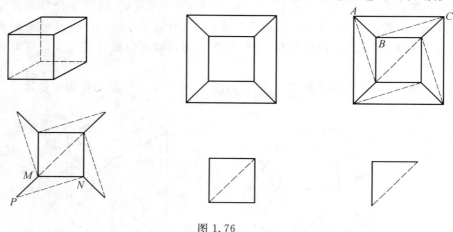

图 1.76

[①] 这定理有许多证明，这里所用的见 R. Courant and H. Robbins, *What is mathematics*, 第三版（1940），236～240 页（杨宗磐译，《近代数学概观（第三册）》，8～12 页，中华书局）．其他证明可参考《三 S 立体几何》附录，或 Н. А. Глаголев, 《初等几何（第二卷）》§71，或 Д. И. Перепёлкин, 《初等几何教程（下卷）》§165 等．

[②] 称为拓扑性质．

了 2，F 减少了 1，V 也减少了 1，所以 $V+F-E$ 也没有变. 我们逐次取消在边界上的三角形，每次都没有改变 $V+F-E$，最终剩下一个三角形，所以 $V+F-E=3+1-3=1$.

可见对于原来的多面体，$V+F-E=2$，于是欧拉定理证明了.

注意对于非第零类多面体，欧拉定理不适用（图 1.75）. 这个定理以及它的推广在拓扑学上占重要的地位.

1.12.2 正多面体

若一凸多面角的各面角相等，各二面角也相等，就称为正多面角.

若一凸多面体的各面是全等的正多边形，且各多面角是相等的正多面角①，就称为正多面体. 第二个条件显然可用"各二面角相等"来替代.

立方体就是正多面体的一例.

从平面几何，我们知道有无穷多种正多边形存在.

至于正多面体，就完全不然.

1.12.3 正多面体至多有五种②

定理 2 正多面体最多只有五种.

证明 若正 m 面角和正 n 边形可以构成正多面体，则 m 和 n 的关系如何？

正 n 边形每一内角等于 $\left(1-\dfrac{2}{n}\right)2d$. 应用 1.10 定理 4′得

$$m\left(1-\frac{2}{n}\right)2d<4d$$

或
$$\frac{1}{m}+\frac{1}{n}>\frac{1}{2} \qquad ①$$

但正多面角的面数 m 以及正多边形的边数 n 都至少等于 3，而从不等式 ①，知道它们不可能都大于 3. 若有 $m\geqslant 4,n\geqslant 4$，那么就将有 $\dfrac{1}{m}+\dfrac{1}{n}\leqslant\dfrac{1}{2}$ 了！

由此可知 m 和 n 至少有一个等于 3.

设 $m=3$，不等式 ① 变成 $\dfrac{1}{3}+\dfrac{1}{n}>\dfrac{1}{2}$，从而 $n<6$. 因此，当 $m=3$ 时，$n=3,4,5$.

由于在 ① 中，m 和 n 的地位可互换，当 $n=3$ 时，$m=3,4,5$.

---

① 各面角各二面角对应相等，则两个多面角称为相等. 读者试证，正多面体的定义可修改为"各面是正多边形而且各多面角是正多面角的凸多面体"，并证明正多面体的各棱相等，各面角相等，各面相等，各二面角相等，各多面角相等.

② 两个正多面体的多面角棱数相同，各面的多边形边数相同的，算一种. 同一种的正多面体可证其彼此相似.

因此如果正多面体存在，只能有下表中的五种．

各正多面角的面数 m	各正多边形的边数 n
3	3
3	4
4	3
3	5
5	3

证完．

现在我们利用欧拉定理来求以上证明过的它可能存在的五种正多面体的面数 F、棱数 E 和顶数 V．同时就知道不等式①两端之差等于什么．

由于从每一顶发出 m 条棱，V 个顶点共发出 mV 条棱．但这样每一棱数着两次，所以

$$mV = 2E \qquad ②$$

由于每一面上有 n 条棱，F 个面上共有 nF 条棱．但这样每一棱数着两次，所以

$$nF = 2E \qquad ③$$

从②和③解出 V 和 F，代入欧拉公式 $V+F-E=2$，经过简单变化，得到

$$\frac{1}{m} + \frac{1}{n} - \frac{1}{2} = \frac{1}{E}$$

现在将上表的数据代入，得出 E 的值，再代入②和③而求出 V 和 F 的值，得到下面扩大的表．

多面角面数 m	多边形边数 n	棱数 E	顶数 V	面数 F	名称
3	3	6	4	4	四面体
3	4	12	8	6	六面体
4	3	12	6	8	八面体
3	5	30	20	12	十二面体
5	3	30	12	20	二十面体

注意在这表中，若将顶（点）和面（平面）的地位对调，而将棱（直线）保留不变，则四面体变为其自身，六面体和八面体互调，十二面体和二十面体互调．我们说，四面体自身对偶，六面体和八面体互为对偶图形，十二面体和二十面体互为对偶图形．

以上推理的过程中，并没有利用过边相等或角相等的度量性假设．因此，我们实际上得到较广泛的定理：各多面角有相同的面数，并且各面的多边形有相

同的边数的多面体,最多有五种.下面证明这五种多面体存在.

1.12.4 有五种正多面体存在

从上面的分析,我们知道至多有五种正多面体存在,并且通过计算,如果它们存在的话,可以预知它们的面数、棱数和顶数.至于这五种正多面体确实存在,还有待用作图法来解决.

为了不打断我们未来的思路,我们先证明

引理 对于某一给定正多面体[①],相邻两面中心的连线段有定长.

证明 以 $ABPQF$ 和 $BCMNP$ 表示一个正多面体相邻的两面(图 1.77),以 O_1 和 O_2 表示它们的中心,以 T 表示公共棱 BP 的中点. 那么 $O_1T \perp BP$ 并且 $O_2T \perp BP$,$\angle O_1TO_2$ 是二面角 BP 的平面角,因而不因所选的棱而变. 从等腰 $\triangle O_1TO_2$ 看($O_1T = O_2T = $ 全等正多边形的边心距),$\angle O_1TO_2$ 和它的夹边都是定量,所以线段 O_1O_2 有定长. 证完.

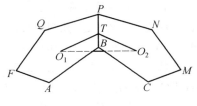

图 1.77

我们逐一解决五种正多面体的存在问题.

(1)正六面体(立方体)存在.

如何作一个立方体(图 1.78),我们作为是已知的,不去讲了.

(2)正四面体存在.

设 A 是立方体的一顶(图 1.79),而 AB, AC, AD 是通过 A 的三面的对角线. 从 1.11.2,我们知道 $ABCD$ 是正四面体. 当然,我们立刻可以核验它的各棱相等,因而各面是全等的正三角形,从而各三面角是相等的正三面角(1.10 定理 7,定理 12 推论).

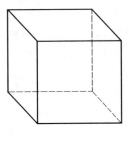

图 1.78

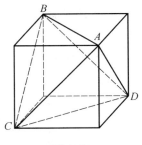

图 1.79

[①] 我们假设其存在.

(3) 正八面体存在.

以立方体六面的中心为顶,便形成一个正八面体(图 1.80). 事实上,根据引理,这八面体的各面是全等的正三角形. 由于各面角相等,要证明各个多面角是相等的正多面角,只要证明任两相邻的二面角相等就够了. 取 $\angle B'-AC-B$ 和 $\angle C-AB-C'$ 为例. 由于 $BCB'C'$ 是正方形, $\angle B'CB = \angle CBC' = d$, 应用 1.10 定理 10, 三面角 $C-B'BA$ 和 $B-CC'A$ 相等, 从而对应的二面角相等, 即二面角 $CA=$ 二面角 BA.

(4) 正十二面体存在①.

首先作一个三面角(图 1.81), 使其每一面角为 108°②. 在三棱上截取线段 $AB=AE=AF$, 由于 $\angle BAE=\angle EAF=\angle FAB=$ 正五边形的一个内角, 我们可以将折线 BAE, EAF 和 FAB 补足成正五边形 $ABCDE$, $AEHGF$ 和 $ABPQF$. 因此在点 A 得到一个正三面角, 由三个正五边形形成: 它的三个面角既相等, 三个二面角也就相等(1.10 定理 12 推论), 以 θ 表之.

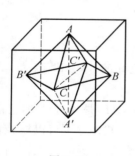

图 1.80

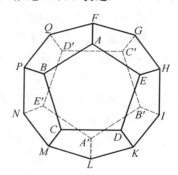

图 1.81

在三点 E, F, B 的三面角 $E-ADH, F-AQG, B-APC$, 各有两个面角为 108°, 所夹二面角同等于 θ, 应用 1.10 定理 8, 它们相等. 因此 $\angle HED=108°$, 并且 $ED=EH=AB$, 所以折线 DEH 可以补足为正五边形 $DEHIK$, 与起初的三个全等.

---

① 这作法见 С. А. Богомолов,《几何学》,定理 529.

② 这个三面角是能作的,首先,108°·3<360°,满足了三面角的必要条件(1.10 定理 4). 其次在平面上作一个正 $\triangle ABC$, 从其中心 O 作平面的垂线. 设想一点 S 从 O 起沿垂线远离平面, 相等的三个角 $\angle BSC=\angle CSA=\angle ASB$ 从 120° 起逐渐减小, 并且可以任何小, 只要 S 充分远去, 所以必有一瞬间这三个角等于 108°.

和以上一样地证明三面角 $D-ECK$, $H-EIG$ 和 $A-BEF$ 相等,从而 $\angle CDK=108°$. 作正五边形 $CDKLM$. 在顶点 K 和 C 有两个新三面角,和原来的相等.

我们来考察折线 $PBCM$,其中 $\angle PBC=\angle BCM=108°$, $PB=BC=CM$. 又由于 $\angle M-CB-D=\theta=\angle P-BC-A$,可见半平面 MBC 和平面 $ABCDE$ 的夹角等于 PBC 和 $ABCDE$ 的夹角,从此可断定半平面 MBC 和 PBC 重合(由作图它们在平面 $ABCDE$ 的同侧),即是说折线 $PBCM$ 在一个平面上,因而可以补足为正五边形 $PBCMN$,它闭合了邻接于 $ABCDE$ 的一串正五边形.

图形上到目前为止还是自由的棱上仿此作正五边形 $B'IKLA'$, $A'LMNE'$, $E'NPQD'$, $D'QFGC'$, $C'GHIB'$. 最后仿照上面一样证明平面图形 $A'B'C'D'E'$ 也是正五边形,和原来的全等.

由于作图时这十二面体的各面是全等的正五边形,且各三面角是相等的正三面角,它就是正十二面体.

(5) 正二十面体存在.

以正十二面体的各面中心为顶得到一个二十面体(图 1.82),根据我们的引理和 1.10 定理 7,不难断定它的各面是全等的等边三角形,并且各二面角相等,从而断定它是正二十面体.

证完.

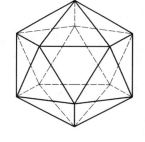

图 1.82

如果我们用联结邻面中心的方法,那么由正四面体仍然得到正四面体,由正六面体得出正八面体,由正八面体得出正六面体,由正十二面体得出正二十面体,由正二十面体得出正十二面体.

要得到正多面体的模型,可以在硬纸片上将图 1.83 剪下,沿虚线将纸半裁,以便折叠,再用浆糊涂于狭纸条上粘成正多面体.

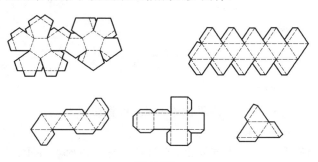

图 1.83

1.12.5 例 题

例 1 证明不能有这样的多面体存在,它有奇数个面,而它的每一面都有奇数条边.(1956年数学竞赛)

证明 设有一多面体,它的面数 F 为奇数,各面的边数 $e_1, e_2, \cdots, e_F$ 都是奇数.将各面的边数加在一起,就得到棱数 E 的 2 倍,即

$$e_1 + e_2 + \cdots + e_F = 2E$$

这是由于每一条棱曾作为两个相邻面的边数过两次.

但左端是奇数个奇数的和,因而是奇数,而右端是偶数,所以得到矛盾和反证.证完.

例 2 设凸多面体有 V 个顶点,则其面角和为 $4(V-2)d$.

证明 在每一面上,联结一点(图 1.84 的 $P_1, P_2, \cdots$)到该面各顶点.令

$F = $ 多面体的面数

$E = $ 多面体的棱数

$P = $ 在 P_1, P_2, P_3 等点各角之和

$T = $ 各面所成三角形的内角和

$S = $ 多面体的面角和

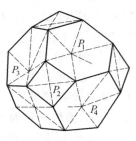

图 1.84

显见有

$$S = T - P$$

因每一棱是两个三角形的底,所以共有 $2E$ 个三角形,即则 $T = 2E \cdot 2d$. 又因 $P_1, P_2, P_3, \cdots$ 共有 F 个点,所以

$$P = F \cdot 4d$$

所以

$$S = T - P = 4Ed - 4Fd = 4(E-F)d = 4(V-2)d$$

最后一步应用了欧拉定理.证完

习 题 1

1. 证明 1.1 定理 5.
2. 证明 1.1 定理 6 中的四平面不共点,六直线不共面.
3. 证明 1.1 定理 14.
4. 设一圆周有三点在平面 α 上,证明其上每一点都在 α 上.
5. 证明与定直线相交且通过其外一定点的各直线位于同一平面上.

第一章 空间直线与平面

6. 设 a 和 b 是不共面直线,在 a 上任取两点 A_1 和 A_2,在 b 上任取两点 B_1 和 B_2,证明 A_1B_1 和 A_2B_2 也是不共面直线.

7. 设平面 α 不通过 $\triangle ABC$ 任一顶点且与线段 AB 相交,证明 α 必与线段 AC 或线段 BC 相交.

8. 证明从任一点到空间多边形①各顶点的连线之和大于其半周长.

9. 证明在空间四边形中,
  (1) 各边中点是平行四边形的顶点.
  (2) 联结对边中点的线段互相平分.
  (3) 联结对边中点的直线通过两对角线中点所连线段的中点.
  (4) 各边的平方和等于对角线的平方和加上 4 倍对角线中点连线段的平方.
  (5) 对角线的平方和等于对边中点连线段平方和的 2 倍.

10. A,B,C,D 为空间任意四点,以同比分 BA,BC 于 E,F,另以同比分 DA,DC 于 G,H,证明四点 E,F,G,H 共面.

11. 一平面截空间四边形 $ABCD$ 的各边 AB,BC,CD,DA 于点 E,F,G,H,证明 $\dfrac{AE}{BE} \cdot \dfrac{BF}{CF} \cdot \dfrac{CG}{DG} \cdot \dfrac{DH}{AH} = 1$.

叙述并证明逆定理.

12. 设一平面平行于空间四边形的两边,证明它截另两边成比例线段.

13. 设以一平面平行于空间四边形的一双对边截另一双对边,又以一平面平行于后一双对边截前一双对边,证明所截四点共面.

14. 证明通过空间四边形一双对边中点的平面截另一双对边成比例线段.

15. 梯形 $ABCD$ 的下底 AB 在平面 α 上,上底 CD 高出平面 40 cm,已知 $AB:CD=5:3$,求两对角线交点到平面 α 的距离.

16. 证明通过两平行线之一的平面必平行于或通过另一直线.

17. 设直线 a 与三平行直线 b,c,d 都相交,证明 a,b,c,d 共面.

18. 已知一组直线中任两线相交,证明这组直线或共点或共面.

19. 设上题的假设"任两线相交"改为"任两线共面",则结论如何?

20. 设 $\triangle ABC$ 和 $\triangle A'B'C'$ 不共面,且直线 BC 和 $B'C'$、CA 和 $C'A'$、AB 和 $A'B'$ 都相交,证明:
  (1) 这三个交点共线.

---

① 所谓空间多边形,就是各顶点不在同一平面上的多边形.

(2)三直线 AA', BB', CC' 或共点或平行.

21. 在空间通过一点 O 引三直线 a,b,c, 且在其上各取两点 A,A'; B,B'; C,C'. 证明直线 AB 和 $A'B'$, BC 和 $B'C'$, CA 和 $C'A'$ 的交点(假定这些交点存在)共线.

22. 棱锥或棱柱被不与底面上任一边平行的平面所截,证明所得的多边形与底面多边形之间,对应边的交点共线.

23. 给定两两不共面的三直线,证明有无穷多条直线存在与这三直线相交且其中任两线不共面.

24. 证明两端分别在两条不共面直线上的一切线段的中点共面.

25. 从两平行平面外一点任引两直线与此两平面相交,证明相当线段成比例.

26. 三直线两两不共面且不平行于同一平面,证明有一且仅有一直线与前两线相交而与第三线平行.

27. 过两定点求作一平面使与一定直线平行.

28. 过相交两平面外一点求作一直线使平行于这两平面.

29. 通过一点求作一直线使平行于一已知平面且与一已知直线相交.

30. 过一定点求作一直线使与一定直线和一定三角形的周界相交.

31. 过一定点求作一直线使与两已知直线垂直.

32. 一点 A 在相交二平面间,从 A 向此二平面引垂线 AB,AC,证明 BC 垂直于交线.

33. $ABCD$ 为折线而 $\angle BCD$ 为直角,设 AB 垂直于平面 BCD,证明 CD 垂直于平面 ABC.

34. 设直线 $a // b // c$,从直线 a 上一点 A 向 b,c 作垂线 AB, AC,证明 BC 是 b 和 c 间的距离.

35. 设 $ABCD$ 是平面 π 上的平行四边形,O 为其中心,M 为平面外一点,若 $MA=MC, MB=MD$,证明 $MO \perp \pi$.

36. 过平行四边形的一对角线作平面,证明另一对角线两端到这平面的距离相等.

37. 从矩形一顶点作它所在平面的垂线,设其末端到其他三顶点的距离为 a,b,c, 求这垂线的长度.

38. 从平面 π 外一点 A 向平面作垂线 $AB=h$ 和斜线 $AC=a$, 从这斜线射影的中点 D 在 π 上作射影的垂线 $DE=b$, 求端点 E 到 AB 中点的距离.

39. 设射线 a 与平面 α 上两两相交的三射线 b,c,d 成等角,证明:

(1) a 所在的直线与 α 相交.

(2) $a \perp \alpha$.

40. 通过定平面上定点在这平面上求作一直线,使垂直于一已知直线.

41. 旗杆 AB 和 $A'B'$ 同垂直于地平面,已知 $AB = 2A'B'$.

(1) 在地面上哪些点看两杆的仰角相等?

(2) 通过旗杆 AB 的下端 A 在地面上作一直线,使与两杆下端的连线 AA' 成 α 角,在这线上求观察两杆仰角相等的点,并加以讨论.

42. 从 $\triangle ABC$ 的顶点和重心 G 向不截这三角形的平面作垂线 AA', BB', CC', GG', 证明 $3GG' = AA' + BB' + CC'$.

当平面与三角形相交时,情况如何?

在这里,A', B', C', G' 是 A, B, C, G 的正射影,若换为平行射影,命题成立吗?

43. 二平行线在一平面上的射影为何?

44. 一图形在一平面上的射影为一直线,证明这图形是平面图形.

45. 设图形 F 在相交两平面上的射影都是直线,证明在一般情况下,F 是直线. 在什么情况下这命题不成立?

46. 一直线垂直于相交两平面之一,证明它在另一平面上的射影垂直于两平面的交线.

47. 从平面外一点 D 至平面引三条斜线 DA, DB, DC 使与平面都成 $60°$ 角且 $\angle ADB = \angle BDC = \angle CDA$, 设点 D 到平面的距离为 a, 求斜线足连成的 $\triangle ABC$ 各边之长.

48. 从平面 α 外一点 P 向平面 α 引两斜线,与平面所成角之差为 $45°$, 它们在 α 上的射影是 a 和 $b (a > b)$, 求 P 到 α 的距离.

49. 从平面 α 外一点 A 向 α 引两条互垂斜线 AB 和 AC, 它们与 α 的交角是 $15°$ 和 $75°$, 求 $\triangle ABC$ 的 $\angle B$ 和 $\angle C$.

50. 一点到平面上两点的连线长为 51 cm 和 30 cm, 这两线在平面上的射影的比为 5:2, 求这点到平面的距离.

51. 矩形 $ABCD$ 两边长为 12 cm 和 9 cm, 从点 D 引矩形所在平面的垂线 $DE = 8$ cm, 求从 E 到矩形各边的距离.

52. 设斜线在平面上的射影与通过斜线足且在平面上的二射线成等角,证明这斜线本身也与该二射线成等角. 叙述并证明逆命题.

53. 在 $\triangle ABC$ 中,$AB = c$, $BC = a$, $CA = b$. 通过点 A 引平面 ABC 的一条斜线 AD 与边 AB 和 AC 构成等角,AD 在平面 ABC 上的射影交边 BC 于 E, 求

线段 AE 之长.

54. 求立方体的对角线与底面的夹角.

55. 设一线段在互垂三直线上的射影为 p_1, p_2, p_3，求这线段的长.

56. 设一线段在互垂三平面上的射影为 r_1, r_2, r_3，求这线段的长.

57. 证明同底的两个正三棱锥顶点的连线垂直于底面.

58. 设直线 $l // $ 平面 α，从 l 上一点作对面 α 的斜线 m 使 $m \perp l$，证明 l 垂直于 m 在 α 上的射影.

59. 从平面外一点向平面引两等长斜线，证明这两线间的角小于它们在平面上的射影之间的角.

60. 一已知角在平行或通过此角一边的平面(设其不垂直于此角所在的平面)上的射影小于、等于或大于已知角，决定于该角为锐角、直角或钝角.

61. 给定交线相平行的一组平面，证明从一点所引各平面的垂线共面.

62. 给定空间一圆周及一点，从这点到圆周上各点的线段以哪一条为最短，以哪一条为最长?

63. 给定一点 A，一直线 a 及与 a 平行的平面 α，通过 A 求作一直线使其介于 a 与 α 间的部分有定长.

64. 通过定平面外一定点求作这平面的定长斜线使其平行于另一定平面.

65. A 为平面 α 上一点，B 为 α 外一点，设 H 为 B 在 α 上的射影且 $\sqrt{3} AB = 4BH$. 通过直线 AB 引一平面 β 与 α 交成 $30°$ 角，求平面 α, β 的交线和 AB 的交角.

66. 证明联结二面角一面上一点到它在另一面上射影的直线，垂直于二面角的棱.

67. 证明两平行平面被一平面所截，同位二面角相等.

68. 设两二面角的面分别平行，证明它们的棱相平行，并且这两二面角相等或相补.

69. 设两二面角的棱相平行，它们的面分别垂直，证明这两二面角相等或相补.

70. 两平面各通过同一平面的一条垂线，证其或相平行或相交于与该平面成垂直的直线.

71. 过一已知点求作一平面使垂直于两定平面.

72. 设线段 AB 在平面 π 上的射影为 $A'B'$，证明它们的长度满足 $A'B' = AB \cdot \cos\theta$，其中 θ 表示 AB 和 π 的夹角.

73. 设平面 π 上的 $\triangle ABC$ 在平面 π' 上的射影为 $\triangle A'B'C'$, 证明它们的面积满足 $S_{\triangle A'B'C'} = S_{\triangle ABC} \cdot |\cos(\pi, \pi')|$.

（建议先考虑 $\triangle ABC$ 有两个顶点在 π 和 π' 的交线 l 上,再考虑有一顶点在 l 上,最后考虑一般情况.）

推广于多边形.

74. 证明通过棱锥的每一侧棱而垂直于底面的各平面相交于一直线.

75. 平行六面体 $ABCDA'B'C'D'$ 的下底 $ABCD$ 为菱形,若 $\angle A'AB = \angle A'AD$,证明一双对棱所决定的平面 $AA'C'C$ 垂直于底面.

76. 正四棱锥底面边长为 a,底上的二面角等于 α. 通过底面一边在棱锥内部引一平面与底面夹角为 β,求所得截面的面积.

77. 过正四棱锥底的一边作平面垂直于这边所对的侧面,已知锥底一边长 30 cm,锥高 20 cm,求所得截面面积.

78. 一二面角的平面角为 $60°$,在两面上各取一点 A,B,设 A 在第二面上的射影 A_1 距棱为 a 寸,B 在第一面上的射影 B_1 距棱为 b 寸,线段 AB 在棱上的射影长 $2d$ 寸,求 AB 之长.

79. 从已知点 A 作两平面 α, β 垂直于平面 π 上两相交线,证明 α, β 的交线通过 A 且垂直于 π.

80. 证明二面角的平面角等于两面法线间的角或其补角.

81. 从一点向二面角的两面各作垂线,证明从这两垂足向棱所作垂线会于棱上同一点.

82. 证明与二面角两面相交的直线,与这两平面成等角的充要条件是：两交点距棱等远.

83. 两平面 α, β 交角为 ψ,从其交线上一点 A 在平面 β 上引平面 α 的斜线 AB,它对 α 的倾斜角为 φ,直线 AB 与两平面交线间的角为 θ,证明 $\sin \theta = \dfrac{\sin \varphi}{\sin \psi}$.

84. 可否用一个平面截锐二面角而求得一个直角？

85. 两平面互相垂直,证明一直线与这两平面所成角之和小于直角,除非这直线垂直于两平面的交线.

86. 一直线在锐二面角的一面上移动,证明当它与棱垂直时,它和它在另一面上射影的夹角最大.

87. 设在锐二面角之内的半直线与棱垂直相交而是两面的斜线,通过它任作一平面,证明当这平面垂直于棱时,它截二面角所得的角最小.

88. 通过一定直线求作一平面使垂直于一定平面.

89. 通过一定点求作一平面使垂直于两定平面.

90. 设两平面 α,β 各与两条不共面直线 a,b 垂直,证其交线平行于 a,b 的公垂线.

91. 求通过两相交直线交点而与它们成等角的一切直线.

92. 设直线 a 平行于平面 π,l 为 π 上与 a 不共面的任一直线,证明 a 与 l 之间的距离为常数,不因 l 而变.

93. 证明立方体的对角线和不与之相交的一棱间的距离,等于这立方体一面上对角线的一半.

94. 求作一平面使与给定的两条不共面直线平行且距离相等.

95. 求作一平面使通过一定直线且距两定点等远.

96. 求作一平面使通过一定直线且距两定点成已知比.

97. 通过一定点求作一平面使距其他三定点等远.

98. 求作一三棱锥,给定了它的底和三侧棱.

99. 求作一三棱锥,给定了它的底、两侧棱和第三侧棱在底面上的射影.

100. 求作一三棱锥,给定了它的底、两侧棱在底面上的射影和第三侧棱.

101. 求作一四棱锥,给定了它的底、高和底面上的两个二面角.

102. 以一平面截立方体使得一正六边形.

103. 试置一已知三角形使其一顶点在已知点,一顶点在已知直线上,另一顶点在一已知平面上.共有几种放置法?

104. 给定一平面 α 及其上一点 A 以及不在 α 上的一直线 l,通过 A 在 α 上求作一直线使与 l 成已知角.

105. 设给定一平面 α,及其外三点 A,B,C,在 α 上求一点 M 使 AM,BM,CM 与 α 所成的角相等.

106. 三面角 $S-ABC$ 中,设 SA 为直二面角,证明以垂直于棱 SB(或 SC)的平面截此三面角,所得截口为直角三角形.

107. 证明 1.10 定理 2.

108. 三面角的三个面角为 $45°,45°,60°$,求面角为 $45°$ 的两面所夹的二面角.

109. 三面角的三个面角为 $90°,60°,60°$,证明截三棱成等长的平面垂直于面角为 $90°$ 的面.

110. 在三面角 $S-ABC$ 中,$\angle ASB = \angle ASC$,证明:

(1) 棱 SA 在面 BSC 上的射影 SD 平分 $\angle BSC$.

(2) $\angle ASD < \angle ASB$.

111. 在三面角 $S\text{-}ABC$ 内引射线 SD, 证明：

(1) $\angle ASD + \angle BSD + \angle CSD > \frac{1}{2}(\angle ASB + \angle BSC + \angle CSA)$.

(2) $\angle ASD + \angle BSD < \angle ASC + \angle BSC$.

(3) $\angle ASD + \angle BSD + \angle CSD < \angle BSC + \angle CSA + \angle ASB$.

112. 用数学归纳法证明凸多面角各面角之和小于四直角.

113. 证明三面角每一外二面角小于其他两二面角之和而大于其差.

114. 证明空间四边形①四角之和小于四直角.

115. 证明空间 n 边形①各内和小于 $(n-2)2d$.

116. 设四面角 $S\text{-}ABCD$ 中, $\angle ASB = \angle ASD$, $\angle CSB = \angle CSD$, 证明二面角 $SB=$ 二面角 SD.

117. 设四面角中相对的两组面角各相等, 证明相对的两组二面角亦各相等.

118. 证明任意凸四面角可以以平面截之使截口为平行四边形.

119. 证明三面角中, 通过每一面角的平分线且垂直于该面的三平面共线.

120. 证明三面角中, 通过每一棱和其所对面角平分线的三平面共线.

121. 证明三面角中, 通过每一棱所引垂直于其对面的三平面共线.

122. 证明三面角中三个面角的外角平分线共面.

123. 求作一三面角, 已知其三个面角.

124. 求作一三面角, 已知其三个二面角.

125. 通过三面角顶点求作一直线使与三棱成等角.

126. 通过三面角顶点求作一直线使与三面成等角.

127. 通过三面角顶点求作一平面使与三棱成等角.

128. 通过三面角顶点求作一平面使与三面成等角.

129. 求作一平面使截一三直三面角所得的三角形合同于一给定三角形. (注意: 通过这个几何作图题, 可知可以简单地用几何方法作出联立方程组 $x^2 + y^2 = c^2$, $y^2 + z^2 = a^2$, $z^2 + x^2 = b^2$ 的解.)

130. 四面体 $ABCD$ 中, 已知 $AB=CD$, P, Q, R, S 分别为 AD, BD, BC, AC 的中点, 证明 $PR \perp QS$.

131. 证明四面体各棱的平方和等于三双对棱中点连线的平方和的 4 倍.

132. 证明四面体两双对棱中点决定一平行四边形.

---

① 假设每一内角小于两直角.

133. 一平面与一四面体相交,若截面为平行四边形,证明这平面平行于一双对棱.

134. 四面体以平行于其一双对棱的平面截之,证明截面为平行四边形. 并证当截面通过棱的中点时,截面面积最大.

135. 设 $ABCD$ 为四面体,作平行于底面 ABC 的截面 $A'B'C'$,$B'C'$,$C'A'$,$A'B'$ 的中点分别为 A'',B'',C''. 证明直线 AA'',BB'',CC'' 共点.

136. 设四面体的三双对棱各相等,证明各面都是锐角三角形.

137. 证明四面体中,联结两面重心的线段平行于一棱且等于这棱的 $\frac{1}{3}$.

138. 直接证明从四面体的两顶点到对面重心所连两线段相交,且从这点到顶点的长度是全线的 $\frac{3}{4}$. 从而证明这样的四条线段相交于一点(即四面体的重心).

139. 证明从四面体的重心到不截此体的任一平面的距离,等于从四顶点到这平面距离和的 $\frac{1}{4}$.

当平面截四面体时,情况如何?

140. 设在四面体 $ABCD$ 中,有 $AB \perp CD$ 和 $AC \perp BD$,证明三双对棱的平方和相等,即 $AB^2 + CD^2 = AC^2 + BD^2 = BC^2 + AD^2$.

141. 设四面体有一双对棱相等,证明以平行于这两棱的任一平面截之,所得平行四边形周长一定.

142. 在四面体 $ABCD$ 中,作面角 $\angle BAC$,$\angle CAD$,$\angle DAB$ 的平分线分别交 BC,CD,DB 于 D',B',C',证明 BB',CC',DD' 共点.

143. 证明四面体中,底面积与对应高的乘积为定量,不因所选底面而变.

144. 求作一四面体,已知下列条件之一.

(1)每棱上一点.

(2)三双对棱中点的连线长和它们间两两的交角.

145. 设平行六面体通过每双相对侧棱的两平面都垂直于底,证明它是直平行六面体.

146. 通过三棱柱上底每一顶点和下底相对的棱作平面,证明这三平面相交于一点,这点在上下底重心的连线上.

147. 设 $ABCDA_1B_1C_1D_1$ 为平行六面体,证明平面 A_1C_1D 和 ACB_1 三等分对角线 BD_1,并且这两个三分点分别是 $\triangle A_1C_1D$ 和 $\triangle ACB_1$ 的重心.

148. 求作一平行六面体使其两两不共面的三棱在三已知直线上.

149. 证明凸 n 棱柱以各侧棱为棱的二面角之和为 $(2n-4)d$.

150. 证明凸 n 棱锥以各侧棱为棱的二面角之和介于 $(2n-4)d$ 与 $2nd$ 之间.

151. 设正四棱锥的各侧面是等边三角形,证明它的不相等的两个二面角中,一个是另一个的 2 倍.

152. 证明多面体中面角数是棱数的 2 倍,因而是偶数.

153. 证明多面体中发出奇数条棱的顶点数必为偶数.

154. 证明多面体中以奇数边多边形为面的面数为偶数.

155. 证明有七条棱的多面体不存在.

156. 证明正四面体一双对棱中点的连线垂直于这两棱.

157. 证明正四面体中从一顶点所引高线的中点到其他三顶点的连线是一个三直三面角的三棱.

158. 证明正四面体一双对棱互相垂直.

159. 求作一平面使截正四面体的截口成矩形.

160. 求作一平面使截正四面体的截口成正方形.

161. 计算正四面体和正八面体的二面角,从而证明两者互补.

162. 三等线段 AA', BB', CC' 的中点重合且两两互垂,证明六点 A,B,C, A',B',C' 决定一正八面体.

163. 证明正四面体各棱的中点是正八面体的顶点.

164. 证明正八面体可以用一个平面截得一正六边形.

165. 证明以平行于正八面体一面的任一平面截此体,截面的周界有定长.

166. 计算五种正多面体各有多少对角线.

167. 一多面体的棱数为 30,面数为 12,求它的各面角之和.

168. 证明在每个第零类多面体中,有
$$2E=3F_3+4F_4+5F_5+\cdots=3V_3+4V_4+5V_5+\cdots$$
其中 E 表示棱数, F_i 和 V_i 分别表示 i 边多边形的面数和 i 面多面角的顶数.

169. 证明在每个第零类多面体中, $2E\geqslant 3V$, $2E\geqslant 3F$, 其中 E,V,F 分别表示多面体的棱、顶、面数.

170. 同上,证明
$$E+6\leqslant 3V\leqslant 2E, F+4\leqslant 2V\leqslant 4F-8$$
$$E+6\leqslant 3F\leqslant 2E, V+4\leqslant 2F\leqslant 4V-8$$

171. 证明在每一第零类多面体中,至少有一个三角形的面或一个三面角的顶点,并且三角形面数与三面角顶数之和至少等于 8.

第二章 球·轨迹

2.1 球

空间中与一定点 O 的距离等于定线段 r 的一切点构成球面,也简称为球[①];点 O 称为球的中心,中心到球面上任一点的连线段称为球的半径;我们以 $O(r)$ 表示这个球.

球面上两点的连线段称为弦,通过中心的弦称为直径,显然直径等于半径的 2 倍,因此凡直径都相等,并且直径是最大的弦.同一直径的两端称为球的对径点,假想地球是一个球,那么南极和北极便是两个对径点的例.

若一点到球心的距离小于半径,就称为球的一个内点,一切内点组成球的内部.若一点到球心的距离大于半径,就称为球的一个外点,一切外点组成球的外部.球面是其内部和外部的界限.可以证明:联结一内点和一外点的折线一定和球面相交.

在这一章我们介绍有关球的简单性质,将来在第五章还要介绍球面几何大意.

2.2 球与直线以及球与平面的相关位置

依据公理Ⅲ$_1$,立刻得到下面两个命题.

定理 1 以球心为原点的一切射线和球面上的点之间,可以建立一一对应关系.

定理 2 通过球心的直线和球面相交于两点.

现在来证明定理 3.读者试回想关于圆的相应定理是如何证明的.

定理 3 直线与球面至多有两个公共点.

证明 假设定理的反面成立,直线 a 和球面有两个以上的公共点,并以 A,

[①] 球的原意是由内部点和球面合成的,球与球面的关系就像圆与圆周一样.

B,C 表示其中的三个(图 2.1),其中 B 介于 A 和 C 之间.以 O 表示球心,那么根据定义有

$$OA=OB=OC$$

即 $\triangle OAB$ 和 $\triangle OBC$ 都是等腰三角形,从而 $\angle OBA$ 和 $\angle OBC$ 都是锐角.但由于这两角是互补的邻角,这是不可能的.

所以定理证明了.

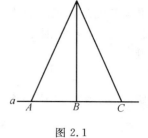

图 2.1

通过球心的平面称为径面.根据球面和圆周的定义,径面和球面的公共点组成一个圆周,圆心即球心,圆半径等于球半径.我们把径面与球面的交线称为球的大圆.

定理 4 直线和球面有两个、一个或没有公共点,就看从球心到该直线的距离小于、等于或大于半径而定.

证明 通过球心 O 和已知直线 a 作平面(若 O 在 a 上就通过 a 任作一平面) α.径面 α 交球面于一大圆 Σ(图 2.2).要求直线 a 和球面的公共点,只要求 a 和 Σ 的公共点.所以定理立刻从平面几何得到证明.证完.

与球面有两个公共点的直线称为割线,割线距球心小于半径.与球面恰巧有一个公共点的直线称为切线,切线距球心等于半径,该公共点称为切点.通过切点的半径与切线垂直.

定理 5 平面与球面没有公共点、只有一个公共点或有无穷多个公共点而组成一圆周,就看球心到平面的距离大于、等于或小于半径而定.

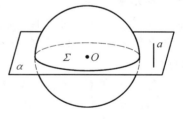

图 2.2

证明 设球心 O 在已知平面 α 上的射影是 C(图 2.3),以 r 表示球半径,以 d 表示球心到平面的距离 OC.

在平面 α 上通过点 C 任引一直线 a,那么从 O 到 a 的距离 $=d$. α 上任一点必是某一直线 a 上的点.

若 $d>r$,每一直线 a 和球面没有公共点(定理 4),所以 α 和球面也没有公共点.

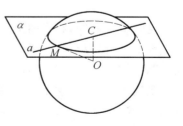

图 2.3

若 $d=r$,每一直线 a 和球面除 C 以外没有公共点,所以 α 和球面只有一个

公共点 C. 这时 α 称为球的切面，C 称为切点. 通过切点的半径垂直于切面. 切面就是通过切点的切线所形成的.

若 $d<r$，依照定理 4，每一直线 a 和球面相交于两点，设以 M 表示一个交点，则

$$CM=\sqrt{OM^2-OC^2}=\sqrt{r^2-d^2}=\text{定长}$$

所以 M 的轨迹是一个圆周，它的中心即球心在 α 上的射影，而半径等于 $\sqrt{r^2-d^2}$. 当 $d=0$ 时，这圆周是一个大圆. 当 $0<d<r$ 时，这圆周称为球的小圆. 与球相交于一圆的平面称为割面. 证完.

推论 1 球面上的两个圆周至多相交于两点.

这样的点（如果存在）就是两圆所在平面的交线（如果交线存在）和球面的交点.

推论 2 圆周与球面或没有公共点，或只有一个公共点，或有两个公共点，或全部在球面上.

定理 6 通过球面上两个非对径点有一且仅有一大圆，通过两个对径点有无穷多大圆.

证明 设 A,B 是球面上两点，但非一直径两端，而球心 O 和 A,B 不共线，因此平面 AOB 与球面相交于一大圆，它通过 A 和 B. 并且通过 A 和 B 的大圆只此一个.

若 A,B 是对径点，则 A,O,B 共线，通过这直线的共轴面与球面相交的一组大圆都通过 A 和 B. 证完.

2.3　两球的相关位置

这一节所讲的，和平面上两圆的相关位置类似.

设 $O(r)$ 和 $O'(r')$ 是两个球，直线 OO' 称为它们的连心线. 我们也以"连心线长"表示两中心之间的距离.

定理 1[①]　以 d 表示两球连心线长，以 r 及 r' 表示半径.

(1) 若 $d>r+r'$ 则两球没有公共点，每一球在另一球外部.

(2) 若 $d=r+r'$，则两球恰有一个公共点，两球称为相外切于此点.

(3) 若 $|r-r'|<d<r+r'$，则两球面有无穷多公共点，它们组成一圆周，其

---

① 在此，编者尽量使用他所译阿达玛著《初等几何》第 68 节关于两圆相关位置的符号和措词.

所在平面垂直于连心线,两球称为相交.

(4) 若 $d=|r-r'|$,则两球面恰有一个公共点,两球称为相内切于此点.

(5) 若 $d<|r-r'|$,则两球面没有公共点,一球在另一球内部.

证明 假设 $r'\leqslant r$.

(1) 设 $d>r+r'$.

以 M 表示球 $O'(r')$ 上或其内任一点(图 2.4),则

$$OM\geqslant OO'-O'M\geqslant d-r'>r$$

所以球 O' 上以及其内各点都在球 O 的外部. 同理,球 O 也在球 O' 的外部.

图 2.4

(2) 设 $d=r+r'$.

这时 OO' 可看做等于 r,r' 的两线段 $OA,O'A$ 的和(图 2.5),A 是两球面的公共点;并且对于其他的点,上面的推理依然适用.

(3) 设 $r-r'<d<r+r'$.

通过连心线任作一平面,截两球面于两圆周,其中心即 O 与 O',其半径即 r 与 r'. 由于

图 2.5

$$r-r'<OO'<r+r'$$

那么由平面几何,两圆周有两个公共点. 因此两球面有无穷多公共点.

设 M 为两球面的任一公共点,作 $MH\perp OO'$,垂足为 H (图 2.6). 由于 $\triangle MOO'$ 的三边各为定长,所以高线 MH 有定长,且 H 是 OO' 上的定点,不因 M 的选择而变,所以公共点 M 的轨迹是一个圆周,它的中心在 H. 这圆周所在的平面在点 H 垂直于连心线 OO'.

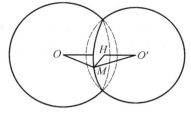

图 2.6

(4) 设 $d=r-r'$.

这时 OO' 可看做等于 r 及 r' 的两线段 OA 及 $O'A$ 的差(图 2.7),A 是两球面的公共点.

设 M 是球面 O' 内或其上除 A 以外的任一点,则

$$OM\leqslant OO'+O'M\leqslant d+r'=r$$

其中两处必有一处用小于的符号,因若 M 不在直线 OO' 上,则显然第一处用小

于号;若在 OO' 上,第一处或第二处必用小于号.总之,$OM<r$.所以球 O' 除表面上有一点 A 在球面 O 上外,其他各点都在球 O 内部.

(5) 设 $d<r-r'$.

设 M 是球 O' 表面上或内部任一点(图 2.8),则
$$OM \leqslant OO' + O'M \leqslant d + r' < r$$
可见球 O' 的所有点都在球 O 的内部.

证完.

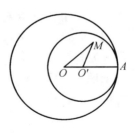

图 2.7

图 2.8

由于上面定理前提中各款是穷举而相斥的,结论中各款也是如此,所以立刻知道逆定理成立:

定理 2 设两球半径为 r 及 r',连心线长为 d.

(1) 若一球在另一球之外,则 $d>r+r'$.

(2) 若两球相外切,则 $d=r+r'$.

(3) 若两球相交(于一圆周),则 $|r-r'|<d<r+r'$.

(4) 若两球相内切,则 $d=|r-r'|$.

(5) 若一球在另一球之内,则 $d<|r-r'|$.

推论 1 当两球相切时,连心线通过切点,在这点的公切面垂直于连心线.

推论 2 三个球面或者没有公共点,或者有一个公共点在含它们中心的平面上,或者有两个公共点,或者公有一圆周上的点而此外没有公共点.

事实上,要求三球面的公共点可先求两球面的公共点,再应用 2.2 定理 5 推论 2.

当只有一个公共点时,三球或有一公切面(三球心共线),或有一公切线(即在这公共点垂直于三球中心所在平面的直线).

2.4 点对于球的幂

定理 1 设从空间一点到一球作不同的割线,那么在每一割线上从该点起到与球面相交之点止的两线段之积为一常量.

证明 设 M 为已知点,MAA' 和 MBB' 是从 M 所引的任意两条割线(图 2.9),这两割线所决定的平面和球面相交于一圆周,MAA' 和 MBB' 正是这圆的两条割线.所以根据平面几何有
$$MA \cdot MA' = MB \cdot MB'$$
由于所引割线的任意性,我们的定理证明了.

这个只因球与已知点而定,而与所引割线无关的常量,称为该点对于该球的幂.

我们约定,当线段 MA 和 MA' 同向时,其乘积视为正,MA 和 MA' 反向时乘积视为负.如果以 p 表示幂,以 r 表示球半径,以 d 表示点 M 和球心 O 的距离,并取 M 和 O 的连线作为割线,就立刻看出,不论 M 在球外、球内或球上,都有

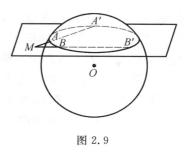

图 2.9

$$p = d^2 - r^2$$

当 M 在球内时 $p<0$,在球上时 $p=0$,在球外时 $p>0$,所以球面是正幂点和负幂点的分界.

当 M 在球外时,则 $p=$ 切线长(从 M 算到切点)的平方.

两球面若相交,在各交点的两球切面的夹角相等,我们称之为两球面的交角,它等于通过交点的两条半径的夹角或其补角.当这角为直角时,两球称为正交.正交的充要条件是连心线和通过一个交点的两条半径组成直角三角形,或过交点所引一球的半径是另一球的切线.这里的一切与两圆正交的情况相仿.

定理 2　当两球正交时,一球半径的平方等于该球心对于另一球的幂.反之,若一球中心对于另一球的幂等于第一球半径的平方,则两球正交.

2.5　立体几何轨迹

在生产过程中,为了保证规格,经常要先找到空心的圆盘或圆柱形工件的中心线,使其与机器主轴的中心线重合.一般使用划针或千分表,转动工件,观察划针与工件表面的接触情况或千分表指针的摆动情况,以判断这时的旋转轴是否重合于工件自身的中心线.这时,我们运用了轨迹的原理.现在,让我们来对立体几何轨迹作系统的介绍.

和在平面几何里的轨迹一样,我们把满足给定条件 C 的一切点所构成的图形 F,称为由条件 C 所规定的点的轨迹.

在此必须特别注意轨迹命题两面证法的必要性,这是由定义所规定的.

首先,构成图形 F 的点,必须满足条件 C,即是说,不满足 C 的点就不在 F 上.这样,轨迹上的点便不会滥竽充数,这叫做轨迹的纯粹性.

其次,满足条件 C 的点都要在 F 上,即是说,不在 F 上的点就不满足 C,因为定义中明白要求:F 是满足 C 的一切点所构成的.这样,轨迹上的点便不会有

遗漏,这叫做轨迹的完备性.

解决轨迹问题时,如果 C 和 F 都已经告诉了我们,问题就比较简单,我们只要证明在 F 上的点合于条件 C(或证明它的等效命题:不合于 C 的点不在 F 上),并且合于条件 C 的点在 F 上(或证明它的等效命题:不在 F 上的点不合于 C).如果只告诉了条件 C,要我们求 F,那么就要首先分析 F 应有的性质从而确定之,然后加以证明.必要时还要加以讨论.当然,一望而知的问题,可以略去一些步骤.

2.5.1 基本轨迹命题

下面所介绍的轨迹命题应用甚广.它们的正确性或者是显然的,或者是平面几何轨迹在空间的推广.

轨迹 1 与一定点 O 有定距离 r 的点的轨迹是一球面 $O(r)$.

轨迹 2 距两定点等远的点的轨迹是一平面,在该两点连线段的中点垂直于此线,称为线段的中垂面或垂直平分面.

证明 设 A,B 为两定点,P 为空间动点,满足条件 $PA=PB$.从 P 作 AB 的垂线 PM,M 为垂足(图 2.10).那么直角三角形 $\triangle PMA$ 和 $\triangle PMB$ 有斜边及一腰对应相等,因而合同,所以 $AM=BM$.即是说,凡满足条件 $PA=PB$ 的点在通过 AB 的中点 M 而与 AB 垂直的平面 π 上.

反之,在 AB 中垂面 π 上的任一点 P 满足条件 $PA=PB$.因直角三角形 $\triangle PMA$ 和 $\triangle PMB$ 有两腰对应相等因而合同,所以

$$PA=PB$$

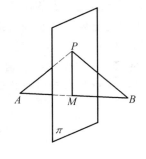

图 2.10

因此所求轨迹是平面 π.证完.

轨迹 3 与定直线 a 有定距离 r 的点的轨迹是一个圆柱面,以 a 为其轴而以 r 为其半径.

轨迹 4 与一定平面 α 有定距离 d 的点的轨迹是两个平行于 α 的平面,各在 α 的一侧.

轨迹 5 距两相交平面等远的点的轨迹是两个互相垂直的平面,各平分两已知平面所成的二面角.

证明 设 P 为空间任一点,到两相交平面 α,β 的距离 PA,PB 满足条件 $PA=PB$(图 2.11).

相交直线 PA 和 PB 决定一平面 π，根据 1.8 定理 4，π 垂直于 α 和 β，因而也垂直于 α 和 β 的交线 l（1.8 定理 5 推论 2）. 以 C 表示 π 和 l 的交点，那么在平面 π 上，点 P 距两相交线 CA 和 CB 等远，于是 CP 是二面角 $\angle(\alpha,\beta)$ 的平面角 $\angle ACB$ 的平分线. 以 γ 表示点 P 和直线 l 所决定的平面，那么 $\angle(\alpha,\gamma)=\angle(\beta,\gamma)$（因为它们的平面角相等），即是合于条件的点在平分 α 和 β 夹角的一个平面上.

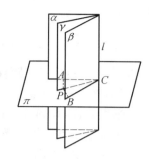

图 2.11

反之，设 P 为 α 和 β 夹角的一个平分面上任一点，作 $AP \perp \alpha$，$PB \perp \beta$. 我们很容易倒回来证明 $PA=PB$.

由于 α 和 β 有两个互补的夹角，所以有两个互相垂直的平分面作为所求的轨迹. 证完.

轨迹 6 距两平行平面等远的点的轨迹是与它们平行的一个平面.

轨迹 7 距两相交直线等远的点的轨迹是两个互相垂直的平面.

事实上，容易证明，若一点 M 距平面 α 上两相交直线 a,b 等远，则 M 在 α 上的射影也距 a,b 等远，反之亦真. 所求轨迹是通过 a,b 夹角的平分线所作垂直于 α 的两个平面.

轨迹 8 距两平行线等远的点的轨迹是这两直线公垂线段的中垂面.

轨迹 9 一点到两已知点的连线段互相垂直，这点的轨迹是一个球面，以两已知点的连线段为直径.

在平面几何里我们知道，若一点 M 到两定点 A,B 的距离成定比，即 $MA:MB=r(r\neq 1)$，则其轨迹为一圆周；若 C,D 两点内分、外分线段 AB 成定比 r，即 $CA:CB=r=DA:DB$，则点 M 满足 $MC \perp MD$，从而轨迹就是以 CD 为直径的圆周.

如果通过 AB 作一组共轴面，在每一面上运用这个平面几何命题，就得到下面的推广.

轨迹 10 到两定点 A,B 的距离成定比 $r(r \neq 1)$ 的点的轨迹是一个中心在线 AB 上的球面.

若 C,D 仍旧代表上述意义，这就是以 CD 为直径的球面.

当 $r=1$ 时，轨迹是 AB 的中垂面. 因此，如果把平面看做半径趋于无穷大的球面，就可以把轨迹 2 看做轨迹 10 的特殊情形.

在平面几何，给定两点 A,B，若点 M 满足条件 $MA^2+MB^2=k^2$（其中 k 表一给定线段),则点 M 的轨迹是一个圆周,以 AB 的中点为圆心,以 $\frac{1}{2}\sqrt{2k^2-AB^2}$ 为半径,有解的条件是 $k\geqslant\frac{\sqrt{2}}{2}AB$①. 推广到空间便得

轨迹 11 到两定点距离之平方和为常量的点的轨迹(如果存在)是一个球面(可能退缩为一点).

在平面几何,设 A,B 为定点,若点 M 满足条件 $MA^2-MB^2=k^2$,则点 M 的轨迹是垂直于 AB 的一条直线. 推广到空间便得

轨迹 12 到两定点距离之平方差为常量的点的轨迹是垂直于该两点连线的一个平面.

在平面几何,对于两个不同心的定圆有等幂的点的轨迹,是一条称为等幂轴的直线,垂直于两圆心的连线. 在空间便有

轨迹 13 对于两个不同心的定球有等幂的点的轨迹是一个平面,垂直于两球的连心线.

这平面称为两球的等幂面,如果两球相交,等幂面就是相交点所组成的圆周所在的平面,每一交点对于两球的幂同等于零. 若两球相切,等幂面就是它们在这切点的公切面. 当两球同心时,在有限空间轨迹不存在,因为 $d^2-r^2=d^2-r'^2$ 就必然导致 $r=r'$;我们有时候也说轨迹是无穷远面,这样的概念最好利用解析几何将坐标齐次化才能解释清楚. 这只好留在射影几何中去讲.

2.5.2 较复杂的轨迹命题

在平面上,两个轨迹交截,通常可以得出有限个点,应用轨迹交截法解作图问题,就是根据这个道理. 在空间,两个轨迹交截,在多数情况下带来新的轨迹. 我们举几个例子.

轨迹 14 与三角形三顶点等距离的点的轨迹是一条直线,垂直于三角形所在的平面并且通过三角形的外心.

证明 设 $\triangle ABC$ 为已知三角形,距 A,B 两顶点等远的点的轨迹是线段 AB 的中垂面(轨迹 2),这平面垂直于 AB 因而垂直于平面 ABC(1.8 定理 4 推论 2).

同理,距两顶点 A,C 等远的点的轨迹是线段 AC 的中垂面,也垂直于平面 ABC.

这两平面都通过 $\triangle ABC$ 的外接圆心 O(因为 O 距 A,B 等远,O 也距 A,C 等远),所以它们相交于通过 O 的一直线 l,并且 l 垂直于平面 ABC(1.8 定理 5

---
① 参看本书作者编《初等几何研究》(第二版)第二章§2.5例2.

推论 2），所以距 A,B,C 等远的点必在通过 $\triangle ABC$ 的外心 O 而与平面 ABC 垂直的直线 l 上.

反之，显然 l 上任一点距三顶点 A,B,C 等远.

所以命题证明了.

这轨迹还可用另一法得到. 假定一点 M 距三顶点 A,B,C 等远，则 M 在平面 ABC 上的射影 O 亦必距 A,B,C 等远，而且反过来也成立. O 就是 $\triangle ABC$ 的外心，于是所求轨迹是垂直平面 ABC 于点 O 的直线.

轨迹 15 与三角形三顶点距离之比等于三已知线段之比的点的轨迹（如果存在），是一圆周（可能退缩为一点）或一直线.

证明 这是上题的推广. 设 $\triangle ABC$ 是已知三角形，而 a,b,c 是三已知线段，要求满足条件 $MA:MB:MC=a:b:c$ 的点 M 的轨迹. 满足 $MA:MB=a:b$ 的点 M 的轨迹当 $a\neq b$ 时是一球面（轨迹 10），而当 $a=b$ 时则是一个平面（轨迹 2）. 同理，满足条件 $MA:MC=a:c$ 的点 M 的轨迹也是一个球面或平面.

所求轨迹是球面与球面，或球面与平面，或平面与平面的交线，所以如果轨迹存在，就是一圆周或一直线. 证完.

轨迹 16 与三角形三边等距离的点的轨迹是通过三角形的内心和旁心并垂直于其所在平面的四条直线.

证明 设点 M 距 $\triangle ABC$ 的三边等远，以 M' 表示 M 在平面 ABC 上的射影，则 M' 也距三边等远，因而 M' 只能是 $\triangle ABC$ 的内切圆心或旁切圆心，即 M 只能在所说四直线之一上. 反之，这四直线上的任一点到三边有等距离. 证明时要用三垂线定理或其逆定理.

所以命题证明了.

注意这四直线中任一条都不是所求轨迹，因为到三边有等距离的点并不都在其中某一直线上. 这四直线合在一起才是所求轨迹.

轨迹 17 与共点而不共轴①的三平面等距离的点的轨迹是通过这点的四直线.

证明 设 α,β,γ 三平面相交于点 O，与 α 及 β 等距离的点的轨迹是两个互相垂直的平面 λ,λ'（即 α,β 夹角的两个平分面）；与 α 及 γ 等距离的点的轨迹也是两个互相垂直平面 μ,μ'. 距三平面等远的点便应该在 λ 或 λ' 上，并且也在 μ 或 μ' 上，因之只能在 λ 与 μ，或 λ 与 μ'，或 λ' 与 μ，或 λ' 与 μ' 的交线上②. 反过来，

---

① 与三共轴面等距离的点的轨迹是什么？
② 四平面 $\lambda,\lambda',\mu,\mu'$ 都通过 O，所说交线存在，且各不同.

这四线上任一点到三已知平面有等距离. 证完.

轨迹 18 与共点而不共面的三直线等距离的点的轨迹是通过这点的四条直线.

这命题留给读者自证(应用轨迹 7).

轨迹 19 给定互相垂直的两条不共面直线,一定长线段两端在此两线上移动,求其中点的轨迹.

解法 1 假设 a, b 是两条不共面直线,要求端点在 a, b 上而有定长 k 的动线段中点 M 的轨迹.

从习题 1 的 24 题或习题 2 的 13 题知道轨迹是一个平面图形.

如果把条件中"不共面直线"改为"共面直线",其他条件"互相垂直"、"定长"、"中点"保留不变,那么利用"直角三角形斜边上的中线等于斜边的一半"这个性质,就可以知道,定长动线段两端在平面上两互垂直线上移动时,其中点之轨迹为一圆周,以两垂线交点为圆心,以定长的一半为半径.

我们的轨迹问题中只给了条件 C,至于图形 F 的形状、大小、位置等都要我们自己去决定. 我们可不可以猜想轨迹仍然是一个圆周呢? 如果是的,中心在哪里,半径又是多长呢?

给定的直线 a 和 b 既然不共面,就容易联想到它们的唯一公垂线段 AB (1.9 定理). 以 O 表示 AB 的中点(图 2.12). 考察定长动线段的两个特殊位置 AB_1 和 AB_2,那么它们的中点 M_1 和 M_2 是所求轨迹上的点. 显然 M_1 和 M_2 在通过 O 而平行于 b 的直线上,并且 $OM_1 = OM_2 = \frac{1}{2} BB_1 = \frac{1}{2} \sqrt{k^2 - AB^2}$.

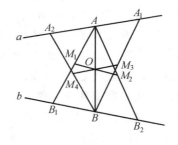

图 2.12

同样,考察定长动线段的另两个特殊位置 BA_1 和 BA_2,可见它们的中点 M_3 和 M_4 在通过 O 而平行于 a 的直线上,并且 $OM_3 = OM_4 = \frac{1}{2} AA_1 = \frac{1}{2} \sqrt{k^2 - AB^2}$.

这四个在特殊位置的定长动线段的中点,确实在一圆周上,即在线段 AB 的中垂面上而以 O 为中心,以 $\frac{1}{2} \sqrt{k^2 - AB^2}$ 为半径的圆周上. 其他定长动线段的中点也在这圆周上吗?

通过公垂线段 AB 的中点 O（图 2.13）引直线 $a'//a$ 和 $b'//b$，由于 a 与 b 不共面，a' 和 b' 不能重合，因此 a' 和 b' 决定一平面 π. 从 1.3 定理 2, $a//\pi, b//\pi$. 由于 $AB \perp a', AB \perp b'$，这个既与 a 又与 b 平行的平面 π，实际上就是公垂线段 AB 的中垂面.

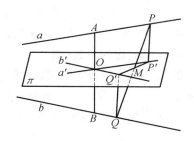

图 2.13

以 PQ 表示在任意位置的定长动线段，以 M 表示 PQ 和 π 的交点①. 设 P' 是 P 在 π 上的射影，Q' 是 Q 在 π 上的射影，P' 和 Q' 各在 a' 和 b' 上. 由于 PP' 和 AO 平行且相等，QQ' 和 BO 平行且相等，可见 P, P', Q, Q' 是一个平行四边形的顶点. 显然 M 就是 PQ 和 $P'Q'$ 的交点，于是可知 PQ 的中点 M 正是线段 $P'Q'$ 的中点.

由于 $a' \perp b'$（因 $a'//a, b'//b, a \perp b$），且
$$P'Q' = 2MP' = 2\sqrt{MP^2 - PP'^2} = \sqrt{PQ^2 - AB^2} = \sqrt{k^2 - AB^2} = 定长$$

所以根据最初所说，$P'Q'$ 的中点 M 属于一个圆周，它在平面 π 上，以 O 为中心，以 $\frac{1}{2}\sqrt{k^2 - AB^2}$ 为半径.

到此，我们知道，端点在 a, b 上移动的定长动线段 PQ 的中点 M 在这个圆周上.

反过来，设 M 是这圆周上任一点，我们来证明它是一条等于定长 k 的线段 PQ 的中点.

首先，作一线段 $P'Q'$ 使以给定的点 M 为中点而两端在互相垂直的直线 a' 和 b' 上，作 $P'P$ 和 $Q'Q$ 平行于 AB，与 a 和 b 相交便得 P 和 Q 两点. 那么 P, P', Q, Q' 是平行四边形的顶点，因此 $P'Q'$ 的中点也就是 PQ 的中点，并且
$$PQ = 2PM = 2\sqrt{MP'^2 + PP'^2} = \sqrt{P'Q'^2 + AB^2} = \sqrt{(2OM)^2 + AB^2} = \sqrt{(k^2 - AB^2) + AB^2} = k$$

总之，所求轨迹的确是一个圆周，以 a 和 b 的公垂线 AB 的中点 O 为圆心，以 $\frac{1}{2}\sqrt{k^2 - AB^2}$ 为半径，与所预料的相同.

---

① P, Q 在 π 的异侧，所以线段 PQ 必与 π 相交.

若 $k=AB$，轨迹退缩为点 O；若 $k<AB$，轨迹就不存在了.

解法 2 为了启发思考，我们再介绍一个解法，这次我们写得精简一点，所用的符号同上面的一致(图 2.14).

假设 M 是定长 k 的动线段 PQ 的中点，由于 $a \perp AB, a \perp b$，所以 $a \perp$ 平面 ABQ，从而 $a \perp AQ$. M 是直角 $\triangle PAQ$ 的斜边的中点，所以
$$MA = \frac{1}{2}PQ = \frac{1}{2}k$$

仿此
$$MB = \frac{1}{2}k$$

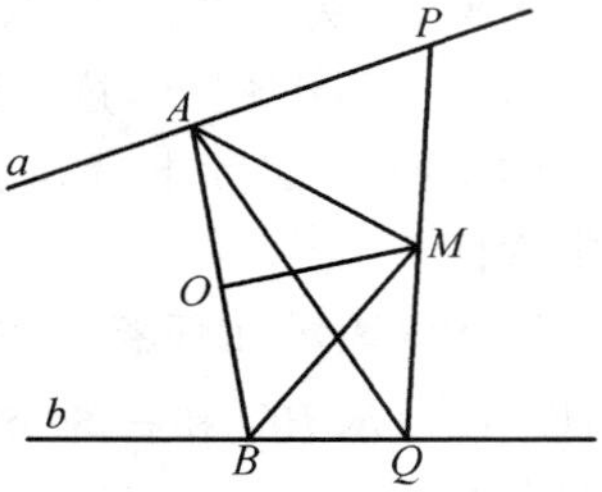

可见 M 在以 A,B 为中心以 $\frac{1}{2}k$ 为半径的

图 2.14

两球面上，因而在这两球面相交的圆周上，这圆周在 AB 的中垂面上，半径 = $OM = \sqrt{AM^2 - AO^2} = \sqrt{\frac{1}{4}k^2 - \frac{1}{4}AB^2} = \frac{1}{2}\sqrt{k^2 - AB^2}$. 依然得到上面的圆周.

至于这圆周上任一点 M 确是某一等于 k 的动线段 PQ 的中点，则可仿照上法的推理，由 M 定出 $P'Q'$，由 $P'Q'$ 定出 PQ，并证明 $PQ=k$.

2.6 四面体的外接、内切和旁切球

定理 1 有一个也只有一个球面通过四面体的各顶点.

这球称为四面体的外接球，而四面体称为球的内接四面体. 证明的过程同时告诉我们如何作外接球.

证明 设四面体的顶点为 A,B,C,D，问题在于证明有一点也只有一点距 A,B,C,D 等远. 距三点 A,B,C 等远的点的轨迹是一条直线 l，通过 $\triangle ABC$ 的外心且垂直于平面 ABC(2.5 轨迹 14). 距两点 A,D 等远的点的轨迹是线段 AD 的中垂面 α(2.5 轨迹 2). 所求点如果存在，就只能是 l 和 α 的交点 O. 直线 l 不能在平面 α 上或平行于 α，否则 l 就要同时与三直线 AB,AC,AD 垂直，或是说 l 垂直于通过顶点 A 的三个平面，这显然是不可能的(1.6 定理 2)，所以 l 和 α 相交于唯一的一点 O.

以 O 为中心，以 OA 为半径的球面通过四顶点 A,B,C,D. 证完.

这定理显然可以叙述为

定理 1' 有一个也只有一个球面通过任意给定的不共面四点.

推论 1 给定两个不共面的相交圆周,有一个也只有一个球面通过这两圆周.

事实上,取两交点作为 A 和 B,此外在两圆周上各取一点作为 C 和 D,就可以应用定理 $1'$ 了.圆周一旦有三点在球面上,就整个在球面上了.

推论 2 给定两个不共面的相切圆周(这两圆周在它们唯一的公共点切于同一直线,即它们所在平面的交线 l),有一个也只有一个球面通过这两圆周.

事实上,这是推论 1 的极限情况,我们取两圆的唯一公共点作为 A,此外在第一圆周上取两点作为 B 和 C,在第二圆周上取一点作为 D,就可以应用定理 $1'$ 了.定理中证明其存在的球面之所以通过第一圆周,理由和上面的相同.至于它也通过第二圆周,可以这样来理解.直线 l 切于第一圆周,因而切于球面,因而切于直线 l 和点 D 所决定的平面与球相交的圆周.这圆周与第二圆周共面,同过两点 A 和 D 并且在 A 同切于直线 l,所以它重合于第二圆周.

推论 3 四面体六棱的中垂面共点.

因四面体的外接球心在这六平面上.

推论 4 四面体中通过各面外接圆心而垂直于各该面的四直线通过同一点.

因四面体的外接球心在这四直线上.

作图题 求一点使距四面体的四面等远.

解 以 A,B,C,D 表示四面体的顶点,并以 $\alpha,\beta,\gamma,\delta$ 分别表示它们所对的面.距三平面 β,γ,δ 等远的点的轨迹,是平分 β,γ 夹角的两平面与平分 β,δ 夹角的两平面相交所成的通过 A 的四条直线 s,s_1,s_2,s_3,其中 s 表示在三面角 $A-BCD$ 内部的一条.距两平面 α,β 等远的点的轨迹是通过棱 CD 的两平面 σ,σ',其中 σ 表示平分以 CD 为棱的内二面角的一个.s,s_1,s_2,s_3 中每一直线和 σ,σ' 中每一平面的相交点都是所求的点,因此最多可能有八个解.

显然直线 s 和平面 σ 相交于四面体内一点 I(图 2.15),直线 s 也与 σ' 相交于一点 I_1,这点在四面体外部,即邻接于面 BCD 的外部区域.同理,还有三个交点 I_2,I_3,I_4 存在,各在邻接于一个面的外部区域.除此五点 I,I_1,I_2,I_3,I_4 外,其他三点用 I',I'',I''' 表示,这三点也许都存在,也许有一点、两点甚至三点都不存在(这时

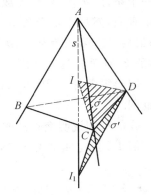

图 2.15

s_1, s_2, s_3 中有些直线平行于平面 σ 或 σ').①

以 $I, I_1, I_2, I_3, I_4, I', I'', I'''$ 为中心,以各点到平面 α 的距离为半径的球面,与平面 $\alpha, \beta, \gamma, \delta$ 都相切. 以 I 为中心的称为四面体的内切球,在四面体内部;其他的称为旁切球,在四面体外部. 旁切球的个数最少为 4,最多为 7,可能是 4 个,5 个,6 个,7 个,因四面体而异.

2.7 用交轨法解作图题

在上节作四面体的外接球、内切球和旁切球的过程中,问题归结于确定一点,即所求球的中心. 例如,在作外接球的过程中,球心是由一直线 l 和一平面 α 相交确定的. 这直线 l 是距三点 A, B, C 等远的点的轨迹,而平面 α 是距两点 A, D 等远的点的轨迹. 在作内切球和旁切球的过程中,情况与此相仿. 这种借轨迹交截以解作图题的方法,就称为交轨法.

假设给定一组条件,要作一个图形满足这些条件,问题往往像上面所说的一样,归结到某一点的确定. 我们在给定的一组条件中,首先暂时放弃某一个或某几个条件,于是所要确定的点就在满足其余条件的点的轨迹上. 再把方才放弃的条件逐次加以考虑,又得到新的轨迹. 所要求的点就是这些轨迹的交点(如果存在的话).

比方说,要求一点 M 使距四已知点 A, B, C, D 等远,这里给了三个条件:$MA=MB, MA=MC, MA=MD$. 我们就可以一次考虑两个条件 $MA=MB$ 和 $MA=MC$,而放弃第三个条件. 这就是上面的解题过程. 当然,也可以首先只考虑一个条件 $MA=MB$,而放弃其他两个条件,得出 M 所在的一个图形即 AB 的中垂面;然后考虑条件 $MA=MC$,又得出 M 所在的一个图形即 AC 的中垂面;最后考虑第三个条件 $MA=MD$,又得出 M 所在的一个图形即 AD 的中垂面,那么 M 就是这三平面的公共点(如果存在的话).

因给定条件的变化,问题有无解答,如果有,有多少解答,这些都属于讨论的范围.

我们举例说明交轨法的应用. 熟悉轨迹命题,是解作图题的先决条件.

例1 给定四个发光点,求受相同照度之点 M.

---

① 关于四面体旁切球的存在和分布情况,此处没有多谈,读者有兴趣可参考 Nathan Altshiller-Count, *Modern Pure Solid Geometry*, §§ 246-253 和 E. Rouché, Ch. de Comberousse, *Traité de Géométrie*, §§ 954-955. 为了方便读者,我们把这一方面的资料以综合整理,列为附录 A.

解 设四光源为 A,B,C,D，单位距离之照度依次为 a,b,c,d，则空间一点 M 所受四光源的照度依次为 $\frac{a}{MA^2},\frac{b}{MB^2},\frac{c}{MC^2},\frac{d}{MD^2}$。所求点 M 由下列条件确定

$$\frac{MA}{\sqrt{a}}=\frac{MB}{\sqrt{b}}=\frac{MC}{\sqrt{c}}=\frac{MD}{\sqrt{d}}$$

由 $MA:MB=\sqrt{a}:\sqrt{b}$，知道 M 的一个轨迹是一个球面或平面（2.5 轨迹 10 和轨迹 2）。同理，$MA:MC=\sqrt{a}:\sqrt{c}$ 和 $MA:MD=\sqrt{a}:\sqrt{d}$ 各给出一个球面或平面。这些球面或平面的公共点就是所求点 M。

讨论留给读者补足。

例 2 在给定直线 a 上求一点 M 使其距 a 上一定点 A 以及一定平面 α 等远。

解 在这里，直线 a 是点 M 所在的一个图形，只要再找到 M 所在的一个图形，就可以用交轨法了。

我们使用分析法，设问题已解，M 是所求的点（图 2.16），$MB\perp\alpha$，且 $MB=MA$。

以 b 表示 a 在 α 上的射影，那么 B 在 b 上。直线 a 和 b 决定一个平面 β，这平面 β 和直线 b，不必知道 M 就可预先知道。

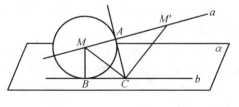

图 2.16

于是问题化归于一个平面几何问题：在已知平面 β 上给定直线 a 和 b 以及 a 上一点 A，在 a 上求一点 M 使距 A 和 b 等远。

或者说，求作一圆使其中心在 M、通过点 A 且切于直线 b。

在 β 上作直线 $AC\perp a$，设 AC 与 b 相交于 C，则 M 距两直线 b 和 AC 等远。所以 M 的轨迹是平面 β 上两直线 AC 和 b 夹角的两条平分线。这平分角线和 a 相交于所求点 M。通常有两解。当 $a\perp\alpha$ 时，点 C 不存在，这时问题显然只有一解，即 A 到 α 的垂线的中点。

这问题也可以表述为：求作一球，使其中心在一已知直线 a 上、通过 a 上一定点 A 且切于一已知平面 α。

采取这样观点，如果在 A 作 a 的垂直平面 π，那么 M 距 α 和 π 等远，所以 M 的一个轨迹是 α 和 π 夹角的平分面，这平分面和 a 相交于所求点 M。

例 3 求作一球使通过两已知点并切于两已知平面。

解 设 A,B 为两已知点,α,β 为两已知平面,问题在于求一点 M 使距 A, B,α,β 等远.

凡距 α,β 等远的点都在 α,β 夹角的平分面(γ_1 或 γ_2)上,凡距 A,B 等远的点都在线段 AB 的中垂面 δ 上.因之所求球心在 γ_1 或 γ_2 与 δ 的交线 l_1 或 l_2 上.从而问题化为一个新问题:

求作一球使其中心在一已知直线 l 上,通过已知点 A 并切于已知平面 α.

作 $AP \perp l$,以 P 表示垂足(图 2.17).设直线 l 在平面 α 上的射影为直线 l',l 和 l' 所决定的平面记为 π.在平面 π 上作 $PA' \perp l$,并截取 $PA' = PA$.显然 l 上任一点到 A 的距离等于到 A' 的距离,所以我们就可以放弃 A 而考虑用点 A' 来替代 A.于是问题又归结于一个平面几何问题:

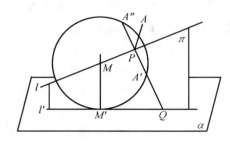

图 2.17

在一平面 π 上给定两直线 l,l' 和一点 A',求作一圆使其中心在 l 上、通过 A' 并切于 l'.

我们就在平面 π 上讲话.所求球心即所求圆心 M.设问题已解,以 M' 表示 M 在 l' 上的射影,如果能决定切点 M',立刻就可用交轨法以决定圆心 M.

以 A'' 表示 A' 关于 l 的对称点,这点显然在所求圆上,以 Q 表示直线 $A'A''$ 和 l' 的交点,那么

$$QM'^2 = QA' \cdot QA'' = 定量$$

从而 QM' 的长可以确定,于是 M' 可以确定(有两点,各在 Q 的一侧).作 $M'M \perp l'$,那么 $M'M$ 和 l 相交于所求圆心 M.

以 M 为中心,以 MA 为半径的球面,通过 A 和 B 并切于 α 和 β.

一般有四个解,因为对应于 l_1 和 l_2 各有两个解.在特殊情况下,如果 $\alpha // \beta$,或者 γ_1(或 γ_2)与 δ 重合或平行,或者 $A'A'' // l'$,那时解法应如何修正,解数起什么变化,请读者考虑.

习题 2

1.求作定直线与定球面的交点[①].

[①] 所谓给定了一个球面,只是说知道了它的中心和半径.这一类作图题的意思是说,如何运用有关球的中心和半径以及其他已知条件借作图公法(1.5)完成作图.

2. 求作定平面与定球面相交的圆周.

3. 证明与定球相交成半径有定长的圆周的一切平面,切于该球的一个同心球.

4. 通过一定直线求作一平面使切于定球.

5. 通过一定直线求作一平面使截定球于给定半径的圆周.

6. 通过一定点求作定球的切线使平行于定平面.

7. 给定平面 α、其上一点 A 及其外一点 B,求在 α 上通过 A 作一直线使距 B 有已知距离.

8. 过球内一定点 P 任作两两互垂的三弦 AA', BB', CC',证明 $PA^2 + PA'^2 + PB^2 + PB'^2 + PC^2 + PC'^2$ 为常数.

9. 证明从球外一点向球所引的切线等长.

10. 设四面体各棱切于同一球,证明三双对棱之和都相等.

11. 设一平面多边形内接于一球,证明在多边形各顶点所作球的切面通过同一点或平行于同一直线.

12. 求作两定球的交线.

13. 证明不共面二直线上各一点所连线段中点的轨迹是一个平面.

14. 不共面二直线上各一点所连线段按定比内分之,求分点的轨迹.

15. 求球内平行弦中点的轨迹.

16. 求球的一组平行截面中心的轨迹.

17. 求球内定长之弦中点的轨迹.

18. 通过一定点作定球的各截面,求所截圆心的轨迹.

19. 通过二定点(或一定直线)作定球的各截面,求所截圆心的轨迹.

20. 求一定点在通过另一定点的动平面上射影的轨迹.

21. 求一定点在通过另一定点的动直线上射影的轨迹.

22. 求一定点在通过另两定点的动平面上射影的轨迹.

23. 在已知平面上通过定点引动直线,求这平面外一定点在这些直线上射影的轨迹.

24. 动点 C 到两定点 A, B 的距离分别等于定长 b, a,设 $AB=c$,求 C 的轨迹.

25. 动球半径为定长且通过两定点,求球心的轨迹.

26. 动球半径为定长且切于已知二面角的两面,求球心的轨迹.

27. 求介于两平行平面间的线段中点的轨迹.

28. 求分介于两平行平面间的线段成定比之点的轨迹.

29. 求分介于两相交平面间的一组平行线段成定比之点的轨迹.

30. 求到两平行平面的距离成定比的点的轨迹.

31. 求到两相交平面的距离成定比的点的轨迹.

32. 求到三面角三面的距离之比等于三个已知数之比的点的轨迹.

33. 求到一定线段 AB 的距离等于定长 r 的点的轨迹.

34. 给定一直线 AB,通过点 A 引诸直线与 AB 成定角,并在其上于 A 的两侧截取定长线段,求其端点的轨迹.

35. 给定半径为 R 的球,从一点 M 引三条切线适为三直三面角的三棱,求 M 的轨迹.

36. 设 $ABCD$ 为四面体,求一点 M 的轨迹使 $MA^2 + MB^2 = MC^2 + MD^2$.

37. 给定不共面的三平行线,求距它们等远的点的轨迹.

38. 证明三面角中三个二面角的平分面共线.

39. 证明三棱柱侧面夹角的三个平分面共线.

40. 在给定平面上求一点使满足下列条件之一.

(1) 距三已知点等远.

(2) 距定三角形三边等远.

(3) 距三定平面等远.

(4) 距两点并距共面二直线等远.

41. 求一点使与一平面之距离为定长,且距三定点等远.

42. 从四面体每一顶点引直线与通过该点的三面成等角,证明这样的四条直线会于一点.

43. 形状和大小固定的直角三角形三顶点各在三给定平行平面之一上变动,求其外接圆心的轨迹.

44. 给定一平面 α 及一线段 $AB \parallel \alpha$,一定长线段 CD 在 α 上保持平行于 AB 而移动,求 AD 与 BC 的交点的轨迹以及 AC 与 BD 的交点的轨迹.

45. 设形状和大小固定的三角形的顶点在一定平面上变动,底边在另一给定平行平面上变动,求重心的轨迹.

46. 求形状和大小固定的三角形顶点的轨迹,已知它的底在一定平面上变动,重心在与之平行的另一定平面上变动.

47. 由直径为 d 的定球面上的定点 A 任引一弦 AP,并在其延长线上取一点 M 使 $AP \cdot AM = d^2$,求点 M 的轨迹.

48. 在已知平面上求动点的轨迹,使该点到平面外两定点的连线与这平面成等角.

49. 在空间给定两点 A, B 及正数 r,试求满足下列条件之一的点 M 的轨迹.

(1) $\frac{MA}{MB} < r$.

(2) $\frac{MA}{MB} > r$.

50. 试求看所设两个或三个球成相等视角的点的轨迹.

51. 一直线上顺次有四点 A, B, C, D,求一点的轨迹使线段 AB, BC, CD 在这点的视角相等.

52. 从一动点可至两或三定球引等长切线,求动点的轨迹.

53. 设两球半径为 r, r_1,一交角为 φ,连心线长为 d,证明
$$\cos \varphi = \frac{r^2 + r_1^2 - d^2}{2rr_1}.$$
从此导出正交条件.

54. 求与两或三定球成正交的球中心的轨迹.

55. 一动球截两或三定球于大圆,求其中心的轨迹.

56. 设从二面角内两点到两面的距离之和相等,证明从这两点所连线段上任一点到这两面距离之和为常数.

57. 设从二面角内三点到两面的距离之和都相等,证明从这三点所决定的三角形的边上或内部任一点到这两面的距离之和为常数.

58. 求到两定平面距离之和或差为常数的点的轨迹.

59. 通过定平面 α 外二定点 A, B 任作一球面切于 α,求切点的轨迹.

60. 证明从任一点到四面体各顶点距离的平方和,等于从四面体的重心到各顶点距离的平方和加上 4 倍该点到重心距离的平方.

从此推证:设一点到四面体各顶点距离的平方和为常数,则其轨迹(如果存在的话)为一球面.

61. 正四面体棱长为 a,有一个球切于各棱,求其半径.

62. 动直线平行于给定平面且与不共面的两定直线相交,求按定比分介于两交点间线段的分点的轨迹.

63. 证明棱锥有外接球的充要条件是:它的底可内接于圆.

64. 证明棱柱有外接球的充要条件是:它的底可内接于圆且为直棱柱.

65. 证明棱台有外接球的充要条件是:它的两底之一可内接于圆且各侧棱相等.

66. 在二面角的每一面上给定一点,在棱上求一点使到这两点的连线互相垂直.

67. 通过一定点求作一直线使与三定直线成等角.

68. 求作一点使到四定平面距离之比等于四条定线段之比.

69. 求作一点使与四面体四顶点距离之比等于四定线段之比.

70. 求作一点使四球在此点的视角相等.

71. 求作一点使三球在此点的视角各为已知角.

72. 通过一定点求作一平面使截三定球的截面半径之比等于三球半径之比.

73. 求作一球使通过三定点且切于一定球或一定平面.

74. 求作一直线使被三定直线所截的两线段之比为已知比.

第三章 初等几何变换

3.1 图形的相等

设想有两个点集合构成两个图形 F 和 F'，而它们之间可以建立这样的一一对应，使一图形上任意两点的连线段常等于另一图形上两个对应点的连线段，我们就说这两图形 F 和 F' 合同或相等.

显然一个图形 F 和它自身相等，因为可以把它看成两个相重合的图形 F 和 F'，把每一点看成与其自身相对应.

若图形 F 与 F' 相等，显然 F' 也与 F 相等.

若图形 F 与 F' 相等，而图形 F' 与 F'' 相等，则 F 与 F'' 也相等. 因为如果 M,N 是 F 中任两点，M',N' 是 M,N 在 F' 中的对应点，而 M'',N'' 是 M',N' 在 F'' 中的对应点，则由相等图形定义，有
$$MN=M'N',\quad M'N'=M''N''$$
于是由线段相等的传递性，便得出 $MN=M''N''$.

所以我们证明了

定理 1 图形的相等具有反身性、对称性和传递性.

定理 2 在相等图形中，

(1) 与共线点对应的是共线点，从而直线的相等图形是直线.

(2) 两相交直线的交角等于两条对应线的交角.

(3) 与共面点对应的是共面点，从而平面的相等图形是平面.

(4) 对应的二面角相等.

(5) 对应的三面角相等.

(6) 对应的四面体相等.

证明 设 F 和 F' 是相等图形.

(1) 设 F 的共线点 A,B,C 对应于 F' 的点 A',B',C'，并设 B 介于 A,C 之间，则由定义，有
$$AB=A'B',\quad BC=B'C',\quad AC=A'C'$$

所以
$$A'C' = AC = AB + BC = A'B' + B'C'$$
这表明点 A', B', C' 非共线不可(否则 A', B', C' 是三角形顶点,因而就有 $A'B' + B'C' > A'C'$),而且 B' 介于 A', C' 之间.

可见直线的相等图形仍是直线,而且如果点 A 在直线 a 上,则 A 的对应点 A' 在 a 的对应线 a' 上.

(2) 若 F 中两直线 a, b 相交于点 O,则由(1)这两直线在 F' 中的对应图形是两直线 a', b',并且它们相交于 O 的对应点 O'. 除 O 以外,在 a 上取一点 A,在 b 上取一点 B;它们的对应点 A', B' 在 a', b' 上,并且
$$OA = O'A', OB = O'B', AB = A'B'$$
所以
$$\triangle AOB \equiv \triangle A'O'B'$$
$$\angle AOB = \angle A'O'B'$$

(3) 设图形 F 的共面四点 A, B, C, D 与 F' 的四点 A', B', C', D' 相对应. 由定义,对应的三角形,例如 $\triangle ABC$ 和 $\triangle A'B'C'$ 各有三边对应相等因而合同,所以对应的角相等,即 $\angle ADB = \angle A'D'B', \angle ADC = \angle A'D'C', \angle BDC = \angle B'D'C'$,等等. 如果 A', B', C', D' 不共面,则为一四面体的顶点,于是对于三面角 $D-ABC$ 应用 1.10 定理 3 和 4 得出
$$|\angle A'D'B' - \angle A'D'C'| < \angle B'D'C' < \angle A'D'B' + \angle A'D'C'$$
$$\angle A'D'B' + \angle A'D'C' + \angle B'D'C' < 4d$$
从而类似的不等式对于 A, B, C, D 四点也得成立,但由于 A, B, C, D 共面,不论它们在平面上的布列如何,类似于上面的不等式总有一个不会成立:$\triangle ABC$ 各边所在直线将平面分为七个区域,例如当 D 在 $\triangle ABC$ 内部时,则有
$$\angle ADB + \angle ADC + \angle BDC = 4d$$
而当 D 在 $\angle A$ 的对顶角区内时,则有
$$\angle BDC = \angle ADB + \angle ADC$$
其他类推. 所以证明了 A', B', C', D' 必共面.

反过来,如果 A, B, C, D 不共面,则 A', B', C', D' 也就不能共面.

(4) 由(3),二面角的对应图形仍然是二面角,而由(2),它们的平面角相对应且相等.

(5) 由(3),三面角的对应图形仍然是三面角. 由(2),它们的面角对应相等,因此这两个三面角相等(1.10 定理 7).

(6) 仿上应用 1.11 定理 5 得证. 证完.

图形相等的两种情况

从平面几何我们知道,两个相等图形 F 和 F' 中,有 F' 的两点 A',B' 与其在 F 中的对应点 A,B 相重合,则任何第三对对应点 C 和 C' 或相重合,或对称于直线 AB(图 3.1). 在前面一种情况,我们说 F 和 F' 全(相)等;在后面一种情况,我们说 F 和 F' 镜照相等或相对称. 两个全等形中,对应的距离相等,对应的角度相等,且两图形有同向. 两个对称图形中,对应的距离相等,对应的角度相等,但两图形有反向. 因此,把两个相等图形的两对对应点(A 和 A',B 和 B')重合以后,这两图形或相叠合或相对称. 如果 F 和 F' 再有第三对不共线的对应点 C 和 C' 相重,就完全相重了. 如果进一步知道相等图形 F 和 F' 有同向,则当它们有两对对应点重合以后,就彼此叠合了.

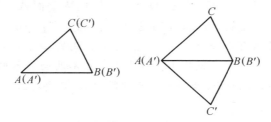

图 3.1

凡不在同一平面上的图形称为空间图形. 我们来把平面图形的两种相等情况推广于空间图形.

设 F 和 F' 是两个相等的空间图形,若 F' 有不共线三点 A',B',C' 与其在 F 中的对应点 A,B,C 相重合,则任何第四对对应点 D' 和 D 或相重合,或对称于平面 ABC[①](图 3.2),因若 D 与 D' 不重合,则 A,B,C 三点各距 D 及 D' 等远,

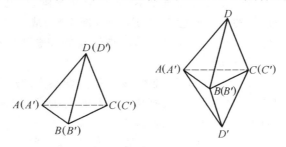

图 3.2

---

① 所谓 D,D' 对称于平面 ABC,即平面 ABC 是线段 DD' 的中垂面或垂直平分面.

因而都在线段 DD' 的中垂面上,亦即 D 与 D' 对称于平面 ABC.

这时,对应的四面体 $A'B'C'D'$ 和 $ABCD$ 相等(定理2(6)),当底面 $A'B'C'$ 重合于底面 ABC 以后,若 D 和 D' 在平面 ABC 的同侧,则相重合,若在异侧,则相对称.在第一种情况下,两四面体同向,在第二种情况下则反向.

在第一种情况下,两图形 F 和 F' 称为全(相)等,在第二种情况下称为镜照相等或对称.因此,在两个全等图形中,对应的距离、角、二面角、三面角、四面体相等,而且对应的转向相同;在两个对称图形中,对应的距离、角、二面角、三面角、四面体相等,但转向相反.

若图形 F 有不共面四点 A,B,C,D 与其相等图形 F' 中的对应点 A',B',C',D' 相重合,则第五对对应点 E,E' 只能重合.否则由上所论,E 和 E' 将对称于平面 ABC,且因 $DE=DE'$,那么 D 将在 EE' 的中垂面 ABC 上了,这与假设 A,B,C,D 不共面相抵触.所以我们证明了下面的定理:

定理 3 两个相等的空间图形中,若有不共线的三对对应点分别相重,则此两形或相叠合或相对称.如果再有与这三对点不共面的第四对点相重,便点点相重,因而两图形相叠合.两个全等的空间图形,只要有三对不共线的对应点分别相重,便完全叠合了.

两个全等图形,可以看做同一图形在空间所占的两个位置.

3.2 运 动[①]

设有两个相等且转向相同的图形,即是说两个全等图形,我们就说其中一个从另一个通过运动而得.即是说,两个全等图形因运动而叠合.

运动这一概念是欧几里德《几何原本》的一个基本概念,但没有被列在《原本》定义、公理、公设等的基本概念之列,这便是《原本》的缺点之一.希尔伯特的《几何基础》则把合同公理当作基本概念,而把运动的概念当作引导出来的.我们基本上是按照这个思路的.

所谓运动其实就是一个点变换,把图形 F 的点变换为图形 F' 的点,使两点间的距离等于其对应点间的距离(从而角、二面角、三面角、四面体对应相等),并且保留了角、二面角、三面角、四面体的转向.

将一图形变换为其自身使其每一点都不变的运动,称为幺变换或恒同运动,记作 I.

[①] 或称移动、位移、移置.

设一运动 R 将图形 F 变换为图形 F'：$R(F)=F'$，则将 F' 变回到 F 的变换仍然是一个运动，称为运动 R 的逆运动，以 R^{-1} 记之．每一运动的逆运动存在，并且 R 也是 R^{-1} 的逆变换．

设一运动 R 将图形 F 变换为与 F 全等的图形 F'：$R(F)=F'$，而运动 S 将 F' 变换为与 F' 全等的图形 F''：$S(F')=F''$，由于全等图形有传递性，从 F 到 F'' 的变换也是一个运动 T，称为前两运动的乘积．由于
$$S[R(F)]=S(F')=F'', T(F)=F''$$
我们写为 $T=S\cdot R$ 或 $T=SR$．

注意运动的乘积与顺序有关，即通常 $RS\neq SR$（习题 3 第 2 题）．

每一运动与其逆运动的乘积显然保留图形的每一点，即
$$RR^{-1}=I, R^{-1}R=I$$

运动满足结合律，即是说，若 R,S,T 为任意三个运动，则
$$TS\cdot R=T\cdot SR$$

事实上，设
$$R(F)=F', S(F')=F'', T(F'')=F'''$$
则
$$TS\cdot R(F)=TS(F')=T[S(F')]=T(F'')=F'''$$
但
$$SR(F)=S[R(F)]=S(F')=F''$$
$$T\cdot SR(F)=T(F'')=F'''$$
所以
$$TS\cdot R=T\cdot SR$$
因而无妨记作 TSR．

由于任两运动之积为一运动，每一运动有其逆运动，幺运动存在，并且运动满足结合律，于是我们说全体运动构成群，称为运动群．

经过一个变换没有变更位置的点、线、面，称为这变换的二重（或不变、或固定）点、线、面．例如平行射影时，射影所在平面 α 上的点是二重点，平面 α 上的直线是二重线，平面 α 是二重面．下面会见到，不必一直线（平面）上每一点都是二重点才能成为二重线（面）．

3.2.1 平 移

我们在解析几何里学过向量，如果两向量同向平行且长度相等，则称它们为相等的．设给定一向量 $\overrightarrow{PQ}$ 以 P 为始点而以 Q 为终点．若以一图形 F 上任一点 M 为始点作向量 $\overrightarrow{MM'}$ 与向量 $\overrightarrow{PQ}$ 相等（图 3.3），即 MM' 与 PQ 平行且同向，且 $MM'=PQ$，则当 M 在 F 上变动时，点 M' 所形成的图形 F' 称为由 F 经过平行

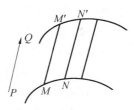

图 3.3

移动或简称平移 $\overrightarrow{PQ}$ 而得.

一个向量决定一个平移,相等的向量决定相同的平移.长度为零的向量即所谓零向量所决定的平移是幺变换.

定理 1 平移是运动.

证明 设两点 M,N 经平移至点 M',N',则 $MNN'M'$ 为平行四边形,因而任两点的连线段 MN 与其对应点的连线段 $M'N'$ 同向平行且相等.从此可知,对应的角、二面角、三面角、四面体相等且转向相同.证完.

定理 2 两个平移的乘积依然是一个平移.

证明 无损于普遍性设两个平移 $\overrightarrow{PQ}$ 和 $\overrightarrow{QR}$ 公有一端点 Q(图 3.4).图形 F 上一点 M 经过平移 $\overrightarrow{PQ}$ 到达图形 F' 上一点 M',点 M' 经过平移 $\overrightarrow{QR}$ 到达图形 F'' 上一点 M''.显然 $\triangle MM'M''\equiv\triangle PQR$,所以 M'' 可以直接通过平移 $\overrightarrow{PR}$ 由 M 得到.

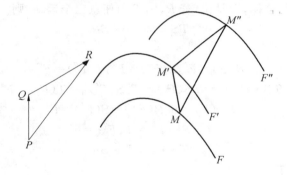

图 3.4

同时我们证明了平移的乘积合于力的平行四边形法则,或向量的加法法则.证完.

定理 3 平移的逆变换是平移.

事实上,平移 $\overrightarrow{PQ}$ 的逆变换是平移 $\overrightarrow{QP}$.

定理 4 除幺变换外,平移没有二重点,但有无穷多二重线与二重面,即平行于平移方向的一切直线和平面.

3.2.2 旋 转

设给定一直线 s,并于其上取定一正方向,通过图形 F 上任一点 M 作平面 $\mu\perp s$(图 3.5),与 s 相交于 M_0;定一点 M' 以为 M 的对应点使满足下述条件.

(1) M' 在平面 μ 上.

(2) $M_0M=M_0M'$.

(3) $\angle MM_0M'=$ 定角 θ.

则当 M 在图形 F 上变动时，点 M' 所形成的图形 F' 称为由 F 经过旋转而得。直线 s 称为旋转轴，定角 θ 称为旋转角。关于旋转的方向规定如下：右手握拳，拇指指向轴上正方向，当 θ 为正角时，其他四指指着从射线 M_0M 到 M_0M' 的方向，如图 3.5 所示；当 θ 为负角时，旋转与此反向。所以给定了 θ，旋转的方向由轴上的正方向所决定。

以 (s,θ) 表示这旋转。旋转 (s,θ) 和 $(s,\theta+2k\pi)$ 有同样的作用，不论 k 为任何整数。$(s,0)$ 所表示的旋转是幺变换。

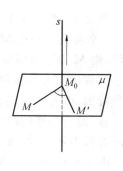

图 3.5

在一个与轴垂直的平面上，便得出平面几何上所讲绕一点的旋转。

仿照上面一样，我们可以证明

定理 5 旋转是运动。

定理 6 旋转 (s,θ) 和 (s,θ') 的乘积是一个旋转 $(s,\theta+\theta')$。

定理 7 旋转 (s,θ) 的逆变换是一个旋转 $(s,-\theta)$。

定理 8 除幺变换外，旋转有无穷多个二重点，即旋转轴上的一切点。若 $\theta\neq 2d$，则旋转有一条二重线即旋转轴，有无穷多二重面即垂直于轴的一切平面。

当 $\theta=2d$ 时的情形参看 3.2.3。

3.2.3 半周旋转或轴反射

在旋转运动中，若 $\theta=2d$，则每一点 M 绕旋转轴转动半圆周，从而 M 与其对应点 M' 关于轴 s 成对称（图 3.6）。这样的旋转 $(s,2d)$ 称为绕 s 的半周旋转，或关于 s 轴反射，或关于 s 的对称变换，s 称为反射轴。

轴反射既是一个特殊的旋转，它就是一个运动，即将一图形变换为一全等图形。

轴反射的逆变换是它自身，因为 M 的对应点是 M'，而 M' 的对应点是 M。

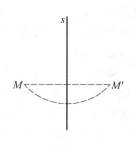

图 3.6

轴反射有无穷多二重点，即反射轴上的所有点；它有无穷多二重线，即反射轴以及与反射轴垂直且相交的一切直线；它有无穷多二重面，即垂直于轴以及通过轴的一切平面。

3.2.4 螺旋运动

一个旋转 R 和一个平行于旋转轴的平移 T 的乘积，称为螺旋运动。

由于旋转轴平行于平移的方向，这两运动的顺序不影响乘积，即 $TR=$

RT. 事实上，若先旋转后平移，一点 M 因旋转而至 M_1，再平移到达一点 M'（图3.7）. 反过来，若先平移后旋转，则 M 因平移而至 M_2，再旋转仍然到达 M'.

螺旋运动由平移和旋转组成，并包含平移和旋转作为特例. 因为当旋转角为零时，螺旋运动就只是一个平移；而当平移的距离为零时，它就只是一个旋转；当两者都为零时，便得么变换.

由于平移和旋转都把一个图形变成与它全等的图形，所以有

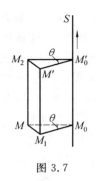

图 3.7

定理 9　螺旋运动是运动.

定理 10　螺旋运动的逆变换仍然是螺旋运动.

事实上，我们只要把如何由一点 M 通过螺旋运动而得到它的对应点 M' 的过程倒过来，就可以由 M' 回到 M. 构成逆变换的平移和旋转，分别是原有的平移和旋转的逆变换.

定理 11　非单一平移或旋转的螺旋运动没有二重点；但有一条二重线，即螺旋运动的轴；若旋转的角 $\theta\neq 2d$，则螺旋运动没有二重面，但若 $\theta=2d$，则通过轴的平面都是二重面.

从 3.1 定理 3，我们知道，如果两个全等图形有两对对应点相重合，那么这两图形可以通过一个旋转而叠合，旋转轴即这两个重合点的连线.

定理 12　两全等图形如果有一对对应点相重合，那么可以通过两个旋转使相叠合，这两个旋转的轴相交于这一对重合点.

证明　以 A 表示两个全等图形的重合点，以 B，B' 表示两个对应点，那么由全等图形定义，$AB=AB'$. 因此，若取通过 A 而垂直于平面 BAB' 的直线作为旋转轴，取 $\angle BAB'$ 作为旋转角，就可以使 B 重合于 B'.

这两全等图形既有两对对应点重合了，根据上面所说，再取 AB 为轴旋转，就可以完全叠合了. 证完.

以后（定理 $12'$）我们还将证明只要通过一个旋转就够了.

定理 13　任意两个全等图形可以通过一个平移继之以两个旋转使相叠合，这两旋转的轴相交.

证明　设 A 和 A' 是一对对应点，则平移 $\overrightarrow{AA'}$ 将第一图形的点 A 与其对应点 A' 重合. 再应用定理 12 就得到证明.

以后（定理 $13'$）还将证明只要通过一个螺旋运动就够了.

为了这个目的，首先研究轴反射运动的乘积.

3.2.5 螺旋运动与轴反射

容易知道,关于同一直线依次做两次轴反射,其乘积为幺变换. 现在证明下面的定理.

定理 14 给定两条不同的反射轴 s_1 和 s_2,关于 s_1 和 s_2 的两个轴反射之积,

(1) 当 $s_1 /\!/ s_2$ 时,等于一个平移,这平移平行于两轴的公共垂直相交线,平移的距离是 s_1 和 s_2 间距离的 2 倍.

(2) 当 s_1 与 s_2 相交时,等于一个旋转,旋转轴是 s_1 和 s_2 的公共垂直相交线,旋转角是 $2\angle(s_1,s_2)$.

(3) 当 s_1 与 s_2 不共面时,等于一个螺旋运动,这螺旋运动的轴是 s_1 和 s_2 的公共垂直相交线,旋转角是 $2\angle(s_1,s_2)$,平移的长度是 s_1 和 s_2 间距离的 2 倍.

证明 (1) 设 $s_1 /\!/ s_2$,一点 M 关于 s_1 的对称点为 M',M' 关于 s_2 的对称点为 M'' (图 3.8). 以 M_1, M_2 分别表示 $MM', M'M''$ 的中点,则容易知道 M_1M_2 是两反射轴 s_1 和 s_2 的公共垂直相交线,而且
$$MM'' /\!/ M_1M_2, \quad MM'' = 2M_1M_2$$
可见两个轴反射之积等于平移 $2\overrightarrow{M_1M_2}$.

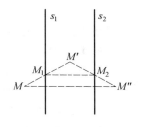

图 3.8

(2) 设 s_1 和 s_2 相交,它们所在的平面是 π (图 3.9). 仍以 M' 表示一点 M 关于 s_1 的对称点,以 M'' 表示 M' 关于 s_2 的对称点,以 M_1, M_2 表示 $MM', M'M''$ 的中点. 设 M_0, M'_0, M''_0 是 M, M', M'' 在平面 π 上的射影. 根据三垂线定理的逆定理(1.7 定理 9),$M_0M_1 \perp s_1$, $M'_0M_1 \perp s_1$,从而 M_0, M_1, M'_0 共线. 于是容易断定两个直角三角形 $\triangle MM_0M_1$ 和 $\triangle M'M'_0M_1$ 合同,M_0 和 M'_0 关于 s_1 对称,$MM_0 = M'M'_0$. 仿此可知 M'_0 和 M''_0 关于 s_2 对称,$M'_0M' = M''M''_0$.

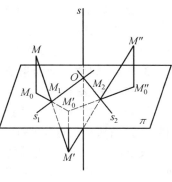

图 3.9

可见 M_0M 和 M''_0M' 相等,且在平面 π 的同侧而同向平行(都和 M'_0M' 异向平行). 因此,取平面 π 在 s_1, s_2 交点 O 的垂线 s 为旋转轴,取 $\angle M_0OM''_0 = 2\angle M_1OM_2 = 2\angle(s_1,s_2)$ 为旋转角,可将 M_0 转动到 M''_0,从而 M 转动到 M''. 即是说,关于 s_1, s_2 两个反射的乘积,等于旋转 $(s, 2\angle(s_1,s_2))$.

(3) 设反射轴 s_1, s_2 不共面(图 3.10),以 O_1, O_2 表示它们的公垂线足. 通过

O_2 作直线 $s'_1 \parallel s_1$. 若我们连续做四次轴反射,顺次取直线 s_1, s'_1, s'_1, s_2 做反射轴,并注意到关于 s'_1 的两次反射等于幺变换,就立刻知道关于 s_1, s_2 的两个轴反射之积,等于这四个轴反射的积. 但前两个轴反射的积等于平移 $2\overrightarrow{O_1O_2}$((1)). 后两轴反射的积等于旋转 $(s, 2\angle(s'_1, s_2))$ 即 $(s, 2\angle(s_1, s_2))$((2)),其中 s 表示 s'_1 和 s_2 亦即 s_1 和 s_2 的公垂线 O_1O_2. 所以定理证明了.

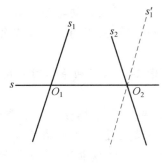

图 3.10

现在来证明定理 14 的逆定理:

定理 15 每一螺旋运动可以分解成为两个有不同反射轴的反射.

(1) 若给定的是一个平移,则两条反射轴应垂直于平移的方向且相平行.

(2) 若给定的是一个旋转或螺旋运动,则两条反射轴应与轴垂直且相交.

在满足这样的条件下,我们可以任意选取一轴,另一轴就随之而定了.

证明 我们任选一条直线使满足所说条件并取为第一反射轴. 那么第二条反射轴就可以由它通过一个平移、或者通过一个平移继以一个旋转而得,这平移等于给定平移的一半,这旋转等于给定旋转的一半. 这样决定了第二反射轴以后,应用定理 14,可知关于这两直线的轴反射,确实产生所给的运动. 证完.

3.2.6 螺旋运动的乘积

定理 16 若干螺旋运动的乘积仍然是一个螺旋运动.

证明 显然只要证明两个螺旋运动的乘积仍然是一个螺旋运动,就可以应用数学归纳法证明这定理了.

设给定以 a_1 和 a_2 为轴的两个螺旋运动①(图 3.11). 根据定理 15,第一螺旋运动可以分解为两个轴反射,以两条与 a_1 垂直且相交的直线 s_1 和 s'_1 为反射轴,并且 s'_1 可以任意选取,从而 s_1 就随之确定了. 同样,第二螺旋运动可以分解为两个轴反射,以两条与 a_2 垂直且相交的直线 s_2 和 s'_2 为轴,其中 s_2 可以任意选取.

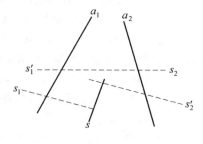

图 3.11

---

① 若其中有一个是平移,就可以取平行于平移方向的任一直线作为它的轴.

现在选取 a_1 和 a_2 的公共垂直相交线同时作为 s'_1 和 s_2，那么关于这直线的两次反射互相抵消，所以两个螺旋运动的积，等于以 s_1 和 s'_2 为轴的两个反射之积，从而根据定理 14，也等于以 s_1 和 s'_2 的公共垂直相交线 s 做轴的一个螺旋运动．定理证明了．

若给定的两个运动是以两条相交于 O 的直线 a_1, a_2 为轴的旋转，按照定理 16 的证明过程和定理 15 的分解方法，s'_1（即 s_2）将通过 O，而 s_1 和 s'_2 也通过 O（s_1 和 s'_1 在通过 O 且垂直于 a_1 的平面上，其夹角等于第一旋转角的一半；s_2 和 s'_2 在通过 O 且垂直于 a_2 的平面上，其夹角等于第二旋转角的一半．）．所以这两个旋转的积等于以 s_1 和 s'_2 为轴的两个反射之积，再应用定理 14，也就等于一个单一旋转，这旋转的轴也通过 O．

因此，我们可以改进定理 12 和 13 如下：

定理 12′　两个全等图形如果有一对对应点相重，那么可以通过一个旋转使相叠合．

定理 13′　两个全等图形可以通过一个螺旋运动使相叠合．

3.3　反射或对称变换

我们已经介绍过一种反射变换，即是 3.2.3 的轴反射或半周旋转．轴反射是一个运动，将图形变换为与它相等且有同向的图形．现在再介绍两种反射变换或对称变换．

3.3.1　面反射

给定一个平面 σ（图 3.12），从空间一点 M 作 $MM_0 \perp \sigma$，M_0 为垂足，并延长 MM_0 至一点 M' 使 $M_0M' = MM_0$，则 M 的对应点 M' 称为 M 关于 σ 的对称点或镜像．当 M 描绘一图形 F 时，M' 描绘一图形 F'，称为 F 关于 σ 的对称图形或镜像．从 F 得出 F' 的这个变换，称为关于 σ 的对称变换，或关于 σ 的面反射，或关于 σ 的镜照反射，σ 称为反射面．

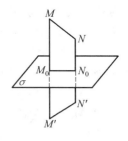

图 3.12

显然两点的连线段 MN 等于它们对应点的连线段 $M'N'$，所以 F 和 F' 是相等图形．但三面角和四面体的镜像改变了转向．所以 F 和 F' 的相等是镜照相等或对称而不是全相等．

定理 1　一个面反射的逆变换是它自身．

定理 2　一个面反射与其自身的乘积是幺变换．

定理3 面反射以反射面上的点为二重点,以反射面上的直线以及与反射面垂直的直线为二重线,以反射面以及垂直于反射面的平面为二重面.

由于每一面反射改变了转向,所以

定理4 两个面反射的乘积是一个运动.

定理5 设平面 $\sigma_1 \parallel \sigma_2$,则关于 σ_1 和 σ_2 的两个反射的乘积等于一个平移.

证明 从任一点 M 作直线与 σ_1,σ_2 垂直,与它们相交于 M_1,M_2(图3.13). 以 M' 表示 M 关于 σ_1 的对称点,以 M'' 表示 M' 关于 σ_2 的对称点. 不论 M 在空间的位置怎样,应用有向线段的加法恒有

$$MM'' = MM' + M'M'' = 2M_1M' + 2M'M_2 = 2M_1M_2$$

所以关于平行面 σ_1 和 σ_2 的两个反射变换的乘积等于平移 $2\overrightarrow{M_1M_2}$. 平移的方向是 σ_1 和 σ_2 的法线方向,平移的距离 2 倍于它们之间的距离. 证完.

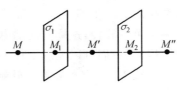

图 3.13

推论 每一平移可以看做两个面反射之积,两反射面相互平行且垂直于平移的方向,并且其中一平面可以任意选取,第二反射面便随之而定.

定理6 设两平面 σ_1 和 σ_2 相交于一直线 s,则关于 σ_1 和 σ_2 的两个反射之积是一个旋转,以 s 为旋转轴,以 σ_1,σ_2 夹角的 2 倍为旋转角.

证明 设空间任一点 M 关于 σ_1 的对称点是 M'(图3.14),MM' 交 σ_1 于 M_1;设 M' 关于 σ_2 的对称点是 M'',$M'M''$ 交 σ_2 于 M_2. 通过 M 而垂直于 s 的平面 μ 含有与 s 垂直的直线 MM' 和 $M'M''$,设此平面交 s 于 M_0,则 $\angle M_1 M_0 M_2$ 是 σ_1 和 σ_2 所成一个二面角的平面角. 显然

(1) M'' 在平面 μ 上.

(2) $M_0 M = M_0 M''(= M_0 M')$.

(3) $\angle M M_0 M'' = 2\angle M_1 M_0 M_2 = $ 定角.

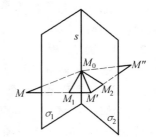

图 3.14

所以旋转 $(s, 2\angle(\sigma_1, \sigma_2))$ 将 M 变换为 M''. 证完.

推论 每一旋转可以看做两个面反射之积,两反射面通过旋转轴,夹角等于旋转角的一半,并且其中一个反射面可以任意选取,第二反射面便随之而定.

定理7 两个合同图形至多通过四次面反射便可互相转换.

证明 设 F,F' 是两个合同图形,O,A,B,C 和 O',A',B',C' 是各不共面的四对对应点. 根据 3.1 定理 3,只要能证明至多通过四次面反射,可将前四点变

为后四点，那么也就将 F 变换为 F' 了.

首先，以 σ_1 表示 OO' 的中垂面.那么关于 σ_1 的反射，便将图形 F 中四点 O, A, B, C 变为 F 的合同图形 F_1 中四点 O', A_1, B_1, C_1.

其次，以 σ_2 表示 $A_1 A'$ 的中垂面，则由于
$$O'A' = OA = O'A_1$$
可见 O' 在 σ_2 上.关于 σ_2 的反射将图形 F_1 中四点 O', A_1, B_1, C_1 变为 F_1 的（因而也是 F 的）合同图形 F_2 中的四点 O', A', B_2, C_2.

再次，以 σ_3 表示 $B_2 B'$ 的中垂面，则由于
$$O'B' = OB = O'B_1 = O'B_2$$
$$A'B' = AB = A_1 B_1 = A'B_2$$
可见 O', A' 在 σ_3 上.关于 σ_3 的反射将图形 F_2 中的四点 O', A', B_2, C_2 变为 F_2 的（因而也是 F_1 和 F 的）合同图形 F_3 中四点 O', A', B', C_3.

最后，以 σ_4 表示 $C_3 C'$ 的中垂面，仿照同样的推理，可知关于 σ_4 的反射将 F_3 的四点 O', A', B', C_3 变为图形 F' 中四点 O', A', B', C'.

如果 O 和 O' 重合，就可以不考虑第一次面反射；如果 A_1' 和 A' 重合，就可以不考虑第二次面反射；其他类推.所以至多通过四次面反射，便将图形 F 变换为 F' 了.证完.

3.3.2 （中）心反射

设两点 M, M' 以 O 为中点，则称 M, M' 对称于 O, O 称为对称中心或反射中心.当 M 在一图形 F 中变动时，M 的对称点 M' 形成一图形 F'，称为 F 关于点 O 的对称图形.从 F 得到 F' 的过程称为中心对称变换或（中）心反射或点反射.显然中心反射保留图形的距离但改变了转向（图 3.15）①，所以心反射和面反射一样，将一个图形 F 变换为与它相等但不全等的图形（即 F 的对称形）F'.

定理 8　一个心反射的逆变换是它自身.

定理 9　一个心反射与其自身的积是幺变换.

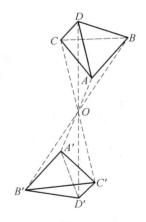

图 3.15

---

① 这里是指空间一般的中心反射而言，可注意平面几何里的中心反射，看做空间的点变换时，实际上是一个轴反射（反射轴即是通过反射中心而垂直于所论平面的直线），因而是运动.

定理 10 心反射以反射心为二重点,以通过反射心的直线为二重线,以通过反射心的平面为二重面.

定理 11 面反射变换中,对应的直线或平面相交于反射面上,或相平行(或重合),心反射变换中,对应的直线或平面相平行(或重合).

定理 12 两个心反射之积是一个平移.

证明 设 O_1 和 O_2 是两个反射中心(图 3.16), M' 是一点 M 关于 O_1 的对称点, M'' 是 M' 关于 O_2 的对称点,则 O_1, O_2 是 $\triangle MM'M''$ 两边的中点,所以
$$MM'' \parallel O_1O_2, \quad MM'' = 2O_1O_2$$
因此,由平移 $2\overrightarrow{O_1O_2}$ 可从 M 得到 M''. 证完.

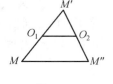

图 3.16

推论 同一图形关于两点的对称形是全等图形,可通过平移互得.

定理 13 设直线 s 垂直平面 σ 于点 O,那么关于中心 O、轴 s、平面 σ 的三个反射变换中,任两个按任意顺序的乘积等于第三个.

证明 我们举一种情形证之,其他各种情形的证法可以类推.先作关于 σ 的面反射,由一点 M 得到一点 M'(图 3.17);再作关于 s 的轴反射,由 M' 得到 M'',求证 M 和 M'' 关于 O 为对称.

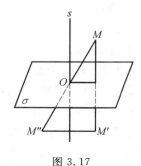

图 3.17

在三点 M, M', M'' 所决定的平面上,显然有 $OM = OM'$, $OM' = OM''$. 所以这平面上的点 O 距三点 M, M', M'' 等远,因而是直角 $\triangle MM'M''$ 的外接圆心,即斜边 MM'' 的中点. 所以 M 和 M'' 对称于 O. 证完.

3.4 合同变换

我们在 3.1 定义了相等图形,若能在两个图形的点之间建立一一对应,使一形任两点的连线段等于另一形中两个对应点的连线段,这两形就称为相等. 如果相等的图形有相同的转向(在两个平面图形,对应的角有相同的转向;在两个空间图形,对应的三面角有相同的转向),就称为全等,有反向则称为对称或镜照相等.

在 3.2 我们定义了运动,运动就是一个变换,它将一图形变为与之全等的

图形.运动构成群,称为运动群.运动包括平移和绕一轴线的旋转以及平移和旋转的乘积(即螺旋运动).空间两个全等图形若有三对对应点相重合便完全重合,这时相应的运动是幺变换;若有两对或一对对应点相重合,便可以由旋转而重合;任意两个全等形总可以通过一个螺旋运动使相叠合.

在 3.3 介绍了反射变换,两个镜照相等的图形,可以通过运动和一个反射(面反射或心反射)的乘积使相叠合.

将一图形变换为与它相等的图形,有时称为合同变换.合同变换也构成一个群,称为合同群,以运动群为其子群.合同变换包括平移、旋转、反射(面反射和心反射)以及它们的乘积.

以下举例说明平移旋转螺旋运动在生产上的应用.

机械生产无非是利用平移、旋转和螺旋运动,例如刨平面利用平移,车圆柱利用旋转,铣螺旋铰刀利用螺旋运动.

利用齿轮可以传动、改变轴的转向、改变轴的转速,两轴的转速与齿数成反比.有时利用惰轮(俗称过桥牙齿),虽说在计算转速时不起作用,但是它使与它接触的两轴保持同向旋转,并且它能连接两只不能接触而传动的齿轮.因而适宜地搭配齿轮,可以完成各种生产任务.

3.5 自相对称——面对称、轴对称、(中)心对称

若 F 是这样一个图形,它上面每一点 M 关于一平面 σ 的对称点 M' 仍然是 F 的点,或者说,如果图形 F 的点两两对称于 σ,那么我们就说图形 F 关于平面 σ 自相对称,σ 称为 F 的对称面.

若 F 上任一点 M 关于一直线 s 的对称点 M' 仍然在 F 上,或者说,如果 F 的点两两对称于 s,那么 F 称为关于直线 s 自相对称,s 称为 F 的对称轴.

若 F 上任一点 M 关于一点 O 的对称点 M' 仍然在 F 上,或者说,若 F 的点两两对称于 O,那么 F 称为关于点 O 自相对称,O 称为 F 的对称心.

自然界中,雪花和蜂窝都是对称形.至于人造物品,小至衣服装饰,大至房屋建筑(诸如屋顶、墙壁、窗格、地面、雕栏、画栋),到处都有对称形.我国敦煌壁画,有极丰富而壮丽的对称图形.

自然界的几何对称,突出地精巧地表现在晶体方面.例如,食盐 NaCl 的晶体恰好是立方体,硅酸盐 SiO_2 和方解石 $CaCO_3$ 的晶体也都是对称形.晶体的物理性质与方向有关,其对称性除由外形表现而外,更多的由其内在的物理性质表现.沿着可由一个转动相联系的各方向,晶体的物理性质是没有区别的,例

如光线在晶体中沿着这样两个方向传播,速度是相同的,而在其他不同的方向传播,速度则一般是不同的.

从 3.3 定理 12 我们得到

定理 1 设直线 s 与平面 σ 垂直相交于点 O,则当一图形 F 具有下列三个对称性中之二时,它必然也具有第三个对称性.

(1) F 以 σ 为对称面.

(2) F 以 s 为对称轴.

(3) F 以 O 为对称心.

如果一个图形 F 不因某种变换而变更其所占空间位置,我们就说该图形 F 容许这个变换. 在上面的三个定义中,图形 F 分别容许面反射、轴反射、心反射.

当图形 F 容许一个绕直线 s 的旋转而最小旋转角 $\varphi = \dfrac{4d}{n}$ 时(n 是不小于 2 的正整数),那么 F 也容许绕直线 s 作旋转角为 $\varphi_k = \dfrac{4kd}{n}$ ($k=1,2,\cdots,n-1$)的旋转. 在这种情况下,向两方面旋转都无不可. 这时我们说直线 s 是图形 F 的 n 阶旋转轴或 n 阶对称轴. 当 $n=2$ 时,这就是过去讲过的轴对称或半周旋转. 所有阶数为偶数的对称轴也是 2 阶对称轴.

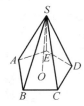

图 3.18

例如,设 $S\text{-}ABCDE$ 为正五棱锥(图 3.18),SO 是它的高,则 SO 是这正五棱锥的 5 阶对称轴. 绕 SO 旋转 $0°$,$72°$,$144°$,$216°$,$288°$,所得图形都重合于其自身.

为了说明图形的对称性,我们举正多面体(1.12.2)为例. 首先证明下面的定理.

3.5.1 正多面体的内切球和外接球

定理 2 每个正多面体有唯一的外接球和内切球,这两球同心.

证明 考察正多面体相邻的两面 f 和 f'(图 3.19),以 AB 表示它们的公共棱,以 C 和 C' 表示这两面的外接圆心,以 M 表示 AB 的中点. 根据 2.6 定理 1 推论 1,有唯一球面通过这两圆周 C 和 C'. 这球的中心 O 显然是在 C,C' 所作这两面的垂线的交点. 在直角 $\triangle OMC'$ 中,腰 MC' 是一面上的正多边形的边心距,锐角 $\angle OMC'$ 是这正多面体一个二面角的平面角的一半,都是定量,因而 OC' 等于定长 r.

同样,f' 的一个邻面 f'' 在其中心 C'' 的垂线交 OC' 于一点 O',并且有 $O'C'=$

r,所以 O' 重合于 O. 以下同理类推.

可见 O 到多面体的各面有等距离 r,从而到各顶点有等距离 R. 可见以 O 为中心,以 r,R 为半径可以作两球面,其中切于多面体各面的称为它的内切球,通过多面体各顶点的称为它的外接球. 证完.

正多面体的内切球心和外接球心 O,称为这正多面体的中心.

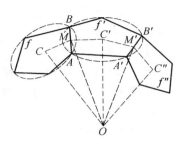

图 3.19

证明了这定理以后,我们来讨论正多面体所容许的旋转和对称变换.

3.5.2 正多面体所容许的旋转和对称变换

正多面体所容许的运动只能是旋转,即是说,任何一个运动如果把一个正多面体变换使重合于其自身的位置,那就只能是绕一轴线的旋转,因为它的外接球心 O 不因这运动而改变(3.2 定理 $12'$).

这些旋转可以分为三种类型:

(1)一个面所容许的旋转,旋转轴就是从中心 O 到各该面的垂线,如果作为面的正多边形的边数为 n,这样的轴是 n 阶旋转轴.

(2)一个顶点的正多面角所容许的旋转,旋转轴就是从中心 O 到该顶的连线;如果正多面角的面数为 m,这样的轴是 m 阶旋转轴.

(3)一条棱所容许的旋转,这就是绕着从中心 O 到该棱中点的连线为轴的半周旋转,这样的轴是 2 阶旋转轴.

显然这三种类型的旋转使正多面体重合于其自身.

并且正多面体所容许的旋转必属于这三型之一:设以 P 表示一旋转轴和一个面 f 的交点,那么 P 或者是这面的内点,或者是一个顶点,或者是一棱的内点,三者必居其一. 如果 P 是这面 f 的内点,由于正多面体容许这旋转,f 将旋转为正多面体的某一面 f',但仍通过点 P(因 P 在旋转轴上,不因旋转而变),但正多面体只有一个面 f 通过 P(因 P 为一面的内点),所以 f' 即 f 本身. 即是说,面 f 容许绕 OP 的某一旋转. 其次,如果 P 是一个顶点,则以 P 为顶的正多面角便不因绕 OP 的某一旋转而变其位置. 最后,如果 P 是一棱的内点,根据类似的推理,该棱便不因绕 OP 的一个旋转而变其位置,因而必然垂直于 OP.

正多面体所容许的运动(已证其为旋转),必将一棱 AB 变换为一棱 $A'B'$($A'B'$ 也可能是 AB),并且有两种方式,即 A 与 A' 重合而 B 和 B' 重合,或 A 与 B' 重合而 B 与 A' 重合. 于是有

定理 3 一个正多面体所容许的运动必然是旋转,这些旋转或者是一个面所容许的,或者是一个正多面角所容许的,或者是一条棱所容许的,每一旋转轴都通过正多面体的中心.旋转总数等于棱数的 2 倍(其中包含一个幺变换).

现在来讨论正多面体所容许的对称变换.

定理 4 (1)每个正多面体关于一棱的中垂面的对称图形,重合于其自身.

(2)每个正多面体关于一二面角的平分面的对称图形,重合于其自身.

事实上,正多面体关于这样平面的镜像是一个具有下列性质的多面体:它的各个面、二面角、多面角和原有的相等,并且和原有的正多面体有一面重合,且在这公共面的同侧,所以这镜像重合于正多面体自身.

反过来,正多面体的对称面只能属于这两种类型之一.事实上,首先可以看出,每一对称面 σ 一定通过正多面体的中心 O,否则它的外接球反射为另一球而仍外接于正多面体,这与定理 2 的唯一性矛盾.其次,通过中心 O 的对称面 σ 必然含某一棱的内点,这条棱将不因关于 σ 的反射而变,所以 σ 或者通过这棱(因而平分以该棱为棱的二面角)或者垂直于该棱(因而平分该棱).

如果正多面体有对称中心,这点只能是正多面体的中心 O,否则它的外接球将反射为另一球而仍外接于正多面体,仍与定理 2 唯一性矛盾.

在有对称心的情况下,对称轴的存在就可以立刻从定理 3 和定理 1 推得.

对称心不一定存在,例如正四面体的中心就不是它的对称中心.正四面体的对称中心虽不存在,但已证对称面存在(定理 4),(2 阶)对称轴也存在(定理 3,一双对棱中点的连线就是对称轴),并且对称面和对称轴又都通过 O,那么这样的情况与定理 1 有无矛盾呢?下面来进一步讨论.

3.5.3 立方体所容许的旋转和对称变换

为了具体说明上面的理论,我们来讨论正六面体即立方体所容许的旋转和对称.

立方体有 12 条棱,根据定理 3,它所容许的旋转连幺变换在内共 $12 \times 2 = 24$ 个.我们来研究这些旋转.

(1)某一面所容许的旋转:每一面例如 $ABCD$(图 3.20)容许一个 4 阶旋转,旋转轴 PP' 是一双对面中心的连线,这样的 4 阶旋转轴共有 3 条.除幺变换不计外,绕每一轴有 3 个不同的旋转可使立方体重合于其自身.这里一

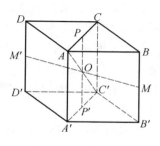

图 3.20

共可有 $3\times3=9$ 个旋转.

(2)某一三面角所容许的旋转:每一三面角例如以 A 为顶点的三面角容许一个 3 阶旋转,以对角线 AC' 作为旋转轴.事实上,绕 AOC' 为轴旋转时,三直三面角 $A-BDA'$ 的三条棱 AB,AD,AA' 逐次互换位置,而立方体仍重合于其自身.由于立方体一共有四条对角线,所以有 4 条 3 阶旋转轴,而除幺变换外,绕每一轴有两个旋转可使立方体重合于其自身,可见这里一共有 $2\times4=8$ 个旋转.

(3)某一棱所容许的旋转:这里一共有 6 条 2 阶旋转轴(例如,MOM'),所以除幺变换外,一共有 $1\times6=6$ 个旋转.

总起来说,除幺变换外,三种类型的旋转总数为 $9+8+6=23$,与所预料的一样.

立方体像一般的平行六面体一样有一个对称中心 O.

因此立方体有 6 个对称面通过 O 而垂直于 6 条 2 阶对称轴(定理 1),这就是通过 6 双对棱的平面(例如,$AA'C'C$),即是各二面角的平分面;又有三个对称面垂直于三条 4 阶对称轴(4 阶对称轴当然也是 2 阶对称轴),即各棱的垂直平分面,立方体共有 9 个对称面.

3.6 利用运动和反射解作图题

现在我们利用平移、绕一轴线的旋转、关于一点的反射、关于一平面的反射,来解作图问题.

作图题 1 给定两平行平面 α,β,α 在 β 上方,并给定 α 上方一点 P 及 β 下方一点 Q.求从 P 到 Q 的最短路线 $PABQ$ 使其介于 α,β 间的部分 AB 平行于定直线 l.

解 由于介于平行平面间的平行线段相等(1.4 定理 7),可知 AB 有定长 k.折线 $PABQ$ 为最短的充要条件是 $PA+BQ$ 最短.

假设问题已解,将 AP 平移至 BP'(图 3.21),则 $PABP'$ 为平行四边形,$P'B=PA$,所以 $PA+BQ=P'B+BQ$,其中 P' 和 Q 是平面 β 异侧的两点,所以 B 只能是直线 $P'Q$ 和 β 的交点.于是得出作法如下:

任作一条与 l 平行的直线与 α,β 相交以定出定长 k.将点 P 沿直线 l 的方向向平面 β 移动距离 k 到达 P'.联结 $P'Q$ 与 β 相交于 B.过 B 作直线平行于 l,与 α 相交于 A.于是折线 $PABQ$ 决定了.

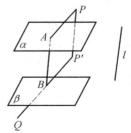

图 3.21

证明是立刻可以得到的.

当 l 与 α(因而与 β)相交时,常有一解.

作图题 2 给定一平行六面体及一点 O,求通过 O 作一直线使其介于三对平行平面间的线段等长.

解 设平行六面体的三对平行平面为 $\alpha,\alpha';\beta,\beta';\gamma,\gamma'$(图 3.22).假设问题已解,所求直线分别与它们相交于点 $A,A';B,B';C,C'$ 满足
$$AA'=BB'=CC'$$

应用 1.4 定理 7,将所求直线保持平行于其自身而移动时,其介于一对平行平面间的线段长不变,因而仍彼此相等.因此,如果平移

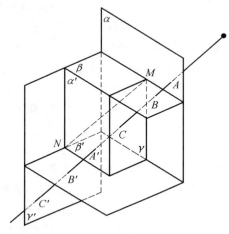

图 3.22

这直线使其通过一个顶点 M,即三点 A,B,C 都重合在 M,那么另外三点 A',B',C' 也将重合在一点 N,即 N 是 M 的对顶.可见所求直线的方向一定是平行六面体一条对角线的方向.

从这个分析我们得出作法如下:通过定点 O 作直线与平行六面体的一条对角线平行,即所求直线.

证明是立刻可以得到的.

由于一共有四条对角线,所以有四解.

作图题 3 把山坡上的水输送到平地上指定地点去灌溉,如何挖引水道最为经济省力?

解 设这山坡近似于半平面 α,水源在 A(图 3.23),而指定灌溉地点为地面 β 上点 B.问题归结到在二面角棱上求一点 M 使 $MA+MB$ 为最短.

若将二面角的面 α 绕棱旋转使叠合于面 β 的延展面 β',那么点 A 落于 β' 上一点 A'.从 A 和 A' 到棱上每一点有等距离.A' 和 B 落在同一平面上,且在棱的两侧,所以 $A'B$ 和棱有唯一交点 M,这显然就是所求的点.

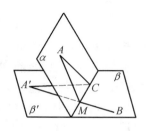

图 3.23

从以上的分析得出下面的作法:从点 A 向棱作垂线 AC,C 为垂足.在半平

面 β' 上作 CA' 垂直于棱,且截取 $CA'=CA$. 那么 A 和 A' 到棱上每一点有等距离. $A'B$ 和棱相交就得出所求的点 M.

证明留给读者.

作图题 4 给定一直平行六面体,求作其内接长方体使其底面为正方形且在直平行六面体的底上.

解 设 $ABCDA'B'C'D'$(图 3.24)为给定直平行六面体,O, O' 为其两底中心,并设 $PQRSP'Q'R'S'$ 为内接长方体,底面 $PQRS$ 为正方形,则 $OP=OQ, OP \perp OQ$. 若取 OO' 为轴旋转 $\theta=90°$,则 P 到达 Q. 只要取 OO' 为轴旋转 $90°$,$ABB'A'$ 的新位置与 $BCC'B'$ 的交线便是 QQ',或者在底面 $ABCD$ 上,将直线 AB 绕点 O 旋转 $90°$后,与直线 BC 相交便得出点 Q,这样问题就很容易地解决了.

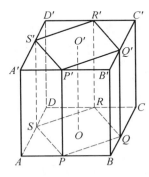

图 3.24

作图题 5 给定两平行平面 α, β 及不在 α, β 上的一点 P. 通过 P 求作一直线与 α, β 相交于 A, B 使 $PA+PB=$ 定长 k.

解 (1)设 P 在 α, β 之间(图 3.25). 从 α 上任一点 M 作 $MN \perp \beta$,设 $MN=d$. 以 N 为中心,以 $\sqrt{k^2-d^2}$ 为半径在平面 β 上作圆 Σ,则联结 M 到此圆周上任一点 T 的线段 $MT=k$. 通过 P 作 $APB \parallel MT$,则 APB 即是所求的直线.

当 $k<d$ 时无解,$k=d$ 时一解,$k>d$ 时有无穷多解.

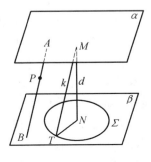

图 3.25

(2)设 P 不在 α, β 之间(图 3.26). 以 P 为反射中心,求 α 的反射图形得出平面 $\alpha', \alpha' \parallel \alpha$. 于是问题归结为已解出的情形,即通过 P 作直线与 α', β 相交于 A', B,使 $A'B=k$,因而有
$$PA+PB=PA'+PB=A'B=k$$

作图题 6 给定二面角 $\angle(\alpha, \beta)$ 及二面间两点 P, Q. 试在两个面上各求一点 A, B 使折线 $PABQ$ 为最短.

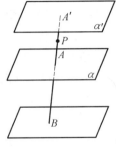

图 3.26

解 作 P 关于 α 的对称点 P'，作 Q 关于 β 的对称点 Q'（图 3.27），这当中我们假设 P 接近于 α 而 Q 接近于 β. 联结线段 $P'Q'$，与平面 α,β 相交于所求点 A,B.

证明时只要在 α,β 上任取一点 A',B'，就有

$$PA+AB+BQ=P'A+AB+BQ'=P'Q'$$
$$PA'+A'B'+B'Q=P'A'+A'B'+B'Q'\geqslant P'Q'$$

所以 $\qquad PA+AB+BQ\leqslant PA'+A'B'+B'Q$

其中等号只当 A' 重合于 A，且 B' 重合于 B 时成立.

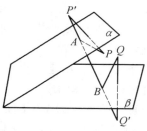

图 3.27

3.7 位似形及其性质

在本节我们以 k 表示一个不等于零的代数数[①]. 如果两向量 $\overrightarrow{A'B'}$ 和 $\overrightarrow{AB}$ 平行或共线，则可写为 $\overrightarrow{A'B'}=k\overrightarrow{AB}$ 或 $\overrightarrow{AB}=\dfrac{1}{k}\overrightarrow{A'B'}$，其中两向量同向或反向就看 k 为正或负而定，且它们的长度满足关系 $A'B'=|k|AB$.

介绍这符号以后，我们来介绍位似变换的定义.

设给定一点 S，称之为（同）位（相）似中心或相似中心，给定一代数数 $k\neq 0$，称之为（同）位（相）似比或相似系数；设 M 为空间任一点，我们取一点 M' 使满足条件：$\overrightarrow{SM'}=k\overrightarrow{SM}$，即是说，满足

(1) S,M,M' 三点共线.

(2) $SM'=|k|SM$.

则 M' 称为 M 在位似变换 (S,k) 中的位似点.

当 $k>0$ 时，对应两点在位似心同侧，称为正位似（图 3.28(a)），S 称为外相似心；当 $k<0$ 时，对应两点在位似心异侧，称为反位似（图 3.28(b)），S 称为内相似心. 相似心把对应点连线段分成的比等于位似比 k，$k>0$ 为外分点，$k<0$ 时为内分点. 当 $k=1$ 时，就得到恒同变换或么变换. 当 $k=-1$ 时，就得到关于中心 S

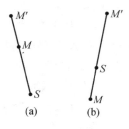

图 3.28

---

① 代数数是指可以作为有理整系数代数方程根的数，包括有理数和某些无理数. 例如 $\sqrt{2}$，它是代数方程 $x^2-2=0$ 的根.

的反射或对称变换.所以中心反射是位似的特殊情形.任何一个反位似是一个正位似和中心反射的乘积.

求一图形 F 的各点 M 的位似点 M',以组成图形 F',则 F' 称为 F 在位似变换 (S,k) 中的位似形.

位似变换的下述性质,或者是明显的,或者与平面几何里所讲位似形的情况相仿[①].

(1)位似变换在两个对应图形 F,F' 的点之间建立了相互的一一对应.

(2)共线点对应于共线点,共点线对应于共点线,从而两条平行线对应于两条平行线.

(3)线段对应于与其平行或共线的线段,这两线段同向平行或反向平行,就看是正位似或反位似,而且对应线段的比等于位似比的绝对值.

(4)任意两个对应三角形相似.

(5)两条射线的交角等于其对应射线的交角.

(6)对应的面角相等.

(7)对应的二面角相等,对应的三面角相等(在正位似有同向,在反位似有反向).

(8)正位似不改变图形的转向,反位似是正位似和中心反射的乘积,所以反位似改变了图形的转向.

(9)在非幺变换的位似变换中,位似心是仅有的二重点,通过位似心的直线和平面是仅有的二重线和二重面,其他的直线变换为一条平行线,其他的平面变换为一个平行平面.

(10)位似变换具有反身性和对称性.即是说,一个图形与其自身位似($k=1$),并且如果 F' 是 F 在 (S,k) 中的位似形,则 F 是 F' 在 $(S,\frac{1}{k})$ 中的位似形,或者说,位似的逆变换仍然是位似.

显然同中心的两个位似 (S,k) 和 (S,k') 的乘积是一个位似 (S,kk'),当前两个同为正位似或同为反位似,则乘积为正位似,当前两个一为正一为反位似,则乘积为反位似.

试问任意两个位似变换之积是否也是一个位似变换呢?如果扩充位似变

---

① 注意:有些中学教材关于"位似"的定义是不够全面的.例如,北师大版八年级数学下册第九单元关于位似的定义需要修改为:如果两个图形不仅是相似图形,而且每组对应点所在的直线都经过同一个点,**不在同一直线上的对应边互相平行**,那么这样的两个图形叫做位似图形.不难找出反例,不加上"不在同一直线上的对应边互相平行"这个条件,该定义不成立.

换的概念,使其包括平移在内,那么我们的答案是肯定的,即是说:位似变换具有传递性. 我们就来讨论这个问题.

两个位似的乘积

定理 如果把平移看做位似的特殊情形,那么任两位似变换的乘积还是一个位似变换,并且三个位似心共线.

证明 设通过位似(S_{12}, k_{12}),图形F_1变换为图形F_2;通过位似(S_{23}, k_{23}), F_2变换为图形F_3. 求证F_3是F_1的位似形.

以O_1(图 3.29)表示F_1的一个定点,M_1表示F_1上任一点,以O_2, M_2表示它们在F_2中的对应点,则

$$\overrightarrow{O_2 M_2} = k_{12} \overrightarrow{O_1 M_1}$$

以O_3, M_3表示O_2, M_2通过位似(S_{23}, k_{23})在F_3中的对应点,则

$$\overrightarrow{O_3 M_3} = k_{23} \overrightarrow{O_2 M_2}$$

因此

$$\overrightarrow{O_3 M_3} = k_{12} k_{23} \overrightarrow{O_1 M_1}$$

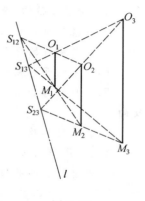

图 3.29

令$k_{13} = k_{12} k_{23}$. 当$k_{13} \neq 1$时,任意一双对应点的连线$M_1 M_3$与定直线$O_1 O_3$相交于这样一个定点S_{13}

$$\overrightarrow{S_{13} O_3} = k_{13} \overrightarrow{S_{13} O_1}, \quad \overrightarrow{S_{13} M_3} = k_{13} \overrightarrow{S_{13} M_1}$$

所以F_3是F_1在位似(S_{13}, k_{13})中的对应图形. 如果$k_{13} = 1$,则F_3和F_1是全等图形,通过一个平移便可互得. 我们把平移看做正位似的特殊情形.

还要证明S_{12}, S_{23}, S_{13}共线. 这是没有困难的,我们知道,位似中心一定在一对对应点的连线上,因此,两对对应点连线的交点便是位似心. 我们知道直线$O_1 O_3$是F_1和F_3一对对应点的连线. 此外若把M_1取在直线l即$S_{12} S_{23}$上,由于l通过位似心S_{12},那么M_2也在l上. 同理,由于l通过位似心S_{23}, M_3也在l上,所以$S_{12} S_{23}$又是F_1和F_3的一对对应点的连线. 因此S_{13}就是$O_1 O_3$和$S_{12} S_{23}$的交点,从而$S_{12}、S_{23}、S_{13}$共线. 证完.

注意:(1)这定理是在把平移看做位似的特殊情况下才成立的.

(2)由于$k_{13} = k_{12} k_{23}$,可知两个正位似或两个反位似的积为正位似,一个正位似和一个反位似的积则为反位似.

(3)既然幺变换是位似,位似的逆变换是位似,两位似的乘积是位似,可见一切位似变换构成群.

3.8 两球的位似

给定一球面 $O(r)$,取一点 S 为位似中心,取一数 $k\neq 0$ 为位似比,试求这球面的对应图形.

作 O 的对应点 O' 使 $\overrightarrow{SO'}=k\overrightarrow{SO}$,球面 $O(r)$ 上任一点 M 的对应点 M' 满足 $\overrightarrow{SM'}=k\overrightarrow{SM}$. 由相似三角形 $\triangle SOM$ 和 $\triangle SO'M'$ 得出

$$\frac{O'M'}{OM}=\frac{SO'}{SO}=|k|$$

所以
$$r'=O'M'=|k|OM=|k|r(定长)$$

从而当 M 在球面 $O(r)$ 上变动时,M 的位似点 M' 描画一个球面 $O'(r')$,球心互为位似点,半径之比等于位似比的绝对值. 当 $k>0$ 时,得出正位似(图 3.30(a)),位似心是两球的外相似心,外分两球连心线段的比等于位似比,这时对应的半径同向平行;当 $k<0$ 时,得出反位似(图 3.30(b)),位似心是两球的内相似心,内分连心线段的比等于位似比的绝对值,这时对应半径反向平行.

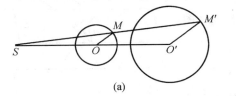
(a)

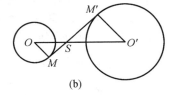
(b)

图 3.30

反过来,设给定两球 $O(r),O'(r')$,它们就可以两种方式看成位似形,位似比的绝对值等于它们半径的比,位似心外分或内分连心线段的比等于半径之比.

若 $r=r'$,正位似变换变成平移,外相似心看做在无穷远,而反位似变成中心反射.

假设球 O 与 O' 的一个相似中心 S 在球 O 的外部,试看通过 S 而与球 O 相切的一个平面,以 T 表示切点. 由于位似变换中点与点保持一一对应,这平面也将切球 O' 于 T 的位似点 T'. 因此,通过两球的(外或内)相似心且切于一球的平面,必切于另一球,因而是两球的公切面. 这公切面若通过外相似心,则从切点所引的两球半径 OT 和 $O'T'$ 同向平行,若通过内相似心则反向平行;前一种情况,称为外公切面,后一种情况则称为内公切面.

同样,通过两球的一个(外或内)相似心而与一球相切的直线,也切于另一球,因而是两球的公切线.

两球的公切面一定通过一个相似心：若以 T, T' 表示切点，则半径 OT，$O'T'$ 是同一平面的垂线，因而平行，所以直线 TT' 与连心线 OO' 相交于一个相似中心或与之平行.

但两球的公切线则不一定通过相似心：以不通过连心线的一个平面截两球于两圆，这两圆的公切线是两球的公切线，但不通过两球的相似中心.

通过在两球外部的一个相似心的所有公切线构成一个圆锥，称为两球的公切圆锥. 公切圆锥的切面是两球的公切面. 在两球相等的情况下，一个公切圆锥变成公切圆柱.

3.9 用位似法解作图题

现在举几个例，表明位似法在几何作图方面的应用.

作图题 1 给定两相交平面 α, β 及不在其交线上的一点 P，通过 P 求作一直线与 α, β 相交于 A, B 使 $PA : PB =$ 已知比 $m : n$.

解 通过 P 任引一直线，交 α 于 A_0（图 3.31）. 在此线上取一点 B_0 使

$$PB_0 = \frac{n}{m} PA_0$$

通过 B_0 作一平面 $\alpha' /\!/ \alpha$，则当 A 在 α 上变动时，满足 $PA : PB = m : n$ 的点 B 的轨迹是平面 α'. 两平面 α' 与 β 相交于一直线 l（平行于 α, β 的交线）. P 与 l 上任一点所联结的直线即是所要求的.

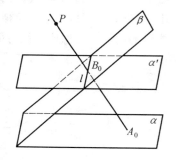

图 3.31

作图题 2 给定一平面 α 及一球面 Γ，通过一定点 P 求作一直线与它们依次交于 A, B，使 $PA : PB =$ 已知比 $m : n$.

解 仿照上题，以 P 为位似心，以 $\frac{n}{m}$ 为位似比，作平面 α 的位似形 α'（图 3.32）. 若平面 α' 和已知球面 Γ 相交于一圆周，则有无穷多解答，这圆周上任一点和已知点 P 的连线就是所要求的. 如果 α' 和 Γ 相切，则有一解. 如果 α' 与 Γ 不相遇，便没有解答.

这题中求平面 α 的位似图形 α' 以与球面 Γ 相交，较之求 Γ 的位似形以与 α 相交为便，不可不加以注意.

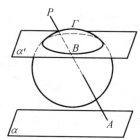

图 3.32

作图题 3 求作一球使切于给定三面角,并通过此三面角内部一定点 A.

解 所谓求作一球,即是决定它的中心和半径. 在本题,只要决定中心就够了.

将三面角顶点记为 S,三面记为 α,β,γ(图 3.33). 如果放弃通过定点 A 这一条件,任作一球 O' 与 α,β,γ 相切(只要作两个二面角的平分面相交于直线 s,在 s 上任取一点 O' 为中心,

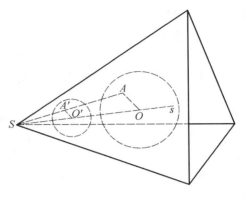

图 3.33

取 O' 到 α 的距离为半径),那么所求的球 O 和已作出的球 O' 以 S 为位似中心. 联结直线 SA 和球 O' 相交于 A'(这样的交点至多有两个). 在 s 和 SAA' 所决定的平面上,通过 A 作直线 $AO \parallel A'O'$,交 s 于一点 O,则 O 即所求球心.

本题至多可有两解.

作图题 4 通过一定点求作两球的公切面.

解 首先作出两球的公切圆锥(或圆柱),这样的圆锥有两个. 问题便归结到:通过一定点作已知圆锥面的切面.

要解决后一问题,可通过已知点作平面垂直于圆锥的轴(即两球连心线),定出它与锥面相交所成的圆周. 从已知点引这圆周的切线,任一切线与锥顶(即两球的(外或内)相似心)所决定的平面,就是所求的.

当已知点不是两球的相似心之一时,问题有 0,1,2,3,4 个解答. 当已知点是两球的相似心之一时,有无穷多个解答.

3.10 反 演

在结束本章之前,我们将平面上的反演推广于空间. 平面上的反演是空间反演的一部分,在许多情况下我们又把它当作空间反演的基础,我们有必要加以复习.

设取一点 O 作为反演的极(或称反演中心),取一数 $k \neq 0$ 作为反演的幂,以 M 表示空间任一点,我们决定一点 M' 使满足下列条件.

(1) O、M、M' 三点共线.

(2) $OM \cdot OM' = k$(规定当 $k > 0$ 时,M 和 M' 在 O 的同侧;当 $k < 0$ 时,M 和

M' 在 O 的异侧).

则 M' 称为 M 的反点.

一图形 F 上各点的反点所形成的图形 F',称为 F 的反形.从 F 得出 F' 的这一过程称为反演.反演是一个点变换,将点变换为点.

从定义立刻知道:

(1)除反演的极外,空间任一点有一反点.反演极的反点不存在.

(2)若 M' 是 M 的反点,则 M 也是 M' 的反点,即是说反演是它自身的逆变换.

定理 1 同一图形 F 对于同一极 O 的两个反形互为位似形.

证明 以同一点 O 为极,分别以 k 和 k_1 为反演幂,设图形 F 上一点 M 的反点分别为 M' 和 M'_1,则

$$OM \cdot OM' = k, OM \cdot OM'_1 = k_1$$

从而

$$\frac{OM'_1}{OM'} = \frac{k_1}{k}$$

所以 M' 和 M'_1 描绘两个位似形.证完.

这定理告诉我们,反演幂的选择不影响所得图形的形状.这形状只因反演极而变.因此在许多情况下,我们选 $k>0$.

3.10.1 反演的二重点

若反演幂 k 是正的,我们可以极 O 为中心,以 $\sqrt{k}$ 为半径作一球面,称为反演球.反演球是反演的二重点的轨迹.两个互反点称为关于这球互为反点.反演球的内部反演为其外部,而外部反演为其内部.不在球面上的两个互反点,一在内部而一在外部.

当反演幂 k 为负时,反演没有二重点.负幂反演可以看做正幂反演 $OM \cdot OM' = |k|$ 和关于反演中心的中心反射的乘积.因此在许多场合,不妨只考虑正幂反演.

试问反演有没有二重线和二重面呢?

3.10.2 直线、平面、球面、圆周的反形

在平面几何研究反演时,已经知道下列事实:

(1)通过反演极的直线,反演为其自身.

(2)不通过反演极的直线,反演为一圆周,这圆周通过极,并且在极点的切线平行于已知直线.

(3)通过反演极的圆周,反演为一直线,这直线不通过极,并且平行于已知

圆周在极点的切线.

(4) 不通过反演极的圆周,反演为一圆周,这圆周也不通过极,并且它和已知圆周以极作为一个相似中心.

(5) 圆周与圆周,或圆周与直线,或直线与直线所成的角等于它们的反形所成的角,这称为反演的保角性.

现在来研究在空间的反演中,直线、平面、球面、圆周的反形.

定理 2 通过反演极的直线,反演为其自身.

这可从定义立刻知道.

定理 3 不通过反演极的直线,反演为一圆周,这圆周通过极,并且在极点的切线平行于已知直线.

这是因为反形只能在极和已知线所决定的平面上,所以适用平面几何的结论.

由于反演具有相互性(若 F' 是 F 的反形,则 F 也是 F' 的反形),下面的定理成立.

定理 4 通过反演极的圆周,反演为一直线,这直线不通过反演极,并且平行于已知圆周在极点的切线.

定理 5 通过反演极的平面,反演为其自身.

这可从定义立刻知道.

定理 6 不通过反演极的平面,反演为一球面,这球面通过极,并且在极点的切面平行于已知平面.

证明 设 O 为反演极,k 为反演幂,α 为已知平面(图 3.34),作 $OH \perp \alpha$(H 表示垂足). 在 α 上通过 H 任作一直线 l. 根据定理 3,l 反演为通过 O 的一个圆周 Σ,并且 Σ 在点 O 的切线 t 与 l 平行,因而与 OH 垂直. 这圆周 Σ 的直径 OH' 由 OH 完全决定,不因 l 而变,即 $OH' \cdot OH = k$.

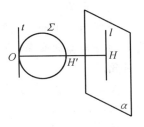

图 3.34

现在只要以 OH 为轴旋转,直线 l 就产生出平面 α,圆周 Σ 就产生出 α 的反形,这显然是以 OH' 为直径的球面;直线 t 就产生出这球面在点 O 的切面,这切面垂直于 OH 从而平行于 α. 证完.

定理 7 通过反演极的球面,反演为一平面,这平面不通过极,并且平行于已知球面在极点的切面.

由于反演有相互性,这定理由定理 6 立刻得到.

定理 8 不通过反演极的球面,反演为一个球面,这球面也不通过极,并且它和已知球面以极作为一个相似中心.

证明 通过反演极和已知球心作一径面(图 3.35),得到一个大圆 Σ,此圆不通过极.根据平面几何,这圆周 Σ 反演为一个圆周 Σ',也不通过极,并且两圆以极作为一个相似中心.将这平面绕极与已知球心的连线为轴旋转一周,就得到证明.

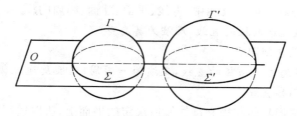

图 3.35

定理 9 不通过反演极的圆周,反演为一个圆周,也不通过极.

通过已知圆周任作两球面,应用定理 8 便得到证明.

3.10.3 反演的保角性

现在将平面几何里反演的保角性推广于空间.

在 2.4,我们已定义两球面的交角为该两球面在任一公共点的两切面的交角,它等于通过交点的两条半径的夹角或其补角.若两球相切,则它们的交角等于零或二直角.

一球与一平面相交时,在各交点所引切于球的平面,与平面的夹角相等,称为球面与平面的交角,它等于通过切点的球半径和平面在该点的法线的夹角或其补角.

定理 10 球面与球面,或球面与平面,或平面与平面的交角,等于它们反形的交角.

证明 以 O 表示反演极,以 C_1,C_2 表示相交两已知球心.通过极和两球心作一平面(若 O,C_1,C_2 共线,则通过直线 OC_1C_2 任作一平面),在此平面所截的平面图形上,应用平面几何的反演保角性,就可以证明两球的交角等于它们反形的交角.证完.

当一球或两球换为平面时,可同样证明,这时所作的截面要通过极和球心并垂直于平面,或通过极且垂直于两平面.

由于反演的保角性,成正交的球面与平面,反演后仍正交.相切的两球面或球面与平面,经反演变换以后的图形仍然相切.

3.10.4 用反演法解作图题

现在我们举一两例表明反演在解作图问题方面的应用.

作图题 1 求作一球面使与两定平面,或两定球面,或一定平面及一定球面相切,且通过不在定平面或定球面上的两定点.

解 设问题已解,以 α,β 表示两定平面或球面,以 A,B 表示定点. 取 A 为反演极,取任意的反演幂,则 α,β 反演为两球面 α',β',点 B 反演为一点 B',所求球面反演为切于 α',β' 且通过 B' 的平面. 根据 3.9 作图题 4,这平面可作. 这平面的反形就是所求球面.

当 α,β 之一例如 α 为球面时,取 A 对于球 α 的幂(2.4)作为反演幂,则 α' 重合于 α,因而作图可较简单. 当 α,β 都为平面时,则宜选 AB^2 作反演幂.

作图题 2 求作一球面,使与三定平面,或三定球面,或两定球面及一定平面,或两定平面及一定球面相切,且通过不在定平面或定球面上的定点.

解 设问题已解,以 α,β,γ 表示定平面或球面,以 A 表示定点. 取 A 为反演极,取任意的反演幂,则 α,β,γ 反演为三球面 α',β',γ',所求球面反演为一平面与此三球相切.

故问题变为求作三定球 α',β',γ' 的公切面. 利用伸缩半径法,这问题可化归于 3.9 作图题 4. 这公切面的反形即是所求的球面.

习 题 3

1. 设刚体运动时有不共线的三点不动,证明该刚体上每点都不动,即该运动为幺变换.

2. 举例证明两个运动的乘积因顺序而变.

3. 下列旋转面为何?
(1)半圆周或圆周绕直径.
(2)矩形周界绕一边.
(3)直角三角形周界绕一腰.
(4)圆周绕在其平面上但不与之相截的一直线.

4. 设 $\triangle ABC$ 的顶点 A 绕边 BC 为轴在空间旋转而画不等于半圆周的弧 AA',证明直线 AA' 垂直于 AA' 的中点和直线 BC 所决定的平面.

5. 试作一直线或平面在给定旋转中的对应图形.

6. 求一动点的轨迹,从这点看一定线段的视角为定角.

7. 设 AB,AC,AD 是立方体通过同一顶点 A 的三棱,AE 是对角线,证明 $AE \perp$ 平面 BCD.

8. 设第一直线上两点与第二直线上两点关于一轴线成对称,证明第一线上的点与第二线上的点关于该轴成对称.

9. 设第一平面上不共线三点与第二平面上三点关于一轴线成对称,证明第一平面上的点与第二平面上的点关于该轴成对称.

10. 给定两条不共面直线,求作其对称轴.

11. 给定一直线 a 及不在 a 上的一点 A,求 A 关于通过 a 的各平面的对称点的轨迹.

12. 给定一平面 α 及不在 α 上的一点 A,求 A 关于在 α 上且距 A 有定长的各点的对称点的轨迹.

13. 证明两点有一个对称心,一个对称面,无穷多对称轴.

14. 设三球面相交,证明其公共之二点关于三球心的平面对称.

15. 证明两相交线的对称面上的任一直线与此两直线成等角.

16. 证明垂直于二面角平分面的平面,截两面所成的两直线,或相平行,或与棱成等角.

17. 证明一点关于二面角两面的两对称点的连线,垂直于二面角的棱.

18. 给定螺旋运动轴上一点、一双对应点和平移的长度,求这螺旋运动的轴.

19. 哪些运动,哪些反射变换,保留一条给定的直线?

20. 通过立方体的中心作一平面垂直于一对角线,截口是什么图形?

21. 正 n 边形有多少对称面?

22. 证明一圆周和一点所组成的图形有对称面.

23. 由两条平行线或两平行平面所组成的图形有何对称性?一个各方面闭合的图形能否有两个对称中心?

24. 设圆柱面和球面相交,证明两条交线是对称形.

25. 设一图形具有 $n=n_1 n_2$(其中 n_1,n_2 为正整数)阶对称轴,证明它也具有 n_1 阶和 n_2 阶对称轴.

26. 仿照 3.5.3 的推理证明下表.

正多面体面数	容许的旋转轴数					所容许的旋转总数
	2 阶	3 阶	4 阶	5 阶	总数	
4	3	4	—	—	7	12
6	6	4	3	—	13	24
8	6	4	3	—	13	24
12	15	10	—	6	31	60
20	15	10	—	6	31	60

第三章 初等几何变换

27. 给定平面 α 及其异侧两点 A,B，在 α 上求一点 M 使 MA 与 MB 之和为最小. 当 A,B 在 α 同侧时如何？

  给定平面 α 及其同侧二点 A,B，在 α 上求一点 M 使 MA 与 MB 之差为最大. 当 A,B 在 α 异侧时如何？

28. 给定一二面角及每面上一点 A,B，在棱上求一点 M 使 MA 与 MB 之差为最大.

29. 一定直线与二定点不在同一平面上，在此线上求一点使与这两点距离之和为最小，或距离之差为最大.

30. 以一线由多面角一面上一点 A 拉紧到另一面上一点 B 时，中间经过一个面，与此面两棱相交于 P,Q. 试决定 P,Q 的位置.

31. 给定平面 α 及其异侧两点 P,Q，试于 α 上取一有定长定向的线段 AB，使折线 $PABQ$ 为最短. 若 P,Q 在 α 同侧时，如何作图？

32. 从立方形盒子一棱中点，沿表面到最远的角顶的最短路线为何？

33. 长方形盒子底面两边为 a,b（设 $a>b$），高为 c，求从下底一顶点到对顶沿表面走的最短路线和其长度.

34. 给定两球及一点 P，求通过 P 作一直线交两球面于 A,B 使 $PA=PB$.

35. 给定一球及一向量，从球面上每一点作线段平行于向量的方向且等于向量的长度，求这些线段终点的轨迹.

36. 给定一个三角形的大小和位置，求作一三角形使与这三角形合同，对应边相平行，且三顶点在三个定球面上.

37. 一个定三角形的三边保持固定的方向而动，两个顶点各在一平面上移动，求第三顶点的轨迹.

38. 求作定长线段使平行于一给定平面且两端各在一给定直线上.

39. 一条直线保持平行于一平面且与不共面的两定直线相交而移动，按定比分它介于两定线间的线段，求这分点的轨迹.

40. 给定直线 a 及其外一点 A，求 A 关于 a 上各点的对称点的轨迹.

41. 给定平面 α 及其外一点 A，求 A 关于 α 上各点的对称点的轨迹.

42. 从所设圆平面外一点到圆周上各点连线，求其中点的轨迹.

43. 一点按定比分定点和已知图形 F 上各点的连线，求这点的轨迹.

44. 已证空间四边形四边中点是平行四边形的顶点（习题1第9题），现设空间四边形的三顶点固定，第四顶点在一图形 F 上变动，求这平行四边形中心的轨迹.

45. 证明四面体各面重心所决定的四面体和原四面体位似，并求位似心和位似比.

46.求三面角被一组平行平面所截得的三角形垂心（或重心、外接圆心、内切圆心等）的轨迹.

47.证明三球两两的位似心在四直线上,每线上三点(设三球心不共线).

48.求作三球的公切面.

49.给定交点无法到达的两直线及不在其上的一点,通过此点求作与它们会于一点的直线.

50.互为反形的两球中,证明它们的中心并不互为反点.

51.证明互为反形的两圆(假设不共面)在同一球面上,这球反演为其自身.

52.设 O 为反演中心,k 为反演幂,A,B 两点的反点为 A',B',证明不论 O,A,B 共线与否,下面的关系成立：$A'B'=\dfrac{k}{OA\cdot OB}BA$.

53.与反演中心共线的四点若成调和分割,证明它们的反点也成调和分割.

54.从定点 O 求作一直线交两定平面 α,β 于 A,B 使满足 $OA\cdot OB=$ 给定常数 k.

55.一球切于两定球,证明两个切点的连线必通过该两球的相似心之一.

56.证明两球可以两种方式视为互为反形.

57.求作一球使切于四定球.

58.G 为三面角 $S-ABC$ 内一定点,通过 G 求作一平面使以 G 为截口 $\triangle ABC$ 的重心.

第四章 面积和体积

4.1 面积和体积的概念

古代,在中国、印度、巴比伦、埃及,关于田亩面积、谷仓容积、土木建筑工事等涉及的面积和体积的计算,曾经是推动几何学发展的重大因素.面积和体积在日常生产生活方面,一直有着广泛的应用.在这一章我们将复习中学几何中关于棱柱、棱锥、棱台、圆柱、圆锥、圆台、球的面积和体积.并在理论上加以提高.

首先,扼要地复习一下面积和体积的概念.

两个平面多边形公有一边或若干边(或这些边的一部分),但没有任何公共内点,就称为相邻的.设在相邻的两多边形 P,P' 中,取消它们的公共边(或其公共的部分),于是形成第三个多边形 P'' 称为前两多边形 P,P' 的和.这多边形 P'' 的内部,含有一切属于起先两个多边形内部的点以及公共边上的公共点,也只含这些点.

所谓定义平面多边形的面积,就是使每一多边形和满足下列条件的一个量相对应.

(1)两个全等的多边形有相同的面积,不论它们在空间所占的位置为何.

(2)两多边形 P,P' 的和 P'' 的面积,等于 P,P' 面积的和.

如果对于每一个多边形能以一个满足这两条件的量与之对应,那么和它们成比例的量也满足这两条件.即是说,这两条件还没有唯一地确定面积.

因此我们约定,取边长等于单位长度的正方形作为面积的单位,度量其他任何面积的数就是这面积与面积单位的比值.

假设如上所定义的面积存在[①],并取单位正方形作为面积单位(与它对应的数是1),那么我们在平面几何里证明了一连串的面积公式.这一切,假设读

[①] 多边形的面积存在(即是说,我们的确可以给每一多边形以一个对应的正数作为这多边形面积的度量数,使其满足上述两条件),是可以证明的,参看编者译阿达玛《初等几何(上册)》附录D"关于面积的概念",或苏步青译科士青著《几何基础》第七章面积论.

者已熟知.

与此相仿,两个多面体公有一面或若干面(或面的一部分),但没有任何公共内点,便称为相邻的.设在相邻的两多面体 V,V' 中,取消它们的公共面(或其公共部分),于是形成第三个多面体 V'',称为前两多面体 V,V' 的和.这多面体 V'' 的内部,含有一切属于两个多面体 V,V' 内部的点以及公共面上的公共点,也只含有这些点.

所谓定义多面体的体积,就是使每一个多面体和满足下列条件的一个量(称为这多面体的体积)相对应.

(1) 两个全等的多面体有相同的体积,不论它们在空间所占的位置为何.

(2) 两多面体 V,V' 的和 V'' 的体积,等于 V,V' 体积的和.

假设这样的对应存在①,即是说,我们假设多面体的体积存在.

就像面积一样,一经体积存在,它就以无穷多方式存在.因为将所考虑的量改为与它成比例的量以作替代,显然仍然满足上述两条件.

为了唯一地量体积,我们约定,取棱长等于单位长的立方体作为体积单位(与它所对应的数是1),于是任何体积的度量数,就是这体积与单位体积的比值.

有同一体积的两多面体,称为等积.

假设体积存在,并取单位立方体作为体积单位,我们来定出一连串特殊多面体的体积.

4.2 长方体的体积

定理 1 底相等的两长方体体积之比等于它们高的比.

证明 设两长方体 $ABCDA_1B_1C_1D_1$ 和 $A'B'C'D'A'_1B'_1C'_1D'_1$ 中(图4.1),有 $AB=A'B', AD=A'D'$. 以 V,V' 表示它们的体积,要证明 $\dfrac{V}{V'}=\dfrac{AA_1}{A'A'_1}$.

首先,如果高 AA_1 和 $A'A'_1$ 有公度,即是说,有一个长度 u 存在,使

$$AA_1=nu, A'A'_1=n'u, \frac{AA_1}{A'A'_1}=\frac{n}{n'}$$

其中,n 和 n' 表示正整数.这时以平行于底面的一组平行面把两长方体各分为 n,n' 个全等的小长方体.每一小长方体的体积记为 v,那么根据体积定义的两

---

① 这事实是可以证明的,参看阿达玛《初等几何(下册)》附录 F.

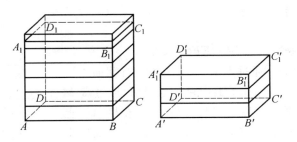

图 4.1

条要求，有
$$\frac{V}{V'}=\frac{nv}{n'v}=\frac{n}{n'}$$

所以
$$\frac{V}{V'}=\frac{AA_1}{A'A'_1}$$

其次，如果高 AA_1 和 $A'A'_1$ 无公度，取任一正整数 m，将 $A'A'_1$ 分为 m 等份，以每一份量 AA_1，则 AA_1 必介于 p 等份和 $p+1$ 等份之间（p 为某一正整数），即

$$\frac{p}{m}<\frac{AA_1}{A'A'_1}<\frac{p+1}{m} \quad ①$$

另一方面，根据体积定义的第二条要求，若多面体 V 包含在多面体 V' 内部，则 V 的体积小于 V' 的体积. 所以如果通过每一分点作底面的平行面，并将每一小长方体体积记为 v，则
$$V'=mv, pv<V<(p+1)v$$

因而
$$\frac{p}{m}<\frac{V}{V'}<\frac{p+1}{m} \quad ②$$

①和②两式表明：不论 m 为何正整数，$\frac{AA_1}{A'A'_1}$ 和 $\frac{V}{V'}$ 准确到 $\frac{1}{m}$ 的近似值永远相等. 逐次令 $m=10^n(n=0,1,2,\cdots)$，则可见高的比值和体积的比值表为十进小数时，逐次的近似值相等，从而这两个比值相等，所以在这种情况下也有

$$\frac{V}{V'}=\frac{AA_1}{A'A'_1}$$

证完.

定理 2　长方体体积等于长宽高三维的乘积.

这定理的意义是说:长方体体积的度量数等于三维的度量数之积.以后许多定理都仿此陈述.

证明 在长方体 $ABCDEFGH$(图 4.2)的棱 AE 上截取单位长 AK,通过点 K 作两底的平行截面以形成长方体 AL.在棱 AB 上截取单位长 AM,通过点 M 作左右侧面的平行面以形成长方体 AN.在棱 AD 上截取单位长 AP,通过点 P 作前后侧面的平行面以形成立方体 AQ.

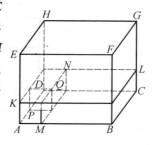

图 4.2

应用定理 1,得

$$\frac{V_{AG}}{V_{AL}}=\frac{AE}{AK},\frac{V_{AL}}{V_{AN}}=\frac{AB}{AM},\frac{V_{AN}}{V_{AQ}}=\frac{AD}{AP}$$

相乘得

$$\frac{V_{AG}}{V_{AQ}}=\frac{AE \cdot AB \cdot AD}{AK \cdot AM \cdot AP}$$

由于 AK,AM,AP,V_{AQ} 的度量数都是 1,所以

$$V_{AG}=AB \cdot AD \cdot AE$$

证完.

推论 立方体的体积等于一棱的立方.

如果取寸作为长度单位,则面积单位是平方寸,体积单位是立方寸;如果取厘米(cm)作为长度单位,则面积单位是平方厘米(cm^2),体积单位是立方厘米(cm^3).长度的单位可以合宜地自由选取,从而面积和体积的单位就随之确定了,因此面积单位和体积单位称为诱导单位.

4.3 棱柱和平行六面体

从中学几何我们知道,一个多面体如果有两面互相平行,而其余的各面顺次相交成平行线,就叫做棱柱或角柱.彼此平行的两面称为底,两底是全等的多边形.其余的面叫做侧面,都是平行四边形.相邻两侧面的交线叫做侧棱,各侧棱皆相等.两底间的距离叫做高.棱柱因侧棱的数目分为三棱柱、四棱柱……如果棱柱的侧棱垂直于底,则称为直棱柱,否则称为斜棱柱,直棱柱的高等于侧棱,而且各侧面是矩形.作一个平面垂直于侧棱,与各侧面(或其延展部分)相交,得出直截面.直棱柱的底本身便是一个直截面.直棱柱的底若是正多边形,则称为正棱柱.

平行六面体是棱柱的特例,直平行六面体是直棱柱的特例,立方体是正棱柱的特例.

这一切都是从中学几何所熟知的.

定理 1 棱柱的侧面积等于它的直截面周长和侧棱长度的乘积.

证明 作棱柱 $AB\cdots LA_1B_1\cdots L_1$(图 4.3)的直截面 $PQR\cdots Z$. 由于各侧面是平行四边形,以侧棱为底,以直截面的一边为高,并且各侧棱有等长,所以棱柱侧面积 S 是

$$S = AA_1 \cdot PQ + BB_1 \cdot QR + \cdots + LL_1 \cdot ZP =$$
$$AA_1(PQ + QR + \cdots + ZP)$$

这就是所要证明的. 证完.

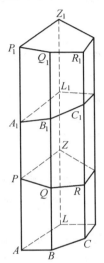

图 4.3

推论 直棱柱的侧面积等于底面周界和侧棱长度的乘积.

如果要求棱柱的表面积①,除侧面积外还要加上两底的面积.

定理 2 斜棱柱与以它的直截面为底,以侧棱为高的直棱柱等积.

证明 设 $ABC\cdots LA_1B_1C_1\cdots L_1$ 为一斜棱柱,$PQR\cdots Z$ 是一个直截面(图 4.3). 在各侧棱同一方向的延长线上截取

$$PP_1 = QQ_1 = RR_1 = \cdots = ZZ_1 = 侧棱 AA_1$$

得出一个合于假设的直棱柱 $PQR\cdots ZP_1Q_1R_1\cdots Z_1$.

以 V 表示体积,要证明 $V_{ABC\cdots LA_1B_1C_1\cdots L_1} = V_{PQR\cdots ZP_1Q_1R_1\cdots Z_1}$,按照体积定义的第二个要求,只要证明 $V_{ABC\cdots LPQR\cdots Z} = V_{A_1B_1C_1\cdots L_1P_1Q_1R_1\cdots Z_1}$. 但通过平移 $\overrightarrow{AA_1}$,两个多面体 $ABC\cdots LPQR\cdots Z$ 和 $A_1B_1C_1\cdots L_1P_1Q_1R_1\cdots Z_1$ 便可以叠合,因而根据体积定义的第一个要求,最后的等式的确成立. 所以定理证明了.

定理 3 直平行六面体的体积等于底面积和高的乘积.

证明 设 $ABCDA_1B_1C_1D_1$(图 4.4)是直平行六面体. 如果它的底面 $ABCD$ 是矩形,那么它是一个长方体,定理已证明了(4.2 定理 2). 所以我们假设 $ABCD$ 是平行四边形但非矩形,而作 $DA'\perp AB$,$CB'\perp AB$,$D_1A'_1\perp A_1B_1$,$C_1B'_1\perp A_1B_1$,于是得出一个长方体 $A'B'CDA'_1B'_1C_1D_1$.

---

① 或称全面积.

通过平移 $\overrightarrow{AB}$，多面体 $AA'DA_1A_1'D_1$ 便重合于 $BB'CB_1B_1'C_1$，所以它们等积. 以 V 表示体积，以 S 表示面积，以 h 表示高($h=AA_1$)，则

$$V_{ABCDA_1B_1C_1D_1} = V_{A'B'CDA'B_1'C_1D_1}（按照 4.2 定理 2）= S_{A'B'CD} \cdot h = S_{ABCD} \cdot h$$

证完.

定理 4 （斜）平行六面体的体积等于底面积和高的乘积.

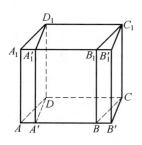

图 4.4

证明 设 $ABCDA_1B_1C_1D_1$（图 4.5）为一斜平行六面体，其底为 $ABCD$ 而高为 h. 我们可以把它看成一个棱柱，以 ADD_1A_1 为底，侧棱之一为 AB. 作一个垂直于 AB 的直截面 MNN_1M_1. 仍以 V 表示体积而以 S 表示面积，则根据定理 2 和 3，有

$$V_{ABCDA_1B_1C_1D_1} = S_{MNN_1M_1} \cdot AB = MN \cdot h \cdot AB = AB \cdot MN \cdot h = S_{ABCD} \cdot h$$

定理 5 直三棱柱的体积等于底面积和高的乘积.

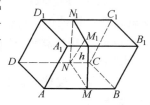

图 4.5

证明 设 $ABCA_1B_1C_1$（图 4.6）为直三棱柱. 通过顶点 A 和 C 作 $AD \parallel BC$ 和 $CD \parallel BA$ 以形成平行四边形 $ABCD$. 通过点 D 作 $DD_1 \parallel AA_1$ 且截取 $DD_1 = AA_1$，则 $ABCDA_1B_1C_1D_1$ 为一直平行六面体. 以 OO_1 表示其上下两底中心的连线，则以 OO_1 为轴旋转 $180°$，两个直三棱柱 $ABCA_1B_1C_1$ 和 $CDAC_1D_1A_1$ 重合，所以根据体积定义的第一个要求，这两三棱柱等积，因而根据第二个要求，各等于平行六面体 $ABCDA_1B_1C_1D_1$ 的体积之半. 以 V 表示体积，S 表示面积，h 表示高，则有

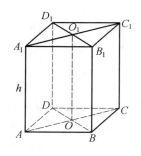

图 4.6

$$V_{ABCA_1B_1C_1} = \frac{1}{2} V_{ABCDA_1B_1C_1D_1} = \frac{1}{2} S_{ABCD} \cdot h = S_{ABC} \cdot h$$

证完.

定理 6 （斜）三棱柱的体积等于底面积和高的乘积.

证明 设 $ABCA_1B_1C_1$ 是一个斜三棱柱（图 4.7）. 仿照定理 5 的证明作平行六面体 $ABCDA_1B_1C_1D_1$，并设 $A'B'C'D'$ 是一个直截面.

以 V 表示体积，以 S 表示面积，以 h 表示棱柱的高. 根据定理 2 和 5，有

$$V_{ABCA_1B_1C_1} = S_{\triangle A'B'C'} \cdot AA_1 =$$
$$\frac{1}{2} S_{A'B'C'D'} \cdot AA_1 =$$
$$\frac{1}{2} V_{ABCDA_1B_1C_1D_1}（应用定理 4）=$$
$$\frac{1}{2} S_{ABCD} \cdot h = S_{\triangle ABC} \cdot h$$

证完.

定理 7 棱柱的体积等于底面积和高的乘积.

证明 以 V 表示体积,S 表示面积,h 表示高,并通过一棱 LL_1 作平面将棱柱 $AB\cdots KLA_1B_1\cdots K_1L_1$ 分为若干三棱柱 $ABLA_1B_1L_1,\cdots,HKLH_1K_1L_1$. 应用定理 6,有

$$V_{AB\cdots KLA_1B_1\cdots K_1L_1} = V_{ABLA_1B_1L_1} + \cdots + V_{HKLH_1K_1L_1} =$$
$$S_{\triangle ABL} \cdot h + \cdots + S_{\triangle HKL} \cdot h =$$
$$(S_{\triangle ABL} + \cdots + S_{\triangle HKL})h =$$
$$S_{AB\cdots LK} \cdot h$$

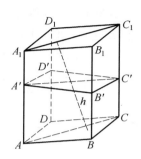

图 4.7

证完.

我们在这一节,从棱柱等积于以直截面作底以侧棱作高的直棱柱入手,利用长方体的体积公式,推出直平行六面体的体积,从而推出任意平行六面体的体积. 在这个基础上,算出直三棱柱和任意三棱柱的体积. 最后得到包括这一切作为特例的结论:棱柱的体积等于底面积和高的乘积.

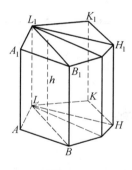

图 4.8

4.4 棱 锥

从中学几何我们知道,若一多面体以一平面多边形为底面,而其余各侧面是有共同顶点的三角形,则称为棱锥或角锥,这公共顶点叫做它的顶点. 相邻两侧面的交线是侧棱,各侧棱通过锥顶. 从顶到底的距离叫做棱锥的高. 底面是正多边形而且各侧棱相等的称为正棱锥;正棱锥顶在底面上的射影是底面正多边形的中心;各侧面是相等的等腰三角形,它们相等的高称为这正棱锥的斜高.

棱锥因侧棱的数目分为三棱锥(即四面体)、四棱锥……

棱锥各侧面面积之和称为它的侧面积,加上底面积就是表面积.

定理 1　正棱锥的侧面积等于底面周长与斜高乘积的一半.

证明　设 $P-ABC\cdots L$（图 4.9）为正棱锥，l 为斜高，则

$$\text{侧面积} = S_{\triangle PAB} + S_{\triangle PBC} + \cdots + S_{\triangle PLA} =$$
$$\frac{1}{2}AB \cdot l + \frac{1}{2}BC \cdot l + \cdots + \frac{1}{2}LA \cdot l =$$
$$\frac{1}{2}(AB + BC + \cdots + LA)l$$

证完.

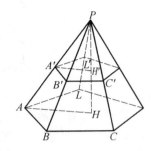

图 4.9

若要求表面积，还要在侧面积上加上底面面积.

定理 2　棱锥被平行于其底面的平面所截，截面是和底面相似的多边形，其面积与底面面积之比，等于从顶点到截面的距离和棱锥高的平方之比.

证明　以一平面 α 平行于棱锥 $P-ABC\cdots L$ 的底截此锥于一多边形 $A'B'C'\cdots L'$（图 4.9）. 从顶点 P 引底面的垂线，分别与底面及平面 α 相交于 H 及 H'. 直角三角形 $\triangle PAH$ 和 $\triangle PA'H'$ 相似，所以

$$\frac{PA'}{PA} = \frac{PH'}{PH}$$

同理

$$\frac{PB'}{PB} = \frac{PC'}{PC} = \cdots = \frac{PH'}{PH}$$

因此，所截多边形 $A'B'C'\cdots L'$ 与底面 $ABC\cdots L$ 是位似形（3.7），位似中心是锥顶 P，位似比是 $PH' : PH$.

由于相似多边形面积之比等于相似比的平方，所以

$$\frac{S_{A'B'C'\cdots L'}}{S_{ABC\cdots L}} = \frac{PH'^2}{PH^2}$$

推论　设两棱锥的底面积和高分别相等，则以距底面同一高度的平行平面截之，截面面积也相等.

定理 3　底面积和高分别相等的两个棱锥等积.

证明　设有两个棱锥 $P-ABC$ 和 $P'-A'B'C'$（图 4.10 上为画图简单计，以两个三棱锥为代表，实际上侧棱数目多寡是没有关系的），底面积 b 和 b' 相等：$b=b'$，高同为 h（不妨假设底面在同一平面上，且顶点位于平面同一侧）. 以 V 和 V' 表示它们的体积.

第四章　面积和体积

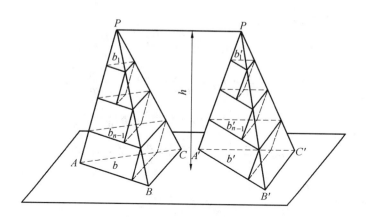

图 4.10

任取一正整数 n，作 $n-1$ 个平行于底面的平面把高分为 n 等份，各截面面积从顶向底分别记为 $b_1, b_2, \cdots, b_{n-1}$ 和 $b'_1, b'_2, \cdots, b'_{n-1}$。根据定理 2 和推论，有

$$b'_1 = b_1 = \frac{\left(\frac{1}{n}h\right)^2}{h^2}b = \left(\frac{1}{n}\right)^2 b$$

$$b'_2 = b_2 = \frac{\left(\frac{2}{n}h\right)^2}{h^2}b = \left(\frac{2}{n}\right)^2 b$$

$$\vdots$$

$$b'_{n-1} = b_{n-1} = \frac{\left(\frac{n-1}{n}h\right)^2}{h^2}b = \left(\frac{n-1}{n}\right)^2 b$$

先以 $b_1, b_2, \cdots, b_{n-1}$ 以及 $b'_1, b'_2, \cdots, b'_{n-1}$ 为底，以 $\frac{1}{n}h$ 为高，作被棱锥所包围的棱柱阶梯，如图 4.10 所示，各由 $n-1$ 个棱柱构成，其体积记为 V_i 及 V'_i；再以 $b_1, b_2, \cdots, b_{n-1}, b$ 及 $b'_1, b'_2, \cdots, b'_{n-1}, b'$ 为底，以 $\frac{1}{n}h$ 为高，作包围棱锥的棱柱阶梯，如图 4.11 所示（图上只画了一个锥的情况），各由 n 个棱柱构成，其体积记为 V_e 及 V'_e。

根据体积定义的第二个要求，显然有

$$V_i < V < V_e, \quad V'_i < V' < V'_e$$

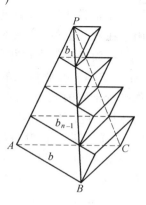

图 4.11

又应用 4.3 定理 7 得

$$V_i = b_1 \cdot \frac{h}{n} + b_2 \cdot \frac{h}{n} + \cdots + b_{n-1} \cdot \frac{h}{n} =$$

$$b'_1 \cdot \frac{h}{n} + b'_2 \cdot \frac{h}{n} + \cdots + b'_{n-1} \cdot \frac{h}{n} = V'_i$$

$$V_e = b_1 \cdot \frac{h}{n} + \cdots + b_{n-1} \cdot \frac{h}{n} + b \cdot \frac{h}{n} =$$

$$b'_1 \cdot \frac{h}{n} + \cdots + b'_{n-1} \cdot \frac{h}{n} + b' \cdot \frac{h}{n} = V'_e$$

所以

$$V_i < V < V_e$$
$$V_i = V'_i < V' < V'_e = V_e$$

因之

$$|V - V'| < V_e - V_i = \frac{1}{n} bh$$

V 和 V' 以及 b 和 h 是常数，因 n 充分增大，于是 $\frac{1}{n}bh$ 可以小于任何给定正数 ε，所以得出结论 $V - V' = 0$. 证完.

既然底面积相等高也相等的棱锥等积，可见棱锥的体积是底面积和高的函数.

4.4.1 祖暅原理

在实地将棱锥的体积表示为底面积和高的函数以前，让我们简单地回顾一下几何史上在这一方面的情况.

在希腊几何里，确定棱锥体积的主要困难，就在于证明我们的定理 3，这个困难在欧几里德的《原本》中用"取尽法"克服了.

底面积相等高也相等的二锥体等积这一命题，希腊学者德莫克里特①所用"原子法"，照希腊伟大的数学家阿基米德所说的看来，大意是：在二锥的等高处作平行于底的截面，证明截面面积相等；简单地把这些截面面积之和当作锥体的体积，于是从二和之中的对应项相等立即推出二和相等的结论. 阿氏著作中解决比较复杂的问题有许多应用这种方法的例子，他认为这方法是不严格的，但用来发现问题是很有价值的，所以他用"原子法"作为发现的工具，然后用"取尽法"作为证明的工具. 德莫克里特以为面积加起来就得出体积，是经不住批评的.

---

① Democritus, 约前 460—前 370.

第四章 面积和体积

求锥的体积,属于求无穷小量之和的范畴,这是若干世纪经验的积累.这种方法的现代形式是 17 世纪末期积分学问世的结果.但是分解物体为无穷多个无穷小量以求和的思想,阿基米德早就有了,其后却久已湮没无闻.直到 1615 年开普勒①的著作《酒桶测积学》以及 1635 年卡瓦利里②的著作《不可分几何学》,才重新得到很大的进展.

以往的数学书上,把下面重要的数学命题称为"卡瓦利里原理":

设两立体夹于二平行平面 α,β 之间(图 4.12),若以介于 α,β 间的任一平行平面 γ 截之,所得截面积恒相等,则此两立体等积.

这命题的重大意义,在于应用它,可将复杂的立体借助于简单的立体求积.

这个命题可以用积分证明,当然在 1635 年微积分还差几十年没有出世,是谈不上严格证明的.

这个所谓"卡瓦利里原理",我国南朝齐梁时的数学家祖暅早就发现过了,为期早于卡瓦利里约在 1100 年以上,因此应称为**祖暅原理**.

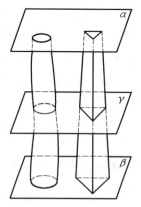

图 4.12

祖暅是祖冲之(429—500)的儿子,是祖皓的父亲.据《南史》卷 72 的记载,这公孙三代都是天算大家.祖冲之便是大家所知道的以精确计算圆周率 π 闻名的我国古代数学家③.当时通用何承天(370—447)历法,冲之认为失之疏远,自制历法,于宋孝武帝大明六年(462)作成,过了两年孝武帝死,一直搁置未行.梁朝初年,祖暅两次(504 和 509 年)建议修改历法,修他父亲所修改的何承天历,大明历才于 510 年被采用.

公元 514 年,祖暅服务于治淮工作,516 年秋天,因新筑成的拦水坝被洪水冲坍,受过徒刑.据《北史》卷 80《信都芳传》的记载,公元 525 年,他在边境被北魏拘执,在魏安丰王延明家和北朝的天算家信都芳讨论过天文和算学,信都芳谏王以礼相待,不久,被放还南朝.

史书上形容祖暅读书时专心致志,用了这样的字句:"当其诣微之时,雷霆不能入."可见祖暅不仅家学渊源,与当时学术界保持接触,有实际工作的经验,并且努力过人.

---

① J. Kepler, 1571—1630.
② B. Cavalieri, 1598—1647.
③ 祖冲之精通数学,注《九章算术》,著《缀术》数十篇.冲之的圆率正数 π = 3.141 592 65,约率 $\pi = \frac{22}{7}$,密率 $\pi = \frac{355}{113}$.这密率 $\pi = \frac{355}{113}$ 在一千多年以后(1573)德国数学家奥托谈到.

祖暅应用了上述原理,求出球的体积①.得出的结论是这样的:以 D 表示直径,V 表示体积,

(1) 若取 $\pi=3$,则 $V=\dfrac{1}{2}D^3$.

(2) 若取 $\pi=\dfrac{22}{7}$,则 $V=\dfrac{11}{21}D^3$.

与公式 $V=\dfrac{4}{3}\pi r^3=\dfrac{1}{6}\pi D^3$ 完全相一致.

我们的定理 3,仅仅是祖暅原理的一个推论而已.

4.4.2 棱锥的体积

现在我们实地求出棱锥的体积,把它表示为底面积 S 和高 h 的函数.这里,一般遵循两条路线.

一条路线是:把定理 3 只用于三棱锥,得出等底(即底面积相等)等高的两个三棱锥等积;然后证明三棱锥的体积是等底等高的三棱柱体积的 $\dfrac{1}{3}$,即 $V=\dfrac{1}{3}Sh$,最后证明这公式对于任意棱锥都成立.

设 $P-ABC$ 是一个三棱锥(图 4.13),作 AD 和 CE 都与 BP 同向平行且相等.则 $ABCDPE$ 是与 $P-ABC$ 等底等高的三棱柱.这三棱柱由三个三棱锥 $P-ABC$,$P-CDA$,$P-CDE$ 合成.而且锥 $P-CDA$ 和 $P-CDE$ 等底同高因而等积,锥体 $P-CDE$(即 $C-DPE$)和 $P-ABC$ 等底等高也等积,所以

$$V_{P-ABC}=\dfrac{1}{3}V_{ABCDPE}=\dfrac{1}{3}Sh$$

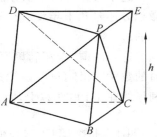

图 4.13

现在假设 $P-ABC\cdots L$(图 4.14)是任意棱锥,应用方才的结果,有

$$V_{P-ABC\cdots L}=V_{P-LAB}+V_{P-LBC}+\cdots=\\\dfrac{1}{3}S_{\triangle LAB}\cdot h+\dfrac{1}{3}S_{\triangle LBC}\cdot h+\cdots=$$

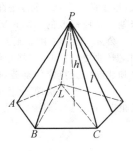

图 4.14

---

① 见唐代李淳风等注释的《九章算术》的注文中,关于祖暅和他的球积求法,可参考《数学通报》1954 年 3 月号两篇文章,即杜石然的《祖暅之公理》和钱宝琮的《关于祖暅和他的缀术》.我们将祖暅的球积求法,列为附录 B,以便利读者.

$$\frac{1}{3}(S_{\triangle LAB}+S_{\triangle LBC}+\cdots)\cdot h=\frac{1}{3}S_{ABC\cdots L}\cdot h$$

即
$$V=\frac{1}{3}Sh$$

另外一条路线是:直接从定理 3 的证明过程算出棱锥的体积 V,这时并不应用定理 3,也不限定棱锥侧棱数为 3. 在推得体积公式以后,把定理 3 当作一个推论. 这时,我们要利用一个公式(用数学归纳法容易证明): $1^2+2^2+3^2+\cdots+n^2=\frac{1}{6}n(n+1)(2n+1)$.

从定理 2 的证明,我们已知道
$$V_i<V<V_e$$
$$V_i=\frac{h}{n}(b_1+b_2+\cdots+b_{n-1})=\frac{h}{n}\left[\frac{1^2}{n^2}+\frac{2^2}{n^2}+\cdots+\frac{(n-1)^2}{n^2}\right]b$$
$$V_e=\frac{h}{n}(b_1+\cdots+b_{n-1}+b)=\frac{h}{n}\left[\frac{1^2}{n^2}+\cdots+\frac{(n-1)^2}{n^2}+\frac{n^2}{n^2}\right]b$$

应用上面的公式,就得出
$$\frac{bh}{6}\cdot\frac{n(n+1)(2n+1)-6n^2}{n^3}<V<\frac{bh}{6}\cdot\frac{n(n+1)(2n+1)}{n^3}$$

即
$$\frac{bh}{6}\left[\left(1+\frac{1}{n}\right)\left(2+\frac{1}{n}\right)-\frac{6}{n}\right]<V<\frac{bh}{6}\left(1+\frac{1}{n}\right)\left(2+\frac{1}{n}\right)$$

其中,n 是任意正整数,令 n 趋于无穷,便得
$$\frac{1}{3}bh\leqslant V\leqslant\frac{1}{3}bh$$

所以
$$V=\frac{1}{3}bh$$

式中 b 即上面公式中的棱锥底面积 S.

总之,不论依哪一条路线我们都证明了以下定理:

定理 4 棱锥的体积等于底面积与高乘积的 $\frac{1}{3}$.

推论 棱锥的体积是等底等高的棱柱体积的 $\frac{1}{3}$.

4.4.3 棱 台

以一个平行于棱锥底的平面去截棱锥,则介于底面和截面间的部分称为棱台(或称截角锥或角锥台),原来的锥底称为棱台的下底,截面称为上底,上底与下底相似(定理 2). 两底间的距离是高,各侧面是梯形,相邻侧面的交线是侧棱.

若原来的棱锥是正棱锥,则所得为正棱台. 正棱台的各侧棱相等,各侧面是相等的等腰梯形,这些等腰梯形的高是正棱台的斜高. 棱台也因侧棱数称为三棱台、四棱台……

定理 5 正棱台的侧面积等于上下两底周长的和与斜高乘积的一半.

这定理由读者自证.

定理 6 设棱台两底的面积为 S, S_1,高为 h,则体积为 $V = \dfrac{h}{3}(S + \sqrt{SS_1} + S_1)$.

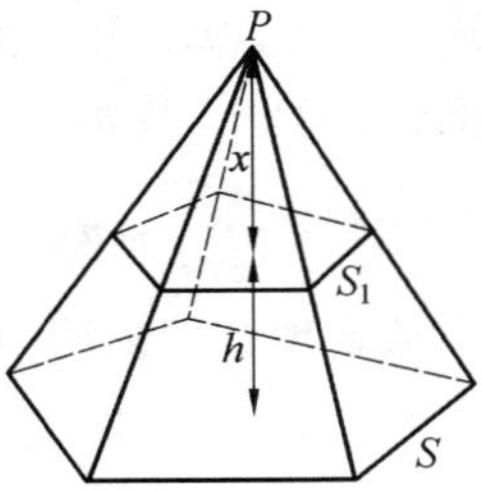

证明 以 P 表示延长各侧棱所得的交点(图4.15),以 x 表示从 P 到上底面的距离. 棱台的体积是两棱锥体积之差,它们的底面积分别为 S 和 S_1,而高分别为 $h+x$ 和 x. 根据定理 4,有

$$V = \frac{1}{3}S(h+x) - \frac{1}{3}S_1 x = \frac{1}{3}Sh + \frac{1}{3}(S-S_1)x$$

图 4.15

另一方面,由定理 2,有

$$\frac{\sqrt{S}}{\sqrt{S_1}} = \frac{h+x}{x} = 1 + \frac{h}{x}$$

从而

$$x = \frac{\sqrt{S_1}}{\sqrt{S} - \sqrt{S_1}} h$$

代入式①,得

$$V = \frac{1}{3}Sh + \frac{1}{3} \cdot \frac{S - S_1}{\sqrt{S} - \sqrt{S_1}} \sqrt{S_1} h = \frac{h}{3}[S + (\sqrt{S} + \sqrt{S_1})\sqrt{S_1}] = \frac{h}{3}(S + \sqrt{SS_1} + S_1)$$

证完.

4.5 圆 柱

给定一线 Γ(我们不妨假设这线在一平面 π 内)及一方向 l(假设 l 不与 π 平行),当一动直线保持与 Γ 相交且与 l 平行而移动时,便形成一个柱面,Γ 称为它的准线,动直线称为它的母线. 例如,当 Γ 为一直线时,柱面是一个平面;当 Γ 为一多边形时,便得一棱柱面. 在解析几何上我们已讨论过抛物柱面、双

曲柱面、椭圆柱面等.

以两个互相平行但不与母线方向平行的平面截柱面,便得一柱,两截面是它的两底.两底面间的距离称为柱的高.与母线垂直的截面,称为直截面.直截面是圆的,称为圆柱.圆柱的母线若垂直于底面,便是直圆柱,否则是斜圆柱.初等几何上的柱,除棱柱而外,只讨论圆柱.事实上以下我们只考虑直圆柱,因此就像中学几何一样,把"直"字省了.

若一棱柱的两底内接于圆柱的两底,其侧棱为圆柱的母线,则棱柱称为圆柱的内接棱柱.

当圆柱的内接棱柱底的边数无限增加,并且每一边长趋于零时,这棱柱的侧面积和体积的极限(我们将证明此等极限存在)分别称为圆柱的侧面积和体积.

定理 1 圆柱的侧面积等于底面的周长与高的乘积①.

证明 设圆柱的高为 h,作其内接棱柱 $ABC\cdots LA_1B_1C_1\cdots L_1$(图 4.16).这棱柱的侧面积等于
$$AB \cdot h + BC \cdot h + \cdots + LA \cdot h = (AB + BC + \cdots + LA) \cdot h$$
当内接棱柱底的边数无限增加,并且每一边长趋于零时,从平面几何我们知道,圆内接多边形 $ABC\cdots L$ 的周界长 $AB+BC+\cdots+LA$ 趋于以圆周长为极限.所以,在所说的条件下,上式的极限存在,而这存在的极限我们定义为圆柱的侧面积.因此圆柱的侧面积为
$$S_{侧} = 底面周长 \cdot h$$
证完.

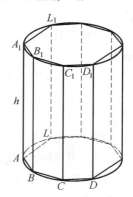

图 4.16

从直觉看来这结果是显然的:将圆柱侧面沿一母线切开,铺于一平面上,所得的展开图是一个矩形,它的底是圆柱底面的周长,而它的高就是圆柱的高 h.

推论 1 若圆柱的底半径为 r,高为 h,则侧面积为 $S_{侧}=2\pi rh$.

推论 2 若圆柱的底半径为 r,高为 h,则表面积为 $S_{表}=2\pi rh+2\pi r^2 = 2\pi r(h+r)$.

定理 2 圆柱的体积等于底面积与高的乘积.

证明 用定理 1 的符号,根据 4.3 定理 7,圆柱的内接棱柱的体积是
$$V_{棱柱} = S_{ABC\cdots L} \cdot h$$

---

① 我们已声明了,此地所谓"圆柱",是"直圆柱"的简称.

当内接棱柱底的边数无限增加,并且每一边长趋于零时,从平面几何我们知道,$S_{ABC\cdots L}$ 趋于以底面的圆面积为限.所以,在所说的条件下,上式的极限存在,而我们把这存在的极限定义为圆柱的体积.因此,圆柱的体积为

$$V_{圆柱} = 底面积 \cdot h = \pi r^2 h$$

证完.

4.6 圆 锥

从中学几何我们知道,设给定一点 P 和一线 Γ,当一动直线保持通过定点 P 并与定线 Γ 相交而移动时,便形成一锥面,P 称为它的顶点,Γ 称为准线,动直线称为母线.若 Γ 为多边形,便得一棱锥面.

若锥面的准线为圆周,并且顶点 P 与圆心的连线 s 垂直于该圆周所在的平面,则锥面为圆锥面,s 称为它的轴.以一个垂直于轴 s 的平面截圆锥面,所得的几何体叫直圆锥.我们这里只考虑直圆锥,就省去一个"直"字简称为圆锥.

设作一个棱锥以圆锥的顶为顶,而底为内接于圆锥底的多边形,则得到一个内接棱锥.当这内接多边形的边数无限增加,并且每一边长趋于零时,这内接棱锥侧面积和体积的极限(我们将证明这些极限存在),分别称为圆锥的侧面积和体积.

设有一圆锥,用一个平行于底面的平面截它,则截面与底面间的部分,称为圆台.原先的圆锥和被截去的小圆锥的侧面积(体积)之差,便是圆台的侧面积(体积).

定理 1 设圆锥底半径和母线的长分别为 r, l,则其侧面积为 $S_{侧} = \pi r l$.

证明 作圆锥的内接 n 棱锥 $P - A_1 A_2 A_3 \cdots A_n$ (图 4.17),它的各侧面 $PA_1A_2, PA_2A_3, \cdots, PA_nA_1$ 都是等腰三角形,它们的高依次记为 $l_1, l_2, \cdots, l_n$,并以 l'_n 和 l''_n 分别表示其中最小的和最大的,那么内接 n 棱锥的侧面积为

$$S_n = \frac{l_1}{2} A_1 A_2 + \frac{l_2}{2} A_2 A_3 + \cdots + \frac{l_n}{2} A_n A_1$$

并且由于

$$l'_n \leqslant l_i \leqslant l''_n, \ i = 1, 2, \cdots, n$$

下面的不等式成立

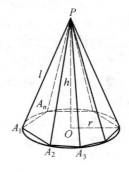

图 4.17

第四章 面积和体积

$$\frac{l'_n}{2}(A_1A_2+A_2A_3+\cdots+A_nA_1)\leqslant S_n\leqslant \frac{l''_n}{2}(A_1A_2+A_2A_3+\cdots+A_nA_1)$$

现在令内接多边形 $A_1A_2A_3\cdots A_n$ 的边数 n 无限增加,并且使最大边长趋于零(因而每一边长都趋于零),则一方面由平面几何,$A_1A_2+A_2A_3+\cdots+A_nA_1$ 趋于圆锥底面周长 $2\pi r$ 为极限,另一方面,l'_n 和 l''_n 同趋于圆锥的母线长 l 为极限.可见当 n 趋于无穷并且合于所附加的条件时,上式前后两端同趋于 $\frac{l}{2}\cdot 2\pi r=\pi rl$ 为极限,因此内接棱柱的侧面积 S_n 的极限存在,其值亦为 πrl. 我们的定理证明了.

这个定理也容易从圆锥的侧面展开图(图 4.18)看出. 若将圆锥的侧面沿一条母线切开,铺在平面上,便得出一个扇形,它的半径是 l,弧长为 $2\pi r$. 设中心角为 φ(取弧度为角的单位),面积为 S,则由平面几何,有

$$S=\frac{1}{2}l^2\varphi$$

并且由弧与中心角间的关系又有

$$2\pi r=l\varphi$$

因此得到

$$S=\frac{l}{2}\cdot l\varphi=\frac{l}{2}\cdot 2\pi r=\pi rl$$

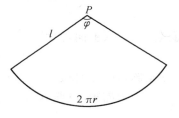

图 4.18

推论 设圆锥底半径和母线的长分别为 r,l,则其表面积为

$$S_\text{表}=\pi r(l+r)$$

定理 2 设圆台的两底半径和母线长分别为 r,r_1,l,则其侧面积和表面积为

$$S_\text{侧}=\pi(r+r_1)l$$
$$S_\text{表}=\pi(r^2+rl+lr_1+r_1^2)$$

证明 设将圆台(图 4.19)的侧面沿一母线切开,铺于一平面上,便得出侧面展开图(图 4.20),这是两个扇形的差,半径各为 $l+l_1$ 和 l_1,圆弧各为 $2\pi r$ 和 $2\pi r_1$,所对的同一中心角记为 φ. 这展开图的面积为

$$S=\pi r(l+l_1)-\pi r_1 l_1=\pi rl+\pi(r-r_1)l_1$$

但考虑中心角与弧长的关系,又有

$$2\pi r=(l+l_1)\varphi,\ 2\pi r_1=l_1\varphi$$

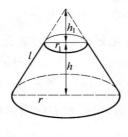
图 4.19

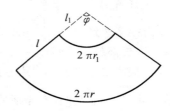
图 4.20

因此，两式相除以消去 φ，得出
$$(r-r_1)l_1 = r_1 l$$

将这结果代入上面，便得
$$S = \pi r l + \pi r_1 l = \pi(r+r_1)l$$

这便是圆台的侧面积.

要求表面积，只要再加上上下两底的面积. 证完.

定理 3 圆锥的体积等于底面积乘高的 $\frac{1}{3}$.

证明 设圆锥的高为 h（图 4.17），$P-A_1A_2A_3\cdots A_n$ 是它的一个内接棱锥. 根据 4.4 定理 4，这内接棱锥的体积是
$$V_n = \frac{1}{3} S_{A_1A_2A_3\cdots A_n} \cdot h$$

现在使底面上的内接多边形 $A_1A_2A_3\cdots A_n$ 的边数 n 无限增加，并且要求每一边趋于零，则该多边形的面积 $S_{A_1A_2A_3\cdots A_n}$ 依平面几何的道理趋于以圆锥的底面积为极限，所以 V_n 的极限存在，我们的定理因而证明了.

推论 设圆锥的底半径为 r，高为 h，则体积为 $V = \frac{1}{3}\pi r^2 h$.

定理 4 设圆台的两底半径为 r, r_1，高为 h，则体积为
$$V = \frac{\pi}{3} h (r^2 + rr_1 + r_1^2)$$

证明 这圆台的体积可以看做两个圆锥体积的差（图 4.19），其中一圆锥的底半径为 r，高为 $h+h_1$，而另一圆锥的底半径为 r_1，高为 h_1，所以根据定理 3 的推论，有
$$V = \frac{\pi}{3} r^2 (h+h_1) - \frac{\pi}{3} r_1^2 h_1 = \frac{\pi}{3} r^2 h + \frac{\pi}{3} (r^2 - r_1^2) h_1$$

但由相似三角形得

$$\frac{r}{r_1}=\frac{h+h_1}{h_1}=1+\frac{h}{h_1}$$

从此推出

$$\frac{r-r_1}{r_1}=\frac{h}{h_1}$$

即

$$(r-r_1)h_1=r_1h$$

代入上面的结果,便得

$$V=\frac{\pi}{3}r^2h+\frac{\pi}{3}(r+r_1)\cdot(r-r_1)h_1=$$

$$\frac{\pi}{3}r^2h+\frac{\pi}{3}(r+r_1)\cdot r_1h=\frac{\pi}{3}h(r^2+rr_1+r_1^2)$$

证完.

4.7 球 面 积

球面介于两个平行截面间的部分,称为球带,这两平面间的距离称为球带的高,它们与球相截所得的两圆,称为球带的两底.特别的,当这两平行平面之一切于球时,便得单底带,也叫球冠;而当两平行平面都切于球时,球带就扩大成为整个球面了.所以只要算出球带的面积,也就得到球冠和全球的面积.

球带可将一圆弧绕一条直径旋转而得.设作这圆弧的内接折线,取弧的两端为其端点,当折线的边数无限增加并且要求每一边长趋于零时,这内接折线的旋转面积,我们将证明其趋于一个极限,这极限便定义为球带的面积.

我们知道,圆柱、圆锥、圆台都是旋转体,由一矩形、直角三角形、直角梯形绕其某边为轴旋转而得.在求球面积之前,我们先介绍一个预备定理.

定理 1 以 h 表示圆柱、圆锥或圆台的高,以 l 表示其一母线的中垂线介于这母线和旋转轴间的长,那么这三种旋转体的侧面积都可以表示为 $2\pi lh$.

证明 (1)圆柱:以 AB 表示一条母线(图 4.21),它在轴 XY 上的射影 $CD=h$,AB 的中垂线 MO 交 XY 于 O,则 $l=MO=$ 圆柱底半径 r.根据 4.5 定理 1 推论 1,我们有

$$S_{侧}=2\pi rh=2\pi lh$$

(2)圆锥:以 AB 表示一条母线(图 4.22),它在轴 XY 上的射影 $AD=h$,AB 的中垂线 MO 交 XY 于 O,$MO=l$. $BD=$ 圆锥底半径 r.以 N 表示 AB 的中

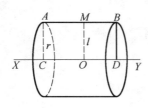
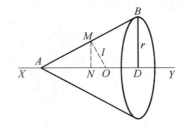

图 4.21　　　　　　　　　图 4.22

点 M 在 XY 上的射影,则 $BD=2MN$.又从相似的两个直角三角形(对应边互相垂直)$\triangle ABD$ 与 $\triangle MON$,得出

$$\frac{AB}{MO}=\frac{AD}{MN}$$

即

$$MN\cdot AB=MO\cdot AD$$

根据 4.6 定理 1,并作简单运算便得

$$S_{侧}=\pi\cdot BD\cdot AB=2\pi\cdot MN\cdot AB=2\pi\cdot MO\cdot AD=2\pi lh$$

(3)圆台:以 AB 表示一条母线(图 4.23),它在轴 XY 上的射影 $CD=$ 圆台高 h,仍以 $l=MO$ 表示 AB 的中垂线.作 $MN\perp XY$,$AE\perp BD$.由于直角三角形 $\triangle ABE$ 和 $\triangle MON$ 的对应边相垂直,因而相似,照上面一样得出

$$MO\cdot AE=MN\cdot AB$$

应用 4.6 定理 2,便得

$$S_{侧}=\pi(AC+BD)AB=2\pi MN\cdot AB=2\pi MO\cdot AE=2\pi MO\cdot CD=2\pi lh$$

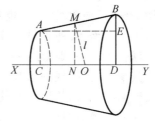

图 4.23

证完.

所以我们统一表达了圆柱、圆锥和圆台的侧面积.

现在我们来计算球面积.

定理 2　球带的面积等于大圆的周长与带高的乘积.

证明　假设球带是由半圆弧 AB 的一部分(也可能就是半圆周的本身) $\overset{\frown}{A_1A_{n+1}}$ 绕直径 AB 旋转而得(图 4.24).用点 $A_2,A_3,\cdots,A_n$ 将 $\overset{\frown}{A_1A_{n+1}}$ 分为 n 部

分，并以 A'_i 表示 A_i 在轴 AB 上的射影，$A'_1A'_{n+1}$ 就是球带的高 h.

弦 $A_1A_2, A_2A_3, \cdots, A_nA_{n+1}$ 绕 AB 旋转所产生的旋转面积，是圆锥或圆柱或圆台的侧面积，它们的高依次为 $A'_1A'_2=h_1, A'_2A'_3=h_2, \cdots, A'_nA'_{n+1}=h_n$. 以 $l_1, l_2, \cdots, l_n$ 表示从圆心 O 到这些弦的距离（即弦的中垂线介于弦与轴间的长度），并以 l'_n 和 l''_n 分别表示其中最短和最长的，因之

$$l'_n \leqslant l_i \leqslant l''_n, i=1,2,\cdots,n$$

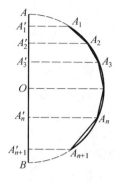

图 4.24

根据定义，当 $n \to \infty$ 并且各弦 $\to 0$ 时，折线 $A_1A_2A_3\cdots A_{n+1}$ 的旋转面积 S_n 的极限（如果这极限存在），就是球带的面积 $S_带$.

由定理 1，有
$$S_n = 2\pi l_1 h_1 + 2\pi l_2 h_2 + \cdots + 2\pi l_n h_n$$
$$2\pi l'_n(h_1+h_2+\cdots+h_n) \leqslant S_n \leqslant 2\pi l''_n(h_1+h_2+\cdots+h_n)$$

因此应用上面的不等式，便有
$$2\pi l'_n h \leqslant S_n \leqslant 2\pi l''_n h$$

当 $n \to \infty$ 并且各弦 $\to 0$ 时，l'_n 和 l''_n 同趋于圆半径 r（即球半径）为极限，所以 S_n 的极限存在，且等于 $2\pi rh$. 因此我们的结论证明了：$S_带 = 2\pi rh$. 证完.

推论 同球的两个球带的面积之比，等于它们的高之比.

定理 3 球面积等于大圆面积的 4 倍.

证明 以 r 表示球的半径，以 D 表示其直径，在定理 2 的公式中，只要令 $h=2r$，便得出球面积公式：$S_球 = 4\pi r^2 = \pi D^2$. 证完.

4.8 球 体 积

在这一节我们复习球体积的求法. 在 4.4.1，以 D 表示直径，我们曾提到祖暅所求得的球体积 $V = \dfrac{1}{2}D^3$ 或 $V = \dfrac{11}{21}D^3$，便是当我们取 $\pi = 3$ 或 $\dfrac{22}{7}$ 时，公式 $V = \dfrac{1}{6}\pi D^3$ 所给出的值.

将一个圆扇形绕一条不通过它内部的直径旋转，所得的立体称为球扇形. 一般说来，球扇形的表面由三部分组成，即圆弧旋转而成的带（称为球扇形的底面）和两条半径旋转而成的两个圆锥的侧面. 特别的，当圆扇形的一条半径重合

于旋转轴时,表面由两部分组成,即球冠和一个圆锥的侧面.当两条半径都重合于旋转轴,即是说,当圆扇形是半圆时,球扇形就变成全球而只以球面作为表面了.

在圆扇形的弧内以其两端作为端点作内接 n 边折线 $A_1A_2\cdots A_nA_{n+1}$,则此折线与圆扇形的两条半径所形成的图形,称为多边扇形.在上面所说的旋转过程中,这多边扇形的旋转体积记为 V_n.当 n 无限增加同时要求折线每一边长趋于零,则 V_n 的极限(我们将证明这极限存在),称为球扇形的体积.球既是球扇形的特殊情形,从此也得出球的体积.我们首先引进下面的辅助定理.

定理 1 给定 $\triangle ABC$ 及其平面上一直线 XY,这直线 XY 至少通过三角形的一顶点 A 但不穿过其内部.则三角形绕 XY 为轴旋转所产生的体积,等于在轴上的顶点 A 所对边 BC 产生的旋转面积乘以边 BC 上高的 $\dfrac{1}{3}$.

证明 我们采用这样的符号:$\triangle ABC$ 的旋转体积记为 $V_{(ABC)}$,边 BC 的旋转面积记为 $S_{(BC)}$,边 BC 上的高记为 AD.要证明

$$V_{(ABC)} = \frac{1}{3} S_{(BC)} \cdot AD$$

首先,设一边 AB 在轴上,作 $CE \perp XY$,并设 E 在线段 AB 上(图 4.25).这时

$V_{(ABC)} = V_{(ACE)} + V_{(BCE)}$(4.6 定理 3)$=$

$\dfrac{\pi}{3} CE^2 \cdot AE + \dfrac{\pi}{3} CE^2 \cdot BE =$

$\dfrac{\pi}{3} CE^2 \cdot AB = \dfrac{\pi}{3} CE \cdot CE \cdot AB$

(因为 $CE \cdot AB = BC \cdot AD = 2S_{\triangle ABC}$)$=$

$\dfrac{\pi}{3} CE \cdot BC \cdot AD =$

$\dfrac{1}{3}(\pi \cdot CE \cdot BC) \cdot AD$(4.6 定理 1)$= \dfrac{1}{3} S_{(BC)} \cdot AD$

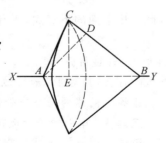

图 4.25

如果 E 在线段 AB 延长线上,例如,B 在 A,E 间(图 4.26),则有

$V_{(ABC)} = V_{(ACE)} - V_{(BCE)} =$

$\dfrac{\pi}{3} CE^2 \cdot AE - \dfrac{\pi}{3} CE^2 \cdot BE =$

$\dfrac{\pi}{3} CE^2 \cdot AB$

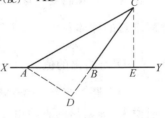

图 4.26

因此所要证明的式子仍然成立.

如果 E 重合于线段 AB 之一端,命题就很容易证了.

其次,设三角形只有一顶点 A 在轴上,且直线 BC 与轴相交(图 4.27).设交点为 F,应用方才的结果,得

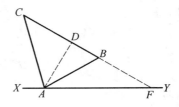

图 4.27

$$V_{(ABC)} = V_{(ACF)} - V_{(ABF)} = \frac{1}{3} S_{(CF)} \cdot AD -$$
$$\frac{1}{3} S_{(BF)} \cdot AD = \frac{1}{3}(S_{(CF)} - S_{(BF)}) \cdot AD = \frac{1}{3} S_{(BC)} \cdot AD$$

最后,设三角形只有一顶点 A 在轴上,且边 BC 与轴平行(图 4.28),并设点 D 在线段 AB 内部.作 XY 的垂线 BG, CH. 在这一款,有

$$V_{(ABC)} = V_{(BCHG)} - V_{(ABG)} - V_{(ACH)} = \pi \cdot AD^2 \cdot BC - \frac{\pi}{3} BG^2 \cdot AG - \frac{\pi}{3} CH^2 \cdot AH =$$
$$\pi \cdot AD^2 \left(BC - \frac{1}{3} AG - \frac{1}{3} AH \right) = \pi \cdot AD^2 \left(BC - \frac{1}{3} BC \right) =$$
$$\frac{1}{3} (2\pi \cdot AD \cdot BC) AD = \frac{1}{3} S_{(BC)} \cdot AD$$

同理,若 D 在 BC 延长线上或在其一端,结果仍成立.

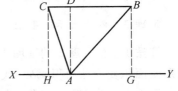

图 4.28

所以定理 1 证明了.

注意:如果轴穿过三角形内部或不通过一个顶点,便不应该用这定理.

定理 2 球扇形的体积等于它的底面(球带或球冠)面积乘以半径的 $\frac{1}{3}$.

证明 设球扇形是由半圆弧 AB 的一部分(也可能就是这半圆)所形成的圆扇形绕直径 AB 旋转而成(图 4.29).作圆扇形的内接多边扇形 $OA_1A_2A_3 \cdots A_nA_{n+1}$,并联结 $A_iO (i=2,3,\cdots,n)$, $\triangle A_1A_2O, \triangle A_2A_3O, \cdots, \triangle A_nA_{n+1}O$ 和轴 AB 满足定理 1 所说的条件.设以 $l_1, l_2, \cdots, l_n$ 表示从在轴上的顶点 O 到对边 $A_1A_2, A_2A_3, \cdots, A_nA_{n+1}$ 的高,并以 l'_n 和 l''_n 分别表示其中最小的和最大的,因此 $l'_n \leqslant l_i \leqslant l''_n$.

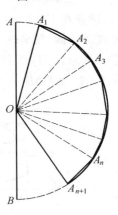

图 4.29

($i=1,2,\cdots,n$). 这多边扇形的旋转体积记为 V_n，则由定理1，并采用那里的记号，得

$$V_n = V_{(A_1A_2O)} + V_{(A_2A_3O)} + \cdots + V_{(A_nA_{n+1}O)} = \frac{1}{3}S_{(A_1A_2)} \cdot l_1 + \frac{1}{3}S_{(A_2A_3)} \cdot l_2 + \cdots + \frac{1}{3}S_{(A_nA_{n+1})} \cdot l_n$$

从而

$$\frac{1}{3}(S_{(A_1A_2)} + S_{(A_2A_3)} + \cdots + S_{(A_nA_{n+1})})l'_n \leqslant V_n \leqslant \frac{1}{3}(S_{(A_1A_2)} + S_{(A_2A_3)} + \cdots + S_{(A_nA_{n+1})})l''_n$$

或

$$\frac{1}{3}S_{(A_1A_2A_3\cdots A_{n+1})} \cdot l'_n \leqslant V_n \leqslant \frac{1}{3}S_{(A_1A_2A_3\cdots A_{n+1})} \cdot l''_n$$

当 $n\to\infty$ 且各 $A_iA_{i+1}\to 0$ 时，折线的旋转面积 $S_{(A_1A_2\cdots A_{n+1})}$ 趋于以球扇形的底面积 S 为极限，l'_n 和 l''_n 同趋于球半径 r 为极限，所以 V_n 的极限存在，因而

$$V_{球扇} = \frac{1}{3}S_底 \cdot r = \frac{2}{3}\pi r^2 h$$

($r=$球半径，$h=$球扇形底面的高). 证完.

定理3 以 r 表示球半径，D 表示直径，则球体积为 $V_球 = \frac{4\pi}{3}r^3 = \frac{\pi}{6}D^3$.

证法1 在定理2的证明中，若旋转的圆扇形为半圆，则球扇形为全球，球扇形底面积变为球面积 $4\pi r^2$. 代入得证.

证法2 通过球心 O 作一平面 α. 考虑一个圆柱使其半径和高都等于球的半径 r，使其下底面在 α 上(图4.30)，并且挖去一个圆锥，这圆锥的底是圆柱的上底，顶点在下底中心，如图4.30所示. 以一个距 α 为 h (h 看做参变数) 的平行面 β 截两立体，截半球于一圆以 H 为其中心以 HC 为其半径，截挖去圆锥的圆柱于一环形以 H_1 为其中心以 H_1D, H_1E 为其半径，如图4.30所示. 容易看出图4.30上 $\triangle O_1AB$ 和 $\triangle O_1H_1E$ 都是等腰直角三角形，所以这两截面面积为

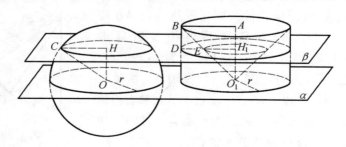

图 4.30

$$S(h)=\pi\cdot HC^2=\pi(OC^2-OH^2)=\pi(r^2-h^2)$$
$$S_1(h)=\pi(H_1D^2-H_1E^2)=\pi(H_1D^2-O_1H_1^2)=\pi(r^2-h^2)$$

可见
$$S(h)=S_1(h), 0\leqslant h\leqslant r$$

即两截面面积恒相等,所以根据祖暅原理(4.4.1),半球等积于第二个立体.但第二立体是圆柱挖去一个圆锥,其体积为

$$\pi r^2\cdot r-\frac{1}{3}\pi r^2\cdot r=\frac{2}{3}\pi r^3$$

所以球体积是
$$V_{球}=\frac{4}{3}\pi r^3$$

证完.

这里所用的虽然不是祖暅求球体积的方法,却应用着他的原理.

习题 4

1. 长方体三面的对角线分别为 a,b,c,求其表面积.
2. 证明长宽高之和为定值的长方体中,表面积最大的是立方体.
3. 证明表面积固定的长方体中,体积最大的是立方体.
4. 证明三棱柱的体积等于一侧面的面积乘以这侧面到对棱距离的一半.
5. 设棱柱的底为梯形,证明它的体积等于相平行的两侧面面积的半和乘以这两面间的距离.
6. 以一平面斜截三棱柱,证明所得体积等于以柱底为底面,以截面上三顶为顶的三个棱锥体积之和.
7. 在三条平行但不共面的直线上各任取相等的定长线段,证明这样形成的三棱柱的体积以及侧面积都是常数.
8. 证明棱柱的直截面面积小于其他截面的面积.
9. 通过定直线求作一平面使平分给定的平行六面体.
10. 通过平行六面体一棱求作平面将它分为 n 个等积部分.
11. 设一三棱柱的高等于底面外接圆半径的 4 倍,证明它等积于以底面三边作棱的长方体.
12. 已知直三棱柱的底面积为 S,三个侧面面积为 m,n,p,求其体积.
13. 埃及大金字塔为正四棱锥,底面每边长 233 m,高为 146.5 m,求其表面积、体积和质量(设材料的平均质量为每立方米 3 t).

14. 证明平行六面体的各对角线把它分为六个等积的棱锥.

15. 联结平行六面体内任一点到八顶点作成六个棱锥,证明三双相对的棱锥体积之和相等.

16. 证明球外切多面体的体积等于其表面积与球半径乘积的 $\frac{1}{3}$,外切于同球的两多面体的体积之比等于表面积之比.

17. 证明棱锥侧面积大于底面积.

18. 证明正棱锥体积等于侧面积乘以底面中心到一侧面距离的 $\frac{1}{3}$.

19. 立方体棱长为 4 寸,今过会于一点的三棱中点作一平面,将其一顶割去,仿此割去其余各顶,求所余立体的表面积和体积.

20. 三棱锥的侧棱互相垂直,其长为 a,b,c,求其体积.

21. 三棱锥的侧棱互相垂直,底面是等边三角形,证明:

(1)三侧棱相等.

(2)高的平方等于侧棱平方的 $\frac{1}{3}$.

(3)从底面上任一点到三侧面的三条垂线之和为常数.

22. 设四面体的三侧面等积,证明从底面上任一点到三侧面的距离之和为常数.

23. 证明从正棱锥底面上任一点到各侧面距离之和为常数.

24. 证明从正多面体内任一点到各面的距离之和为常数.

25. 证明四面体和它的外接平行六面体体积之比是 1:3.

26. 在两条不共面直线上各截取一定长线段,证明以其端点为顶点的四面体体积为常数,与所取线段的位置无关.

27. 以任意四面体各棱中点为顶点作八面体,证明它的对棱互相平行,并且它的体积是四面体的一半.

28. 证明四面体的体积等于一棱乘以这四面体在垂直于这棱的平面上的射影(面积)的 $\frac{1}{3}$.

29. 证明通过四面体一双对棱中点的平面将它分为两个等积部分.

30. 从四面体 $ABCD$ 底面 BCD 内一点 O 引平行于 AB,AC,AD 的直线,各交侧面 ACD,ADB,ABC 于点 B',C',D',证明 $\frac{OB'}{AB}+\frac{OC'}{AC}+\frac{OD'}{AD}=1$.

31. O 为四面体 $ABCD$ 内一点,AO,BO,CO,DO 各交对面于点 $A',B',C',$

D',证明：

(1) $\dfrac{OA'}{AA'}+\dfrac{OB'}{BB'}+\dfrac{OC'}{CC'}+\dfrac{OD'}{DD'}=1$.

(2) $\dfrac{AO}{AA'}+\dfrac{BO}{BB'}+\dfrac{CO}{CC'}+\dfrac{DO}{DD'}=3$.

32. 以 V 表示四面体体积，S 表示表面积，S_1,S_2,S_3,S_4 表示各面面积，r 表示内切球半径，r_1,r_2,r_3,r_4 表示旁切球半径，证明：

(1) $r=\dfrac{3V}{S}$.

(2) $r_1=\dfrac{rS}{S_2+S_3+S_4-S_1}$.

(3) $\dfrac{1}{r_1}+\dfrac{1}{r_2}+\dfrac{1}{r_3}+\dfrac{1}{r_4}=\dfrac{2}{r}$.

33. 在四面体内求一点，使到各顶点的连线分原形为四个等积四面体．

34. 作一平面平行于棱锥底面，以截面为底作棱柱，它的另一底面在原来的底面上，怎样才可以使这棱柱体积最大？

35. 设两个四面体有一三面角相等，证明其体积之比等于相等三面角的三棱的乘积之比．

36. 证明四面体中，一个二面角的平分面将对棱所分成两线段的比，等于夹这二面角的两个面的面积之比．

37. 两个四面体有一棱以及以此棱为棱的二面角相等，证明它们体积之比等于夹相等二面角的两面面积的乘积之比．

38. 一直线通过四面体 $ABCD$ 顶点 A 而与三面角 A 的三面成等角，其与对面 BCD 的交点为 A'. 证明 $\triangle A'BC,\triangle A'CD,\triangle A'DB$ 面积之比等于 $\triangle ABC,\triangle ACD,\triangle ADB$ 面积之比．

39. 设正四棱台两底棱长为 a,b，求其高使两底面面积之和等于侧面积．

40. 拟柱是这样一个多面体，它的所有顶点在两个称为底的平行平面上，它的侧面不是三角形便是梯形，两底间的距离叫做高，与两底平行且等距的截面称为中截面．

棱柱、棱锥、棱台是拟柱的特例．

设拟柱两底面积为 S,S_1，中截面面积为 M，高为 h，证明下面的体积公式

$$V=\dfrac{h}{6}(S+4M+S_1)$$

41. 验证棱柱、棱锥、棱台的体积公式是拟柱体积公式的特例．

42. 我国古代的《九章算术》中称为"刍童"的是一个平截长方楔,如图 4.31 所示. 设上底矩形长宽各为 a,b,下底长宽各为 c,d,高为 h,证明《九章》"刍童"体积公式 $V=\dfrac{h}{6}[(2b+d)a+(2d+b)c]$. 并验证这与拟柱求积公式所给出的相一致.

43. 验证当"刍童"变成底为矩形的四棱台时,上题"刍童"公式与公式(4.4 定理 6)$V=\dfrac{h}{3}(S+\sqrt{SS_1}+S_1)$ 相一致.

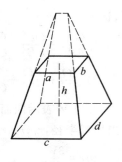

图 4.31

44. 计算五种正多面体的二面角.

设以 θ_n 代表正 n 面体的二面角,计算的结果为

$$\cos\theta_4=\frac{1}{3},\ \theta_4=70°31'43''.6$$

$$\sin\theta_6=1,\ \theta_6=90°$$

$$\cos\theta_8=-\frac{1}{3},\ \theta_8=109°28'16''.4$$

$$\sin\frac{\theta_{12}}{2}=\sqrt{\frac{5+\sqrt{5}}{10}},\ \theta_{12}=116°35'54''.2$$

$$\sin\frac{\theta_{20}}{2}=\frac{\sqrt{15}+\sqrt{3}}{6},\ \theta_{20}=138°11'22''.8$$

这里将计算过程取正十二和正二十面体为例示意如下:

设 A 为正十二面体的一顶点,由 A 发出的三条棱为 AB,AC,AD(图 4.32),其长记为 a. 由于 $\angle BAC=\angle CAD=\angle DAB=108°$ 为正五边形之一内角,可知

$$BD=2a\sin 54°$$

从顶点 B 与 D 作棱 AC 的垂线,显然交于 CA 延长线上同一点 E,从而 $\angle BED=\theta_{12}$. 等腰三角形 $\triangle EBD$ 中,除已知底边 BD 外,两腰 $BE=DE=a\sin 72°$,所以

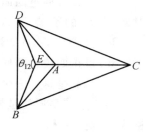

图 4.32

$$\sin\frac{\theta_{12}}{2}=\frac{a\sin 54°}{a\sin 72°}=\frac{\cos 36°}{\cos 18°}=\frac{2\cos^2 18°-1}{\cos 18°}$$

因 $\sin 18° = \dfrac{\sqrt{5}-1}{4}$, $\cos 18° = \dfrac{\sqrt{10+2\sqrt{5}}}{4}$, 代入得

$$\sin \dfrac{\theta_{12}}{2} = \sqrt{\dfrac{5+\sqrt{5}}{10}}$$

同样,设 A 为正二十面体一顶点, AB, AC, AD, AE, AF 为从 A 发出的五棱(图 4.33),其长记为 a. 从顶点 B, D 作 AC 的垂线,显然会于 AC 的中点 G, 从而 $\angle BGD = \theta_{20}$. 在等腰 $\triangle GBD$ 中,两腰为等边三角形的中线: $BG = DG = a\sin 60°$, 底边为正五边形的对角线: $BD = 2a\sin 54°$, 所以

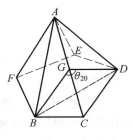

图 4.33

$$\sin \dfrac{\theta_{20}}{2} = \dfrac{a\sin 54°}{a\sin 60°} = \dfrac{\cos 36°}{\cos 30°} = \dfrac{2}{\sqrt{3}}(2\cos^2 18° - 1) = \dfrac{1}{6}(\sqrt{15}+\sqrt{3})$$

至于 $\theta_6 = 90°$ 是很明显的,故 $\sin \theta_6 = 1$.

45. 以 a 表示正多面体的棱长,计算五种正多面体的表面积.

46. 以 a 表示正多面体的棱长,求正 n 面体的内切球半径 r_n 和外接球半径 R_n.

设 O 为正多面体的中心(图 4.34, 参看图 3.19), AB 为相邻两面的公共棱, C 和 C' 为这两面的中心. 以 d_n 和 ρ_n 表示正 n 面体中一个面的边心距和外接圆半径. M 表示 AB 的中点,那么,在 $\triangle OMC$ 中,有

$$\angle OCM = 90°, \angle OMC = \dfrac{\theta_n}{2}$$
$$OC = r_n, CM = \rho_n$$

在 $\triangle OBC$ 中,有

$$\angle OCB = 90°, OC = r_n$$
$$BC = \rho_n, OB = R_n$$

因此有

$$r_n = d_n \tan \dfrac{\theta_n}{2}, R_n^2 = r_n^2 + \rho_n^2$$

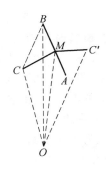

图 4.34

于是可应用 44 题和平面几何知识求出下列结果

$$r_4 = \dfrac{\sqrt{6}}{12}a, R_4 = \dfrac{\sqrt{6}}{4}a$$

$$r_6 = \dfrac{1}{2}a, R_6 = \dfrac{\sqrt{3}}{2}a$$

$$r_8=\frac{\sqrt{6}}{6}a, R_8=\frac{\sqrt{2}}{2}a$$

$$r_{12}=\frac{1}{2}\sqrt{\frac{25+11\sqrt{5}}{10}}a, R_{12}=\frac{1}{4}(\sqrt{15}+\sqrt{3})a$$

$$r_{20}=\frac{1}{12}(3\sqrt{3}+\sqrt{15})a, R_{20}=\frac{1}{4}\sqrt{10+2\sqrt{5}}a$$

47. 正多面体的棱长为 a，求五种正多面体的体积.

48. 圆柱半径为 r，高为 h，一平面平行于其轴截底面所得的弦长等于半径，求圆柱被这平面所分成两部分的体积和表面积.

49. 以圆锥的底面积 S 和侧面积 L 表示它的体积.

50. M,N 是 $\triangle ABC$ 两边 AB,AC 的中点，

(1) 以 MN 为旋转轴，求三角形两部分旋转体积之比.

(2) 以 BC 为轴，求 $\triangle ABC$ 和四边形 $BMNC$ 的旋转体积之比.

51. 半径为 r 的球作一外切圆锥，其底半径为 R 而高为 h，证明

$$\frac{1}{r^2}-\frac{1}{R^2}=\frac{2}{rh}$$

52. 设以直角三角形两腰和斜边为轴所得旋转体积为 V_1,V_2,V，证明

$$\frac{1}{V_1^2}+\frac{1}{V_2^2}=\frac{1}{V^2}$$

53. 直角三角形旋转而得圆锥，证明旋转体积等于三角形的面积乘以它的重心在旋转时所画的弧长.

54. 三角形绕三边为轴的旋转体积分别为 V_a,V_b,V_c，求三边长度.

55. 设圆柱和圆锥底半径同为 r，高同为 h，求它们的侧面积.设固定 r，研究当 h 怎样变化时，前者大于、等于或小于后者.

56. 一木质圆锥体的顶角为 $60°$，底半径为 4 寸，现在以锥的轴为轴钻通一个半径为 1 寸的圆孔，多少锥体变成木屑？

57. 设地球半径为 4 000 哩，北温带之高（两临界纬度所在平面间的距离）为半径的 $\frac{13}{25}$，求北温带的面积和所占全球面积的百分比.

58. 设球半径为 r，高出球面为 h 之处可见球面积若干？

59. 通过第一球中心任作第二球使被第一球所截，证明不论第二球半径为何，第二球被第一球所截的球冠面积为常数.

60. 一平面截球面所得两部分的面积之差等于截面面积，求平面与球心的距离.

61. 凸透镜厚度为 d，两面所属球半径为 R, r，证明它的表面积为 $\dfrac{\pi d[4Rr-d(R+r)]}{R+r-d}$.

62. 在已知球内作内接圆锥，使其侧面积等于其底面所截较小球冠的面积.

63. 证明球的体积可以这样求得：把半球的高 h 分成 n 等份，通过各分点作平行平面把半球分为 n 层，在每层下底上作一圆柱，以 $\dfrac{h}{n}$ 为其高，把这 n 个圆柱的体积加起来，并令 $n\to\infty$ 以求极限，便得出半球的体积.

64. 证明圆锥的体积可以这样求得：把高 h 分为 n 等份，过各分点作平行于底面的平面把它分为 n 层，在每一层的下底上作一个圆柱以 $\dfrac{h}{n}$ 为其高，把这 n 个圆柱体积加起来，并令 $n\to\infty$ 以求极限.

65. 证明"刍童"(42 题)的体积可仿照上两题求得.

66. 正方形一边为 a，在一边上向外方作等边三角形以形成一五边形，取三角形一外边为旋转轴，求这五边形的旋转体积.

67. 球半径为 r，距球心为 h 的平面分球为两部分，求这两部分的体积.

68. 两球相外切，其半径为 r, r'，一圆锥外切于这两球，求介于三曲面间的体积.

69. 设圆柱外切于球，圆锥内接于圆柱，求它们的体积之比.

70. P 为圆锥，沿其轴的截面为等边三角形，Q 为 P 的内切球，R 为 Q 的外切圆柱. 证明：

(1) R 的表面积是 P, Q 的表面积的比例中项.

(2) R 的体积是 P, Q 的体积的比例中项.

71. Q 为球，P 为球的内接圆锥，沿它的轴的截面为等边三角形，R 为球的内接圆柱，沿它的轴的截面为正方形. 证明：

(1) R 的表面积是 P, Q 的表面积的比例中项.

(2) R 的体积是 P, Q 的体积的比例中项.

72. 圆柱外切于球，证明其表面积和体积成比例.

73. 以球的直径为轴穿通一圆洞，证明所余部分与直径等于洞高(介于洞的平行面间的长)的球等积.

74. 水渠(或水槽)的横断面一般是等腰梯形. 设水渠深度及横断面面积各为定值，求等腰梯形的底角使水渠底面及两侧面面积之和有最小值，达到节约开支的目的.

第五章　简单球面几何与球面三角

5.1　球面几何

在第二章我们已介绍过球.设图形的各点在同一球面上,则称为球面图形.研究同一球面上的图形的这一几何分支,称为球面几何[①].我们在本章介绍球面几何大意.我们不去每次声明所研究的图形在同一球面上.当然,其中一些性质在等球上也成立.

读这一章时,要注意与平面几何相比较.大体说来,球面上的大圆和小圆(2.2)与平面上的直线和圆周分别相类似.我们要随时观察球面几何和平面几何有哪些相同之处,有哪些不同之处,并留意三面角(1.10)与球面三角形之间的密切关联.

在 2.1 和 2.2,我们把球上同一直径的两端称为对径点,并证明了这个事实:球上两个非对径点决定唯一大圆,但有无穷多大圆通过两个对径点.这命题的前半类似于平面上两点决定唯一直线这个性质,而命题的后半在平面上没有类似的性质.

容易知道,两大圆恒相交,且相交于两点(两个对径点).事实上,这两大圆所在的平面都通过球心,即有一公共点,从而相交于一直径,此直径的两端便是这两大圆的交点.把大圆看成球面上的直线,则球面几何与平面几何在此有一重大区别:平面上两条直线或不相交,或相交于一点,而球面上的两大圆恒相交于两点.

平面上的直线是无限的,而球面上的大圆则循环无端而有定长.

在一点切断一条直线,便得到它的两个部分,即以此点为公共端点的两条射线.但在球面上,切断大圆于一点并不能分它为两部分.

通过球面上两个非对径点 A,B 的大圆,我们说它联结 A,B 两点,记作"大

[①] 2003 年颁布的《普通高中数学课程标准》,其选修课程中的"系列 3"有一个专题是"球面上的几何",本章对该专题的学习有指导意义.

圆 AB". 这两端点将大圆分为两部分, 我们分别以劣弧 AB 和优弧 AB 称呼其小于和大于半圆的部分.

以后若无特别声明, 凡称联结两点的大圆弧, 一概指劣弧.

球面折线以及它的端点、顶点、边的概念, 可以完全仿照平面几何的相当概念加以定义, 边长可以小于、等于或大于半大圆.

5.2 球面角、球面二角形、大圆的垂直

我们已经知道, 两个非对径点决定唯一大圆, 并且两大圆恒相交. 现在将平面几何上关于交角和垂直的概念介绍到球面几何来.

一点以及以此点为公共端点的两个半大圆合称为球面角, 这点称为角顶, 两半大圆称为角的两边.

若构成角的两半大圆以 A 为公共端点, 并且分别通过两点 B 和 C, 就照平面几何那样, 记为 $\angle BAC$ 或 $\angle CAB$. 如没有误会的可能时, 也简记为 $\angle A$.

如果指定两边之一作为第一边, 另一边作为第二边, 也可将平面几何中有向角的概念介绍到球面几何. 介绍平面上角的转向时, 假设观测者永远站在平面的 (比方说) 上方. 同理, 谈到球面角和球面图形的转向时, 我们假设观测者永远站在 (比方说) 球外.

一个球面角的两边连同角顶以及两边的另一公共端点所构成的图形, 称为球面二角形或月形, 二弧所成的角称为月形的角.

月形的两半大圆弧所在的两个半平面相交于一直径, 这两半平面组成一二面角, 这二面角的两个面截球面便得出月形.

通过球心而垂直于一圆 (大圆或小圆) 所在平面的直径, 截球于两点, 称为这圆的两极. 联结两极的直径既通过球心, 又通过圆心.

平面上两曲线的交角, 定义为两曲线在交点的切线所成的角. 同样, 球面上两大圆所成球面角的大小, 定义为其交点的切线所成的角.

现在来证明下面的定理.

定理 1 球面角用这角顶为极而介于其两边间的大圆弧来度量.

证明 给定球面角 $\angle APB$ (图 5.1), 在角顶 P 作半大圆弧 PAP' 和 PBP' 的切线 (半直线) PA' 和 PB'.

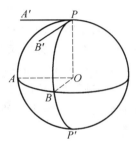

图 5.1

所以球面角 $\angle APB$ 的角度,指的是 $\angle A'PB'$ 的角度.

设以 P 为极的大圆交角的两边于 A,B,并以 O 表示球心,则射线 PA' 和 OA 同向平行,射线 PB' 和 OB 同向平行,所以
$$\angle A'PB' = \angle AOB$$
但 $\angle AOB$ 以大圆弧 AB 为其度量,所以 $\angle APB$ 以大圆弧 AB 度量. 证完.

推论 两半大圆所成的角等于其所在半平面形成的二面角的平面角.

当大圆弧 AB 是大圆的 $\frac{1}{4}$(称为一象限)时,$\angle A\text{-}PO\text{-}B$ 是直二面角,平面 $PAO \perp$ 平面 PBO,这时我们说 $\angle APB$ 是直角,而大圆 PA 和 PB 称为互相垂直的,也称为相正交的.

定理 2 两大圆互相垂直的条件是:其一通过另一的极.

证明 图 5.1 上大圆 $PA \perp PB$ 的充要条件是:大圆弧 AB 等于一象限,而 AB 等于一象限的充要条件是:B 是 PA 的极(或 A 是 PB 的极).

由这一定理可知,要得到一个大圆的极,除了按照定义从球心作垂直于其平面的直线以与球相交外,还可以从其上一点引一垂直大圆,并从此点起截取一象限的弧而得. 证完.

定理 3 给定一大圆及除此大圆两极以外的任一点(在或不在给定大圆上),则有一且仅有一大圆通过该点而垂直于给定大圆.通过给定大圆的极则有无穷多大圆和它垂直.

定理 4 有一且仅有一大圆垂直于两给定大圆.

这两定理的证明留给读者,并请注意平面几何上的类似性质以及区别所在.

5.3 球面多边形

球面上的有限个点 $A,B,C,D,\cdots,K,L$ 以及小于半大圆的大圆弧 AB,$BC,\cdots,KL,LA$ 所构成的图形,称为球面多边形,$A,B,\cdots,L$ 叫做它的顶(点),$AB,BC,\cdots,LA$ 叫做它的边,$\angle LAB,\angle ABC,\cdots,\angle KLA$ 叫做它的角.

上节所说的球面二角形(月形)不合于球面多边形的定义,因为月形的一边等于半大圆,而多边形的一边则要求小于半大圆. 最简单的球面多边形是球面三角形.

如果球面多边形对于每边所属的大圆来说,其余各边都在其同侧,即是说其余各边都在这大圆所圈定的同一个半球之内,就称为凸球面多边形

(图 5.2(a)),否则称为凹的(图 5.2(b)).

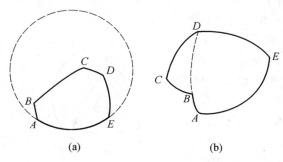

图 5.2

5.3.1 球面多边形与多面角的关系

在 5.2 我们曾谈到月形与二面角之间的关系,现在来谈一谈球面多边形与多面角之间的关系,以便由关于多面角的结果推得关于球面多边形的结果.

设给定一多边形,我们立刻可以得到一个与之相对应的多面角,只要以球心作为多面角的顶点,而以球心联结向多边形各顶的射线作为它的棱(图 5.3).

反之,设给定一多面角,则以其顶点为球心作一球面,便与多面角相交于一球面多边形.

凸多面角对应于凸球面多边形,三面角对应于球面三角形.从有向三面角的概念可导出有向球面三角形的概念.

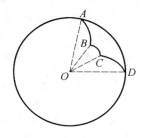

图 5.3

以后做命题的对应翻译工作时,只要按照下表即可.

多面角	球面多边形
面角	边
二面角	角

我们知道(1.10),任何多面角中,每一面角小于其他各面角之和;任何凸多面角各面角之和小于四直角.于是推得下列两定理:

定理 1 任何球面多边形中,每一边小于其他各边之和.

这定理的类似性质在平面几何成立.这定理的意义是说:联结球面上两点的大圆劣弧短于有同样端点的球面折线.

可见联结两点的大圆劣弧取得平面上线段的地位.由于这个理由,联结两个非对径点的大圆劣弧,称为这两点的球面距离.两个对径点的球面距离自然等于半大圆周.

定理 2 凸球面多边形的周长小于大圆周.

这个定理在平面几何没有类似性质.

5.3.2 极三角形

从补三面角的概念(1.10.1)按照 5.3.1 的说明可以推出极三角形的概念.

所谓球面 $\triangle A_0B_0C_0$ (图 5.4)是球面 $\triangle ABC$ 的极三角形,就是要求 A_0 是大圆 BC 的极并且与 A 在 BC 的同侧. 仿此要求 B_0 是大圆 AC 的极并且与 B 在 AC 的同侧,C_0 是大圆 AB 的极并且与 C 在 AB 的同侧.

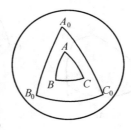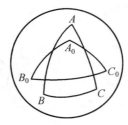

图 5.4

定理 3 设以 O 表示球心,则 $\triangle A_0B_0C_0$ 是 $\triangle ABC$ 的极三角形的充要条件是: O-$A_0B_0C_0$ 是 O-ABC 的补三面角.

由 1.10.1 的引理和定理 1,2,分别得出下列定理:

定理 4 联结一点 B 到一大圆之一极 A 的大圆劣弧小于一象限的充要条件是: 这两点在这大圆的同侧.

定理 5 若 $\triangle A_0B_0C_0$ 是 $\triangle ABC$ 的极三角形,那么 $\triangle ABC$ 也是 $\triangle A_0B_0C_0$ 的极三角形.

定理 6 两个互为极三角形的球面三角形中,就度量讲来,其中一个的边和另一个中相应的角互补.①

如果以 A,B,C 和 a,b,c 表示球面 $\triangle ABC$ 的角和对边,并以 a_0,b_0,c_0 和 A_0,B_0,C_0 表示 $\triangle ABC$ 的极 $\triangle A_0B_0C_0$ 中对应的边和对角,则定理 5 的关系可表示如下

$$a+A_0=b+B_0=c+C_0=2d$$
$$a_0+A=b_0+B=c_0+C=2d$$

这里大圆弧以所对的中心角为度量,所以一象限的大圆弧就是 $90°$ 弧或 $90°$ 角. 这个约定在以后讲球面三角时也将采用.

这三个定理是由补三面角的概念对应翻译过来的. 当然,我们可以反过来,首先就球面上证明这三个定理,然后对应翻译为有关补三面角的定理,这留给读者做练习,那些没有掌握或掌握不好互补三面角这一概念的读者,尤其应该趁此弥补起来.

---

① 直接的证明,可参看《三 S 立体几何》762 节.

5.4　球面三角形的合同

设两个球面三角形 ABC 和 $A'B'C'$ 中,可以建立这样的对应使对应的边和角(以同样的符号表示)分别相等,则称这两球面三角形合同或相等,依然记为 $\triangle ABC \equiv \triangle A'B'C'$. 如果相等的球面三角形由对应顶点所确定的转向相同,就称为全(相)等,转向相反就称为镜照相等或相对称.

若 A, A_1, B, B_1, C, C_1 是三对对径点,则 $\triangle ABC$ 和 $\triangle A_1 B_1 C_1$ 便是对称三角形的例. 这时以 O 表示球心,则 $O\text{-}ABC$ 和 $O\text{-}A_1 B_1 C_1$ 是两个特殊的对称三面角,即对顶三面角. 凡与 $\triangle ABC$ 合同的三角形,或与 $\triangle ABC$ 全等,或与 $\triangle A_1 B_1 C_1$ 全等,两者必居其一.

两个全等的球面三角形可以通过在球面上的运动使相叠合,而两个对称球面三角形,不像平面上的两个对称三角形那样总可以利用离开平面的运动使相叠合.

1.10.5 关于三面角的四个合同定理,对应翻译到球面几何里来就得出球面三角形的合同或相等的定理. 需要注意:相等包括全等和对称两种情形.

定理 1　设两球面三角形有两边及其夹角对应相等,则必相等.

定理 2　设两球面三角形有两角及其夹边对应相等,则必相等.

定理 3　设两球面三角形有三边对应相等,则必相等.

定理 4　设两球面三角形有三角对应相等,则必相等.

最后这个定理是球面几何与平面几何的重要区别. 平面几何有着对应角相等而对应边不相等的三角形即所谓相似三角形,而在球面上,两三角形的角一经对应相等,它们的边便也随之对应相等了.

建议读者模仿平面几何直接证明这四个定理. 证最后的定理时,要应用5.3定理 6.

5.5　关于球面三角形中边与角的不等

1.10.2 和 1.10.3 中关于三面角的性质,对应翻译到球面上来便有下列定理. 其中定理 3 可直接由定理 2 应用 5.3 定理 6 推出.

定理 1　球面三角形任一边小于其他两边之和而大于其差.

定理 2　球面三角形的周长小于大圆周.

定理 3　球面三角形三角之和大于二直角.

定理 4 球面三角形的一个外角可以大于、等于或小于与它不相邻的内角.

这里定理 1 的类似性质在平面几何成立,而定理 2～4 特别是定理 3 和 4 表明球面几何与平面几何有显著的区别.

我们知道,平面上的直线可以无限延长,而球面上的大圆则是有限的、循环无端的.当我们在平面上证明三角形的外角定理时,我们已用着直线可以无限延长这一性质.现在我们仿照平面几何的证明过程,来看一看球面 $\triangle ABC$ 中一角例如 $\angle B$ 的外角是否大于不相邻的内角例如 $\angle C$.[①]

以 A_1 表示 A 的对径点,以 q 表示大圆的 $\frac{1}{4}$,即一象限.

仿照平面几何取边 BC 的中点 O,联结中线(大圆弧)AO,并延长至 A' 使 $OA'=AO$. 联结 BA'.

(1)当中线 $AO<q$ 时,点 A' 介于 O 与 A_1 之间(图 5.5),这时依然有平面几何上的情况(5.4 定理 1)$\triangle AOC \equiv \triangle A'OB$,并且点 A' 落在 $\angle B$ 的外角 $\angle CBA_1$ 内部,从而仍然有 $\angle B$ 的外角 $\angle CBA_1 > \angle C$.

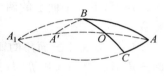

图 5.5

(2)当中线 $AO=q$ 时,点 A' 重合于 A 的对径点 A_1(图 5.6),点 A' 在 $\angle CBA_1$ 的边上而非在其内部,这是平面几何所没有的情况.这时 BA' 与 BA_1 重合,虽然有 $\triangle AOC \equiv \triangle A'OB$,但 $\angle B$ 的外角 $\angle CBA_1 = \angle C$.

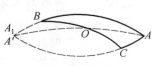

图 5.6

(3)当中线 $AO>q$ 时,点 A' 不在 $\angle B$ 的外角区域 $\angle CBA_1$ 内,这是平面几何里所没有的情况.

仍以 A_1 表示 A 的对径点,这时 $\triangle A_1BC$ 的中线 $A_1O<q$,延长 A_1O 到 A'' 使 $OA''=A_1O$(图 5.7),根据上面(1)的说明,可证 $\angle B$ 的外角 $\angle CBA_1 < \angle C$.

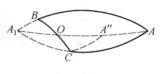

图 5.7

[①] 要看 $\angle B$ 的外角与内角 $\angle A$ 的大小关系,可将 AB 的中点与顶点 C 以大圆弧连之,仿此推理.

5.6 球面三角形边与角之间的关系

有两边相等的球面三角形称为等腰的.

下列定理可由 1.10.6 的定理导出,也可仿照平面几何给以证明,读者自行补足,是十分有益的练习.

定理 1 在等腰球面三角形内,等边的对角相等.

定理 2 设球面三角形有两角相等,则此三角形等腰.

定理 3 一个球面三角形能与它的对称形相叠合的充要条件是:它是等腰三角形.

定理 4 球面三角形中,若两角不等,则大角的对边较大.

定理 5 球面三角形中,若两边不等,则大边的对角较大.

定理 6 两个球面三角形中,若有两双边对应相等而夹角不等,则第三边也不等,夹角大的所对的第三边较大.

定理 7 两个球面三角形中,若有两双边对应相等而第三边不等,则该两边的夹角也不等,第三边大的夹角较大.

5.7 一点到一圆的球面距离

定理 1 球面上一大圆与一小圆正交(即垂直)的充要条件是:大圆含小圆的极.

证明 以 I 表示两圆的一交点(图 5.8),以 IT 和 It 表示大圆和小圆的切线,以 P 和 P' 表示小圆的极,以 O 表示球心.

首先,所说的条件是充分的:如果大圆通过 P 和 P',那么一方面 $It \perp PP'$(因 PP' 垂直于小圆所在平面,而 It 在此平面上),另一方面 $It \perp IO$(因 It 既切于球上一圆,便切于球).It 既垂直于大圆平面上两相交直线 PP' 和 IO,便垂直于这平面上的直线 IT,即 $IT \perp It$.

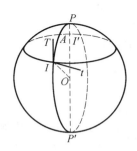

图 5.8

其次,这条件也是必要的:若 $IT \perp It$,则 It 垂直于大圆平面上两相交线 IT 和 IO,从而垂直于这平面,于是根据 1.8 定理 4,大圆平面垂直于小圆平面. 所

以大圆平面含有从 O 所引垂直于小圆平面的直径 PP',也就是说大圆含有小圆的极 P,P'.证完.

5.2 定理 2 是这定理的特殊情形.

推论 从球上一点恒可引一大圆与球上一已知圆正交.若该点非已知圆之极,则所引之大圆只有一个,若为已知之极则有无穷多个.

这里所说的大圆便由已知点 A 和已知圆的极 P,P' 所决定.

注意已知点 A 有两条大圆弧 AI 和 AI'(图 5.8)与已知圆正交,其中 I 和 I' 表示大圆与已知圆的两交点.

定理 2 从一圆的同一极到该圆上各点的球面距离相等.

这定理的证明留给读者作为练习.

定理 3 从球上一点引球上已知圆的两条垂直大圆弧以及一些与它斜交的大圆弧,则

(1)各斜弧长度介于两垂直弧之间.

(2)两斜弧之足距同一垂直弧足等远时,两斜弧等长.

(3)两斜弧中,其足距较短的垂直弧足较远的,其斜弧较长.

证明 以 A 表示已知点(图 5.9),P 表示已知圆和 A 在已知圆的同侧的那一个极.AI 和 AI' 表示已知圆的垂直大圆弧,其中 AI' 含有 P,AK,AK',AK'' 表示斜交大圆弧.

(1)联结大圆弧 PK,PK',PK'',则由定理 2,有
$$PK=PK'=PK''=PI=PI'$$
从 5.5 定理 1,有
$$AK>PK-PA,AK<PK+PA$$

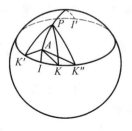

图 5.9

因而有
$$AK>PI-PA=AI$$
$$AK<PI'+PA=AI'$$
所以
$$AI<AK<AI'$$

(2)设 $IK=IK'$,则弦 $IK=$ 弦 IK',即 I 距 K,K' 等远.但 P 也有此性质,于是球面上距 K,K' 等远的点的轨迹就是大圆 PI,A 既在其上,由弦 $AK=$ 弦 AK' 推出大圆弧 $AK=AK'$.①

---

① 这里无法应用 5.4 定理 1 于 $\triangle AIK$ 和 $\triangle AIK'$,从而立即得出 $AK=AK'$,因为 IK 和 IK' 是小圆弧而非大圆弧,即 $\triangle AIK$ 和 $\triangle AIK'$ 不是球面三角形.

(3) 设 $IK''>IK$. 根据(2),不妨设 K 和 K'' 在 I 的同侧,那么点 K 在 $\angle IPK''$ 内部,因而
$$\angle IPK''<\angle IPK$$
再应用 5.6 定理 6 于 $\triangle APK$ 和 $\triangle APK''$,便得
$$AK''>AK$$

定理证完了.

较短的大圆弧 AI 称为由点 A 到圆 $K'IKK''$ 的球面距离.

证明时默认 A 不是 P,当 A 重合于 P 时,命题采取什么形式,留给读者自己考虑.

注意当上面的已知圆 $K'IK$ 是一个大圆时,我们得推论如下:

推论 1 设球面 $\triangle AIK$ 有一角 I 为直角,则 $\angle A$ 为锐角、直角或钝角,就看它的对边 IK 小于、等于或大于一象限而定.

推论 2 设球面三角形有一角为直角,两腰都小于一象限,则斜边也小于一象限.

因为根据(3),由 $IA<IP$ 推得 $KA<KP$.

5.8 球面三角形的面积

定理 1 同球上两月形面积之比等于它们的角之比.

这个定理的证明留读者补足,只要注意到下面两点,这是没有困难的.

(1) 有等角的两月形面积相等:因为如果将相应的二面角重合以后,这两月形也随之重合了.

(2) 设月形 C 的角等于月形 A,B 的角之和,则 C 的面积等于 A,B 的面积之和.

于是便可按月形的角可公度与不可公度分两种情形完成证明.

定理 2 设球半径为 r,取弧度作为角的单位,则角度为 θ 的月形面积为
$$S=2r^2\theta$$

证明 如果把全球面看做一个月形,它的角等于 2π,面积则为 $4\pi r^2$. 所以根据上面的定理,有
$$\frac{S}{4\pi r^2}=\frac{\theta}{2\pi}$$
所以
$$S=2r^2\theta$$

定理 3 两个对称球面三角形面积相等.

证明 设△ABC与△A'B'C'对称,求证 $S_{\triangle ABC}=S_{\triangle A'B'C'}$.

(1)若△ABC与△A'B'C'都是等腰三角形,则△ABC与△A'B'C'可叠合(5.6定理3),因而面积相等.

(2)在一般情况下,总可以移动△A'B'C'使A',B',C'分别重合于A,B,C的对径点(5.4).我们假设已完成了这项工作.

以O表示三点A,B,C所决定的圆的一个极,并设点O在△ABC内(图5.10(a)),则△ABC分解为三个等腰三角形△OAB,△OBC,△OCA.同样,△A'B'C'分解为三个等腰三角形△O'A'B',△O'B'C',△O'C'A'.从而应用(1)得

$$S_{\triangle ABC}=S_{\triangle OAB}+S_{\triangle OBC}+S_{\triangle OCA}=$$
$$S_{\triangle O'A'B'}+S_{\triangle O'B'C'}+S_{\triangle O'C'A'}=S_{\triangle A'B'C'}$$

当O不在△ABC内时(图5.10(b)),证明相仿.证完.

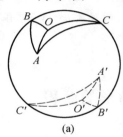
(a)

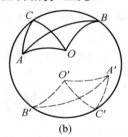
(b)

图 5.10

定理4 设球半径为r,取弧度作为角的单位,以A,B,C 表示△ABC 的角度,则△ABC 的面积为 $S_{\triangle ABC}=r^2(A+B+C-\pi)$.

证明 以A',B',C'表示A,B,C(图5.11)的对径点,根据定理2,有

$$S_{\triangle ABC}+S_{\triangle A'BC}=2r^2 A$$
$$S_{\triangle ABC}+S_{\triangle AB'C}=2r^2 B$$
$$S_{\triangle ABC}+S_{\triangle ABC'}=2r^2 C$$

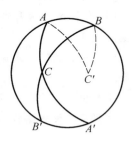

图 5.11

根据定理3,$S_{\triangle ABC'}=S_{\triangle A'B'C}$.代入第三式,相加,并且注意 $S_{\triangle ABC}, S_{\triangle A'BC}, S_{\triangle AB'C}, S_{\triangle A'B'C}$ 之和等于球面的一半,便得

$$2S_{\triangle ABC}+2\pi r^2=2r^2(A+B+C)$$

所以
$$S_{\triangle ABC}=r^2(A+B+C-\pi)$$

证完.

我们已知道 $A+B+C>\pi$(5.5 定理 3). $A+B+C-\pi$ 称为 $\triangle ABC$ 的球面过剩,所以球面三角形的面积和它的球面过剩成正比.

5.9 球面三角

以上我们介绍了有关球面几何的一些初步知识,现在附带介绍有关球面三角的一些简单知识.

我们知道,三角学首先是以球面三角的形式出现的,以后平面三角始作为球面三角的特殊情形而出现. 球面三角在天文、航海、测量、制图学、结晶学、矿山几何学等方面有广泛的应用.

球面三角形有六个元素,即三边 a,b,c 与三角 A,B,C. 平面三角形三角之间有一个函数关系 $A+B+C=\pi$,而球面三角形却没有这个关系,球面三角形的三个角有下列限制
$$0<A<\pi, 0<B<\pi, 0<C<\pi$$
$$\pi<A+B+C<3\pi$$

我们约定三边(大圆弧)a,b,c 以所对的中心角的弧度作为度量,由于每一边长小于半圆周,且周长小于大圆周,因而
$$0<a<\pi, 0<b<\pi, 0<c<\pi$$
$$0<a+b+c<2\pi$$

相反的,如果把三边 a,b,c 看做长度(像平面三角那样),那么我们要以 $\frac{a}{r}$, $\frac{b}{r}$, $\frac{c}{r}$ (r 表示球半径长度)替换以下各公式中的 a,b,c,这一点务必加以注意.

球面三角形的主要任务在于解球面三角形,即从一些已知元素求出另外一些未知元素. 但我们只侧重于球面三角形边角间主要关系的介绍,至于如何解球面三角形,这里就不作更详细的讲授了.

我们介绍正弦定律、余弦定律、半角公式、半边公式. 采用射影法,这样的方法在解析几何上已经用过了. 我们所需要的是下面两个有关射影的定理.

定理 1 设有向线段 AB 在射影轴上的射影为 $A'B'$,则 $A'B'=AB\cos\theta$,其中 θ 表示射线 AB 与射影轴的正向之间的角(图 5.12),AB 表示有向线段 AB 的长度(恒视为正),$A'B'$ 则为一代数量.

定理 2 平面上折线的各边射影之和等于封闭线段在射影轴上的射影.

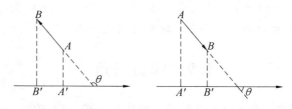

图 5.12

5.10 正弦定律

球面三角形中,三边正弦之比等于其对角的正弦之比.

证明 设球心为 O(图 5.13),半径为 r.以 $\triangle ABC$ 表示球面三角形,a,b,c 表其三边(的弧度),A,B,C 表其对角.

作 $AD\perp$ 平面 BOC,$DE\perp OB$,$DF\perp OC$.由三垂线定理(1.7.2),也有
$$AE\perp OB, AF\perp OC$$

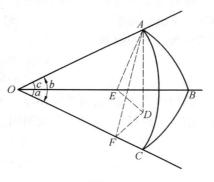

图 5.13

于是
$$OA=OB=OC=r$$
$$\angle BOC=a,\angle COA=b,\angle AOB=c$$
$$\angle DEA=B,\angle DFA=C$$
$$\angle DAE=\frac{\pi}{2}-B,\angle DAF=\frac{\pi}{2}-C^{①}$$

取 $\triangle ADE$ 和 $\triangle ADF$ 的公共边 AD 为射影轴,则由 5.9 定理 2,有
$$\text{射影}\ AD=\text{射影}\ AF+\text{射影}\ FD$$
$$\text{射影}\ AD=\text{射影}\ AE+\text{射影}\ ED$$

即
$$AD=AF\cos\left(\frac{\pi}{2}-C\right)+FD\cos\frac{\pi}{2}=AF\sin C=r\sin b\sin C$$
$$AD=AE\cos\left(\frac{\pi}{2}-B\right)+ED\cos\frac{\pi}{2}=AE\sin B=r\sin c\sin B$$

因此有

---

① 证明时默认三角形的边与角不超过直角,但当超过直角时,结果仍然成立,只要利用类似于 5.5 的推理或利用极三角形.5.11 的证明仿此.

$$r\sin b\sin C = r\sin c\sin B$$

即
$$\frac{\sin b}{\sin B} = \frac{\sin c}{\sin C}$$

仿此可证
$$\frac{\sin a}{\sin A} = \frac{\sin c}{\sin C}$$

因此证明了正弦定律
$$\frac{\sin a}{\sin A} = \frac{\sin b}{\sin B} = \frac{\sin c}{\sin C}$$

证完.

正弦定律使我们有可能从两边及其中一边的对角算出另一边的对角,例如,已知 a,b,A,便可算出 B;也可能从两角及其中一角的对边算出另一角的对边,例如,已知 A,B,a,便可算出 b.

球面三角形的正弦定律与平面三角形的正弦定律

平面三角形中,a,b,c 表示长度.如果把球面三角形三边看做长度,正弦定律应该写为

$$\frac{\sin \frac{a}{r}}{\sin A} = \frac{\sin \frac{b}{r}}{\sin B} = \frac{\sin \frac{c}{r}}{\sin C}$$

当边 a,b,c 和球半径 r 比起来很小的时候,球面三角形可以看成是平面三角形.把 $\frac{1}{r}$ 看做无穷小量,并以 $O\left(\frac{1}{r^n}\right)$ 表示 n 级无穷小量,那么正弦级数的展开式可表示为

$$\sin \frac{a}{r} = \frac{a}{r} - \frac{1}{3!}\frac{a^3}{r^3} + \frac{1}{5!}\frac{a^5}{r^5} - \cdots = \frac{a}{r} + O\left(\frac{1}{r^3}\right)$$

于是正弦定律可写为

$$\frac{\frac{a}{r} + O\left(\frac{1}{r^3}\right)}{\sin A} = \frac{\frac{b}{r} + O\left(\frac{1}{r^3}\right)}{\sin B} = \frac{\frac{c}{r} + O\left(\frac{1}{r^3}\right)}{\sin C}$$

以 r 乘之,并略去二级无穷小量,便得到平面三角的正弦公式

$$\frac{a}{\sin A} = \frac{b}{\sin B} = \frac{c}{\sin C}$$

5.11 边的余弦定律

球面三角形一边的余弦等于其他两边的余弦之积加上该两边的正弦及其夹角余弦之积

$$\begin{cases} \cos a = \cos b \cos c + \sin b \sin c \cos A \\ \cos b = \cos c \cos a + \sin c \sin a \cos B \\ \cos c = \cos a \cos b + \sin a \sin b \cos C \end{cases}$$

证明 在图 5.13 上,取 OE 为射影轴,将折线 $OFDE$ 和封闭线段 OE 投射在 OE 上,得出

射影 OE = 射影 OF + 射影 FD + 射影 DE

但

射影 $OE = OE = r\cos c$

射影 $OF = OF\cos a = r\cos b \cos a$

射影 $FD = FD\cos\left(\dfrac{\pi}{2}-a\right) = FD\sin a = FA\cos C\sin a = r\sin b\cos C\sin a$

射影 $DE = DE\cos\dfrac{\pi}{2} = 0$

代入,并以 r 除之,得

$$\cos c = \cos a \cos b + \sin a \sin b \cos C$$

其他两式证明仿此,可轮换文字得之. 证完.

当已知两边及其夹角时,这些公式给出第三边.

球面三角形边的余弦定律与平面三角形的余弦定律

在平面三角形中,三边 a, b, c 表示边长. 如果把球面三角形中的 a, b, c 不看做边的弧度而看做长度,边的余弦定律就应该写为

$$\begin{cases} \cos\dfrac{a}{r} = \cos\dfrac{b}{r}\cos\dfrac{c}{r} + \sin\dfrac{b}{r}\sin\dfrac{c}{r}\cos A \\ \cos\dfrac{b}{r} = \cos\dfrac{c}{r}\cos\dfrac{a}{r} + \sin\dfrac{c}{r}\sin\dfrac{a}{r}\cos B \\ \cos\dfrac{c}{r} = \cos\dfrac{a}{r}\cos\dfrac{b}{r} + \sin\dfrac{a}{r}\sin\dfrac{b}{r}\cos C \end{cases}$$

但

$$\cos\dfrac{a}{r} = 1 - \dfrac{a^2}{2r^2} + O\left(\dfrac{1}{r^4}\right)$$

$$\cos\dfrac{b}{r} = 1 - \dfrac{b^2}{2r^2} + O\left(\dfrac{1}{r^4}\right)$$

$$\cos\frac{c}{r}=1-\frac{c^2}{2r^2}+O\left(\frac{1}{r^4}\right)$$

$$\sin\frac{b}{r}=\frac{b}{r}+O\left(\frac{1}{r^3}\right)$$

$$\sin\frac{c}{r}=\frac{c}{r}+O\left(\frac{1}{r^3}\right)$$

代入第一式,乘出,化简,以 $-2r^2$ 乘之,得

$$a^2=b^2+c^2-2bc\cos A+O\left(\frac{1}{r^2}\right)$$

当三边 a,b,c 与球半径 r 相比甚小时,球面三角形可以看做平面三角形,略去无穷小量,便得出平面三角的余弦公式

$$a^2=b^2+c^2-2bc\cos A$$

5.12 角的余弦定律

球面三角形中,一角的余弦,等于其他两角余弦的乘积冠以负号,加上该两角正弦与其夹边余弦的乘积

$$\begin{cases}\cos A=-\cos B\cos C+\sin B\sin C\cos a\\ \cos B=-\cos C\cos A+\sin C\sin A\cos b\\ \cos C=-\cos A\cos B+\sin A\sin B\cos c\end{cases}$$

证明 以 $\triangle A_0B_0C_0$ 表示 $\triangle ABC$ 的极三角形. 应用边的余弦定律于 $\triangle A_0B_0C_0$, 得出(例如)

$$\cos a_0=\cos b_0\cos c_0+\sin b_0\sin c_0\cos A_0$$

应用 5.3 定理 6,得

$$\cos(\pi-A)=\cos(\pi-B)\cos(\pi-C)+\sin(\pi-B)\sin(\pi-C)\cos(\pi-a)$$

即

$$\cos A=-\cos B\cos C+\sin B\sin C\cos a$$

其他两式仿此证明. 证完.

当已知两角及其夹边时,这些公式给出第三角.

试问当三边 a,b,c 与球半径 r 相比甚小时,角的余弦公式变成平面三角里的什么公式呢?

5.13 半角公式

设 $a+b+c=2p$，则

$$\begin{cases} \sin\dfrac{A}{2}=\sqrt{\dfrac{\sin(p-b)\sin(p-c)}{\sin b\sin c}} \\ \cos\dfrac{A}{2}=\sqrt{\dfrac{\sin p\sin(p-a)}{\sin b\sin c}} \\ \tan\dfrac{A}{2}=\sqrt{\dfrac{\sin(p-b)\sin(p-c)}{\sin p\sin(p-a)}} \end{cases}$$

关于 B,C 的类似公式可以转换文字得之.

证明 由边的余弦公式得出

$$\cos A=\frac{\cos a-\cos b\cos c}{\sin b\sin c}$$

但由倍角公式，$\cos A=1-2\sin^2\dfrac{A}{2}$，所以

$$\sin^2\frac{A}{2}=\frac{1}{2}(1-\cos A)=\frac{\cos b\cos c+\sin b\sin c-\cos a}{2\sin b\sin c}=$$

$$\frac{\cos(b-c)-\cos a}{2\sin b\sin c}=\frac{2\sin\dfrac{1}{2}(a+b-c)\sin\dfrac{1}{2}(a+c-b)}{2\sin b\sin c}=$$

$$\frac{\sin(p-b)\sin(p-c)}{\sin b\sin c}$$

由于 $0<A<\pi$，$\dfrac{A}{2}$ 为锐角，故 $\sin\dfrac{A}{2}$ 为正. 两边开方，得

$$\sin\frac{A}{2}=\sqrt{\frac{\sin(p-b)\sin(p-c)}{\sin b\sin c}}$$

若利用公式 $\cos A=2\cos^2\dfrac{A}{2}-1$，可以推得

$$\cos\frac{A}{2}=\sqrt{\frac{\sin p\sin(p-a)}{\sin b\sin c}}$$

两式相除得

$$\tan\frac{A}{2}=\sqrt{\frac{\sin(p-b)\sin(p-c)}{\sin p\sin(p-a)}}$$

证完.

这些公式告诉我们如何由边计算角.

读者试由此推出平面三角的半角公式.

5.14 半边公式

设 $2P=A+B+C$,则

$$\begin{cases} \sin\dfrac{a}{2}=\sqrt{\dfrac{-\cos P\cos(P-A)}{\sin B\sin C}} \\ \cos\dfrac{a}{2}=\sqrt{\dfrac{\cos(P-B)\cos(P-C)}{\sin B\sin C}} \\ \tan\dfrac{a}{2}=\sqrt{\dfrac{-\cos P\cos(P-A)}{\cos(P-B)\cos(P-C)}} \end{cases}$$

关于 b,c 的类似公式可以轮换文字得之.

证明 以 $\triangle A_0 B_0 C_0$ 表示 $\triangle ABC$ 的极三角形,则由 5.13 得

$$\begin{cases} \sin\dfrac{A_0}{2}=\sqrt{\dfrac{\sin(p_0-b_0)\sin(p_0-c_0)}{\sin b_0\sin c_0}} \\ \cos\dfrac{A_0}{2}=\sqrt{\dfrac{\sin p_0\sin(p_0-a_0)}{\sin b_0\sin c_0}} \\ \tan\dfrac{A_0}{2}=\sqrt{\dfrac{\sin(p_0-b_0)\sin(p_0-c_0)}{\sin p_0\sin(p_0-a_0)}} \end{cases}$$

但

$$\sin b_0=\sin(\pi-B)=\sin B$$

$$\sin p_0=\sin\frac{1}{2}(a_0+b_0+c_0)=\sin\frac{1}{2}[3\pi-(A+B+C)]=$$

$$\sin(\frac{3\pi}{2}-P)=-\cos P$$

$$\sin(p_0-a_0)=\sin\left[\left(\frac{3\pi}{2}-P\right)-(\pi-A)\right]=$$

$$\sin\left[\frac{\pi}{2}-(P-A)\right]=\cos(P-A)$$

同理 $\sin c_0=\sin C,\sin(p_0-b_0)=\cos(P-B)$

$$\sin(p_0-c_0)=\cos(P-C)$$

代入便得到证明. 证完.

半边公式告诉我们如何由已知的三个角算出三边. 可注意 $-\cos P$,

$\cos(P-A),\cos(P-B),\cos(P-C)$ 都是正数.

5.15 例 题

现在举几个例子,说明上列公式的应用.

例 1 设球面 $\triangle ABC$ 中,C 为直角,证明下列十个公式

$$\cos c = \cos a \cos b, \sin a = \sin c \sin A$$
$$\sin b = \sin c \sin B, \cos A = \cos a \sin B$$
$$\cos B = \cos b \sin A, \cos A = \tan b \cot c$$
$$\cos B = \tan a \cot c, \sin a = \tan b \cot B$$
$$\sin b = \tan a \cot A, \cos c = \cot A \cot B$$

证明 在边的余弦公式 $\cos c = \cos a \cos b + \sin a \sin b \cos C$ 中,令 $C=90°$,得

$$\cos c = \cos a \cos b \qquad ①$$

在正弦公式 $\dfrac{\sin a}{\sin A} = \dfrac{\sin b}{\sin B} = \dfrac{\sin c}{\sin C}$ 中,令 $C=90°$,得

$$\sin a = \sin c \sin A \qquad ②$$
$$\sin b = \sin c \sin B \qquad ③$$

在角的余弦公式 $\cos A = -\cos B \cos C + \sin B \sin C \cos a$ 中,令 $C=90°$,得

$$\cos A = \cos a \sin B \qquad ④$$

同理可证

$$\cos B = \cos b \sin A \qquad ⑤$$

从③解出 $\sin B$,从①解出 $\cos a$,代入式④,得

$$\cos A = \tan b \cot c \qquad ⑥$$

同理证明

$$\cos B = \tan a \cot c \qquad ⑦$$

应用正弦定律和⑤,得

$$\sin a = \dfrac{\sin a}{\sin A}\sin A = \dfrac{\sin b}{\sin B}\sin A = \dfrac{\sin b}{\sin B}\cdot\dfrac{\cos B}{\cos b}$$

即

$$\sin a = \tan b \cot B \qquad ⑧$$

同理证明

$$\sin b = \tan a \cot A \qquad ⑨$$

从公式①,④,⑤得

$$\cos c = \cos a \cos b = \frac{\cos A}{\sin B} \cdot \frac{\cos B}{\sin A} = \cot A \cot B \qquad ⑩$$

证完.

例 2 已知球面三角形的三边 a, b, c(代表各边所对球心角的弧度数),求其面积.

解 应用 5.13 半角公式,仍以 p 表 $\frac{1}{2}(a+b+c)$,可证

$$\cos \frac{1}{2}(A+B) = \cos \frac{A}{2} \cos \frac{B}{2} - \sin \frac{A}{2} \sin \frac{B}{2} =$$

$$\sqrt{\frac{\sin p \sin(p-a)}{\sin b \sin c}} \sqrt{\frac{\sin p \sin(p-b)}{\sin c \sin a}} -$$

$$\sqrt{\frac{\sin(p-b)\sin(p-c)}{\sin b \sin c}} \sqrt{\frac{\sin(p-c)\sin(p-a)}{\sin c \sin a}} =$$

$$\left[\frac{\sin p}{\sin c} - \frac{\sin(p-c)}{\sin c}\right]\sqrt{\frac{\sin(p-a)\sin(p-b)}{\sin a \sin b}} =$$

$$\frac{\sin p - \sin(p-c)}{\sin c}\sin \frac{C}{2} = \frac{\cos \frac{1}{2}(a+b)}{\cos \frac{c}{2}}\sin \frac{C}{2}$$

即

$$\frac{\cos \frac{1}{2}(A+B)}{\cos \frac{1}{2}(\pi-c)} = \frac{\cos \frac{1}{2}(a+b)}{\cos \frac{c}{2}}$$

应用比例定律,得

$$\frac{\cos \frac{1}{2}(A+B) - \cos \frac{1}{2}(\pi-C)}{\cos \frac{1}{2}(A+B) + \cos \frac{1}{2}(\pi-C)} =$$

$$\frac{\cos \frac{1}{2}(a+b) - \cos \frac{c}{2}}{\cos \frac{1}{2}(a+b) + \cos \frac{c}{2}}$$

应用公式

$$\frac{\cos \alpha - \cos \beta}{\cos \alpha + \cos \beta} = -\tan \frac{1}{2}(\alpha+\beta)\tan \frac{1}{2}(\alpha-\beta)$$

并以 E 表示球面过剩:$E = A+B+C-\pi$,则前式可化为

$$\tan\frac{E}{4}\cot\frac{1}{4}(2C-E)=\tan\frac{1}{2}p\tan\frac{1}{2}(p-c) \qquad ①$$

仿此,可证

$$\frac{\sin\frac{1}{2}(A+B)}{\cos\frac{1}{2}C}=\frac{\cos\frac{1}{2}(a+b)}{\cos\frac{1}{2}c}$$

并运用同样推理得出

$$\tan\frac{E}{4}\tan\frac{1}{4}(2C-E)=\tan\frac{1}{2}(p-a)\tan\frac{1}{2}(p-b) \qquad ②$$

①,②两式相乘,得出

$$\tan^2\frac{E}{4}=\tan\frac{1}{2}p\tan\frac{1}{2}(p-a)\tan\frac{1}{2}(p-b)\tan\frac{1}{2}(p-c)$$

由此解出 E,并代入 5.8 定理 4 的公式 $S=r^2E$(r 表球半径)中,便得出所求的球面三角形面积. 证完.

例 3 昆明在东经 $102.4°$,北纬 $25.1°$;北京在东经 $116.4°$,北纬 $39.9°$. 求从昆明到北京的球面距离(设地球半径为 $r=6\,400$ km).

解 以 N 表北极,K 表昆明,P 表北京(图 5.14),以 A,B 表示子午线 NK,NP 和赤道的交点,则

$$NK=90°-25.1°=64.9°$$
$$NP=90°-39.9°=50.1°$$
$$\angle KNP=\angle ANB=116.4°-102.4°=14°$$

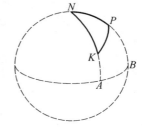

图 5.14

应用余弦定律,有

$$\cos KP=\cos 64.9°\cos 50.1°+\sin 64.9°\sin 50.1°\cos 14°=0.946\,18$$
$$KP=18°53'=18.88°=\frac{18.88}{180}\pi \text{ 弧度}$$

所求球面距离为

$$x=6\,400\cdot\frac{18.88}{180}\pi=2\,109$$

例 4 光线射在平面镜上,入射角等于 α. 将平面镜绕入射线在镜面原始位置上的射影为轴旋转 β 角,试求两条反射线间的角.

解 以 AO 表示入射线(图 5.15),以 OB 和 OE 表示先后两次反射线,以 OD 和 OC 表示镜面在原始位置和新位置的法线. 于是 $\angle AOD=\alpha$,$\angle DOC=\beta$,

求 $x=\angle BOE$.

设 $\gamma=\angle AOC$ 为新入射角. 考察两个三面角 $O-ACD$ 和 $O-ABE$,它们以 OA 为棱的公共二面角记为 θ. 第一个三面角的三个面角是 α,β,γ,第二个三面角的三个面角是 $x,2\alpha,2\gamma$. 应用边的余弦定律(5.11),分别得

$$\cos\theta=\frac{\cos\beta-\cos\alpha\cos\gamma}{\sin\alpha\sin\gamma}$$

$$\cos\theta=\frac{\cos x-\cos 2\alpha\cos 2\gamma}{\sin 2\alpha\sin 2\gamma}$$

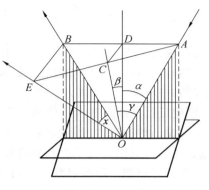

图 5.15

又因 $O-ACD$ 中,以 OD 为棱的二面角是直二面角,所以按照例 1 中第一个公式,有 $\cos\gamma=\cos\alpha\cos\beta$.

比较上面 $\cos\theta$ 的两个表达式,并以 $\cos\alpha\cos\beta$ 代替 $\cos\gamma$,便得

$\cos x = 4\cos\alpha\cos\gamma(\cos\beta-\cos\alpha\cos\gamma)+\cos 2\alpha\cos 2\gamma =$
$\quad 4\cos\alpha\cos\gamma(\cos\beta-\cos\alpha\cos\gamma)+(2\cos^2\alpha-1)(2\cos^2\gamma-1)=$
$\quad 4\cos\alpha\cos\beta\cos\gamma-2\cos^2\alpha-2\cos^2\gamma+1=$
$\quad 2\cos^2\alpha\cos^2\beta-2\cos^2\alpha+1=$
$\quad 1-2\cos^2\alpha\sin^2\beta$

习 题 5

1. 求过球面上两个非对径点作大圆弧.
2. 证明球面上两大圆的交角等于其极所张的球心角.
3. 证明 5.2 定理 3 和 4.
4. 过球面上一点求作大圆弧使垂直于给定大圆弧.
5. 求作已知大圆弧的垂直平分大圆弧.
6. 求作过球面上三定点的小圆之极.
7. 球半径为 1,已知球面三角形的三边为 $60°,80°,90°$,求这三边弧长.
8. 在半径为 10 的球面上有一个球面 $\triangle ABC$,已知三边长为 $AB=2,BC=\frac{32}{9},AC=3$,求这三角形的极三角形的三角.
9. 证明球面三角形和它的极三角形重合的充要条件是:它是三直角三角形.

10. 设 A,B 为对径点，ACB,ADB,CD 为大圆弧且 $\angle BCD = \angle CDA$，证明 $BC = AD$.

11. 我们知道，球面三角形的三边长度 a,b,c 应满足下列两条件.

(1) 每一边小于其他两边之和而大于其差.

(2) $a+b+c <$ 大圆周.

证明反过来满足这两条件的三条大圆弧可以形成一个球面三角形.

12. 设凸球面四边形①的两双对边各相等，证明对角线互相平分，而对角线交点是通过两双对边交点的大圆的极.

13. 设球面四边形两双对边各相等，证其两双对角也各相等.

14. 设球面四边形两双对角各相等，证其两双对边也各相等.

15. 证明各边相等的球面四边形中，对角线互相垂直.

16. 设球面四边形 $ABCD$ 中，$\angle A = \angle B$，$\angle C = \angle D$，证明 $BC = AD$.

17. 证明内接于一圆的球面四边形中，两双对角之和相等.

18. 证明球面四边形四角之和大于四直角.

19. 证明凸球面 n 边形的内角和大于 $(2n-4)d$.

20. 证明等腰球面三角形的极三角形也是等腰三角形，等边三角形的极三角形也是等边三角形.

21. 于等边球面 $\triangle ABC$ 三边 AB,BC,CA 上取三点 A',B',C' 使 $AA' = BB' = CC'$，证明 $\triangle A'B'C'$ 也是等边三角形.

22. 设球面 $\triangle ABC$ 中，$\angle A = \angle B + \angle C$，证明 BC 的中点是圆 ABC 的极.

23. 设球面 $\triangle ABC$ 内接于一小圆，底边 BC 固定，顶点 A 在小圆上变动，证明两底角之和与顶角之差为常数.

24. 证明球面三角形的一外角小于不相邻两内角之和.

25. 设 D 为球面 $\triangle ABC$ 内任一点，证明 $DB + DC < AB + AC$.

26. 证明在球面三角形中，

(1) 通过每一顶点及对边中点的三大圆弧共点.

(2) 三边的垂直平分大圆弧共点.

(3) 平分各角的大圆弧共点.

(4) 平分一角和另两角的外角的大圆弧共点.

(5) 过每一顶点而垂直于对边的三大圆弧共点.

27. 考察平面几何上的下列命题在球面几何上是否成立.

---

① 以下关于球面四边形的题，都指凸四边形.

(1) 设三角形中一个角的平分线同时是中线，则此三角形等腰．

(2) 设三角形两边不等，则其间所夹中线和小边所成的角，大于和大边所成的角．

28. 从小圆上一点到其较近的极的大圆弧是 $\frac{1}{3}$ 象限，求小圆半径．

29. 平面几何命题"设两圆相交，则连心线垂直平分公弦"在球面上应如何解释？这命题在球面几何中成立吗？

30. 从球上一点引两条大圆弧以切于一小圆，证明这两条"球面切线"等长．

31. 证明外切于一小圆的球面四边形中，两双对边之和相等．

反之，设球面四边形两双对边之和相等，证明这四边形外切于一圆．

32. 求作一圆切于球面三角形三边．

33. 证明在球面上联结两点的一切线中以大圆劣弧为最短．

34. 球面三角形之面积与其极三角形的周长之间有何关系？

35. 设球半径为 2，其上一等边球面三角形的面积为 π，求三角形的角．

36. 球面积为 1，球心为 O，球面 $\triangle ABC$ 的三角为 $70°,100°,140°$，求这三角形的面积，以及以这三角形为底的球棱锥 O-ABC 的体积．

37. 设球半径为 r，取弧度为角的单位，证明凸球面 n 边形 $ABC\cdots KL$ 的面积为 $S = r^2[(A+B+C+\cdots+K+L)-(n-2)\pi]$．

38. 在球面 $\triangle ABC$ 中，边 BC 固定且面积为常数，证明顶点 A 的轨迹是一个通过 B,C 的对径点 B',C' 的小圆．

39. 当 $C=90°$ 时，正弦定律给出什么？

40. 当 $C=90°$ 时，余弦定律给出什么？并证这时大于 $90°$ 的边数为偶数，小于 $90°$ 的边数为奇数．

41. 证明 $1-\cos a = 1-\cos(b-c)+\sin b \sin c(1-\cos A)$．

42. 证明 $1-\cos A = 1+\cos(B+C)+\sin B \sin C(1-\cos a)$．

43. 证明球面 $\triangle ABC$ 中，若 $A=a$，则 B 与 b 相等或相补，C 与 c 亦然．

44. 证明球面等边三角形中，$2\cos\dfrac{a}{2}\sin\dfrac{A}{2}=1$．

45. 证明球面等边三角形中，$\tan^2\dfrac{a}{2}=1-2\cos A$，并推论此三角形边与角之限度．

46. 设球面 $\triangle ABC$ 中，$b+c=\pi$，证明 $\sin 2B+\sin 2C=0$．

47. 设 D 为球面 $\triangle ABC$ 边 AB 的中点，证明

$$\cos AC + \cos BC = 2\cos \frac{AB}{2} \cos CD$$

48. 球面 $\triangle ABC$ 中，从 B 到 AC 中点的大圆弧以 m_b 表之，从 C 到 AB 中点的大圆弧以 m_c 表之. 设 $m_b = m_c$，证明 $b = c$ 或 $\sin^2 \frac{a}{2} = \cos^2 \frac{b}{2} + \cos^2 \frac{c}{2} + \cos \frac{b}{2} \cos \frac{c}{2}$.

49. AB, CD 各为一象限大圆弧，相交于 E，证明
$$\cos \angle AEC = \cos AC \cos BD - \cos BC \cos AD$$

50. 两海口东西相望，其公同纬度为 l（以度分秒计），经度差为 2λ（以弧度计）. 设地球半径为 r，证明在这两地间沿大圆弧航行较之沿纬线东西航行航程缩短 $2r[\lambda \cos l - \arcsin(\sin \lambda \cos l)]$.

附　录

附录 A　关于四面体旁切球的存在与分布

A1　几何的处理

（1）设将四面体的四面无限延展，则将空间分为 15 个区域，除四面体的内部区域外，其他 14 个区域，称为临面区、临棱区、临顶区. 临面区有四个，临棱区有六个，临顶区有四个. 图 A.1 上表出了这些区域各一个.

四面体记为 $ABCD$，它的内切球的存在作为已知，以 I 表示内切球球心.

（2）**引理 1**　（热尔刚①定理）. 四面体中一个二面角的内（或外）平分面将其对棱所分成两部分的比，等于其两邻面面积之比.

引理 2　四面体的两面和这两面所成二面角的内外平分面组成调和面束. 不通过调和面束的轴的任一直线与这四平面相交，则四个交点形成调和点列.

引理 3　四面体中三个面的面积之和大于第四个面的面积.

这三个引理证明从略.

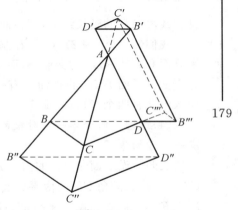

图 A.1

（3）**定理**　四面体的每一临面区内有一个旁切球.

证明　以面 BCD 的临面区为例证之（图 A.2）. 设顶点 A 与内切球心 I 的连线交面 BCD 于点 P，应用引理 1 于四面体 $BCAP$，$CDAP$，$BDAP$，分别得

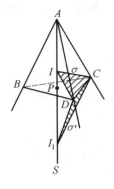

图 A.2

---
①　Gergonne（1771—1859）

$$\frac{AI}{IP} = \frac{S_{\triangle ABC}}{S_{\triangle PBC}}$$

$$\frac{AI}{IP} = \frac{S_{\triangle ACD}}{S_{\triangle PCD}}$$

$$\frac{AI}{IP} = \frac{S_{\triangle ABD}}{S_{\triangle PBD}}$$

故有

$$\frac{AI}{IP} = \frac{S_{\triangle ABC} + S_{\triangle ACD} + S_{\triangle ABD}}{S_{\triangle BCD}}$$

应用引理 3 可知 $\frac{AI}{IP} > 1$. 所以点 I 关于线段 AP 的调和共轭点 I_1 唯一存在, 而且在线段 AP 的延长线上, 即在面 BCD 的临面区内.

我们知道(引理2), 这点 I_1 应该是以 CD 或 BC 或 BD 为棱的二面角的外平分面和直线 AIP 的交点, 从而 I_1 距四面体的四面等远, 即是一个旁切球心.

证明了面 BCD 的临面区有一个旁切球. 四个临面区内共有四个旁切球. 证完.

(4) **定理** 四面体一双对棱的两个临棱区内至多有一个旁切球.

证明 设二面角 AB 的内平分面截对棱 CD 于 E (图 A.3), 二面角 CD 的内平分面截对棱 AB 于 F, 则 E, I, F 三点同在这两个平分面 ABI 和 CDI 上, 所以三点 E, I, F 共线.

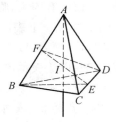

图 A.3

应用引理 1 于四面体 $BCEF, ADEF, ACEF, BDEF$, 分别得

$$\frac{EI}{IF} = \frac{S_{\triangle BCE}}{S_{\triangle BCF}},\quad \frac{EI}{IF} = \frac{S_{\triangle ADE}}{S_{\triangle ADF}}$$

$$\frac{EI}{IF} = \frac{S_{\triangle ACE}}{S_{\triangle ACF}},\quad \frac{EI}{IF} = \frac{S_{\triangle BDE}}{S_{\triangle BDF}}$$

将右端分子分母两两相加, 得

$$\frac{EI}{IF} = \frac{(S_{\triangle BCE} + S_{\triangle BDE}) + (S_{\triangle ACE} + S_{\triangle ADE})}{(S_{\triangle BCF} + S_{\triangle ACF}) + (S_{\triangle BDF} + S_{\triangle ADF})} = \frac{S_{\triangle BCD} + S_{\triangle ACD}}{S_{\triangle ABC} + S_{\triangle ABD}}$$

如果以 S_1, S_2, S_3, S_4 分别表示 $S_{\triangle BCD}, S_{\triangle ACD}, S_{\triangle ABD}, S_{\triangle ABC}$, 这式可写为

$$\frac{EI}{IF} = \frac{S_1 + S_2}{S_3 + S_4}$$

右端分子是以 CD 为棱的两面面积之和, 分母是以 AB 为棱的两面面积之和.

以 I' 表示点 I 关于线段 EF 的调和共轭点(如果存在). 当 $S_1 + S_2 > S_3 + S_4$

时,$\frac{EI}{IF}>1$,I'唯一存在而且在棱 AB 的临棱区内.当 $S_1+S_2<S_3+S_4$ 时,I' 也唯一存在而且在棱 CD 的临棱区内.当 $S_1+S_2=S_3+S_4$ 时,I 为 EF 的中点,I' 不存在.

根据引理 2,I' 是以 BC 或 AD 或 AC 或 BD 为棱的二面角的外平分面和直线 EIF 的交点,所以是四面体的一个旁切球心.证完.

可见在一双对棱的临棱区内,至多有一个旁切球.如果夹一棱的两面面积之和等于夹对棱的两面面积之和,这两个区域内不存在旁切球.如果夹一棱的两面面积之和大于夹对棱的两面面积之和,则有一个旁切球存在,而且在相应的面积和较小的临棱区内.

(5) 四面体有一个内切球,每一临面区有一个旁切球,三双对棱的临棱区内至多有三个旁切球,四个临顶区内显然没有旁切球.所以切于四面体四面(所在平面)的球至少五个,至多八个.

A2 解析的处理

(1) **四面坐标** 略略改变符号,将四面体的顶点 A,B,C,D 分别记为 A_1, A_2,A_3,A_4,它们的对面记为 $\alpha_1,\alpha_2,\alpha_3,\alpha_4$,这四面的面积仍记为 S_1,S_2,S_3,S_4,四面体的体积记为 V.

从空间任一点 M 向面 α_i(所在平面)作垂线 $MP_i(i=1,2,3,4)$,其中 P_i 表示垂足.并以 x_i 表示这样的实数

$$x_i=\begin{cases}+MP_i,若 M 与 A_i 在平面 \alpha_i 的同侧\\-MP_i,若 M 与 A_i 在平面 \alpha_i 的异侧\\0,若 M 在平面 \alpha_i 上\end{cases}$$

有序实数 (x_1,x_2,x_3,x_4) 称为点 M 关于四面体 $ABCD$ 的四面坐标.

空间一点 M 的四面坐标满足关系式

$$S_1x_1+S_2x_2+S_3x_3+S_4x_4=3V \qquad ①$$

事实上,若 M 在四面体 $ABCD$ 内部,则 x_i 皆为正数,$\frac{1}{3}S_1x_1$,$\frac{1}{3}S_2x_2$, $\frac{1}{3}S_3x_3$,$\frac{1}{3}S_4x_4$ 分别表示以 M 为顶点,以 $\alpha_1,\alpha_2,\alpha_3,\alpha_4$ 为底的四个四面体的体积,这些体积之和等于四面体 $ABCD$ 的体积 V,所以这时式①成立.

若 M 在临顶区 $AB'C'D'$ 内部,则以 M 为顶点以 $\alpha_1,\alpha_2,\alpha_3,\alpha_4$ 为底的四面体的高分别为 $x_1,-x_2,-x_3,-x_4$.由于四面体 $ABCD$ 的体积 V 等于以 α_1 为底的四面体的体积减去以 $\alpha_2,\alpha_3,\alpha_4$ 为底的四面体的体积,便推出

$$S_1x_1-S_2(-x_2)-S_3(-x_3)-S_4(-x_4)=3V$$

这就是式①.

若 M 在临面区 $BCDB''C''D''$ 内,便有
$$-S_1(-x_1)+S_2x_2+S_3x_3+S_4x_4=3V$$

若 M 在临棱区 $ADB'C'B'''C'''$ 内,则有
$$S_1x_1-S_2(-x_2)-S_3(-x_3)+S_4x_4=3V$$

当 M 在一面所在平面上,式①也成立. 总之,不论 M 为空间何点,式①成立.

反之,设四实数 x_1, x_2, x_3, x_4 满足关系式①,则空间有一且仅有一点 M 存在以 x_1, x_2, x_3, x_4 为其四面坐标.

事实上,作一平面 $\beta_i(i=2,3,4)$ 平行于平面 α_i 使其间距离等于 $|x_i|$,且若 x_i 为正,则使 β_i 与 A_i 在 α_i 的同侧,为负则使在异侧. 三平面 $\beta_2, \beta_3, \beta_4$ 相交于一点 M,设其四面坐标为 (y_1, y_2, y_3, y_4). 由点 M 的作法,显然有 $y_2=x_2, y_3=x_3, y_4=x_4$,并且足码为 $2,3,4$ 的坐标等于 x_2, x_3, x_4 的点,只有这一个. 我们要证明也有 $y_1=x_1$.

由原定理,有
$$S_1y_1+S_2y_2+S_3y_3+S_4y_4=3V$$

根据方才所说,此式可写为
$$S_1y_1+S_2x_2+S_3x_3+S_4x_4=3V$$

和我们假设其成立的关系①相比较,便得出 $y_1=x_1$.

到此,我们在空间的点与满足关系①的四个有序实数 (x_1, x_2, x_3, x_4) 之间,建立了一一对应关系.

(2) 内切球旁切球的存在与半径的计算 四面体 $ABCD$ 有内切球的充要条件是关系式①有这样一组解答
$$x_1=\rho, x_2=\rho, x_3=\rho, x_4=\rho$$

其中 ρ 表示球半径的长度. 但这样的解答存在并且是唯一的,因为代入式①立刻得出
$$\rho=\frac{3V}{S_1+S_2+S_3+S_4}$$

这是一个确定的正数,所以四面体有唯一的内切球,其半径长度由上式表出.

临顶区 $AB'C'D'$ 内有旁切球的充要条件是关系式①有这样一组解答
$$x_1=\rho', x_2=-\rho', x_3=-\rho', x_4=-\rho'$$

其中 ρ' 要是一个正数. 但代入式①得出

$$\rho' = \frac{3V}{S_1 - S_2 - S_3 - S_4}$$

由引理 3,知道这是负数,所以四面体的临顶区内没有旁切球,这是直观上显而易见的.

临面区 $BCDB''C''D''$ 内有旁切球的充要条件是关系式①有这样一组解答
$$x_1 = -\rho'', x_2 = \rho'', x_3 = \rho'', x_4 = \rho''$$
其中 ρ'' 要是一个正数. 代入式①得出
$$\rho'' = \frac{3V}{-S_1 + S_2 + S_3 + S_4}$$

根据引理 3,这是一个确定的正数,所以四面体每一临面区内有一个旁切球,它们的半径可预先算出.

临棱区 $ADB'''C'B'''C'''$ 内有旁切球的充要条件是关系式①有这样一组解答
$$x_1 = \rho''', x_2 = -\rho''', x_3 = -\rho''', x_4 = \rho'''$$
其中 ρ''' 要是一个正数. 代入式①得出
$$\rho''' = \frac{3V}{S_1 + S_4 - S_2 - S_3}$$

所以 $A_1 A_4$(即 AD)的临棱区内有旁切球的充要条件是
$$S_1 + S_4 > S_2 + S_3$$

因此,如果这一临棱区有旁切球,对棱 $A_2 A_3$(即 BC)的临棱区内便不再有旁切球;并且当 $S_1 + S_4 = S_2 + S_3$ 时,这两个区域内都没有旁切球.

到此,我们重新得出 A1(5).

A3 讨 论

以上从几何和解析两方面得出相同的结论,即:①四面体有一个内切球;②每一临面区有一旁切球;③相对两棱的临棱区至多有一个旁切球,并且当其存在时,必在两邻面面积之和较小的临棱区内;④临顶区内没有旁切球. 所以旁切球数至少为 4,至多为 7.

现在来讨论旁切球数为 4,5,6,7 的条件.

互换各文字的顺序,总可以假设四面体 $ABCD$ 的四个面的面积满足关系
$$S_1 \geqslant S_2 \geqslant S_3 \geqslant S_4 \qquad ②$$

令
$$E_{12} = S_1 + S_2 - S_3 - S_4$$
$$E_{13} = S_1 + S_3 - S_2 - S_4$$
$$E_{14} = S_1 + S_4 - S_2 - S_3$$

$E_{12}=0$ 乃是 A_1A_2 和它的对棱 A_3A_4 的两个临棱区内不存在旁切球的充要条件. 其他类推.

显见 $E_{12} \geqslant 0, E_{13} \geqslant 0$.

首先,若有 $E_{12}=0$,则亦有 $E_{13}=0$ 以及 $E_{14}=0$. 事实上,由于
$$0 = E_{12} = (S_1-S_3)+(S_2-S_4) = (S_1-S_4)+(S_2-S_3)$$
而且其中每个括弧表示正数或零,所以推出 $S_1=S_2=S_3=S_4$,从而有 $E_{13}=0$, $E_{14}=0$.

其次,依同理,若有 $E_{13}=0$,则亦有 $E_{14}=0$.

也就是说,在条件②的前提下,如果临棱区的旁切球达到最大个数(三个),那么它们在 AB, AC, AD 的临棱区内;如果各临棱区只有两个旁切球,那么它们在 AB, AC 的临棱区内;如果各临棱区只有一个旁切球,那么它在 AB 的临棱区内.

由是得出下列结论:在条件②的前提下,四面体恰好有四个旁切球的充要条件是 $E_{12}=0$,或 $S_1=S_2=S_3=S_4$,即四面体各面面积相等;四面体恰好有五个旁切球的充要条件是 $E_{12}>0, E_{13}=0, E_{14}=0$,或 $S_1=S_2>S_3=S_4$,即四个面的面积两两相等但不都相等. 这时每一临面区和 AB 的临棱区有旁切球;四面体恰好有六个旁切球的充要条件是 $E_{12}>0, E_{13}>0, E_{14}=0$,即 $S_1>S_2 \geqslant S_3>S_4, S_1+S_4=S_2+S_3$,即是说,四面体有一个最大面和一个最小面而且这两面面积之和等于其余两面面积之和. 这时每一临面区和 AB, AC 的临棱区有旁切球;除上述情况外,四面体有七个旁切球,在各临面区以及 AB, AC, AD 的临棱区内.

附录 B 祖暅求球体积法

我们在 4.4.1 曾介绍过祖暅原理,现在将他运用这个原理以求球体积的方法附于此. 为了清晰地了解叙述的内容,建议使用直观教具.

第一步:取一"立方棋"(立方体) $ABCDA'B'C'D'$ (图 B.1),它的边长等于球半径 r. 我们同时以 $C'B'$ 和 $C'D'$ 为轴作半径为 r 的 $\frac{1}{4}$ 圆柱面以截立方棋,于是它被剖成四部分,即"内棋"—(图 B.2),"外棋"三(图 B.3, B.4, B.5),其中图 B.4 和图 B.5 两部分实际上是对称形(以 $AA'C'C$ 为对称面). 我们再把这四部分回复原状形成立方体,并用一个距下底为 h 的平行平面来截它(图 B.6),不难看出立方棋的截口是边长等于 r 的正方形 $EFGH$,内棋的截口是正方形

HP,外棋(图 B.3)的截口是正方形 PF,外棋图(图 B.4)和(图 B.5)的截口是矩形 EP 和 PG.

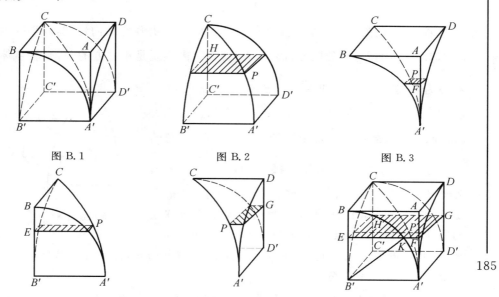

图 B.1　　　　　图 B.2　　　　　图 B.3

图 B.4　　　　　图 B.5　　　　　图 B.6

在直角 $\triangle B'EK$ 中(图 B.6),斜边 $B'K=r$,一条直角边 $B'E=h$,所以另一条直角边是 $b=EK=\sqrt{r^2-h^2}$,所以内棋的截面积 $=b^2=r^2-h^2$,而三外棋截面积之和便等于 $r^2-(r^2-h^2)=h^2$.

第二步:另一方面,若考察倒置的方锥 $A'ABCD$(图 B.7),由于它的底边是边长为 r 的正方形而高也等于 r,那么它被方才的截面所截,截口是一个正方形,它的边长显然等于 $A'F=h$,因而截面积也是 h^2.

由是可知,三个外棋的拼合图形和方锥同介于两平行平面(即立方棋的上下底面)之间,且被这两平面的任一平行平面所截时,截面积恒相等.按照唐代李淳风等的注释,就叫做"幂势既同,则积不容异",这意思就是说,不论势(高)h 为何,幂(截面积)总是相等的,那么这两个立体(即三外棋的拼合形和方锥)的体积就不容许不同,这正是我们称为祖暅原理的命题. 于是

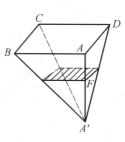

图 B.7

三外棋体积之和 = 方锥体积 = $\dfrac{1}{3}r^2 \cdot r = \dfrac{1}{3}r^3$

但三外棋和内棋拼成立方棋,所以内棋的体积是

$$V_{内棋} = r^3 - \frac{1}{3}r^3 = \frac{2}{3}r^3$$

第三步:现在将八个小立方拼合成一个大立方,并作它的内切球,即半径为 r 的球.八个内棋拼合的图形古人称为"合盖",内棋既是小立方的 $\frac{2}{3}$,则合盖体积必为大立方的 $\frac{2}{3}$,即 $\frac{16}{3}r^3$. 方才的截面截内棋 $CA'B'C'D'$ 于正方形 $HNPM$(图B.8),它的边长记为 b;这同一平面截球的 $\frac{1}{8}$ 得出圆的 $\frac{1}{4}$ —— HMN,它的半径等于 b. 这两个截面积之比是 $b^2 : \frac{1}{4}\pi b^2 = 4 : \pi$,祖暅从而断定合盖的体积比球的体积也等于 $4 : \pi$. 于是可知,祖暅所知道的,不仅如我们在 4.4.1 所叙述的那样,他进一步知道:设两立体夹于二平行平面 α, β 之间,若以介于 α, β 间的任一平行平面 γ 截之,所得截面积恒成定比,则此两立体体积之比即等于此比值.

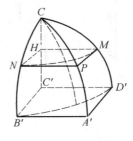

图 B.8

我们在第一步证明了三个外棋的截面积之和为 h^2;在第二步证明了方锥的截面积也是 h^2,从而断定 $V_{内棋} = \frac{2}{3}r^3$;现在我们知道球体积是

$$V_{球} = \frac{\pi}{4} \cdot V_{合盖} = \frac{\pi}{4} \cdot 8V_{内棋} = \frac{\pi}{4} \cdot 8 \cdot \frac{2}{3}r^3 = \frac{4}{3}\pi r^3$$

附录 C 习题简解

习题 1

3.(1)在平面 α 上取一直线 a 以及不在 a 上的一点 A. a 上有无穷多点(1.1 定理 8).联结 A 到这些点的直线和 a 本身,便是不都共点的无穷条直线.

(2)设 A 为空间已知点,由公理 I_3 有一个不含点 A 的平面 α 存在.由 1.1 定理 9,这平面 α 上有不尽共线的无穷多点.将这些点到 A 连线,便得出无穷多条不尽共面的直线.

6.(反证)若 A_1B_1, A_2B_2 共面(无妨记这平面为 α),则 $A_1B_1B_2A_2$ 是 α 上的四边形,由公理 I_1, I_2 将得出直线 a, b 共面的结论,矛盾.

7.凡 α 和 $\triangle ABC$ 周界的公共点,都是 α 和三角形平面交线 l 上的点.所以

应用帕斯公理 II_4 可得到证明.

8. 设 $A_1A_2A_3\cdots A_n$ 是空间多边形,O 为所说的点,则 $OA_1+OA_2>A_1A_2$,$OA_2+OA_3>A_2A_3$,$\cdots$,$OA_n+OA_1>A_nA_1$. 相加即得证.

9. 参看图 C.1,

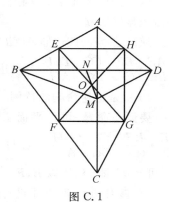

图 C.1

(1) 因为 $EF \underline{\underline{\parallel}} \frac{1}{2}AC$,$HG \underline{\underline{\parallel}} \frac{1}{2}AC$,所以 $EFGH$ 为平行四边形.

(2) 所以对角线 EG,FH 互相平分.

(3) 设 M,N 为对角线中点,仿上证明 $NFMH$ 为平行四边形,从而 EG,FH,MN 互相平分于同一点 O.

(4) $AB^2+BC^2+CD^2+DA^2=(AB^2+BC^2)+(CD^2+DA^2)=$
$$2(BM^2+AM^2)+2(DM^2+AM^2)=$$
$$2(BM^2+DM^2)+AC^2=$$
$$4(MN^2+BN^2)+AC^2=$$
$$AC^2+BD^2+4MN^2$$

(5) $AC^2+BD^2=4(EF^2+EH^2)=8(EO^2+FO^2)=2(EG^2+FH^2)$.

10. 由于
$$\frac{BE}{EA}=\frac{BF}{FC},\frac{DG}{GA}=\frac{DH}{HC}$$
所以 $EF/\!/AC,GH/\!/AC$
由于平行性的传递性,$EF/\!/GH$,
所以 E,F,G,H 四点共面.

11. 参看图 C.2,设平面截对角线 BD 于 K,在 $\triangle ABD$ 和 $\triangle CBD$ 中分别应用梅涅劳斯定理[①]得
$$\frac{AE}{BE}\cdot\frac{BK}{DK}\cdot\frac{DH}{AH}=1$$
$$\frac{BF}{CF}\cdot\frac{CG}{DG}\cdot\frac{DK}{BK}=1$$
相乘得证.

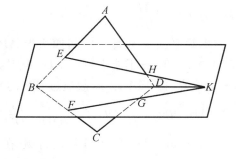

图 C.2

---

① 参看本书作者编《初等几何研究》(第二版)第一章 §1.15.1.

以上假设平面与 BD 相交,当平面与 BD 平行时,则有 $EH \parallel BD \parallel FG$,这时命题显然成立.

逆命题:空间四边形 $ABCD$ 的各边 AB,BC,CD,DA 上各取一点 E,F,G,H,若有 $\dfrac{AE}{BE} \cdot \dfrac{BF}{CF} \cdot \dfrac{CG}{DG} \cdot \dfrac{DH}{AH} = 1$(所出的线段都视为有向线段),则此四点共面.

10 题是这逆命题的特例.

要证逆命题,可设平面 EFG 截 AD 于 H',应用原命题得出一个关系式 $\dfrac{AE}{BE} \cdot \dfrac{BF}{CF} \cdot \dfrac{CG}{DG} \cdot \dfrac{DH'}{AH'} = 1$. 与假设相比,得 $\dfrac{DH}{AH} = \dfrac{DH'}{AH'}$. 由于各线段皆为有向线段,可知 H' 即 H,所以 E,F,G,H 共面.

12. 参看图 C.3,下面进行分类讨论.

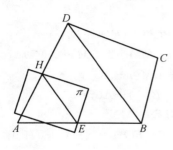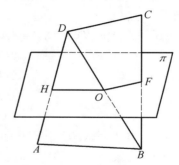

图 C.3

(1)设平面 π 平行于空间四边形 $ABCD$ 两邻边 BC,DC,截 AB 于 E,截 AD 于 H. 那么 $\pi \parallel$ 平面 BCD,从而这两平行面与平面 ABD 的交线平行,即 $EH \parallel BD$,所以 $\dfrac{AE}{BE} = \dfrac{AH}{DH}$.

(2)设平面 π 平行于空间四边形 $ABCD$ 两对边 AB,CD,截 BC 于 F,截 AD 于 H. 这时,π 不能平行于 BD,否则 $ABCD$ 是平面四边形. 以 O 表示 BD 与 π 的交点. 由于 $AB \parallel \pi$,故通过 AB 的平面 ABD 和 π 的交线平行于 AB,即 $HO \parallel AB$. 仿此 $FO \parallel CD$,所以 $\dfrac{AH}{DH} = \dfrac{BO}{DO} = \dfrac{BF}{CF}$.

(3)这命题可以看做 11 题的特例. 在(1),F 和 G 是无穷远点,从而
$$\dfrac{BF}{CF} = 1, \dfrac{CG}{DG} = 1$$
因此
$$\dfrac{AE}{BE} \cdot 1 \cdot 1 \cdot \dfrac{DH}{AH} = 1$$

即
$$\frac{AE}{BE}=\frac{AH}{DH}$$

而在(2), E,G 为无穷远点,故
$$1\cdot\frac{BF}{CF}\cdot 1\cdot\frac{DH}{AH}=1$$

即
$$\frac{AH}{DH}=\frac{BF}{CF}$$

13. 设平行于空间四边形 $ABCD$ 的对边 AB,CD 的平面截对边 BC,AD 于 F,H,而平行于后一双对边的平面截 AB,CD 于 E,F,则由 12 题,有
$$\frac{AE}{BE}=\frac{DG}{CG}, \frac{AH}{DH}=\frac{BF}{CF}$$

从而
$$\frac{AE}{BE}\cdot\frac{BF}{CF}\cdot\frac{CG}{DG}\cdot\frac{DH}{AH}=1$$

于是根据 10 题逆命题部分,四点 E,F,G,H 共面.

14. 设 11 题中的 E 为 AB 中点,G 为 CD 中点,则
$$\frac{AE}{BE}=-1=\frac{CG}{DG}$$

所以若平面与 BC,AD 两直线的交点为 F,H,则
$$\frac{BF}{CF}\cdot\frac{DH}{AH}=1$$

即是说
$$\frac{BF}{CF}=\frac{AH}{DH}$$

若 F,H 不存在(要不存在,便都不存在),即是说,若这平面平行于 BC 和 AD,命题依然成立,只要把 F,H 看做无穷远点,即 $\frac{BF}{CF}=1=\frac{AH}{DH}$.

15. 参看图 C.4,以 M 表示对角线交点,C,M 在 α 上的射影记为 C',M',则

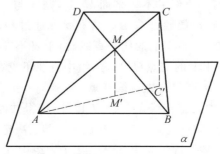

图 C.4

$AM'C'$ 是 AMC 的射影,则

$$\frac{CC'}{MM'}=\frac{AC}{AM}=\frac{AM+MC}{AM}=1+\frac{MC}{AM}=1+\frac{CD}{AB}=1+\frac{3}{5}=\frac{8}{5}$$

$$MM'=\frac{5}{8}CC'=25 \text{ cm}$$

17. 参看图 C.5,设直线 a 有两点在 b,c 所决定的平面上,即点 (ab) 及 (ac),所以 a,b,c 共面.同理,a,b,d 共面.所以 c,d 同在 a,b 所决定的平面上.

18. 参看图 C.6,设 a,b 为这组中两条直线,O 为其交点,α 为它们所决定的平面.c 为这组中除 a,b 以外的任一直线,由假设 c 与 a,b 都相交.如果这两交点不同,则 c 在 α 上;如果相同,则 c 通过 O.两者必居其一.

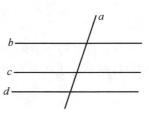

图 C.5

若 a,b,c 共面 α,则组中任何第四直线 d 既要与 a,b,c 都相交,只能在 α 上.这时这组直线在同一平面 α 上.

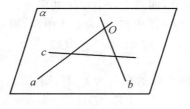

图 C.6

若 a,b,c 共点 O 但不共面,则组中任何第四线 d 只能通过 O,否则 d 与 a,c 相交于异于 O 的两点,d 便不能与 b 相交.这时这组直线共点 O.

19. 以 a,b 表示组中二直线,由于假设 a,b 共面,所以有两种可能:

(1)a,b 相交于一点 O:①若组中没有直线在平面 ab 以外,那么这组直线是共面直线.②若组中有一直线 c 不在平面 ab 上,则 a 与 c 决定一平面 α,b 与 c 决定一平面 β.α 既含有 a 便通过 O,β 既含有 b 亦通过 O,所以 α 和 β 的交线 c 通过 O.设 d 为组中在平面 ab 上的任一直线,由于 d 不在平面 ac 上,仿照方才的推理,d 必然通过 a 和 c 的交点 O.总之,组中直线不论在平面 ab 上或不在平面 ab 上,都通过一点 O,所以这组直线共点.

(2)$a//b$:①若组中没有直线在平面 ab 以外,仍得共面直线.②若组中有一直线 c 不在平面 ab 上,则 a 与 c 决定一平面 α,b 与 c 决定一平面 β,于是 α 和 β 的交线 c 既平行于 a,又平行于 b(1.2.2).设 d 为组中在平面 ab 上的任一线,则 d 为平面 ab 和平面 cd 的交线.由于 $c//$平面 ab,有 $d//c$(1.3 定理 5),因而

$d \mathbin{\!/\mkern-5mu/\!} a, d \mathbin{\!/\mkern-5mu/\!} b$. 总之,这时组中直线不论在平面 ab 上与否,都与 a,b 平行.

总起来说,这组直线或共面,或共点,或相平行.当然这三种情况中任一种,都满足两两共面的假设.

20. 参看图 C.7,

(1) 这三个交点 A_1, B_1, C_1 既在平面 ABC 上,又在平面 $A'B'C'$ 上,所以在它们的交线 l 上.

(2) 若 AA' 与 BB' 相交于一点 O,则 O 是三平面 $AA'BB', BB'CC', CC'AA'$ 的公共点,所以后两平面的交线 CC' 也通过 O. 若 $AA' \mathbin{\!/\mkern-5mu/\!} BB'$,则由方才所说,$CC'$ 不能与 AA' 或 BB' 相交,即 $AA' \mathbin{\!/\mkern-5mu/\!} BB' \mathbin{\!/\mkern-5mu/\!} CC'$.

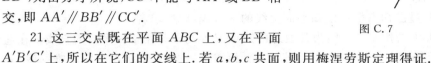

图 C.7

21. 这三交点既在平面 ABC 上,又在平面 $A'B'C'$ 上,所以在它们的交线上. 若 a,b,c 共面,则用梅涅劳斯定理得证.

22. 理由同上题或 20 题(1),截面与底面的交线存在.

23. 以 a,b,c 表示两个不共面的三直线,通过 a 作一平面 α 平行于 b,则 α 与 c 至多有一个公共点.同理,通过 b 作一平面 β 平行于 a,则 β 与 c 也至多有一个公共点.根据 1.5 作图题 9 的讨论,从直线 c 上可能除开这两个点外的每一点,恰巧可引一条直线与 a,b 相交,因而与 a,b,c 相交.这无穷多条直线中任两线不共面,否则 a,b,c 将共面了.

24. 证法 1:参看图 C.8,以 a,b 表两条不共面直线,A,B 各为其上一定点,C,D 各为其上一动点.通过 AB 的中点 M 作平面 α 与 a,b 平行.平面 ABD 与 α 有公共点 M,故相交于一直线 MN,由于 $b \mathbin{\!/\mkern-5mu/\!} \alpha$,故有 $MN \mathbin{\!/\mkern-5mu/\!} BD$,所以 MN 和 AD 的交点 N 是线段 AD 的中点.仿此,平面 DAC 和 α 相交于一直线 NP,这直线与 CD 相交于其中点 P. 这证明了两端在 a,b 上的线段 CD 的中点都在同一平面 α 上.

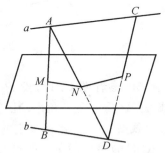

图 C.8

证法 2:通过 AB 中点 M 作 $\alpha \mathbin{\!/\mkern-5mu/\!} a$ 及 b. 点 C, D 为 a, b 上任一点,由于各在 α 一侧,CD 于 α 交于一点 P. 考虑通过 a, b 而与 α 平行的平面,则介于三平行面间的线段成比例,即 $CP : PD = AM : MB = 1$,即 P 为 CD 中点,亦即 CD 中点在 α 上.

25. 参看图 C.9,设两平面 α,β 平行,P 为两平面外一点,分别过 P 任引两直线 a,b 交 α 于点 A_1,B_1,交 β 于点 A_2,B_2. 联结 A_1B_1,A_2B_2,则易知在 $\triangle PA_2B_2$ 中,$A_1B_1 \mathbin{/\mkern-5mu/} A_2B_2$,由平面几何中的平行线截割定理,便可得到结论.

26. 这是 1.5 作图题 10 的结论.

27. 参看图 C.10,设 A,B 为已知点,l 为已知直线,通过 A 作直线 $l' \mathbin{/\mkern-5mu/} l$. 两相交线 AB 和 l' 所决定的平面即所求者. 通常一解. 若有二解,则 $l \mathbin{/\mkern-5mu/} AB$,这时 l' 与 AB 重合,实际上有无穷多解答.

28. 过已知点引两已知平面交线的平行线,即所求者.

29. 参看图 C.11,因为凡通过已知点 P 而与已知平面 α 平行的直线都在通过 P 而平行于 α 的平面 β 上. 若 α 与 β 相交于一点 A,则 PA 为所求唯一解;若 a 在 β 上,无穷多解;若 $a \mathbin{/\mkern-5mu/} \beta$(因而 $a \mathbin{/\mkern-5mu/} \alpha$,但 a 不在 β 上),无解.

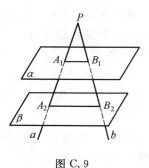

图 C.9

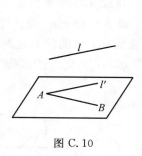

图 C.10

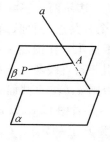

图 C.11

30. 参看图 C.12,设 P 为定点,a 为定直线,$\triangle ABC$ 为定三角形. 凡通过 P 而与 a 相交的直线必在 P 与 a 所决定的平面 π 上. 若 π 与 $\triangle ABC$ 的周界相交于两点 Q,R(一般情况)且 PQ 及 PR 与 a 相交,则有两解 PQ,PR. 若 a 与 PQ,PR 之一平行,则有一解. 若 π 与 $\triangle ABC$ 的周界相交于一点,则由 7 题,还有一交点,故情况同上. π 与 $\triangle ABC$ 周界不相交,无解. π 含有 $\triangle ABC$ 一边时有无穷多解.

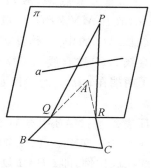

图 C.12

31. 参看图 C.13，设 P 为定点，a,b 为已知直线。凡通过 P 而与 a 垂直的直线必在过 P 所引垂直于 a 的平面 α 上。凡通过 P 而与 b 垂直的直线必在过 P 所引垂直于 b 的平面 β 上。α,β 存在且唯一存在。若 α,β 相交于一直线 l，则为所求唯一解；若 α 为 β（这时 $a//b$），则有无穷多解。

32. 参看图 C.14，设已知平面为 β,γ，交线为 l。两相交线 AB,AC 所决定的平面记为 α。由于 $AB\perp\beta$，所以 $\alpha\perp\beta$(1.8 定理 2)。仿此，$\alpha\perp\gamma$。因此 $\alpha\perp\beta,\gamma$ 的交线 l(1.8 定理 3 推论 2)，所以 $l\perp\alpha$ 上的直线 BC。

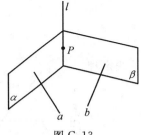

图 C.13

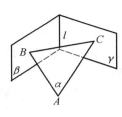

图 C.14

33. 参看图 C.15，因为 $\angle BCD$ 为直角，所以 $CD\perp BC$。由 $AB\perp$ 平面 BCD 推出 $CD\perp AB$。可见 $CD\perp BC$ 和 AB 所决定的平面 ABC。

34. 参看图 C.16，因 $a\perp AB,a\perp AC$，故 $a\perp$ 平面 ABC。但 $a//b//c$，所以 a,b,c 都垂直于平面 ABC。于是在平面 bc 上，BC 是平行线 b,c 的公垂线。

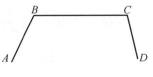

图 C.15

35. 参看图 C.17，由题意，$\triangle MOA$ 和 $\triangle MOC$ 有三边对应相等，因而合同，所以 $MO\perp AC$。同理 $MO\perp BD$。故 $MO\perp AC$ 与 BD 所决定的平面 π。

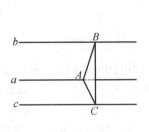

图 C.16

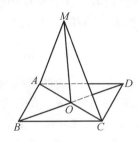

图 C.17

36. 参看图 C.18，设平面 π 通过平行四边形 $ABCD$ 的对角线 BD，作 $AA'\perp\pi$，$CC'\perp\pi$. 以 O 表示 AC 与 BD 的交点，则 $A'OC'$ 是 AOC 在 π 上的射影. 在直角三角形 $\triangle AOA'$ 和 $\triangle COC'$ 中，有斜边 $AO=CO$，锐角 $\angle AOA'=\angle COC'$，这两三角形合同，所以 $AA'=CC'$.

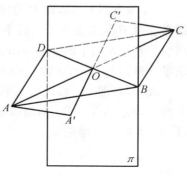

图 C.18

37. 解法 1：参看图 C.19，由题设有
$$AD^2+CD^2=AD^2+AB^2=BD^2$$
即 $(a^2-x^2)+(c^2-x^2)=b^2-x^2$
所以 $x=\sqrt{a^2+c^2-b^2}$

解法 2：由于 MC 的射影 $DC\perp BC$，由三垂线定理 $MC\perp BC$，所以
$$AD^2=BC^2=b^2-c^2$$
由直角 $\triangle ADM$，得
$$x^2=a^2-AD^2=a^2+c^2-b^2$$

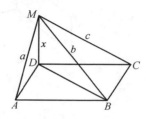

图 C.19

38. 解法 1：参看图 C.20，以 M 表 AB 中点，则
$$ME^2=MB^2+BE^2=\frac{1}{4}AB^2+BD^2+DE^2=$$
$$\frac{1}{4}(AB^2+BC^2)+DE^2=$$
$$\frac{1}{4}AC^2+DE^2=\frac{1}{4}a^2+b^2$$
所以 $ME=\frac{1}{2}\sqrt{a^2+4b^2}$

解法 2：联结 MD，由于 MD 的射影 $BD\perp DE$，由三垂线定理，亦有 $MD\perp DE$，故
$$ME=\sqrt{MD^2+DE^2}=\sqrt{\left(\frac{a}{2}\right)^2+b^2}$$

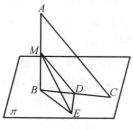

图 C.20

39. 参看图 C.21. 因为两射线的交角不因其中一线保持平行于其自身的移动而改变，所以无妨假设 α 上的三射线 b,c,d 通过同一点 O. 首先，a 不能在 α 上或平行于 α，否则 a 或其在 α 上的射影 a' 将与共点三射线成等角，这是不可能的，所以 a 所在直线必与 α 相交. 由上所说，无妨假设 a 也通过 O. 其次，如果 a 在 α 上的射影不是点 O 而是一条射线 a'，那么应用三垂线定理，很容易由假

设得出这样的结论:a' 平分 $\angle(b,c)$ 又平分 $\angle(b,d)$.这是不可能的.所以 a 的射影只能是一点,即 $a\perp\alpha$.

40.通过定点作平面垂直于已知直线,这平面和定平面的交线即所求直线.当已知直线垂直于定平面时无穷多解,否则一解.

41.参看图 C.22,

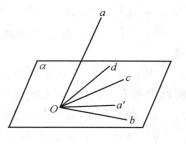

图 C.21

(1)设 M 为所求点,$\angle AMB=\angle A'MB'$,则两直角三角形 $\triangle MAB$ 和 $\triangle MA'B'$ 相似,从而
$$MA:MA'=AB:A'B'=2:1$$
所以 M 的轨迹是地面上的一个阿波罗尼斯圆①,内分 AA' 于 C,外分 AA' 于 D 使
$$\frac{CA}{CA'}=\frac{DA}{DA'}=2$$
则以 CD 为直径的圆便是所求点的轨迹,如图 C.23 所示.

(2)通过 A 作与 AA' 成 α 角的直线,其与圆周的交点,即所求者.α 的变化限度为 $-30°$ 到 $30°$,因在 $\triangle AOT$ 中,斜边 $OA=2OT$,所以 $\angle OAT=30°$.

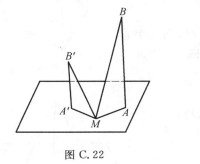

图 C.22

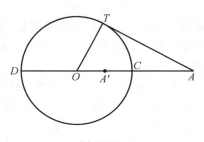

图 C.23

42.参看图 C.24,以 M 表 BC 中点,N 表 AG 中点.因梯形中线等于两底的半和,于是
$$2GG'=MM'+NN'$$
$$2NN'=AA'+GG'$$
上式以 2 乘之,与下式相加以消去 NN',得

---

① 参看本书作者编《初等几何研究(第二版)》第二章 §2.5 例 1.

$$3GG' = AA' + 2MM' = AA' + BB' + CC'$$

这个证明对于正射影和斜射影同样成立.

当平面与三角形相交时,把所出现的线看做有向线段,则上式依然成立.

43. 两平行线,或两重合直线,或两点.

44. 这图形上各点在通过该直线而垂直于射影平面的平面上.

45. 由上题,这图形是两个平面的交点,所以在一般情况下,F 是直线. 但当这两平面重合(即 F 在垂直于两相交平面的交线的一平面上)时,这命题不成立.

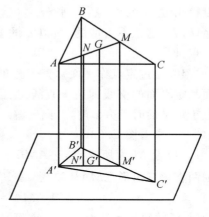

图 C.24

46. 参看图 C.25,设两平面 α, β 相交于直线 l,直线 $m \perp \alpha$. 直线 m 和它在 β 上的射影 m' 决定一平面 γ,γ 与 β 垂直. 因 γ 含有 m 而 $m \perp \alpha$,所以 γ 也垂直于 α. 既然 γ 垂直于两相交平面 α, β,便也垂直于其交线 l. 所以 l 垂直于 γ 上的直线 m'.

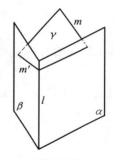

图 C.25

47. 参看图 C.26,设点 D 的射影为 H,则三个直角三角形 $\triangle DHA, \triangle DHB, \triangle DHC$ 合同(一腰及一锐角相等),从而
$$DA = DB = DC, HA = HB = HC$$
又因三角 $\angle ADB, \angle BDC, \angle CDA$ 相等,故
$$\triangle ADB \equiv \triangle BDC \equiv \triangle CDA$$
从而 $\triangle ABC$ 的三边相等.

$\dfrac{a}{AH} = \tan 60° = \sqrt{3}, AH = \dfrac{a}{\sqrt{3}}$. AH 是等边三角形中线的 $\dfrac{2}{3}$,因此

$$\dfrac{2}{3} \cdot \dfrac{1}{2}\sqrt{3} AB = AH = \dfrac{a}{\sqrt{3}}$$

所以
$$AB = BC = CA = a$$

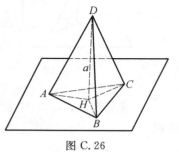

图 C.26

48. 参看图 C.27 设 P 在 α 上射影为 H,斜线 PA 与 α 的夹角为 $\angle PAH=\theta$,斜线 PB 与 α 的夹角为 $\angle PBH=\theta+45°$,$AH=a$,$BH=b$. 求 $PH=h$.

因 $h=a\tan\theta$,$h=b\tan(\theta+45°)$,消去 θ 解 $h^2-(a-b)h+ab=0$,得

$$h=\frac{1}{2}[(a-b)\pm(a^2-6ab+b^2)^{\frac{1}{2}}]$$

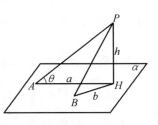

图 C.27

49. 参看图 C.28,设 $AH\perp\alpha$,$AB\perp AC$,则

$$\tan\angle ABC=\frac{AC}{AB}=\frac{AH\csc 75°}{AH\csc 15°}$$

即 $\tan\angle ABC=\dfrac{\sin 15°}{\sin 75°}=\dfrac{\sin 15°}{\cos 15°}=\tan 15°$

所以 $\angle ABC=15°$,$\angle ACB=75°$.

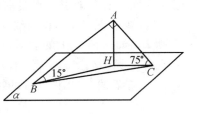

图 C.28

50. 参看图 C.29,由题设 $51^2-(5x)^2=h^2=30^2-(2x)^2$,由此解出 $x=9$,从而 $h^2=30^2-18^2=48\cdot 12$. $h=24$ cm.

51. 应用三垂线定理,答案为 8 cm,$\sqrt{145}$ cm,$4\sqrt{13}$ cm,8 cm.

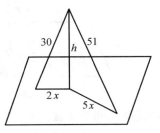

图 C.29

52. 参看图 C.30,设射线 a,b 在平面 π 上相交于 O,c 为通过 O 的斜线.在 c 上任取一点 M,设其在 π 上的射影为 N,则 ON 即 c 的射影.作 a,b 的垂线 NA,NB,由三垂线定理,$MA\perp OA$,$MB\perp OB$.

两直角三角形 $\triangle MNA$ 和 $\triangle MNB$ 中,两腰分别相等,因而合同. 所以 $MA=MB$,于是在两直角三角形 $\triangle MOA$ 和 $\triangle MOB$ 中,斜边及一腰分别相等,因而合同,所以 $\angle MOA=\angle MOB$.

逆命题:平面的斜线若与平面上通过斜足的两射线成等角,则该线在平面上的射影也与这两射线成等角.

证明可逆推得到.

53. 由上题,AE 即 $\angle A$ 平分线,故

$$AE=\frac{2}{b+c}\sqrt{bcs(s-a)}$$

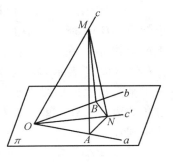

图 C.30

其中 $s=\frac{1}{2}(a+b+c)$.

54. 所求夹角为 $\arccos\sqrt{\frac{2}{3}}$.

55. 所求线段长为 $\sqrt{p_1^2+p_2^2+p_3^2}$.

56. 所求线段长为 $\sqrt{\frac{1}{2}(r_1^2+r_2^2+r_3^2)}$.

57. 由 1.7 定理 5 推论 2，每一锥顶到底面中心的连线是底面的垂线. 由于通过底面中心只能引一直线垂直于底面，所以两顶点都在这垂线上.

58. 参看图 C.31，设斜线 m 即 AB，l 在 α 上的射影为 l'，A 在 α 上的射影为 C，则 BC 即 m 在 α 上的射影 m'.

由 $l \perp AB, l \perp AC$，可得 $l \perp$ 平面 ABC，所以 $l \perp m'$. $l // l'$，$l \perp m'$，可得 $l' \perp m'$.

59. 参看图 C.32，设点 A 的射影为 A'，因 $AB=AC$，所以它们的射影 $A'B=A'C$.

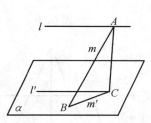

图 C.31

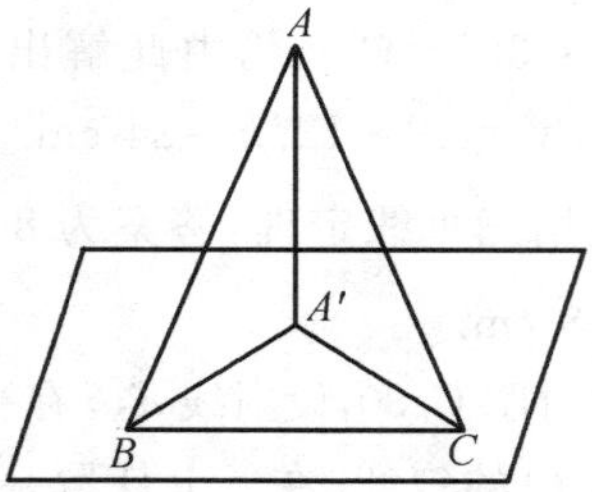

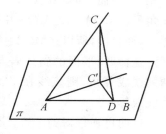

图 C.32

将同底的两个等腰三角形 $\triangle ABC$ 和 $\triangle A'BC$ 放在同一平面上公共底边的同侧，立刻得出 $\angle BA'C > \angle BAC$.

这命题由 1.7 定理 11 推论(1)立即导出.

60. 参看图 C.33，题设说平面 π 不垂直于已知角 $\angle BAC$ 所在的平面，所以角的两边在 π 上的射影不致在一直线上，因而形成一个角 $\angle BAC'$（以 C' 表示 C 的射影）. 因为一个角在一组平行面上的射影大小相等，无妨假设 π 通过角的边 AB. 作 $C'D \perp AB$，则 $CD \perp AB$（三垂线定理）.

图 C.33

(1) $\angle BAC' < d \Rightarrow D$ 在射线 AB 上 $\Rightarrow \angle BAC < d$.

(2) $\angle BAC' = d \Rightarrow D$ 重合于 $A \Rightarrow \angle BAC = d$.

(3) $\angle BAC' > d \Rightarrow D$ 在射线 AB 的延长线上 $\Rightarrow \angle BAC > d$.
由于前提和结论都是穷举而互斥的,所以 $\angle BAC$ 和 $\angle BAC'$ 或同为锐角,或同为直角,或同为钝角.

61. 从定点作一平面垂直于各交线的公同方向,则所言各垂线都在这平面上.

62. 参看图 C.34,设 O 为圆心,M 为定点,P 为圆周上动点,联结 MP,则 $\triangle MOP$ 中有两边 OM,OP 为定长,MP 的长短因 $\angle MOP$ 的大小而变. 由 1.7.4,若以 N 表 M 在圆所在平面 π 上的射影,以 A,B 表 ON 与圆周的交点,且设其中 A 与 N 在 O 的同侧,因而 B 与 N 在 A 的异侧,则 $MA \leqslant MP \leqslant MB$.

若 $MO \perp \pi$,即 N 与 O 重合时,MP 有定长.

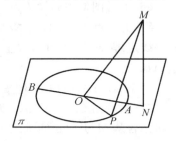

图 C.34

63. 参看图 C.35,A 与 a 决定一平面 β,β 若与 α 平行则无解. 设 β 与 α 相交于一直线 b ($b \parallel a$). 设问题已解,AMP 为所求直线,其中 MP 有定长. 以 A',M' 表示 A,M 在 α 上的射影,则 AA',MM' 有定长. 从相似三角形得出 $\dfrac{PA}{PM} = \dfrac{AA'}{MM'}$,从而知 PA 有定长. 故在平面 β 上以 A 为中心,以此定长为半径作圆;与 b 相交便得点 P. 问题有 0,1 或 2 解.

当 A 在 a 上,β 不能决定,此时或无解或有无穷多解.

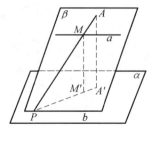

图 C.35

64. 参看图 C.36,所求直线只能在通过定点 A 所引平行于第二定平面 β 的平面 β' 上. 若 $\beta' \parallel \alpha$ (即 $\beta \parallel \alpha$),则无解. 设 β' 与第一定平面 α 相交于直线 a. 在 β' 上以 A 为中心,以已知长为半径作圆,与 a 相交于 M,则 AM 即所求者. 问题有 0,1 或 2 解.

65. 参看图 C.37,设 $BH \perp \alpha$,AC 为 α 与 β 的交线. 作 $HC \perp AC$ 于 C,则由三垂线定理,$BC \perp AC$,故 $\angle BCH = \angle(\alpha,\beta) = 30°$.

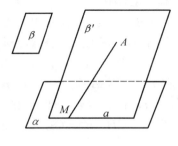

图 C.36

$$\sin\theta=\sin\angle BAC=\frac{BC}{AB}=\frac{2BH}{AB}.$$ 由假设 $\sqrt{3}AB=4BH$ 得 $\sin\theta=\frac{\sqrt{3}}{2}$,所以 $\theta=60°$.

66. 参看图 C.38,设 l 为二面角 $\angle(\alpha,\beta)$ 的棱,经 α 上一点 A 作 $AB\perp\beta$,并作 $BC\perp l$,则由三垂线定理,$AC\perp l$. 于是 $l\perp$ 平面 ABC,所以 $l\perp AB$.

由于 $AB\perp\beta$,所以 $AB\perp\beta$ 上的直线 l.

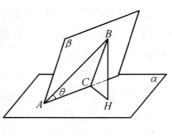

图 C.37

71. 参看图 C.39,设 α,β 为定平面,M 为已知点. 凡通过 M 而垂直于 α 的平面必含从 M 引向 α 的垂线 MA,凡通过 M 而垂直于 β 的平面必含从 M 引向 β 的垂线 MB,故 MA 与 MB 决定的平面即所求者. 当 $\alpha/\!/\beta$ 时,MA 与 MB 重合,有无穷多解;当 α 与 β 相交时,一解.

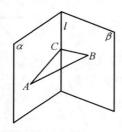

图 C.38

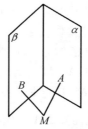

图 C.39

72. 参看图 C.40,在 AA',BB' 所决定的平面上,作 $A'B_1/\!/AB$ 与 BB' 相交于 B_1,则 $A'B_1=AB$,于是

$$A'B'=A'B_1\cdot|\cos\theta|=AB\cdot|\cos\theta|$$

73. 参看图 C.41,分情况讨论.

(1) 如图 C.41(a),设 $\triangle ABC$ 有两顶点 A,B 在 l 上,则 A' 重合于 A,B' 重合于 B. 作 $C'H\perp l$,由三垂线定理,亦有 $CH\perp l$. 根据上题,$C'H=CH\cdot|\cos(\pi,\pi')|$,故

$$S_{\triangle A'B'C'}=\frac{1}{2}A'B'\cdot C'H=\frac{1}{2}AB\cdot CH\cdot|\cos(\pi,\pi')|=$$
$$S_{\triangle ABC}\cdot|\cos(\pi,\pi')|$$

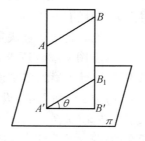

图 C.40

(2) 如图 C.41(b),设 $\triangle ABC$ 有一顶点 A 在 l 上,且 $BC /\!/ l$. 于是 $BC /\!/ \pi'$ (1.3 定理 2),从而 $B'C' /\!/ BC$(1.3 定理 5). 又 $BB' /\!/ CC'$(同垂直于 π'),故 $BB'C'C$ 为平行四边形,从而 $BC = B'C'$. 设 AD 和 $A'D'$(即 AD')为 $\triangle ABC$ 和 $\triangle A'B'C'$(即 $\triangle AB'C'$)的高,则

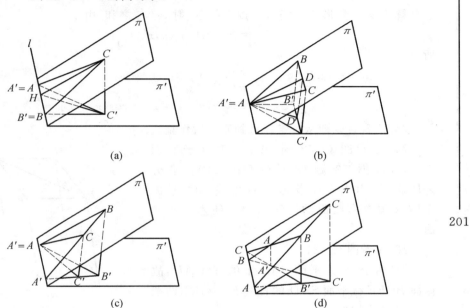

图 C.41

$$A'D' = AD |\cos(\pi, \pi')|$$

所以 $\quad S_{\triangle A'B'C'} = \dfrac{1}{2} B'C' \cdot A'D' = \dfrac{1}{2} BC \cdot AD |\cos(\pi, \pi')|$

即 $\quad S_{\triangle A'B'C'} = S_{\triangle ABC} \cdot |\cos(\pi, \pi')|$

(3) 如图 C.41(c),设 $\triangle ABC$ 有一顶点 A 在 l 上,且 BC 与 l 相交于 A_1. 应用(1),有

$$S_{\triangle A'B'C'} = S_{\triangle AA_1B'} - S_{\triangle AA_1C} =$$

$$S_{\triangle AA_1B} \cdot |\cos(\pi, \pi')| - S_{\triangle AA_1C} \cdot |\cos(\pi, \pi')|$$

所以 $\quad S_{\triangle A'B'C'} = S_{\triangle ABC} \cdot |\cos(\pi, \pi')|$

(4) 一般情况:如图 C.41(d),设 AB, BC, CA 顺次与 l 相交于 C_1, A_1, B_1,这时 $A'B', B'C', C'A'$ 也各通过 C_1, A_1, B_1. 因

$$S_{\triangle ABC} = S_{\triangle A_1B_1C} + S_{\triangle B_1C_1A} - S_{\triangle C_1A_1B}$$

$$S_{\triangle A'B'C'} = S_{\triangle A_1B_1C'} + S_{\triangle B_1C_1A'} - S_{\triangle C_1A_1B'}$$

且由已证各款,右端对应的各项成比例,比例因子为$|\cos(\pi,\pi')|$,因而有
$$S_{\triangle A'B'C'} = S_{\triangle ABC} \cdot |\cos(\pi,\pi')|$$

(5)推广于多边形:设π平面上多边形P投射为π'上的多边形P',任以一法分解P为三角形$\triangle_i$之和,P'遂为各$\triangle_i$射影$\triangle'_i$之和,由于
$$S_{\triangle'_i} = S_{\triangle_i} \cdot |\cos(\pi,\pi')|$$

所以
$$P' = \sum S_{\triangle'_i} = \sum S_{\triangle_i}|\cos(\pi,\pi')| =$$
$$(\sum S_{\triangle_i})|\cos(\pi,\pi')| = P \cdot |\cos(\pi,\pi')|$$

74.所言直线即从棱锥顶点到底面所作垂线.

75.参看图 C.42,作 $A'A_1$ 垂直于底面 $ABCD$,根据 53 题,AA' 的射影 AA_1 平分 $\angle BAD$,因而重合于菱形的对角线 AC.平面 $AA'C'C$ 既含有底面的垂线 $A'A_1$,便垂直于底面.

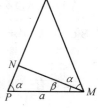

图 C.42

76.参看图 C.43,

(1)由于 BC // 平面 SAD 上的直线 AD,故截面 $BCFE$ 截平面 SAD 的直线 EF // BC,即截面 $BCFE$ 为梯形.

(2)由于 EF // BC // AD,容易证明 $\triangle ABE$ 和 $\triangle DCF$ 因两边及夹角分别相等而合同,即 $BE = CF$,故 $BCFE$ 为等腰梯形.

(3)由于在等腰 $\triangle SMP$ 中有 $PM = a$, $\angle SMP = \angle SPM = \alpha$,立得 $SP = SM = \dfrac{a}{2}\sec\alpha$.

图 C.43

(4)在 $\triangle MNP$ 中,有 $\angle PMN = \beta$,正弦定律给出 $\dfrac{NP}{\sin\beta} = \dfrac{MN}{\sin\alpha} = \dfrac{a}{\sin(\alpha+\beta)}$.

(5)从 $\triangle SAD$ 得
$$\frac{EF}{AD} = \frac{SN}{SP} = \frac{SP - NP}{SP} = 1 - \frac{NP}{SP}$$

所以
$$EF = a\left(1 - \frac{NP}{SP}\right) = a\frac{\sin(\alpha-\beta)}{\sin(\alpha+\beta)}$$

(6) $S_{BCFE} = \frac{1}{2}(BC+EF)MN =$

$$\frac{1}{2}\left[a + a\frac{\sin(\alpha-\beta)}{\sin(\alpha+\beta)}\right]\frac{a\sin\alpha}{\sin(\alpha+\beta)} = \frac{a^2\sin^2\alpha\cos\beta}{\sin^2(\alpha+\beta)}$$

77. 参看图 C.44，设 $S-ABCD$ 为正四棱锥，$AB=BC=30$，高 $SO=20$. M 为 BC 中点，P 为 AD 中点. 在等腰 $\triangle SMP$ 中作 $MN \perp SP$，过 N 作 $EF \parallel AD$，则 $EF \perp SN$. $BEFC$ 为等腰梯形，MN 为上下两底连线，所以 $MN \perp EF$. 可见 MN 垂直于平面 SAD 上两相交线 SP 和 EF，从而 $MN \perp$ 平面 SAD，且通过 MN 的平面 $BEFC \perp$ 平面 SAD. 要求梯形 $BEFC$ 的面积.

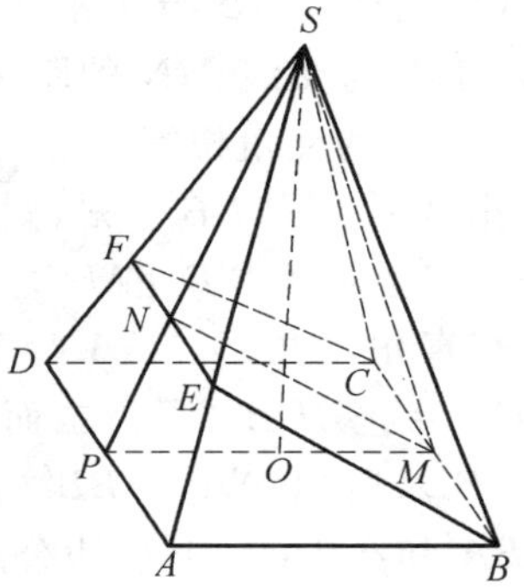

$SM^2 = SO^2 + OM^2 = 20^2 + 15^2 = 5^2(4^2 + 3^2) = 5^2 \cdot 5^2 = 25^2$，故 $SM = 25$.

图 C.44

用两种方法计算 $\triangle SMP$ 的面积：$PM \cdot SO = SP \cdot MN$，即 $30 \cdot 20 = 25MN$，$MN=24$.

$SN^2 = SM^2 - MN^2 = 25^2 - 24^2 = (25+24)(25-24) = 49$，$SN=7$.

又 $EF : DA = SN : SP$，即 $EF : 30 = 7 : 25$，$EF = \frac{42}{5}$，所以

$$S_{BEFC} = \frac{1}{2}(EF+BC) \cdot MN = \frac{1}{2}\left(\frac{42}{5}+30\right) \cdot 24 = 460.8$$

78. 参看图 C.45，以 α, β 表示第一二两面，$AA_1 \perp \beta$，$BB_1 \perp \alpha$. 作 A_1A_0 和 B_1B_0 垂直于棱，则由三垂线定理 AA_0 和 BB_0 都垂于棱，故 $\angle AA_0A_1 = 60°$，$\angle BB_0B_1 = 60°$，$A_1A_0 = a$，$B_1B_0 = b$，$A_0B_0 = 2d$. 从此可知 $AA_0 = 2a$，$BB_0 = 2b$. 作 $BC \parallel B_0A_0$ 与 A_0A_1 相交于 C，则 $BC = B_0A_0 = 2d$，$BC \perp AC$. 在 $\triangle AA_0C$ 中已知两边及夹角，用余弦定律可算出

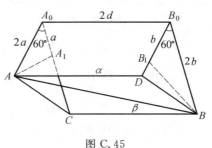

图 C.45

$$AC = 2\sqrt{a^2-ab+b^2}, AB = \sqrt{AC^2+BC^2} = 2\sqrt{a^2-ab+b^2+d^2}$$

79. 参看图 C.46，设 π 上两相交线为 a, b，根据 1.8 定理 2 推论 2，由 $\alpha \perp a$

和 $\beta \perp b$ 推出 $\alpha \perp \pi, \beta \perp \pi$. 于是由 1.8 定理 3 推论 2, α 和 β 的相交线 $\perp \pi$. 这交线通过 A 是显然的. 由于 a, b 相交, 所以 α 和 β 有公共点 A 而不重合, 因之交于一直线.

82. 参看图 C.47,

(1) 设直线 AB 与两相交平面 π, π' 相交于点 A, B, 其与交线 MN 的距离 $AC = BD$. 求证 AB 与 π, π' 的交角相等.

作 $AA' \perp \pi', BB' \perp \pi$, 则由三垂线定理易证 $A'C \perp MN, B'D \perp MN$.

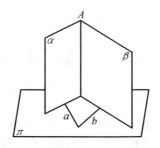

图 C.46

在直角三角形 $\triangle AA'C$ 和 $\triangle BB'D$ 中, $\angle ACA' = \angle BDB'$ (同为二面角的平面角), $AC = BD$, 所以 $AA' = BB'$. 在直角三角形 $\triangle ABA'$ 和 $\triangle BAB'$ 中, 斜边公用, $AA' = BB'$, 所以 $\angle BAB' = \angle ABA'$.

(2) 反之, 设 $\angle BAB' = \angle ABA'$, 求证 $AC = BD$ 时, 可逆而推之.

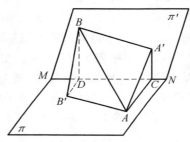

图 C.47

证明时默认 π 与 π' 不垂直, 若 $\pi \perp \pi'$, 则 A' 重合于 C, B' 重合于 D, 证明就更简单了.

83. 参看图 C.48, 由于 AB 在 β 上, 从 AB 上任一点 B 作 $BC \perp \alpha$, 则 $\angle BAC = \varphi$. 作 $CD \perp$ 交线, 则由三垂线定理, $BD \perp$ 交线. $\angle BDC = \psi$.

在直角 $\triangle ABC$ 中, 有
$$\sin \varphi = \frac{BC}{AB}$$

在直角 $\triangle BCD$ 中, 有
$$\sin \psi = \frac{BC}{BD}$$

在直角 $\triangle ABD$ 中, 有

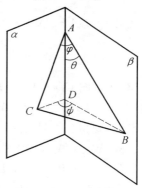

图 C.48

$$\sin \theta = \frac{BD}{AB}$$

由是推出
$$\sin \theta = \frac{\sin \varphi}{\sin \psi}$$

84. 从棱上一点在一面上作射线, 过此点作此射线的垂直平面, 与另一面相

交于一射影,这两射线的夹角为直角.此问题为不定问题.

85. 参看图 C.49,设平面 $\pi \perp \pi'$,一直线交这两平面于 A,B 两点.在 π 上作 $AC\perp$ 棱,则 $AC\perp\pi'$(1.8 定理 3),故 AB 在 π' 上的射影为 CB.同理,在 π' 上,作 $BD\perp$ 棱,则 AB 在 π 上的射影为 AD.

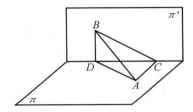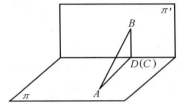

图 C.49

(1)若 C,D 两点不重合,则由于 AB 与其在 π 上射影 AD 的夹角小于其与 π 上 AC 线的夹角,$\angle BAD<\angle BAC$.从而 $\angle BAD+\angle ABC<\angle BAC+\angle ABC=d$(因为 $AC\perp\pi'$ 可推出 $AC\perp BC$).

(2)若 C,D 重合,此时棱 $\perp$ 平面 ABD 从而 $AB\perp$ 棱.于是 $\angle BAD+\angle ABC=d$.

86. 参看图 C.50,设两面为 α,β,α 面上的动直线 AC 通过定点 A,A 在 β 上的射影为 B,作 $BD\perp$ 棱 l,则由三垂线定理,$AD\perp l$.AC,AD 在 β 上的射影应为 BC,BD.

从直角 $\triangle ACD$ 可知 $AC>AD$.于是在两个直角三角形 $\triangle ABC$ 和 $\triangle ABD$ 中,一腰相等,而斜边 $AC>AD$,所以锐角 $\angle ACB<\angle ADB$.

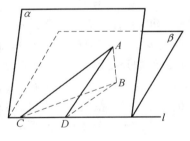

图 C.50

87. 参看图 C.51,设半直线 MN 在二面角 $\angle\alpha-EF-\beta$ 内,垂直于 EF 而倾斜于 α 及 β.平面 AMB 通过 MN 且垂直于棱 EF,而 CMD 是通过同一直线 MN 的其他任意平面.

由于 α 及 β 含有平面 AMB 的垂线 EF,故 $\alpha\perp AMB$,$\beta\perp AMB$.于是 MA 是 MN 在 α 上的射影,MB 是 MN 在 β 上的射影.斜线 MN 和射影 MA 的夹角小于 MN 和 MC 的夹角,即

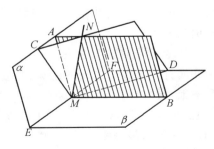

图 C.51

$$\angle AMN < \angle CMN$$
同理
$$\angle NMB < \angle NMD$$
相加得证
$$\angle AMB < \angle CMD$$

88. 参看图 C.52，从定线 l 上任取一点 A，通过 A 引直线 $a \perp$ 平面 α，则 l 和 a 所决定的平面 β 垂直于 α（因其含有 α 的垂线 a）．

通常有一解，除非 $l \perp \alpha$：若 β_1 和 β_2 都通过 l 而垂直于 α，则其交线 l 也垂直于 α．当 $l \perp \alpha$ 时，有无穷多解．

89. 参看图 C.53，从定点 M 作定平面 α,β 的垂线 MA, MB，则 MA 与 MB 所决定的平面即所求者．通常一解，当 $\alpha // \beta$ 因而 MA 与 MB 重合时有无穷多解．

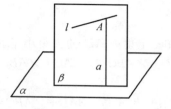

图 C.52

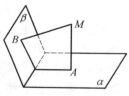

图 C.53

90. 参看图 C.54，设 a,b 不共面，$\alpha \perp a, \beta \perp b$，$\alpha$ 和 β 不能平行，否则 $a // b$ 与不共面的假设抵触，故 α 与 β 相交于一直线 l．$a \perp \alpha$，从而 $a \perp l$．同理 $b \perp l$．垂直于 a 和 b 的直线 l 便是 a,b 的公共垂直相交线或平行于此公垂线．

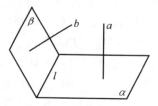

图 C.54

91. 根据 52 题，这一切直线满足下列条件：①通过两已知直线交点；②在通过这两线交角的平分线且垂直于这两线所在平面的二平面之一上．

92. 参看图 C.55，根据 1.9 作图题 3，要求不共面直线 a 和 l 之间的距离，只要将 a 投射在 π 上，设射影为 a_0，则 a_0 必与 l 相交于一点 L．在 a 和 a_0 所决定的平面上作 $LA \perp a_0$，则 AL 就是所求最短距离．这距离 AL 其实就是 a 和 π 的距离，所以不因 l 而变．

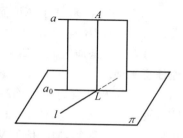

图 C.55

93. 参看图 C.56，设欲求立方体 $ABCDA_1B_1C_1D_1$ 的对角线 BD_1 和棱 CC_1 这两条不共面直线间的距离，根据 1.9 作图题 3，先作一平面通过 BD_1 而平行于 CC_1，这平面正是 BB_1D_1D（因 CC_1∥这平面上的直线 BB_1）；然后作 CC_1 在这平面上的射影，这射影显然就是上下两底中心的连线 PQ. PQ 交 BD_1 于立方体的中心 O，在平面 CC_1PQ 上作 $OM\perp PQ$，则 OM 便是所求距离. 显见 $OM=\dfrac{1}{2}AC$.

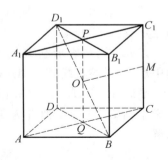

图 C.56

94. 作两条已知不共面的直线的公共垂直相交线，并作这线段的中垂面便得. 参看图 2.13.

95. 参看图 C.57，设 A 和 B 为已知点，l 为已知直线.

(1) l 和 AB 的中点 M 所决定的平面合于要求.

(2) 通过 l 作平面平行于 AB 也合于要求.

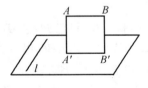

图 C.57

讨论：(1) l 与 AB 不共面时，两解.

(2) l 与 AB 相交但交点非 AB 的中点 M，一解，这时 $AA'=BB'=0$.

(3) l 与 AB 相交于 AB 的中点 M，无穷多解.

(4) l∥AB，无穷多解.

(5) 直线 l 与 AB 重合，无穷多解.

96. 参看图 C.58，这是上题的推广. 内分已知点 A, B 的连线于 C，外分于 D，使 $CA:CB=DA:DB=$已知比 $m:n$，则已知线 l 和 C 或 D 所决定的平面都合于要求. 当 l 通过 C 或 D 时，无穷多解，一般两解.

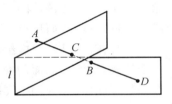

图 C.58

97. 参看图 C.59,求通过定点 A 作平面使距三定点 B,C,D 等远.

以 M,N,P 表示 $\triangle BCD$ 三边 CD,DB,BC 的中点,并联结直线 AM,AN,AP.

平面 MAN,NAP,PAM 以及通过 A 而平行于平面 BCD 的平面皆为所求.所以一般有四解.

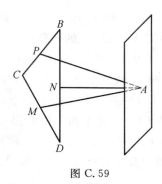

图 C.59

讨论:(1)当 B,C,D 共线时,通过 A 作平行于直线 BCD 的直线,则含后一直线的一切平面皆为所求.

(2) B,C,D 组成三角形而 A 不在平面 BCD 上时,四解.

(3) A 在 $\triangle BCD$ 所在平面上的任意位置,一解,即平面 BCD 自身.

(4)若 A 在 $\triangle BCD$ 的平面上且在 $\triangle MNP$ 的一边上,则除平面 BCD 为一特殊解答外,通过 $\triangle MNP$ 含 A 的那一边的一切平面皆是解答.

98. 顶点是三个球的公共点,当解答存在时有两解.为了避免球的概念,可求作顶在底上的射影.

99. 参看图 C.60,设已知棱 SB,SC 以及 SA 在底上的射影 HA.当固定了 $\triangle ABC$ 以后,若作 $HD \perp BC$,则由三垂线定理,也有 $SD \perp BC$.由于 $\triangle SBC$ 的三边为已知,高线足 D 可预先确定,于是点 H 的一个轨迹是在底面上由 D 所引 BC 的垂线.H 的另一轨迹是在底面上以 A 为心以定长为半径的圆周.所以点 H 可定.最后可从直角 $\triangle SHB$ 由已知边长 SB 和 HB 算出 SH 的长度,于是 S 便确定了.

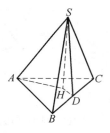

图 C.60

100. 参看图 C.61,设已知棱 SA,SB 的射影 HA, HB 和棱 SC 本身.点 H 可用两圆交点来确定,于是在直角 $\triangle SCH$ 中,由已知斜边 SC 和一腰 HC 可以求出另一腰 SH 的长度,从而顶点 S 可定.

101. 作出底以后,由给定的两个二面角得出顶点的一个轨迹,即两个侧面的交线.由给定的高,又得出顶点在平行于底面的平面上.故顶点可定.

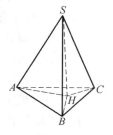

图 C.61

102. 参看图 C.62,设 $ABCDEFGH$ 为立方体,我们

来证明通过既不平行又不共点的三棱中点 M, N, P 的平面截它成一正六边形 $MNPQRS$. 设这平面交三棱 BA, BC, BF 于 V, T, Z.

容易看出三个直角三角形 $\triangle MAV, \triangle MDN, \triangle CTN$ 互相合同,从而有

$$VT = 3MN = \frac{3}{2}AC$$

由于 $\triangle TCP$ 是等腰直角三角形,可知 $TP \parallel CF$,于是 Q 是 FG 的中点. 即通过 M, N, P 的平面截 FG 于中点 Q. 仿此,通过 N, P, Q 的

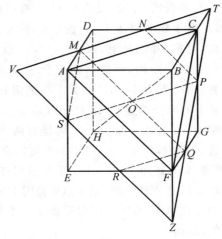

图 C.62

平面截 FE 于中点 R,通过 P, Q, R 的平面截 EA 于中点 S. 那么六棱中点 M, N, P, Q, R, S 在同一平面上. 这六边形显然是等边的,每边等于立方体一面对角线的一半. 又由于 $\triangle TNP$ 是等边的,可知 $\angle MNP = 120°$,其他各角也是 $120°$. 所以 $MNPQRS$ 是正六边形.

注意:(1)立方体的对角线 BH 垂直于这个截面. 因为 $MBQH$ 是菱形,所以 $BH \perp MQ$;仿此 $BH \perp PS$. 可知 $BH \perp MQ$ 和 PS 所在的平面.

(2)这截面通过立方体的中心 O,因为 O 就是 MQ 和 PS 的交点. 其实这在最起初就可以预料到,因为如果有一平面截立方体可以得出正六边形,那么它的一双相平行的对边就只能是截面与一双平行平面的交线,这一双对边平行且相等,所以是一个平行四边形的对边,这平行四边形的中心就是立方体的中心.

(3)所以所说的截面可以用下列方法之一确定之:通过三条既不平行又不共点的棱的中点;通过立方体中心和相邻两棱的中点;通过立方体中心且垂直于一条对角线.

(4)这样的截面共有四个,即通过中心而与每一条对角线垂直的平面.

(5)不再有其他截面给出正六边形. 在(2)中曾分析出凡给出正六边形的截面一定通过中心,若从中心 O 作垂直于截面的直线,取之作为旋转轴使正六边形通过某一旋转重合于其自身时,立方体也将重合于其自身. 所以这个旋转是立方体所容许的旋转之一. 遍查立方体所容许的 23 个旋转(不计么变换),只有垂直于 4 条 3 阶旋转轴且通过中心的平面给出六边形(参看 3.5.3).

103. 参看图 C.63,设将 △ABC 的顶点 A 置于定点 P,B 置于定直线 l 上,C 置于定平面 π 上. B 在 l 上何处,可在平面 lP 上,以 P 为中心,以 AB 为半径作圆与 l 相交而得,可能有两点合于要求. 既定了 B 的位置,则由于 PC=AC 和 BC 都是定长,所以得出 C 在 π 上的两个轨迹,即以 P 和 B 在 π 上的射影为中心的圆周. 可见对于每一个 B,可能有两个 C.

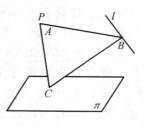

图 C.63

置 A 于 P,B 于 l 上,C 于 π 上可能有四解,互换 B 与 C 的地位又可能有四解. 即置 A 于 P,可能有八解. 置 B 或 C 于 P 亦然. 因之最多 24 解.

104. 通过 A 作直线 $l'/\!/l$. 然后应用 1.9 作图题 1.

105. 设 AA', BB', CC' 是平面 α 的垂线,则 $\triangle AA'M, \triangle BB'M$ 以及 $\triangle CC'M$ 都相似,从而
$$MA':MB'=AA':BB', MA':MC'=AA':CC'$$
所以所求点 M 是平面 α 上两个阿波罗尼斯圆的交点. 最多两解.

106. 参看图 C.64,即以 △ABC 表示截口三角形,那么 SB⊥平面 ABC. 因而含有 SB 的平面 SAB⊥ABC. 又假设 SAB⊥SAC. 两平面 ABC 和 SAC 垂直于同一平面 SAB,所以它们的交线 AC⊥SAB,所以 AC⊥平面 SAB 上的 AB 线,即∠BAC=d.

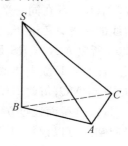

图 C.64

107. 参看图 C.65,设 $S-A_0B_0C_0$ 是 S-ABC 的补三面角,要证明(例如)二面角 $\angle SA+\angle B_0SC_0=2d$.

在 S-ABC 内部取一点 S_1 作 $S_1B_1\perp SAC, S_1C_1\perp SAB$,则平面 B_1SC_1 既垂直于 SAC 又垂直于 SAB,从而垂直于其交线 SA. 以 A 表示 SA 和平面 $B_1S_1C_1$ 的交点,则在四边形 $AB_1S_1C_1$ 中,$\angle AB_1S_1=\angle AC_1S_1=d$,所以有 $\angle B_1AC_1+\angle B_1S_1C_1=2d$. 但 S_1B_1 和 SB_0 反向平行,S_1C_1 和 SC_0 也反向平行,因而 $\angle B_1S_1C_1=\angle B_0SC_0$;并且 $\angle B_1AC_1$ 是 ∠SA 的平面角. 因而证明了
$$\angle SA+\angle B_0SC_0=2d$$

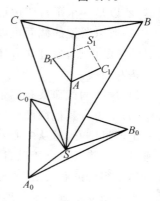

图 C.65

108. 参看图 C.66,设 $\angle ASB=\angle ASC=45°$, $\angle BSC=60°$,在棱 SA 上取一点 A,作垂直于 SA 的平面 BAC,交其他两棱于 B,C,则 $\triangle SAB$ 和 $\triangle SAC$ 是合同的等腰直角三角形,从而 $SB=SC$. 既有 $SB=SC, \angle BSC=60°$,可见 $\triangle SBC$ 是等边的. 于是 $\triangle ASC$ 和 $\triangle ABC$ 的对应边相等,故 $\angle BAC=\angle SAC=90°$,即 $\angle SA=90°$.

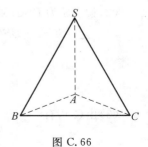

图 C.66

109. 解法 1:设在图 C.66 中 $SA=SB=SC$, $\angle ASB=\angle ASC=60°, \angle BSC=90°$,则 SAB 和 SAC 都是等边三角形. 可见在 $\triangle ABC$ 和 $\triangle SBC$ 中,有 $AB=SB, AC=SC, BC$ 公用,所以 $\angle BAC=\angle BSC=90°$. 以 M 表 BC 中点,则 $AM\perp BC, SM\perp BC, AM=SM$. $\triangle AMS\equiv\triangle AMB$(三边对应相等),所以 $\angle AMS=\angle AMB=90°$,即 $\angle A-BC-S$ 为直二面角.

解法 2:设 $SA=SB=SC=a$,则 $AB=AC=a, BC=\sqrt{2}a, \angle BAC=90°$, $AM=SM=\frac{\sqrt{2}}{2}a, AM^2+SM^2=a^2=SA^2$,所以 $\angle AMS=90°$.

110. 参看图 C.67,在棱 SA 上取一点 A,作 $AD\perp BSC$,则 SD 为 SA 在 BSC 上的射影. 作 $DB\perp SB, DC\perp SC$,则由三垂线定理 $AB\perp SB, AC\perp SC$.

首先,在直角三角形 $\triangle SAB$ 和 $\triangle SAC$ 中,斜边 SA 公用,锐角 $\angle ASB=\angle ASC$,所以 $AB=AC$. 然后在直角三角形 $\triangle ADB$ 和 $\triangle ADC$ 中,AD 公用,$AB=AC$,所以 $DB=DC$. 最后,在直角三角形 $\triangle SDB$ 和 $\triangle SDC$ 中,$DB=DC, SD$ 公用,所以 $\angle BSD=\angle CSD$

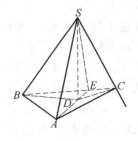

图 C.67

(或者说,D 距 SB 和 SC 等远,因而 $\angle BSD=\angle CSD$). 证明时,默认 $\angle ASB=\angle ASC$ 是锐角;若为直角,SD 不存在;若为钝角可延长 BS 和 CS 证之.

这命题实际上即是 52 题.

由于斜线在平面上的射影比平面上其他的直线与斜线的夹角为小,所以 $\angle ASD<\angle ASB$.

111. 参看图 C.67,应用命题"三面角中,两个面角之和大于第三面角".

(1) $\angle ASD+\angle BSD>\angle ASB, \angle BSD+\angle CSD>\angle BSC, \angle CSD+\angle ASD>\angle CSA$,相加以 2 除之,得

$$\angle ASD+\angle BSD+\angle CSD>\frac{1}{2}(\angle ASB+\angle BSC+\angle CSA)$$

(2) 设 SE 为 BSC 和 ASD 的交线，则
$$\angle ASC + \angle BSC = \angle ASC + (\angle BSE + \angle CSE) =$$
$$\angle BSE + (\angle ASC + \angle CSE) >$$
$$\angle BSE + \angle ASE = \angle BSE + \angle ESD + \angle ASD >$$
$$\angle BSD + \angle ASD$$

(3) 由(2)，有
$$\angle ASD + \angle BSD < \angle ASC + \angle BSC$$
$$\angle BSD + \angle CSD < \angle ASB + \angle CSA$$
$$\angle CSD + \angle ASD < \angle ASB + \angle BSC$$
相加以 2 除之，得
$$\angle ASD + \angle BSD + \angle CSD < \angle BSC + \angle CSA + \angle ASB$$

112. 参看图 C.68，我们知道三面角三个面角之和小于 $4d$. 假设凸 n 面角多面角之和小于 $4d$，求证任意给定的凸 $n+1$ 面角 $S-A_1A_2A_3\cdots A_{n-1}A_nA_{n+1}$ 各面角之和也小于 $4d$.

延长两面 $SA_{n-1}A_n$ 和 SA_1A_{n+1} 以相交于一直线 SA'_n，得出一个凸 n 面角 $S-A_1A_2A_3\cdots A_{n-1}A'_n$. 在这个新多面角中，用归纳假设得
$$\angle A_1SA_2 + \angle A_2SA_3 + \cdots + \angle A_{n-1}SA'_n +$$
$$\angle A'_nSA_1 < 4d$$
从三面角 $S-A_nA'_nA_{n+1}$ 又得出
$$\angle A_nSA_{n+1} < \angle A_nSA'_n + \angle A'_nSA_{n+1}$$
相加，并消去公共的 $\angle A_nSA'_n$ 和 $\angle A'_nSA_{n+1}$，便得

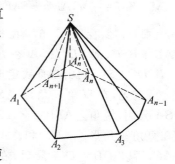

图 C.68

$$\angle A_1SA_2 + \angle A_2SA_3 + \cdots + \angle A_{n-1}SA_n + \angle A_nSA_{n+1} + \angle A_{n+1}SA_1 < 4d$$

113. 以 A,B,C 表示三面角的三个二面角，并以 a_0,b_0,c_0 表示它的补三面角的相应面角，那么 $A+a_0=B+b_0=C+c_0=2d$. 由于在补三面角中，一个面角大于其他两个面角之差，且三个面角之和小于四直角，故有
$$c_0 - a_0 < b_0 < 4d - a_0 - c_0 = (2d - a_0) + (2d - c_0)$$
即
$$A - C < 2d - B < A + C$$

114. 参看图 C.69，在空间四边形 $ABCD$ 中引一条对角线 AC，在以 A 和 C 为顶点的三面角中，由于每一面角小于其他两个面角之和，则
$$\angle DAB < \angle DAC + \angle BAC, \angle BCD < \angle BCA + \angle DCA$$
相加，得

$$\angle DAB+\angle BCD<(\angle DAC+\angle DCA)+$$
$$(\angle BAC+\angle BCA)=$$
$$(2d-\angle CDA)+(2d-\angle ABC)$$

故 $\angle ABC+\angle BCD+\angle CDA+\angle DAB<4d$

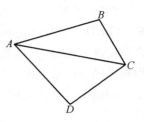

图 C.69

115. 参看图 C.70，当 $n=4$ 时，由上题命题成立．
假设空间 n 边形各内角和小于 $(n-2)2d$，求证空间 $n+1$ 边形各内角和小于 $[(n+1)-2]2d$．

联结对角线 A_1A_n，则由一个 n 边形和两个三面角，有

$$\angle A_1A_2A_3+\cdots+\angle A_{n-1}A_nA_1+\angle A_nA_1A_2\leqslant(n-2)2d$$
$$\angle A_{n-1}A_nA_{n+1}\leqslant\angle A_{n-1}A_nA_1+\angle A_1A_nA_{n+1}$$
$$\angle A_{n+1}A_1A_2\leqslant\angle A_nA_1A_2+\angle A_nA_1A_{n+1}$$

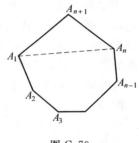

图 C.70

若 $A_1,A_2,\cdots,A_{n-1},A_n$ 共面，第一式用等号，否则用小于号；若 A_{n-1},A_n,A_{n+1} 共面，第二式用等号，否则用小于号；第三式仿此．但三式中至少有一处用小于号，否则 $A_1A_2\cdots A_nA_{n+1}$ 是平面多边形而非空间多边形了．三式相加，消去公共部分，得

$$\angle A_1A_2A_3+\cdots+\angle A_{n-1}A_nA_{n+1}+\angle A_{n+1}A_1A_2<$$
$$(n-2)2d+\angle A_1A_nA_{n+1}+\angle A_nA_1A_{n+1}=$$
$$(n-2)2d+2d-\angle A_nA_{n+1}A_1$$

即
$$\angle A_1A_2A_3+\cdots+\angle A_{n-1}A_nA_{n+1}+\angle A_nA_{n+1}A_1+\angle A_{n+1}A_1A_2<[(n+1)-2]2d$$
所以命题由归纳法证明了．

116. 参看图 C.71，设在 $S\text{-}ACB$ 和 $S\text{-}ACD$ 中，三个面角分别相等，即 $\angle ASB=\angle ASD$，$\angle CSB=\angle CSD$，$\angle ASC$ 公用．所以这两个三面角相等，从而 $\angle SB=\angle SD$．

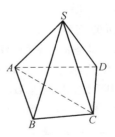

图 C.71

117. 设在 $S\text{-}ABCD$ 中，$\angle ASB=\angle CSD$，$\angle ASD=\angle BSC$，则 $S\text{-}ACB$ 和 $S\text{-}ACD$ 有三个面角分别相等，因而 $\angle SB=\angle SD$．同理，考察三面角 $S\text{-}BDA$ 和 $S\text{-}BDC$，便得 $\angle SA=\angle SC$．

118. 参看图 C.72，设有一平面截四面角 S-$ABCD$ 于平行四边形 $ABCD$，则 $AB \parallel CD$，$AD \parallel BC$，故由命题"在三面角中，通过顶点在每一面上所引对棱的三垂线共面"(1.2.2引理)，截面必须既平行于 SAB 和 SCD 的交线，又平行于 SAD 和 SBC 的交线.

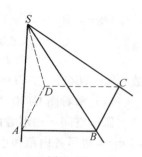

图 C.72

反之，由于 SAB 和 SCD 有了一个公共点 S，便相交于通过 S 的一直线. 同理，SAD 和 SBC 也相交于通过 S 的一直线. 并且这两直线不重合，否则四平面将共轴了. 于是这两相交线决定一平面. 凡平行于这平面的平面都截 S-$ABCD$ 于平行四边形，因为这四边形的两双对边各平行于一直线.

119. 证法 1：参看图 C.73，设 S-ABC 中三个面角 BSC，CSA，ASB 的平分线为 SA'，SB'，SC'. 通过这三条平分角线而与所在平面垂直的平面记为 α，β，γ. 两平面 α 与 β 有公共点 S，又不相重合（否则 BSC 和 CSA 两平面将合而为一），故相交于一直线 SO. 根据 52 题，SO 与 SB 的夹角等于 SO 与 SC 的夹角，SO 与 SC 的夹角等于 SO 与 SA 的夹角. 于是 SO 与 SA，SB 夹等角，从而它在 ASB 面上的射影就是 SC'. 可见平面 γ 也通过 SO，即 α，β，γ 共线.

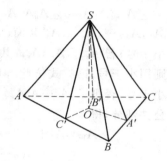

图 C.73

证法 2：在三棱上截 $SA = SB = SC$，则各面角平分线 SA'，SB'，SC' 是等腰三角形顶角平分线，因而是底边的中垂线. 设平面 α 与 ABC 的交线为 $A'O$，由于 α 与 BSC 垂直，BC 在 BSC 上且垂直于这两平面的交线为 SA'，所以 $BC \perp \alpha$，从而 $BC \perp OA'$. 即是 α 与平面 ABC 的交线是 BC 的中垂线. 仿此，β，γ 与 ABC 的交线是 $\triangle ABC$ 另两边的中垂线. 由于 $\triangle ABC$ 的三条中垂线相交于一点 O，所以 α，β，γ 相交于直线 SO.

120. 参看图 C.74，设在三棱上截 $SA = SB = SC$，设 SA'，SB' 和 SC' 是多面角平分线，则三平面 ASA'，BSB' 和 CSC' 与 $\triangle ABC$ 的平面的交线 AA'，BB'，CC' 是 $\triangle ABC$ 的三条

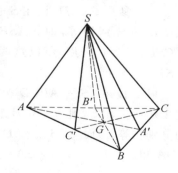

图 C.74

中线,因而相交于一点 G.所以所说的三平面相交于直线 SG.

121. 参看图 C.75,设通过 SA,SB 的棱引平面垂直于这棱的对面,交对面于 SD,SE. 以 SH 表示平面 ASD 和 BSE 的交线(这两平面有公共点 S 而又不重合,否则三面角有两面将重合),并于其上取一点 H,通过 H 作平面 $\perp SH$,截三面于 $\triangle ABC$. 由作图,$ASD \perp BSC$. ASD 含有 ABC 的垂线 SH,故又有 $ASD \perp ABC$. 从而 $ASD \perp BC$(BSC 和 ABC 的交线).BC 既垂直于平面 ASD,所以 $BC \perp AD$. 同理 $AC \perp BE$. 可见 H 是 $\triangle ABC$ 的垂心.

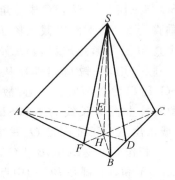

图 C.75

设 CH 交 AB 于 F,则 AB 既垂直于 CF 又垂直于 SH(因为 $SH \perp ABC$),故 $AB \perp CSF$. 平面 CSF 既垂直于平面 ASB 上的直线 AB,故 $CSF \perp ASB$. 可见通过每一棱且垂直于对面的三个平面 ASD,BSE,CSF 共线 SH.

122. 设在三面角 $S-ABC$ 中截 $SA=SB=SC$,则 $\triangle SAB,\triangle SBC$ 和 $\triangle SCA$ 都是等腰三角形. 题目上所说的三条直线便是通过顶点 S 而平行于 BC,CA,AB 的三条直线,故共面,即通过 S 而平行 ABC 的平面.

123. 参看图 C.76,利用 1.10 定理 7 的证明,把已知条件转换为已知两个面角及所夹二面角.

设已知 $\angle BSC=\alpha,\angle CSA=\beta,\angle ASB=\gamma$. 设问题已解,截 $SA=SB=SC=l$,则 AB,BC,CA 可作出,从而 $\angle BAC$ 可定. 在线段 SA 上充分接近点 A 选取一点 E,在面 ASB 上作 $EF \perp SA$,在面 ASC 上作 $EG \perp SA$,使可能与线段 AB,AC 各交于一点 F,G. 于是 EF,AF,EG,AG 随之定. $\triangle FAG$ 有两边及夹角已定,故 FG 亦定. 最后,$\triangle EFG$ 三边已定,故 $\angle FEG$ 即二面角 SA 已定. 从而可以作出三面角.

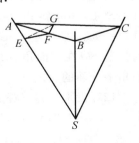

图 C.76

有解的必要条件是:α,β,γ 之和小于 $4d$,并且其中最大的一角小于另两角之和. 至于这样的条件也是充分的,我们留在球面三角形去讨论(习题 5 第 11 题).

124. 这求作三面角的补三面角中三个面角可定,根据上题首先作出,于是可得到求作的三面角.

已知三角之和要大于 $2d$ 小于 $6d$ 问题才有解.

125. 参看图 C.77，假设问题已解，所求直线 SO 与三棱 SA,SB,SC 成等角。过 SO 上一点 O 作垂直于 SO 的平面以截三棱于三点 A,B,C。则三个直角三角形 $\triangle SOA,\triangle SOB,\triangle SOC$ 互相合同（一腰公用，一锐角相等）。从此可知 $SA=SB=SC$，且 O 为 $\triangle ABC$ 的外心。故得作法如下：在三面角各棱上截等长线为 SA,SB,SC。作 $SO\perp ABC$（或求出 $\triangle ABC$ 的外心 O，联结 SO）。

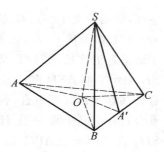

图 C.77

若作 $OA'\perp BC, OB'\perp CA, OC'\perp AB$，则 SA', SB', SC' 是三个面角的平分线。OA' 和 SA' 都在 BC 的中点与 BC 垂直，所以 $BC\perp SOA'$。SOA 既垂直于平面 SBC 上的直线 BC，因此 $SOA'\perp SBC$。仿此 $SOB'\perp SCA, SOC'\perp SAB$。

即是说，也可以通过三个（其实只要两个，参考 119 题）面角的平分线作垂直于各该面的平面，其交线即所求。

126. 参看图 C.78，设问题已解，所求线 SO 与 $S-ABC$ 的三面成等角。以 SA_1 和 SC_1 表示 SO 在平面 BSC 和 ASB 上的射影，以 A_1 和 C_1 表示 SO 上一点 O 在这两面上的射影。则两个直角三角形 $\triangle SOA_1$ 和 $\triangle SOC_1$ 中，斜边 SO 公用，一锐角相等，于是 $OA_1=OC_1$，即 O 距 BSC 和 ASB 两面等远。从中学几何知道 SO 在二面角 SB 的平分面上。所求线即各二面角平分面的交线。

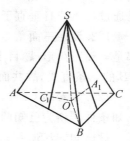

图 C.78

127. 设平面与三棱成等角，则其法线亦然。故可先求此法线（125 题）。

128. 参看图 C.79，任作一平面与所求面平行，截 $S-ABC$ 的三棱于 A,B,C。作 $SO\perp ABC$，SO 即所求平面的法线，决定了 SO，问题便解决了。

作 $OA'\perp BC, OC'\perp AB$。则由三垂线定理，也有 $SA'\perp BC, SC'\perp AB$。于是在两个直角三角形 $\triangle SOA'$ 和 $\triangle SOC'$ 中，SO 公用，$\angle SA'O=\angle SC'O$（假设），从而也有 $\angle OSA'=\angle OSC'$。

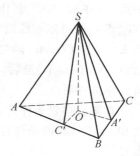

图 C.79

但 $BC\perp SOA', SOA'$ 既垂直于 SBC 上的线 BC，便有 $SOA'\perp SBC$。换言之，SA' 是 SO 在 SBC 的射影。仿此，SC' 是 SO 在 SAB 上的射影。那么，SO 与 SAB, SBC 成等角。根据同

样的分析，SO 与 $S-ABC$ 的三面成等角，故 SO 可作(126题)．

129. 参看图 1.69 和图 C.80，问题在于由已知长度 AB,BC,CA 作出 SA,SB,SC 的长．作 $\triangle A'B'C'$ 合同于给定三角形，作 $A'D'\perp B'C'$ 得点 D'．以 $B'C'$ 为直径画半圆，与 $B'C'$ 在 D' 的垂线相交于 S'，则 $S'B'=SB,S'C'=SC$．仿此作出 SA 之长．

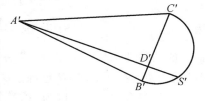

图 C.80

证明时，注意 $S'B'^2+S'C'^2=B'C'^2=BC^2$，等等，所以在一个三直三面角的棱上截 $S'A', S'B', S'C'$ 的长，构成的三角形合同于 $\triangle ABC$．

130. 参看图 C.81，三角形两边中点连线段平行于第三边且等于其半，那么 $PQRS$ 是一个四边相等的平行四边形，即菱形，故对角线 $PR\perp QS$．

131. 设四面体 $ABCD$ 各棱中点为 P,Q,R,S,M,N，考察一双对棱的平方和 $AB^2+CD^2=4RS^2+4RQ^2=2PR^2+2QS^2$．仿此考察另两双对棱的平方和，相加得

$AB^2+CD^2+AC^2+BD^2+AD^2+BC^2=4(PR^2+QS^2+MN^2)$

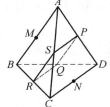

图 C.81

132. 因为 $PQ \underline{\underline{/\!/}} \frac{1}{2}AB \underline{\underline{/\!/}} SR$，所以 $PQRS$ 为平行四边形．

133. 设四面体 $ABCD$ 被一平面 π 截得一平行四边形 $PQRS$，则 $PS/\!/QR$，$PQ/\!/SR$．由命题"两相交平面上各有一直线，设此二线平行，则它们必平行于两平面的交线"，$PS/\!/QR/\!/CD$，$PQ/\!/SR/\!/AB$．所以 $\pi/\!/CD$，$\pi/\!/AB$．或应用 1.2.2 引理，π 通过 ACD 面上的 SP，又通过 BCD 面上的 RQ，且 $SP/\!/RQ$，所以 $\pi/\!/CD$．仿此 $\pi/\!/AB$．

134. 参看图 C.82，设平行于四面体 $ABCD$ 一双对棱的平面 π 截四面体于四边形 $PQRS$．由于 $\pi/\!/AB$，故 π 与 ABC 的交线 $SR/\!/AB$．同理 $PQ/\!/AB$．所以 $PQ/\!/SR$．仿此 $PS/\!/QR$．即 $PQRS$ 为平行四边形．

SP 和 SR 的夹角等于 CD 与 AB 的夹角 θ，所以 $S_{PQRS}=SP\cdot SR\sin\theta$，截面面积最大的充要条件是 $SP\cdot SR$ 最大．但由相似三角形，有

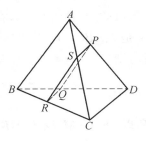

图 C.82

$$\frac{SP}{CD}=\frac{AS}{AC}, \frac{SR}{AB}=\frac{SC}{AC}$$

因此 $$SP\cdot SR=\frac{AB\cdot CD}{AC^2}\cdot(AS\cdot SC)$$

最大的条件即 $AS\cdot SC$ 最大. S 分 AC 为两份,要乘积最大,充要条件为: S 是 AC 的中点. 这时, P,Q,R 也都是棱的中点.

135. 参看图 C.83,因为 $A''C''\parallel C'A'\parallel CA$,以 O 表示梯形 $ACA''C''$ 的对角线交点,则

$$\frac{A''O}{OA}=\frac{A''C''}{AC}=\frac{1}{2}\frac{A'C'}{AC}=\frac{1}{2}\frac{DA'}{DA}$$

仿此, BB'' 和 AA'' 的交点也以同样的比值分线段 AA'',故 AA'', BB'', CC'' 相交于一点.

136. 参看图 C.84,设 $AB=CD, AD=BC, AC=BD$,那么各面是合同三角形. 以 α, β, γ 表示每一三角形的角,则一方面由三角形内角和,另一方面三面角中两个面角之和大于第三面角,故有

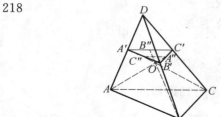

图 C.83

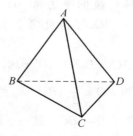

图 C.84

$$\alpha+\beta+\gamma=2d, \alpha<\beta+\gamma, \beta<\gamma+\alpha, \gamma<\alpha+\beta$$

于是得 $$\alpha<d, \beta<d, \gamma<d$$

137. 参看图 C.85,在四面体 $ABCD$ 中, K 和 G 是 $\triangle ABC$ 和 $\triangle ACD$ 的重心, AM 和 AN 是中线,则

$$AK=\frac{2}{3}AM, AG=\frac{2}{3}AN$$

所以 $KG\parallel MN\parallel BD, KG=\frac{2}{3}MN=\frac{1}{3}BD$

138. 这命题曾利用四面体的外接平行六面体

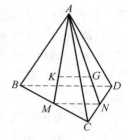

图 C.85

证明过(1.11 定理 1).

参看图 C.86，设 A' 是 $\triangle BCD$ 的重心，B' 是 $\triangle ACD$ 的重心，则 $AB' = \frac{2}{3}$ 中线 AM，$BA' = \frac{2}{3}$ 中线 BM. 于是由 $\triangle ABM$，$A'B' \parallel BA$ 且 $A'B' = \frac{1}{3}BA$，故 AA' 与 BB' 相交于一点 G（梯形 $ABA'B'$ 中对角线的交点），且 $AG : GA' = BG : GB' = AB : A'B' = 3 : 1$，即

$$AG = \frac{3}{4}AA', BG = \frac{3}{4}BB'$$

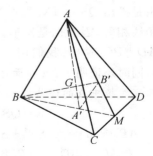

图 C.86

仿此，设 CC', DD' 是类似的线段，则它们也与 AA' 相交于 AA' 上同一个 $\frac{1}{4}$ 点，故 AA', BB', CC', DD' 共点 G.

139. 参看图 C.87，在四面体 $ABCD$ 中，设 K 为 $\triangle BCD$ 的重心，G 为四面体重心，M 为 AK 中点. 各点在一平面 π 上的射影记为 A_1、$B_1 \cdots$，由 42 题，有

$$3KK_1 = BB_1 + CC_1 + DD_1$$

又利用梯形中线的性质，得

$$2GG_1 = MM_1 + KK_1$$
$$2MM_1 = AA_1 + KK_1$$

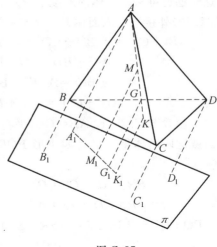

图 C.87

上式以 2 乘之，与下式相加以消去 MM_1，遂得

$$4GG_1 = AA_1 + 3KK_1 = AA_1 + BB_1 + CC_1 + DD_1$$

当 π 与四面体相交时，这关系仍成立，但各线段应解释为有向线段，同向平行则同号，异向平行则异号.

140. 参看图 C.88，设在四面体 $ABCD$ 中，$AB \perp CD, AC \perp BD$. 以 M, N, P, Q, R, S 表示各棱中点. 首先，$PQRS, MPNR, MSNQ$ 是平行四边形（132 题）. 由于 $AB \perp CD, AC \perp BD$，前两个平行四边形邻边互相垂直，故为矩形，从而有对角线相等，即

$$PR = QS, PR = MN$$

由是推出 $QS=MN$. 那么第三个平行四边形的对角线相等,因而也是矩形,所以推出 $SN \perp SM$,即 $AD \perp BC$. 这样,我们用另一法证明了 1.11 定理 3,同时还证明了:设四面体中有两双对棱互垂,则三双对棱中点的连线段相等,即

$$PR=QS=MN$$
$$AB^2+CD^2=4(SR^2+SP^2)=4PR^2=4MN^2$$
$$AC^2+BD^2=4(RM^2+RN^2)=4MN^2$$
$$AD^2+BC^2=4(SN^2+SM^2)=4MN^2$$

所以 $AB^2+CD^2=AC^2+BD^2=AD^2+BC^2$

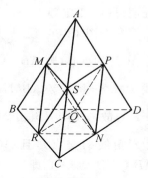

图 C.88

这命题也可从四面体的外接平行六面体证出.一经 $AB \perp CD, AC \perp BD$,那么(图 1.70)外接平行六面体各面都是菱形,于是

$$AB^2+CD^2=A'B'^2+CD^2=4(A'E^2+EC^2)=4A'C^2=4B'C^2$$
$$AC^2+BD^2=AC^2+B'D'^2=4B'C^2$$
$$AD^2+BC^2=A'D'^2+BC^2=4A'C^2=4B'C^2$$

故亦得 $\qquad AB^2+CD^2=AC^2+BD^2=AD^2+BC^2$

141. 参看图 C.89,设 $AB=CD$,平行于这双对棱的平面截这四面体得一平行四边形 $PQRS$(134 题),有

$$SR : AB = CS : CA$$
$$SP : CD = AS : AC$$

所以 $PQ+QR+RS+SP = 2(SR+SP) =$

$$2\left(\frac{AB}{AC}CS+\frac{CD}{AC}AS\right)=$$

$$2 \cdot \frac{AB}{AC}(CS+AS)=$$

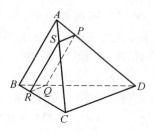

图 C.89

142. 证法 1:参看图 C.90,由 120 题,三平面 BAB', CAC', DAD' 相交于一直线 AO,以 O 表示 AO 与平面 BCD 的交点,那么 BB', CC', DD' 相交于点 O.

证法 2:由平分角线性质,我们得出

$$\frac{BD'}{D'C} \cdot \frac{CB'}{B'D} \cdot \frac{DC'}{C'B} = \frac{AB}{AC} \cdot \frac{AC}{AD} \cdot \frac{AD}{AB} = 1$$

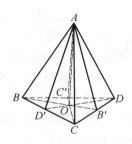

图 C.90

由塞瓦定理①得证.

143. 参看图 C.91,设 $AH \perp BCD, CH_1 \perp ABD$. 作 $HK \perp BD, H_1K_1 \perp BD$,则由三垂线定理,$AK \perp BD, CK_1 \perp BD$,故在 $\triangle AHK$ 和 $\triangle CH_1K_1$ 中,$\angle H = \angle H_1 = d$,$\angle AKH$ 和 $\angle CK_1H_1$ 同为二面角 BD 的平面角,因而相似.于是 $\dfrac{AK}{AH} = \dfrac{CK_1}{CH_1}$,因而

$$\frac{1}{2}BD \cdot AK \cdot CH_1 = \frac{1}{2}BD \cdot AH \cdot CK_1$$

$$\triangle ABD \cdot CH_1 = \triangle BCD \cdot AH$$

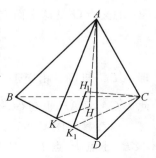

图 C.91

144. 参看图 C.92,

(1) 每面上知道了三点,作出四个面问题就解决了.

(2) 设 M, N, P, Q, R, S 是各棱中点,三双对棱中点的连线 MN, PR, QS 相交于一点 O 且互相平分,故任取一点 O',以 O' 为顶点作一个三面角使其三个面角等于已知角,且于三棱上各取一点 M', P', S' 使距 O' 的长度是已知长度的一半,并求这些点对于 O' 的对称点 N', R', Q'.问题归于(1).

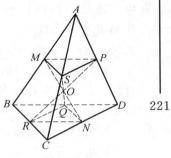

图 C.92

145. 参看图 C.93,若平面 $AA'C'C$ 和 $BB'D'D$ 都垂直于底面 $ABCD$,则它们的交线 OO' 亦然.但各侧棱与 OO' 平行,因而各侧棱和底垂直.

146. 参看图 C.94,设 $ABCA'B'C'$ 为三棱柱,G 和 G' 为 $\triangle ABC$ 和 $\triangle A'B'C'$ 的重心,求证平面 $A'BC, B'CA, C'AB$ 相交于 GG' 上一点 O.

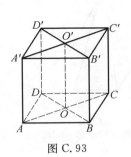

图 C.93

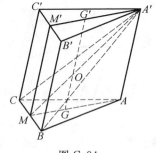

图 C.94

---

① 参看本书编者的《初等几何研究(第二版)》,高等教育出版社,§1.16.1.

以 M,M' 表示 $BC,B'C'$ 的中点,则 GG' 在平面 $AA'M'M$ 上,显然 $A'BC$ 与 GG' 的交点 O 是这平面上 $A'M$ 和 GG' 的交点,故
$$\frac{GO}{GG'}=\frac{GO}{AA'}=\frac{MG}{MA}=\frac{1}{3}$$
即 $A'BC$ 与 GG' 相交于 GG' 上的一个 $\frac{1}{3}$ 点. 仿此 $B'CA,C'AB$ 也与 GG' 相交于此点.

147. 参看图 C.95,设对角线 BD_1 交平面 ACB_1 于点 P,点 P 显然在 BD_1 上又在两平面 ACB_1 和 BB_1D_1D 的交线 B_1M 上(M 是 AC 的中点). 从平行四边形 BB_1D_1D 可知,BD_1 与 B_1M 相交于 BD_1 的一个三分点 P. 仿此 BD_1 被 A_1C_1D 截于另一个三分点 P_1.

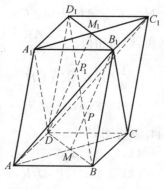

图 C.95

148. 参看图 C.96,设六面体的每一面是通过三线之一而平行于另一线的平面,所以每一面唯一决定.

149. 作一直截面,所得多边形的内角和便是所求的二面角之和.

150. 参看图 C.97,以平面 $SA_1A_3,\cdots,SA_1A_{n-1}$ 分 n 棱锥 $S-A_1A_2\cdots A_n$ 为 $n-2$ 个三棱锥 $S-A_1A_2A_3,\cdots,S-A_{n-1}A_nA_1$. 各三棱锥中以 SA_i 为棱的各二面角之和即所求之和. 但因每一三面角中三个二面角之和大于 $2d$,故所求之和大于 $(n-2)2d$. 我们假设所讨论的是凸 n 棱锥,即考察的每一个二面角就小于 $2d$,其和小于 $2nd$.

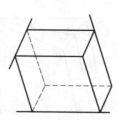

图 C.96

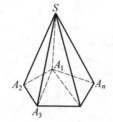

图 C.97

151. 参看图 C.98,设 $S-ABCD$ 为正四棱锥,O 为底面中心,P 为 AB 中点,M 为 SC 中点,则两个不同的二面角为 $\theta=\angle SPO,\varphi=\angle BMD$. 求证 $\theta=\frac{1}{2}\varphi$.

以 a 表示等边三角形一边,则

$$OP=\frac{a}{2}, SP=\frac{a}{2}\sqrt{3}, BM=\frac{a}{2}\sqrt{3}$$

$$OB=\frac{a}{2}\sqrt{2}, OM=\sqrt{BM^2-OB^2}=\frac{a}{2}$$

所以两个直角三角形 △SOP 和 △BOM 有斜边及一腰分别相等而合同,故 $\theta=\frac{1}{2}\varphi$.

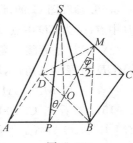

图 C.98

152. 多面体每一面的多边形内角都是多面体的面角,而在每一面的面角数等于在该面上的棱数,但每条棱是两个邻面的公共棱,所以多面体的面角数是棱数的 2 倍,因而是偶数.

153. 将多面体顶点分为两类,第一类顶点与偶数条棱相结合,第二类顶点则与奇数条顶点相结合.围绕第一类顶点的面角数为偶,围绕第二类顶点的面角数为奇数,如果第二类顶点数为奇数,那么面角数的总和等于偶数加奇数个奇数,从而等于奇数,与 152 题矛盾,故发出奇数条棱的顶点数必为偶数.

将多面体的棱按顶点来数一遍. 设发出奇数条棱的顶点数为 n,各发出 $(2k_1+1), (2k_2+1), \cdots, (2k_n+1)$ 条棱. 从发出偶数条棱的各顶点总共发出偶数 $2p$ 条棱.这样,每条棱数着两次,故 $(2k_1+1)+(2k_2+1)+\cdots+2(k_n+1)=2E$,即是说

$$2(k_1+k_2+\cdots+k_n+p)=2E$$

所以 n 是偶数.

154. 将多面体分为两类,第一类面上的多边形边数为偶数,第二类则是奇数. 第一类面上有偶数个面角,第二类面上有奇数个面角. 如果第二类面角数为奇数,则面角数的总和为偶数个奇数,即为奇数,与 152 题矛盾,故以奇数边多边形为面的面数为偶数.

当然,也可仿照 53 题,将多面体的棱按面来数一遍,得到完全一样的结论.

155. 解法 1:最简单的多面体是四面体,有四顶点六条棱.要得出七条棱最少要加上一个顶点,但加上一个顶点绝不止加上了一条棱,所以有七条棱的多面体不存在.

解法 2:设 $E=7$,则由欧拉公式 $V+F=E+2=9$. 由于对于任何多面体,$V\geqslant 4, F\geqslant 4$. 所以有七条棱的多面体如果存在,必由下列几种情况中得之:

(1) $V=4, F=5$,但有四个顶点的多面体,$F=4$ 而不是 $F=5$.

(2) $F=4, V=5$,但有四个面的多面体,$V=4$ 而非 $V=5$.

所以有七条棱的多面体不存在.

156. 参看图 C.99，设 $ABCD$ 为正四面体，M 为 AB 中点，N 为 CD 中点，求证 $AB \perp MN$，$CD \perp MN$.

$\triangle NAB$ 是等腰三角形，NM 为其中线. 仿此，$\triangle MCD$ 为等腰三角形，MN 为其中线. 故得
$$MN \perp AB, MN \perp CD$$

157. 参看图 C.100，设 $ABCD$ 为正四面体，$AG \perp BCD$，O 为 AG 中点，M 为 BC 中点，则 G 为 $\triangle BCD$ 的中心，$GM \perp BC$，于是由三垂线定理，$OM \perp BC$. 以 a 表示一棱之长，则

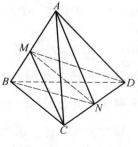

图 C.99

$$DG = \frac{2}{3}DM = \frac{2}{3} \cdot \frac{\sqrt{3}}{2}a = \frac{a}{\sqrt{3}}$$

$$AG = \sqrt{AD^2 - DG^2} = \sqrt{\frac{2}{3}}a$$

$$OG = \frac{1}{2}AG = \frac{a}{\sqrt{6}}$$

$$OM = \sqrt{OG^2 + GM^2} = \sqrt{\frac{a^2}{6} + \left(\frac{1}{3} \cdot \frac{a}{2}\sqrt{3}\right)^2} = \frac{a}{2}$$

所以 $BM = OM = MC$

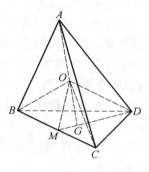

图 C.100

从而可知 $\triangle BOC$（同理 $\triangle COD$ 和 $\triangle BOD$）是等腰直角三角形，故
$$\angle BOC = \angle COD = \angle BOD$$

158. 参看图 C.101，设 $ABCD$ 为正四面体，M 为 CD 中点. 显然 $AM \perp CD$，$BM \perp CD$，故 $CD \perp$ 平面 ABM，从而 CD 垂直于这平面上的直线 AB，即 $AB \perp CD$.

159. 参看图 C.102，由 133 题和 134 题，并应用 158 题，要得到矩形截口，需也只需以平行于一双对棱的平面 $PQRS$ 截正四面体. 有无穷多解.

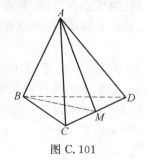

图 C.101

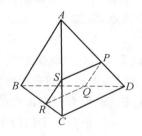

图 C.102

160. 要在上题的矩形中挑出正方形,便要 $PQ=PS$. 但由等边三角形的性质,$PQ=PD$,$PS=PA$,故 $PQ=PS$ 的充要条件是 $AP=PD$,即是说,要得到正方形截口,需也只需通过正四面体一棱中点作平面使平行于一双对棱.

161. 就图 C.103(a) 正四面体言,有

$$\cos\theta = \frac{MO}{AM} = \frac{MO}{MD} = \frac{1}{3}$$

就图 C.103(b) 正八面体言,有

$$\cos\frac{\varphi}{2} = \frac{MO}{AM} = \frac{\frac{1}{2}AB}{\frac{1}{2}AB\sqrt{3}} = \frac{1}{\sqrt{3}}$$

从而 $\cos\varphi = 2\cos^2\frac{\varphi}{2} - 1 = -\frac{1}{3}$

所以 $\theta + \varphi = \pi$

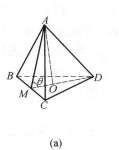
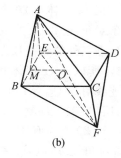

(a) (b)

图 C.103

164. 参看图 C.104,作一平面距正八面体一双平行面(例如 ADE 和 FBC)等远且与之平行,这平面截两平行面间的线段 AB, AF, DF, DC, EC, EB 于中点. 截口 $GHKLMN$ 是正六边形,事实上,其各边同等于一棱的一半因而相等,各角亦等(同为 120°),因为这六边形各边与 $\triangle FBC$ 的边相平行.

165. 参看图 C.105,以平行于正八面体一面 ABF 的平面截八面体于一六边形 $GHKLMN$,则其各边平行于 $\triangle ABF$ 的边. 于是

$$GH = GE, HK = BK, KL = KC$$
$$LM = FM, MN = DM, NG = AG$$

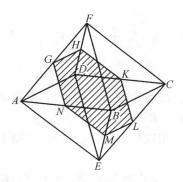
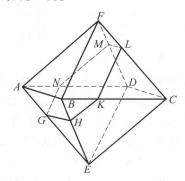

图 C.104   图 C.105

相加,得
$$GH+HK+KL+LM+MN+NG=(AG+GE)+(BK+KC)+(DM+MF)=$$
$$AE+BC+DF=3AE$$

166. 正 n 面体的对角线数记为 d_n,显见 $d_4=0, d_6=4, d_8=3$.

正 12 面体有 20 个顶点,我们要看一看从一个顶点例如 A(图 1.81)发出多少条对角线. 以 A 为一顶点的面共 3 个,这三面上的顶点数为 10. 从 A 到这 10 个顶点以外的每一顶点的连线是正 12 面体的顶角线,所以从 A 数出 10 条对角线. 所以正 12 面体共有 $d_{12}=10\times20\div2=100$ 条对角线. 或者这样想:每两顶连线可连 $C_{20}^2=190$ 条,其中要抛去 30 条棱和 $5\times12=60$ 条各面上的对角线,所以 $d_{12}=190-30-60=100$.

正 20 面体有 12 个顶点,每一顶点与 5 个顶点相邻,所以从一个顶点发出 6 条对角线. 所以 $d_{20}=6\times12\div2=36$. 或者这样想:每两顶连一线,其中抛去 30 条棱:$d_{20}=C_{12}^2-30=66-30=36$.

167. 因为 $E=30, F=12$,故 $V=E+2-F=32-12=20$. 根据 1.12.5 例 2 的证明,面角和为 $4(E-F)d=72d$.

168. 数多面体的棱数时,这样分类,把三角形的面、四边形的面、五边形的面……各归于一类,再去数每一面上的棱数. 这样,每一棱数过两次(同一棱是相邻两面的交界),故 $2E=3F_3+4F_4+5F_5+\cdots$.

若数棱数时,按顶点分类,将发出 3 棱、4 棱、5 棱……的顶点各归于一类,仿上得 $2E=3V_3+4V_4+5V_5+\cdots$.

169. $V=V_3+V_4+V_5+\cdots$,由上题,得
$$2E=3V_3+4V_4+5V_5+\cdots$$
由于 V_i 可能为零,故
$$2E\geqslant3V_3+3V_4+3V_5+\cdots=3(V_3+V_4+V_5+\cdots)=3V$$
仿此,$2E\geqslant3F$.

170. $3V\leqslant2E, 3F\leqslant2E$ 上题已证过了.

要证明 $E+6\leqslant3V$,从 $3F\leqslant2E$ 出发并应用欧拉定理:由 $3F\leqslant2E$ 可得 $E\leqslant3(E-F)$,于是 $E\leqslant3(V-2)$,故 $E+6\leqslant3V$. 至于 $E+6\leqslant3F$,完全仿此.

要证明 $F+4\leqslant2V$,仍从 $3F\leqslant2E$ 出发并应用欧拉定理:由 $3F\leqslant2E$ 得 $F\leqslant2(E-F)$,于是 $F\leqslant2(V-2)$,故 $F+4\leqslant2V$.

要证明 $2V\leqslant4F-8$,可从 $3V\leqslant2E$ 出发,并应用欧拉定理:由 $3V\leqslant2E$ 得 $V\leqslant2(E-V)$,于是 $V\leqslant2(F-2)$,故 $2V\leqslant4F-8$.

由于欧拉公式中 F 与 V 占同等地位,互换文字便可证明最后的不等式.

171. 由定义，$V=V_3+V_4+V_5+\cdots$，$F=F_3+F_4+F_5+\cdots$.

由 168 题，$2E=3V_3+4V_4+5V_5+\cdots$.

由欧拉公式，$2V+2F=2E+4$.

将上面三式代入最后一式得

$$2(V_3+V_4+V_5+\cdots)+2(F_3+F_4+F_5+\cdots)=4+3V_3+4V_4+5V_5+\cdots$$

即 $\quad 2(F_3+F_4+F_5+\cdots)=4+V_3+2V_4+3V_5+\cdots$

互换 F 与 V 的地位，仿此可证

$$2(V_3+V_4+V_5+\cdots)=4+F_3+2F_4+3F_5+\cdots$$

将最后两式相加，得

$$F_3+V_3=8+V_5+F_5+\cdots$$

所以 $\qquad F_3+V_3\geqslant 8$

所以三角形的面或三面角的顶一定存在，且其数之和至少为 8.

习题 2

1. 若定直线 a 通过球心 O，则在 a 上截取两点 P,Q 使 $PO=OQ=$ 半径 r，则 P,Q 即所求交点.

若 a 不通过 O，在平面 Oa 上作 $OH \perp a$，以 H 为中心，以 $\sqrt{r^2-OH^2}$ 为半径作弧截 a 于 P,Q，则 P,Q 为所求点. 在平面 Oa 上以 O 为中心，以 r 为半径作圆，与 a 亦相交于所求点.

2. 从球心 O 作 $OH \perp$ 定平面 π，在 π 上以 H 为中心，以 $\sqrt{r^2-OH^2}$ 为半径作圆（其中 r 表球半径）.

4. 参看图 C.106，设 O 为球心，r 为半径，a 为定直线. 设问题已解，T 为切点. 作 $TH \perp a$，则由三垂线定理，$OH \perp a$. 在直角 $\triangle OHT$ 中，斜边位置长度已定，一腰 OT 有定长，故得作法如下：过球心 O 作平面垂直于定直线 a，以 H 表其与 a 的交点. 在这平面上，以 OH 为直径作圆周，以 O 为中心以 r 为半径作圆，交前圆于 T (T')，则平面 aT (aT') 即所求切面.

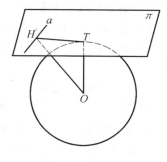

图 C.106

若 $OH>r$，两解. 若 $OH=r$，则只一解，T 重合于 H，过 H 作平面 $\perp OH$ 即得. 若 $OH<r$，无解.

5. 参看图 C.107，设 O 为球心，R 为球半径，r 为给定的圆半径，a 为定直

线. 仿照上题分析, 得作法如下: 通过 O 作平面$\perp a$, 以 H 表其与 a 的交点. 在这平面上, 以 OH 为直径作圆, 又以 O 为中心, 以 $\sqrt{R^2-r^2}$ 为半径作圆, 交前圆于 $C(C')$, 则平面 $aC(aC')$ 即所求者.

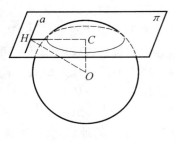

图 C.107

6. 通过定点 P 作平面 π' // 已知平面 π, 设 π' 与已知球相交于圆 Σ, 在 π' 上从 P 作 Σ 的切线, 即所求之切线.

(1) 若 π' 与球不相遇, 无解.

(2) 若 π' 与球相切, ① P 非切点, 一解; ② P 为切点, 无穷多解.

(3) 若 π' 与球相交于一圆, ① P 在球内, 无解; ② P 在球上, 一解; ③ P 在球外, 两解.

7. 参看图 C.108, 作 $BH \perp \alpha$, 以 r 表已知距离, 以 d 表示 BH 的长度, 设问题已解, 作 $HT \perp$ 所求直线 x, 则由三垂线定理, 也有 $BT \perp x$. 以 ρ 表示 HT 的长度, 则 $\rho = \sqrt{r^2-d^2}$.

作法: 作 $BH \perp \alpha$, 以 H 为中心, 以 ρ 为半径在 α 上作一圆. 从已知点 A 作这圆的切线即所求者.

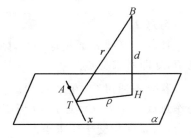

图 C.108

(1) 若 $r<d$, 无解.

(2) 若 $r=d$, ① A 非 H, 一解 AH; ② A 即 H, 无穷多解.

(3) 若 $AB>r>d$, ① $AH<\rho$, 无解; ② $AH=\rho$, 一解; ③ $AH>\rho$, 两解.

(4) 若 $AB=r$, ① 当 AB 不垂直于 α 时, 一解; ② 当 AB 垂直于 α 时, 无穷多解.

(5) 若 $AB<r$, 无解.

这题等于要求在已知平面内过已知点作直线切于已知球, 故当球与 α 不相遇时无解, 相切时或一解或无穷多解, 相交于一圆周时视 A 在球内、球上、球外而解数为 0, 1, 2.

8. 证法 1: 参看图 C.109, 首先, 设给定一圆, 其半径为 ρ, P 为圆内定点, APA' 及 BPB' 为两条互垂的

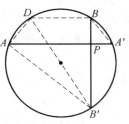

图 C.109

任意弦,引 $BD /\!/ A'A$,则 $B'D$ 为圆之直径. 于是
$$PA^2+PA'^2+PB^2+PB'^2=(PA^2+PB'^2)+(PA'^2+PB^2)=$$
$$AB'^2+A'B^2=$$
$$AB'^2+AD^2=B'D^2=4\rho^2$$
即与 P 无关的常数.

现回到本题,参看图 C.110,通过 APA' 和 BPB' 作一平面,与球相交于一圆,设其中心为 H 而半径为 ρ,则由上所言,有
$$PA^2+PA'^2+PB^2+PB'^2=4\rho^2$$

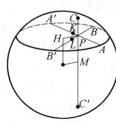

图 C.110

以 O 表球心,r 表球半径,d 表 OP 之长,M 表弦 CC' 中点,则
$$PA^2+PA'^2+PB^2+PB'^2+PC^2+PC'^2=4\rho^2+PC^2+PC'^2=$$
$$4(r^2-OH^2)+(MC-MP)^2+(MC+MP)^2=$$
$$4(r^2-MP^2)+2(MC^2+MP^2)=$$
$$4r^2+2(MC^2-MP^2)=4r^2+2(MC-MP)(MC+MP)=$$
$$4r^2+2PC\cdot PC'=4r^2+2=\text{点 }P\text{ 关于球的幂的绝对值}=$$
$$4r^2+2(r^2-d^2)=6r^2-2d^2$$
即因 P 而定的常数.

证法 2:以 r_1,r_2,r_3 分别代表通过 $BB'CC'$,$CC'AA'$,$AA'BB'$ 的圆半径,则按所补平面几何定理,并以 O_3,O_1,O_2 表这三个圆的中心,便有
$$PA^2+PA'^2+PB^2+PB'^2=4r_3^2=4(r^2-OO_3^2)$$
$$PB^2+PB'^2+PC^2+PC'^2=4(r^2-OO_1^2)$$
$$PC^2+PC'^2+PA^2+PA'^2=4(r^2-OO_2^2)$$
相加,并注意 $OO_3^2+OO_1^2+OO_2^2=OP^2$,得
$$\sum PA^2=6r^2-2OP^2$$

证法 3:以 K,L,M 表 AA',BB',CC' 的中点,则
$$PA^2+PA'^2=(PA+PA')^2-2PA\cdot PA'=4(r^2-OK^2)-2PA\cdot PA'$$
故 $\sum PA^2=12r^2-4(OK^2+OL^2+OM^2)-2(PA\cdot PA'+PB\cdot PB'+PC\cdot PC')$
但
$$OK^2+OL^2+OM^2=2OP^2$$
$$PA\cdot PA'=PB\cdot PB'=PC\cdot PC'=\text{点 }P\text{ 对于球的幂的绝对值}=r^2-OP^2$$
代入得
$$\sum PA^2=6r^2-2OP^2$$

9. 联结已知点、球心、切点所成的直角三角形中,有斜边及一腰为定长,故第三边亦为定长.

10. 参看图 C.111,以 P,Q,R,S,M,N 表示各棱上的切点,由上题,有
$$AM=AP=AS=a, BM=BQ=BR=b$$
$$CN=CR=CS=c, DN=DP=DQ=d$$
于是 $AB+CD=AC+BD=AD+BC=a+b+c+d$

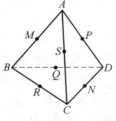

图 C.111

11. 这内接多边形所在的平面与球相交于一圆(小圆或大圆),若为一小圆,则在圆上各点所作球的切面通过同一点;若为一大圆,各切面平行于一直线.

12. 参看图 C.112,设两球心为 A,B,半径为 a,b.通过连心线 AB 任作一平面,在这平面上以 A,B 为中心,以 a,b 为半径作弧相交于 C.作 $CH \perp AB$.在通过 H 而垂直于 AB 的平面上,以 H 为圆心,以 HC 为半径作圆,即所求两球交线.

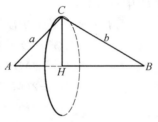

图 C.112

13. 由习题 1 第 24 题,已证两条不共面直线 a,b 上各一点连线的中点在一平面 α 上.反之,设 P 为 α 上一点,求证 P 为某一线段的中点,这线段两端各在 a,b 上.

通过 M(在 α 上)作 $MN // b$,通过 P(在 α 上)作 $PN // a$.在 α 上的两直线 MN 和 PN 不能重合或平行(否则 $a // b$ 与 a,b 不共面的假设矛盾),故相交于一点 N.以 D 表 AN 与 b 的交点,以 C 表 DP 与 a 的交点.容易证明 P 是 CD 的中点.

14. 完全仿照习题 1 第 24 题和 13 题可以证明轨迹是一个平面,要得到这平面只要在两条已知线上各取一点,分其连线段为已知比,并通过分点作一平面使平行于两条已知不共面直线.

15. 所求轨迹为垂直于这组平行弦的径面在球内或球上的部分.

16. 所求轨迹为垂直于这组平行截面的直径.

17. 所求轨迹为已知球的一个同心球面.

18. 设 O 为球心,A 为定点.过 A 任作一截面,截球于一圆周,设圆心为 H,则 $OH \perp AH$.轨迹为以 AO 为直径的球面(若有在定球外的部分,抛去此部分).

19. 参看图 C.107,设 O 为球心,a 为定直线,π 为通过 a 的任一平面截球于

一圆,设圆心为 C. 作 $CH \perp a$,则因 $OC \perp \pi$,由三垂线定理,也有 $OH \perp a$. 即 H 可定. 轨迹乃一圆周,这圆周在通过 O 而垂直于 a 的平面上,以 OH 为直径(这圆周若有在定球外的部分,抛去此部分).

20. 所求轨迹为以两定点连线段为直径的球面.

21. 同上题.

22. 参看图 C.113,设通过两定点 A,B 作平面 π,求定点 O 在 π 上射影 C 的轨迹.

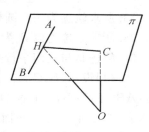

图 C.113

由 20 题,轨迹是一个圆周,即以 AO 和 BO 为直径的两球面相交的圆周. 也可直接看出,作 $OC \perp \pi$, $CH \perp AB$,则由三垂线定理, $OH \perp AB$,故 H 可定. 所求轨迹就是在通过 O 而垂直于 AB 的平面上以 OH 为直径的圆周.

23. 参看图 C.114,设 A 为定平面 α 上定点, B 为 α 外定点,作 $BH \perp \alpha$,从 B 引在 α 上过点 A 的动直线的垂线 BM,则由三垂线定理的逆定理, $HM \perp AM$. 所求轨迹乃平面 α 上以 AH 为直径的圆周.

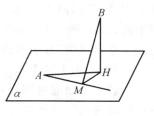

图 C.114

24. 参看图 C.115,通过直线 AB 任作一平面,在其上作一点 C 使 $AC=b, BC=a$. 作 $CH \perp AB$, H 为定点. 所求轨迹是一个圆周,这圆在通过 H 而垂直于 AB 的平面上,中心为 H,半径为 $HC = \dfrac{2}{c}\sqrt{p(p-a)(p-b)(p-c)}$,其中以 p 表示 $\dfrac{1}{2}(a+b+c)$.

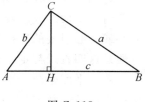

图 C.115

25. 所求轨迹为以两定点为中心,以定长为半径所作两球面的交线.

26. 作二面角的平分面,又作一平面平行于二面角的一面使其间距离等于已知的半径. 这两平面相交的直线(平行于二面角的棱)即所求轨迹.

27. 所求轨迹为介于两平行平面间并距它们等远的平面.

28. 作两平面的一条公垂线,分之于已知比,过分点作平面平行于已知平面,即所求轨迹.

29. 所求轨迹为通过两相交平面的交线的两个平面.

30. 作两平行平面的公垂线段,内外分之于定比.过分点所作平行于定平面的两平面是所求轨迹.

31. 所求轨迹为通过两相交平面交线的两个平面.

32. 应用上题,轨迹是通过三面角顶的一条射线.

33. 所求轨迹为一个圆柱面两端冠以两个半球面.

34. 所求轨迹为以 A 为顶点,以 AB 为轴的两对顶圆锥的底面上的圆周.

37. 轨迹是与它们平行的一条直线.

40. (1) 设 A,B,C 为三已知点,若 A,B,C 共线则无解;若 A,B,C 不共线,作 $\triangle ABC$ 的外心 O,通过 O 作直线 $l \perp$ 平面 ABC,则 l 与定平面 α 的公共点即所求者. 当 α 不垂直于平面 ABC 时,一解;当 α 垂直于平面 ABC 但不通过 O 时,无解;当 α 垂直于平面 ABC 且通过 O 时,无穷多解.

(2) 距 $\triangle ABC$ 三边等远的点的轨迹,是通过 $\triangle ABC$ 的内心或旁心且垂直于平面 ABC 的四条直线.所求之点即这些直线与定平面 α 的交点.若 α 不垂直于平面 ABC,则有四解;若 α 垂直于平面 ABC 但不通过内心或旁心,无解;若 α 垂直于平面 ABC 且通过内心或旁心,无穷多解.

(3) 参考 1.4 定理 9.

①若三平面通过同一点,则将空间分为两两对顶的 8 个区域,与这三平面有等距离的点的轨迹是通过上面所说的那一点的四条直线,所求点即这些直线与定平面 α 的公共点.

②若三平面共轴,所求点为此轴与定平面 α 的公共点.

③若三平面组成三棱柱面,作一个直截面,得出一个三角形,通过这三角形的内心或旁心引棱的平行线,那么这四条直线是距三平面等远的点的轨迹.所求点便是这四直线与定平面 α 的公共点.

④若三平面是两个平行面被第三平面所截,则与它们有等距离的点的轨迹是两条直线.这两线与定平面 α 的公共点即所求点.

⑤若三平面彼此平行,则无解.

(4) 分两款解之,即共面二直线相交或平行.

41. 若三定点共线,则无解;若三定点为一三角形顶点,则通过其外心作直线垂直于这三角形的平面,这直线乃是距三定点等远的点的轨迹,其与定平面的两个平行面的公共点即所求者.

42. 由习题 1 第 126 题,这四直线是各二面角的平分面的交线.这四线同过四面体的内切球心,即距四面等远之点.

43. 设直角 $\triangle ABC$(直角顶 C)三顶点 A,B,C 在互相平行的平面 α,β,γ 上

变动位置. 由于 $\triangle ABC$ 的外接圆心 O 是线段 AB 的中点, 故所求轨迹是一个平面, 它平行于 α,β 且距 α,β 等远.

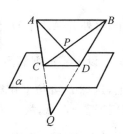

图 C.116

44. 参看图 C.116, A 为定点, C 和 D 在 α 上变动, 但不论其为何变, 下列比例保持不变
$$AP:PD=AB:CD,\ AQ:QC=AB:CD$$
所以 P 和 Q 的轨迹各是一个与 α 平行的平面. 要得到这两平面, 只要引一条合于条件的线段 CD, 以得出一个合于条件的 P 和 Q, 并通过它们引 α 的平行面.

45. 参看图 C.117, 设 $\triangle ABC$ 的顶点 A 在平面 α 上变动, 底边 BC 在 $\beta(\beta/\!/\alpha)$ 上变动. 以 M 表示 BC 的中点, G 表示 $\triangle ABC$ 的重心. 由于 A,M 分别在 α,β 上变动, 且 $AG:AM=2:3$, 所以重心 G 的轨迹是与 α,β 平行的一个平面.

46. 轨迹是与两平行平面平行的一个平面: $GA:GM=2:1$.

48. 参看图 C.118, 设 A,B 为定平面 α 外定点, M 为轨迹上一点, A',B' 为 A,B 在 α 上的射影, 则两个直角三角形 $\triangle MAA'$ 和 $\triangle MBB'$ 相似, $MA':MB'=AA':BB'$, 故点 M 的轨迹是平面 α 上的一个阿波罗尼斯圆.

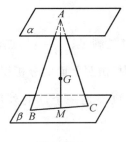

图 C.117

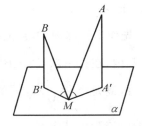

图 C.118

49. 分三款论之.

(1) $r=1$. 合于 $\dfrac{MA}{MB}=r$ 的点的轨迹是线段 AB 的中垂面. 满足条件 $\dfrac{MA}{MB}<r$ 的点 M 的轨迹, 是半个空间, 即被这中垂面所分的含点 A 的那个半空间. 而满足条件 $\dfrac{MA}{MB}>r$ 的点 M 的轨迹是另一个半空间.

(2) $r<1$. 合于 $\dfrac{MA}{MB}=r$ 的点 M 的轨迹是一个球面 $\varGamma$, 要得这球面, 内分 AB

于 C，外分 AB 于 D，使 $\dfrac{CA}{CB}=\dfrac{DA}{DB}=r<1$，以 CD 为直径的球面即 Γ。

设 $r'<r$，则满足 $\dfrac{MA}{MB}=r'$ 的点 M 在一球面 Γ' 上，这球 Γ' 可仿上作出，它的直径两端 C'，D' 较 C，D 接近于点 A，故 Γ' 在 Γ 内部（图 C.119），即是说所考虑的点在 P 内．仿此，满足 $\dfrac{MA}{MB}=r''>r$ 的点 M 在球面 Γ 外部（要验明这一点，要看比值 $\dfrac{MA}{MB}$ 增长的情况：当 $r<r''<1$ 时，M 在包含 Γ 于其内的一球面 Γ'' 上；当 $r''=1$ 时，M 在 AB 的中垂上；当 $1<r''$ 时，M 在中垂面的那一些，即 Γ 所不在的一侧．总之，这时 M 在 Γ 外部．）

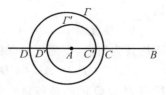

图 C.119

既然 $\dfrac{MA}{MB}<r$ 保证 M 在 Γ 内，$\dfrac{MA}{MB}=r$ 保证 M 在 Γ 上，$\dfrac{MA}{MB}>r$ 保证 M 在 Γ 外，那么逆定理也成立．所以得出结论：

当 $r<1$ 时，合于 $\dfrac{MA}{MB}<r$ 的点的轨迹是某一球的内部，合于 $\dfrac{MA}{MB}>r$ 的点的轨迹是这球的外部．

(3) $r>1$．先作出一球面 Γ，它上面的点是满足 $\dfrac{MA}{MB}=r$ 的点的轨迹．在上一款，Γ 含 A 于其内，在这一款，Γ 含 B 于其内．仿照上面的分析得结论如下：

当 $r>1$ 时，满足条件 $\dfrac{MA}{MB}<r$ 的点的轨迹是一个球的外部，而满足条件 $\dfrac{MA}{MB}>r$ 的点的轨迹则为其内部．

50. 参看图 C.120，设两球心为 O，O'，半径为 r，r'．若点 M 合于条件，则直角 $\triangle MOT$ 相似于直角 $\triangle MO'T'$，故 $MO:MO'=OT:O'T'=r:r'$，故点 M 的轨迹是一个阿波罗尼斯球．

视三球成等角的点的轨迹是两球（我们把平面看做半径趋于无穷的球面）的公共点所形成的图形，如果

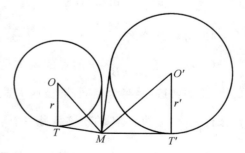

图 C.120

轨迹存在,就是一个圆周(可能缩为一点)或一个球面.

51. 参看图 C.121,满足 $\angle AMB = \angle BMC = \angle CMD$ 的点 M,由平分角线性质,也满足
$$\begin{cases} MA : MC = AB : BC \\ MB : MD = BC : CD \end{cases}$$
若轨迹存在,便是两个阿波罗尼斯球的交线,即在垂直于直线 $ABCD$ 的一平面上的一个圆周.

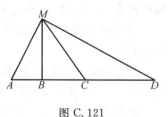

图 C.121

52. 到两球能引等长切线的点的轨迹是这两球的等幂面在球上及球外的部分. 到三球能引等长切线的点的轨迹是三球两两等幂面的相交线(若有球内部分,抛弃之). 球心共线时,轨迹不存在,除非两等幂面重合,这时轨迹为一平面(可能要抛弃球内部分).

54. 从动球心到两定球可引等长切线(等于动球半径),故轨迹是两球的等幂面(若有在定球内的部分,抛弃之).

若一动球与三定球正交,其中心的轨迹为一直线(可能要抛弃球内部分). 当三球心共线时,这直线不存在(这时与三球正交的球面,变为通过连心线的平面),除非三球有同一等幂面,这时轨迹即此平面(可能要抛弃球外部分).

55. 设 O, O' 为定球心,r, r' 为其半径,设以 M 为心,以 R 为半径之球截这两球于大圆,则
$$MO^2 + r^2 = R^2 = MO'^2 + r'^2$$
或
$$MO^2 - MO'^2 = r'^2 - r^2$$
故 M 之轨迹为垂直于 OO' 直线的一平面(实际上这平面就是两球等幂面关于 OO' 的中垂面的对称形).

截三球于大圆的动球心轨迹是两平面的交线.

56. 解法 1:参看图 C.122,设两点 M, M' 在二面角 $\angle(\alpha, \beta)$ 内部,$MP \perp \alpha, MQ \perp \beta, M'P' \perp \alpha, M'Q' \perp \beta$,且
$$MP + MQ = M'P' + M'Q' = k$$
通过点 M 作一平面垂直于二面角的棱,设此平面截棱于 C,截两面 α, β 于 CA, CB. 在这平面上,通过 M 作直线垂直于 $\angle ACB$ 的平分线,以形成一等腰 $\triangle ACB$. 从等腰三角形性质,$MP + MQ$ 等于从 A(或 B)所引对边上的高. 通过 AB 引平面使平行于二面角

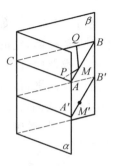

图 C.122

的棱,截两面于直线 AA' 及 BB'. 注意要得到 AA',只要引一平面 $/\!/\beta$ 使其距 β 的距离为 k,则其与 α 的交线即 AA'. 仿此可定出 BB'.

由于这作法只与 k 有关,可知由点 M' 出发作类似的作图,得出同一个平面 $AA'B'B$.

所以联结 M 和 M' 的线段上任一点到 α,β 的距离之和,都等于从 AA'(或 BB')上一点到 β(或 α)的距离,即是说等于定数 k.

解法 2:参看图 C.123,设 $MP+MQ=M'P'+M'Q'=k$,M'' 为线段 MM' 上任一点,而 $M''P''$ 及 $M''Q''$ 为其到 α 及 β 的距离,则由平面几何,有

$$M''P''=\frac{MM''\cdot M'P'+M'M''\cdot MP}{MM''+M'M''},M''Q''=\frac{MM''\cdot M'Q'+M'M''\cdot MQ}{MM''+M'M''}$$

相加立得 $M''P''+M''Q''=k$.

57. 参看图 C.124,应用上题,设 M,M',M'' 为二面角内部三点,它们到二面角两面的距离和都相等,则从 $\triangle MM'M''$ 周界上任一点 P 到两面的距离之和也等于这个和. 再应用这命题,可知从 $\triangle MM'M''$ 内部任一到两面的距离之和也都等于这个和数.

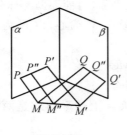
图 C.123

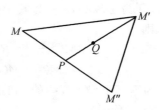
图 C.124

58. 应用 56 题,如果两平面相交,到两平面距离之和为常数的点的轨迹是一个长方形柱面,它的面垂直于两给定平面所成二面角的两个平分面.

根据类似的分析,这四个面的延展部分便是距离之差为常数的点的轨迹.

若两定面平行,且定常数 k 小于平行面间的距离 d,则轨迹不存在;若 $k=d$,则两平行面间的部分是和为 k 的点的轨迹,平行面外的部分是差为 k 的点的轨迹;若 $k>d$,则和为 k 的点的轨迹是两个与定平面平行的平面,差为 k 的点的轨迹则不存在.

59. 本题可参看 73 题的解法.

60. 我们应用斯特瓦尔特定理[①]：设 D 为 $\triangle ABC$ 底边 BC 上一点，则（图 C.125）

$$DC \cdot AB^2 + BD \cdot AC^2 = BC \cdot AD^2 + BD \cdot DC \cdot BC$$

若 $BD:DC = m:n$，则 $BD = \dfrac{m}{m+n}BC$，$DC = \dfrac{n}{m+n}BC$. 代入上式，则有

$$nAB^2 + mAC^2 = (m+n)AD^2 + \dfrac{mn}{m+n}BC^2$$

设 $ABCD$ 为四面体，G 为其重心，K 为 $\triangle BCD$ 的重心，N 为 CD 中点，则有（图 C.126）

$$CN:ND = 1:1,\ BK:KN = 2:1,\ AG:GK = 3:1$$

逐次应用斯特瓦尔特定理，不论 M 为空间何点，有

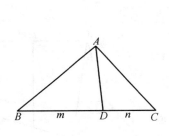

图 C.125

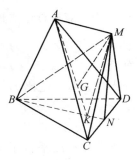

图 C.126

$$MA^2 + MB^2 + MC^2 + MD^2 = MA^2 + MB^2 + 2MN^2 + \dfrac{1}{2}CD^2 =$$

$$MA^2 + (MB^2 + 2MN^2) + \dfrac{1}{2}CD^2 =$$

$$MA^2 + (1+2)MK^2 + \dfrac{1 \cdot 2}{1+2}BN^2 + \dfrac{1}{2}CD^2 =$$

$$(MA^2 + 3MK^2) + \dfrac{2}{3}BN^2 + \dfrac{1}{2}CD^2 =$$

$$(1+3)MG^2 + \dfrac{1 \cdot 3}{1+3}AK^2 + \dfrac{2}{3}BN^2 + \dfrac{1}{2}CD^2 =$$

$$4MG^2 + \dfrac{3}{4}AK^2 + \dfrac{2}{3}BN^2 + \dfrac{1}{2}CD^2$$

[①] 斯特瓦尔特定理及证明还可参看朱德祥编《初等几何研究》第一章§1.29，高等教育出版社，1985 年 2 月第一版。

特别的,当 M 重合于 G 时,这式子给出
$$GA^2+GB^2+GC^2+GD^2=\frac{3}{4}AK^2+\frac{2}{3}BN^2+\frac{1}{2}CD^2$$
代入上式,得出求证的结果
$$MA^2+MB^2+MC^2+MD^2=4MG^2+GA^2+GB^2+GC^2+GD^2$$
若 $MA^2+MB^2+MC^2+MD^2=k^2$,则
$$MG^2=\frac{1}{4}(k^2-GA^2-GB^2-GC^2-GD^2)$$
故轨迹存在的条件为
$$k^2\geqslant GA^2+GB^2+GC^2+GD^2$$
当轨迹存在时,它是一个球面,中心在四面体的重心 G(也可能缩为一点 G).

61. 所求半径为一双对棱中点连线的一半,即 $\frac{\sqrt{2}}{4}a$.

62. 参看图 C.127,设 a,b 为不共面直线,π 为定平面,直线 CD 保持与 a,b 相交且与 π 平行,且 $CM:MD=$ 定比 $m:n$,求点 M 的轨迹.

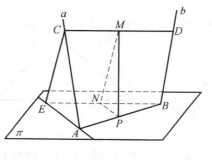

图 C.127

设 a,b 与 π 相交于 A,B. 通过 C 作 $CE/\!/b$,则 AE 是通过 a 而平行于 b 的平面 ACE 与 π 的交线,故 AE 为定线. 联结 BE,并引 $MN/\!/b/\!/CE$,及 $NP/\!/EA$.

显见 $EN:NB=m:n$,$AP:PB=m:n$,故 P 为 AB 上之定点,且平面 $MNP/\!/CEA$,故点 M 的轨迹为一平面,即通过定点 P 而与 a,b 平行的平面.

63. 设棱锥有外接球,则其底有外接圆,即底面截外接球所得的圆. 反之,若底有外接圆,通过圆心作直线垂直于底面,并作锥顶与底面上一顶点连线段的中垂面,那么这平面与垂线的交点距离各个顶点等远,故可取为外接球心.

64. 设棱柱 $A_1A_2\cdots A_nA'_1A'_2\cdots A'_n$ 有外接球,则底面 $A_1A_2\cdots A_n$ 有外接圆,并且各侧面(平行四边形)也有外接圆. 可见各侧面必须为矩形,故侧棱垂直于底而为直棱柱.

反之,设底 $A_1A_2\cdots A_n$ 有外接圆且为直棱柱,则通过圆心作直线 l 垂直于底面,并作 $A_1A'_1$ 的中垂面,其与 l 的相交点 O 必距各顶点等远,故为外接球心.

65. 设棱台 $A_1A_2\cdots A_nA'_1A'_2\cdots A'_n$ 有外接球,首先它的底要有外接圆,其次各侧面也要有外接圆;侧面是梯形而梯形之内接于圆者必等腰.

反之,设底 $A_1A_2\cdots A_n$ 有外接圆且各侧面为等腰梯形.通过圆心作直线 l 垂直于底面,作 $A_1A'_1$ 的中垂面,以 O 表示它和 l 的交点,则以 O 为心,以 OA_1 为半径的球面 Γ 通过 $A_1,A_2,\cdots,A_n,A'_1$.由于 $A_1A_2A'_2A'_1$ 是等腰梯形,而 A_1,A_2,A'_1 三顶点在 Γ 上,故 A'_2 亦在 Γ 上.仿此,各 A'_i 都在 Γ 上.

66. 参看图 C.128,设 A,B 为定点,M 为所求点.由于 $AM \perp BM$,则 M 一方面在二面角的棱 l 上,一方面又在以 AB 作直径的球面 Γ 上.故求 l 与 Γ 的交点(1题)即得 M.解答数为 2,1 或 0.

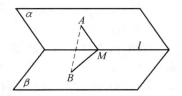

图 C.128

67. 设 P 为定点,a,b,c 为定直线.

(1)若 $a/\!/b/\!/c$,则通过 P 的每一条直线都合于要求. $\infty^2$①解.

(2)若 a 不平行于 $b/\!/c$,则可放弃 c,b 中的一条.通过点 P 引直线 $a'/\!/a$ 和 $b'/\!/b.a'$ 和 b' 决定一平面 π.在 π 上作 a',b' 所成角的两条平分角线,并通过每一平分角线作平面 $\sigma,\sigma' \perp \pi$.在 σ 或 σ' 上通过点 P 的每一直线都合于所求(习题1第91题). $2\times\infty$②解.

(3)若 a,b,c 中没有两条相平行,但平行于同一平面,则可通过 P 作直线 $a'/\!/a,b'/\!/b,c'/\!/c.a',b',c'$ 在一个平面 π 上,所求直线即在 P 所引 π 的垂线(习题1第39题).一解.

(4)若 a,b,c 中没有两条相平行,且不平行于同一平面,则可通过 P 作直线 $a'/\!/a,b'/\!/b,c'/\!/c.a'、b'、c'$ 组成八个两两对顶的三棱锥.此时有四解(习题1第125题).

68. 应用 30 题和 31 题.

69. 应用 2.5 轨迹 12 或轨迹 2(2.7 例 1).

70. 应用 50 题.所求点是三个球面的公共点,解答有下列可能情况:无解,一解,二解,一圆周上的点,一球面上的点.

71. 设从一点看一个球视角为定角,则此点之轨迹为该球的一个同心球.所求点是三个定球的同心球的公共点,故解答有下列可能:无解,一解,二解,一圆周上的点,一球面上的点.

---

① ∞^2 表示与平面上的点一样多的无穷多.
② ∞ 表示与直线上的点一样多的无穷多.

72. 参看图 C.129，设 P 为定点，O_1, O_2, O_3 为定球心，R_1, R_2, R_3 为其半径. 设问题已解，π 为所求平面. 设 O_1, O_2 在 π 上的射影为 C_1, C_2，而 O_1O_2 与 π 的交点为 S_{12}（直线 $C_1C_2S_{12}$ 是 $O_1O_2S_{12}$ 的射影），则

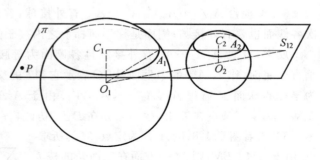

图 C.129

$\triangle O_1C_1A_1 \sim \triangle O_2C_2A_2$，故 $S_{12}O_1 : S_{12}O_2 = C_1O_1 : C_2O_2 = A_1O_1 : A_2O_2$，即 $S_{12}O_1 : S_{12}O_2 = R_1 : R_2$（当 C_1O_1 和 C_2O_2 同向平行时，S_{12} 外分 O_1O_2 成已知比 $R_1 : R_2$，当 C_1O_1 和 C_2O_2 反向平行时，则内分 O_1O_2 成 $R_1 : R_2$）. 一方面，S_{12} 为 O_1O_2 上的定点，另一方面，所求平面 π 通过 S_{12}. 故得作法如下：

内分 O_1O_2 于 S'_{12}，外分之于 S_{12}，使成 $R_1 : R_2$. 内分 O_1O_3 于 S'_{13}，外分之于 S_{13}，使成 $R_1 : R_3$. 则平面 $PS_{12}S_{13}, PS'_{12}S_{13}, PS_{12}S'_{13}, PS'_{12}S'_{13}$ 为所求平面.（当 $R_1 = R_2$ 时，S_{12} 不存在，这时 π 通过 S_{12} 的要求，可代以 π 平行于直线 O_1O_2 的要求.）证明可逆推之.

73. (1) 求作一球使通过三定点 A, B, C 且切于一定平面 π.

解法 1：参看图 C.130，作出 $\triangle ABC$ 的外接圆心 G，通过 G 作直线 $GO \perp$ 平面 ABC，所求球心 O 便在这直线上. 切点 T 便是球心 O 在 π 上的射影，要求 O 只要先求 T. 作 GO 在 π 上的射影 $G'T$，切点 T 便在这直线上. 设 AB 与平面 π 相交于 D，则 $DT^2 = DA \cdot DB$. 所以在 π 上，以 D 为圆心，以 $\sqrt{DA \cdot DB}$ 为半径作圆，其与直线 $G'T$ 的交点即切点 T（至多两解）. 作 $TO \perp \pi$，则 TO 与 GO 的交点 O 便是所求球心 O.

解法 2：参看图 C.131，作 $\triangle ABC$ 的外心 G，作直线 $GF \perp$ 平面 ABC，设 GF

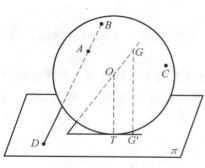

图 C.130

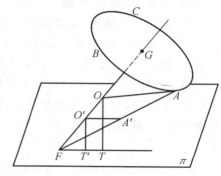

图 C.131

交 π 于 F. 作 GF 在 π 上的射影 TF. 要在 GF 选取这样一点 O 使其到 FT 的距离 $OT=OA$. 为了这个目的,在 GF 上任取一点 O', 作 $O'T'\perp FT$. 在平面 AFG 上,以 O' 为中心,以 $O'T'$ 为半径作圆,交 FA 于 A'. 从 A 作 $AO\parallel A'O'$, 交 FG 于所求球心 O. 至多两解(因至多有两个 A').

(2) 求作一球使通过三点 A,B,C 并切于一球 Γ.

过 A,B,C 任作一球使其与 Γ 相交. 定出它与 Γ 的交线(12题). 作出这交线所在平面与平面 ABC 的交线 l. 通过 l 作平面使切定球 Γ(4题),在这个过程中得出切点 T(最多两解). 或者把问题化归于(1),或者通过 A,B,C,T 作球面.

74. 参看图 C.132, 此地只考虑一种情况,即所设三直线 a,b,c 两两不共面. 求作一直线与此三线相交于 A,B,C 且 $AB:BC=m:n$.

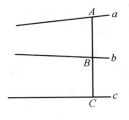

图 C.132

由 14 题, 点 B 除在所设直线 b 上以外, 还在一个平面 π 上, 这平面 π 乃是分 a,c 上各一点连线成定比 $m:n$ 之点之轨迹. 故得作法如下:

在 a,c 上各任取一点 A',C'. 将线段 AC 内分于 P 外分于 Q 使 $A'P:PC'=m:n, A'Q:QC'=m:n$. 通过 P 及 Q 作平面 π,π' 使既平行于 a 又平行于 c. 以 B 及 B' 表示 π,π' 与 b 的交点, 则通过 B 或 B' 引直线与 a,c 相交(1.5 作图题 9), 即得所求直线.

因 π,π' 与直线 b 相交、平行或平面通过直线, 解答数为 $2,1,0,\infty$.

习题 3

1. 两个全等图形若有三对对应点相重合, 便点点重合(3.1 定理 3), 故为幺变换.

2. 参看图 C.133, 设 O 为正交坐标轴原点, M 为 x 轴上定点. 定义这样两个运动:一个是绕 z 轴旋转 $90°$, 一个是平移 $\overrightarrow{OM}$. 若顺次做这两个运动, 则 M 先到达 y 轴上的 M_1, 平移后到达不在 y 轴上的一点 M_1'. 若先平移再旋转, M 经 M_2 而到达 y 轴上的一点 M_2'. 显然 M_1' 非 M_2'.

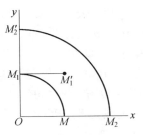

图 C.133

3. ①球面及一直径或球面;②圆柱表面和它的轴;③圆锥表面和它的轴;④圆环面.

4. 参看图 C.134，因 $BA=BA'$，故若 M 为 AA' 中点，则 $AA' \perp BM$. 同理，$AA' \perp CM$. 因弧 AA' 不等于半圆周，故 BM 与 CM 不相重合，所以 $AA' \perp$ 平面 MBC.

5. 因直线旋转以后仍为直线，所以只要作其上两点的对应点，其连线即所求对应线. 仿此，取给定平面 π 上不共线三点 A,B,C，作其在旋转中的对应点 A',B',C'，则平面 $A'B'C'$ 即 π 的对应图形.

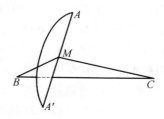

图 C.134

6. 通过这线段任作一平面，这平面与轨迹的交线是两个对称于已知线段的圆弧，故所求轨迹即以此二弧绕已知线段为轴旋转所得的图形，当视角为直角时，轨迹为球面.

7. 已知 $AB=AC=AD$，$EB=EC=ED$. 可见 AE 是通过等边 $\triangle BCD$ 的外心而垂直于平面 BCD 的直线 (2.5 轨迹 14).

8. 设直线 l 上两点 A,B 和直线 l' 上两点 A'、B' 对称于轴 s (图 C.135). 那么以 s 为轴作半周旋转，A，B 重合于 A'，B'，因而 l 重合于 l'. 可见 l 上每点与 l' 上某点可由绕 s 作半周旋转使相重合.

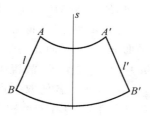

图 C.135

9. 仿上题，第一平面上不共线三点通过半周旋转以后便重合于第二平面上三点，这两平面因半周旋转而重合，故两平面上的点对称于旋转轴.

10. 参看图 C.136，作给定两不共面直线 a,b 的唯一公共垂直相交线 AB (1.9 作图题 3)，以 O 表 AB 中点. 通过 O 作平面 π 使与 a,b 平行，以 a',b' 表示 a,b 在 π 上的射影. 则 a',b' 所成角的两条平分线是所求的两条对称轴.

以 t 表示一条平分角线，显然 A,B 对称于 t. 在 a,b 上各取一点 P,Q 使 $AP=BQ$. 以 P'，Q' 表 P,Q 在 π 上的射影，则 $\triangle OP'Q'$ 为等腰三角形，$P'Q'$ 与 t 相交于其中点 M. 在平行四边形 $PP'QQ'$ 中，两对角线 PQ，$P'Q'$ 互相平分. 故由三垂线定理，PQ 与 t 在 M (PQ 的中点) 相垂直. 既然 a 上两点 A,P 和 b 上两点 B,Q 对称于 t，由 8 题，a 和 b 对称于 t.

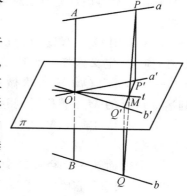

图 C.136

11. 参看图 C.137，设 π 为通过 a 的一动平面，A 在 π 上的射影为 H，A 关于 π 的对称点为 M. 作 $HO \perp a$，则由三垂线定理，$AO \perp a$. 可见 O 为定点. 点 M 恒在通过定点 A 所作垂直于定线 a 的平面 α 上，且 $MO = AO$，故点 M 的轨迹是 α 上以 O 为中心，以 OA 为半径的圆周.

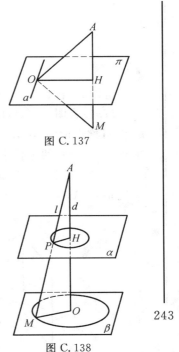

图 C.137

12. 参看图 C.138，作 $AH \perp \alpha$，$AH = d$. α 上动点 P 距 A 有定长 l 者其轨迹为 α 上一圆周，以 H 为中心，以 $\sqrt{l^2 - d^2}$ 为半径 ($l \geq d$). 以 M 表 A 关于 P 的对称点，以 O 表 A 关于 α 的对称点，则由 $\triangle AOM$，$OM \underline{\underline{\parallel}} 2HP$，故欲得点 M 的轨迹，先求 A 关于 α 的对称点 O，通过 O 作平面 $\beta \perp AO$，在 β 上以 O 为中心，以 $2\sqrt{l^2 - d^2}$ 为半径作圆周.

图 C.138

13. A, B 两点的对称心即其中点，对称面即其中垂面，对称轴即在中垂面上通过 A, B 对称心的任一直线.

14. 设三球 O_i ($i = 1, 2, 3$) 相交于两点 A, B，以 π 表示球心 O_i 所决定的平面. 由于球关于每一径面成对称，若以 A' 表示 A 关于 π 的对称点，则 A' 在三球 O_i 上，故 A' 即 B.

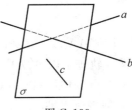

图 C.139

15. 这样的命题可以由三垂线定理证出. 但用图形对称的概念就更简单.

参看图 C.139，设 σ 为 a, b 的一个对称面（两个对称面之一），c 为 σ 上任一直线. 通过关于 σ 的对称变换，a 和 b 互换，而 c 变为 c 自身. 由于对称变换是保角的，所以 $\angle(a, c) = \angle(b, c)$.

16. 参看图 C.140，以 α, β 表二面角的两面，l 表棱，σ 表平分面，π 表与 σ 垂直的任一平面，以 a, b 表 π 与 α, β 的交线.

关于 σ 作对称变换，那么

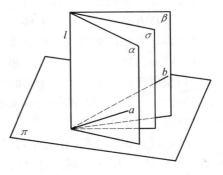

图 C.140

$$\alpha \to \beta, \beta \to \alpha, \pi \to \pi$$
$$l \to l(\text{在 } \sigma \text{ 上}), a \to b, b \to a$$

所以 $\angle(l,a) = \angle(l,b)$.

特别的, 若有 $a /\!/ l$, 则 $\angle(l,a)=0$, 于是亦有 $\angle(l,b)=0$.

17. 参看图 C.141, 以 π_1, π_2 表二面角的两面, 以 l 表其棱, 一点 M 关于 π_1, π_2 的对称点记为 M_1, M_2, 则 M_1 和 M_2 都在通过 M 而垂直于 l 的平面上. l 既垂直于这平面, 便垂直于这平面上的直线 $M_1 M_2$.

18. 参看图 C.142, 设点 A 绕轴 s 旋转至 A_1, 再平移至 A'. 给定 s 上一点 O, 对应点 A, A', 及 $A_1 A'$ 的长度 ρ. 求作 s.

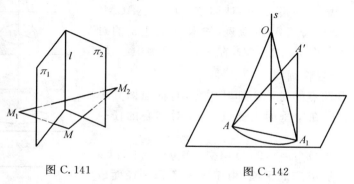

图 C.141   图 C.142

因 $\angle AA_1 A' = d$, A_1 的一个轨迹是以 AA' 为直径的球面. 因 $A'A_1 = \rho$, A_1 的又一轨迹是以 A' 为中心, 以 ρ 为半径的球面. 又因 $OA_1 = OA$, A_1 的第三个轨迹是以 O 为中心; 以 OA 为半径的球面, 故 A_1 可以交轨法定之. 过 O 作 $s /\!/ A'A_1$ 即得所求轴.

19. 以 a 表示给定直线, 则保留 a 的运动或反射变换有:

(1) 平移方向平行于 a 的平移.

(2) 以 a 为轴的旋转或螺旋运动.

(3) 以 a 为轴或以与 a 垂直且相交的直线为轴的轴反射.

(4) 反射面通过 a 或垂直于 a 的面反射.

(5) 以 a 上一点为心的心反射或相似变换.

(6) 以上变换的乘积.

20. 截口是正六边形, 这就是习题 1 第 102 题的另外一个提法. 在那, 各棱中点 M, N, P, Q, R, S 分别距对角线 BH 的端点等远, 这六点在 BH 的中垂面上.

21. 正多边形所在平面自身是一个对称面. 正 $2k$ 边形通过每一双对顶且垂直于其所在平面的 k 个平面都是对称面, 垂直于一双对边并通过中心的 k 个平面也都是对称面. 正 $2k+1$ 边形中通过中心且垂于每一边的平面都是对称面.

总之, 正 n 边形有 $n+1$ 个对称面.

22. 参看图 C.143, 设圆心为 O, 所在平面为 π, 定点为 A. 以 A' 表 A 在 π 上的射影. 由圆 O 与点 A 所组成的图形如果有对称面, 这对称面首先要通过 A; 并且关于它圆 O 反射成为其自身, 因而这反射面或为 π 自身或者通过 O 而垂直于 π. 因此:

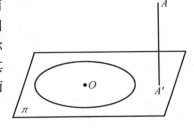

图 C.143

(1) 一般情况下, $AA'O$ 是唯一的对称面.

(2) 若 A 的射影 A' 重合于 O, 则通过 O 而垂直于 π 的 ∞ 平面都是对称面.

(3) 若 A 在 π 上但不重合于圆心 O, 则有两个对称面, 即通过 AO 而垂直于 π 的平面以及 π 本身.

(4) 若 A 重合于 O, 则有 $\infty+1$ 个对称面, 即通过 O 而垂直于 π 的各平面以及 π 自身.

总之至少有一个对称面.

23. (1) 由两平行线 a, b 所组成的图形: 以 c 表示在 a, b 之间距 a, b 等远的平行线 (图 C.144). ① c 上每一点是对称中心; ② c 本身以及与 a, b 垂直且相交的每一直线是对称轴, 通过 c 上每一点并与 a, b 所在平面垂直的每一直线也是对称轴, 所以有 $2\times\infty+1$ 条对称轴; ③ a, b 所在的平面, 通过 c 而与这平面垂直的平面, 以及与 a, b 垂直的每一平面都是对称面, 所以有 $\infty+2$ 个对称面.

图 C.144

(2) 由两平行面 α, β 所组成的图形: 以 γ 表示在 α, β 之间距 α, β 等远的平行面 (图 C.145). ① 有 ∞^2 对称心, 即 γ 上每一点; ② 有 $2\times\infty^2$ 对称轴, 即 γ 上每一直线, 以及垂直于 α, β 的每一直线; ③ 有 ∞^2+1 对称面, 即 γ 以及与 α, β 垂直的每一平面.

(3) 不能, 因为如果有两个对称中心, 那么联结这两点的直线被闭合图形所截的线段, 将有两个中点了.

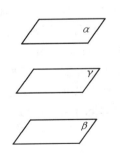

图 C.145

24. 参看图 C.146，从球 Γ 的中心 O 作平面 π 垂直于柱面 C 的母线。那么 Γ 和 C 都以 π 为对称面。因此它们的交线 A 和 B 也以 π 为对称面。

25. $n = n_1 n_2$。图形 F 由假设有 n 阶对称轴 s，即绕 s 旋转 $\dfrac{4d}{n}$ 时，F 重合于其自身。故绕 s 旋转 $n_2 \cdot \dfrac{4d}{n} = \dfrac{4d}{n_1}$ 时，F 亦重合于其自身，即是说 F 也有 n_1 阶对称轴。仿此，F 有 n_2 阶对称轴。

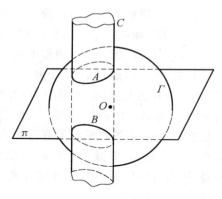

图 C.146

26. 由 3.5.2 正多面体所容许的旋转总数是该多面体棱数的 2 倍，分为三类，一类是一个面所容许的，一类是一个正多面角所容许的，一类是一条棱所容许的。

(1) 正四面体：棱数 = 6。选幺变换在内所容许的旋转总数 = $2 \times 6 = 12$。① 一条棱所容许的旋转，同时是它的对棱所容许的。这样的 2 阶旋转轴有 3 条（三双对棱中点的连线，如图 C.147 上的 MN 就是）。不计幺变换，此地容许 $(2-1) \times 3 = 3$ 个旋转。② 一个正多面角所容许的旋转同时是它的对面所容许的，即四条高线，每一条是 3 阶旋转轴。不计幺变换，此地容许 $(3-1) \times 4 = 8$ 个旋转。

所以连幺变换一共容许 $3 + 8 + 1 = 12$ 个旋转。

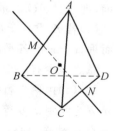

图 C.147

(2) 正六面体：即 3.5.3 所考虑的。

(3) 正八面体：正八面体可以由正六面体导出（见 1.12），所以正六面体所容许的各处旋转，也为正八面体所容许。这就说明为何表中这两方面的数字完全一样。如果直接看，仿上有（参看图 C.148）：① 一条棱所容许的旋转实际上是一双对棱所容许的，所以有 2 阶轴 6 条。② 一个面所容许的实际上是一双对面所容许的，所以有 3 阶轴 4 条。③ 一个正多面角所容许的实际上是一双相对的正四面角所容许的，所以有 4 阶轴 3 条。

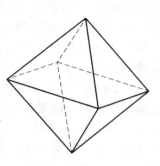

图 C.148

总共容许$(2-1)\times 6+(3-1)\times 4+(4-1)\times 3+1=6+8+9+1=24$个旋转.

(4)正十二面体：$F=12,V=20,E=30$. ①一棱所容许的旋转实际上是一双对棱所容许的,所以有 2 阶轴 15 条. ②一个正多面角所容许的实际上是一双相对的三面角所容许的旋转,所以有 3 阶轴 10 条. ③一个面所容许的旋转实际上是一双相对的正五边形所容许的,所以有 5 阶轴 6 条.

总共容许$(2-1)\times 15+(3-1)\times 10+(5-1)\times 6+1=15+20+24+1=60$个旋转(图 C.149).

(5)正二十面体：$F=20,V=12,E=30$. ①一棱所容许的旋转实际上是一双对棱所容许的,所以有 2 阶轴 15 条. ②一面所容许的旋转实际上是一双相对的三角形所容许的,所以有 3 阶轴 10 条. ③一个正多面角所容许的实际上是相对的正五面角所容许的旋转,所以有 5 阶轴 6 条.

所以一共容许$(2-1)\times 15+(3-1)\times 10+(5-1)\times 6+1=60$个旋转(图 C.150).

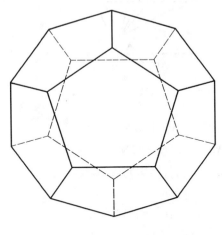

图 C.149

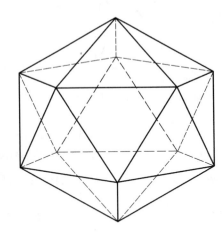

图 C.150

27. 若 A,B 在 α 的异侧,要在 α 上求一点 M 使 $MA+MB$ 为最小,只要联结 α 异侧的两点 A,B,与 α 相交便得(图 C.151(a)).

若 A,B 在 α 同侧,要在 α 上求一点 M 使 $MA+MB$ 为最小,只要先取 B 的对称点 B',然后联结 AB'. 如果先取 A 的对称点 A',再联结 $A'B$,得到的解答同(图 C.151(b)).

若 A,B 在 α 的同侧,要在 α 上求一点 M 使 $MA-MB$ 最大,只要联结 AB,其与 α 的相交点即是(图 C.152(a)).

方才默认 AB 与 α 相交,若 $AB/\!/\alpha$,所求的点不存在. 这时,以 C,D 表 A,B 在 α 上的射影,以 O 表线段 CD 的中点,以 M 表 α 上任一点 N 在直线 CD 上的射影(图 C.152(b)). 若求 NA 与 NB 之差,为固定思路计,不妨设 $NA \geqslant NB$. 因

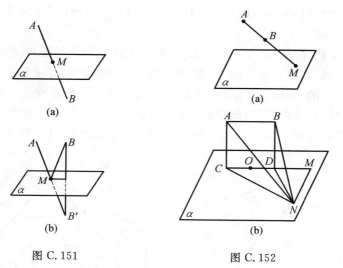

图 C.151　　　　图 C.152

$$NA^2 = AC^2 + CN^2 = AC^2 + CM^2 + MN^2$$
$$NB^2 = BD^2 + DN^2 = AC^2 + DM^2 + MN^2$$

故 $NA - NB = \sqrt{AC^2 + CM^2 + MN^2} - \sqrt{AC^2 + DM^2 + MN^2} =$

$$\frac{CM^2 - DM^2}{\sqrt{AC^2 + CM^2 + MN^2} + \sqrt{AC^2 + DM^2 + MN^2}} =$$

$$\frac{(CM + DM)CD}{\sqrt{AC^2 + CM^2 + MN^2} + \sqrt{AC^2 + DM^2 + MN^2}} =$$

$$\frac{2OM \cdot CD}{\sqrt{AC^2 + CM^2 + MN^2} + \sqrt{AC^2 + DM^2 + MN^2}} <$$

$$\frac{2OM \cdot CD}{CM + DM} = CD = AB$$

令 $MN = 0$,或者说

当 α 上的动点 N 在直线 CD 上时,则有

$$MA-MB=\frac{2OM \cdot CD}{\sqrt{AC^2+CM^2}+\sqrt{AC^2+DM^2}}$$

可见有
$$NA-NB<MA-MB<AB$$

当 M 在直线 CD 趋于无穷远时,由上面的表达式,$MA-MB$ 趋于 $CD(=AB)$ 为无限. 所以当 A,B 在平面 α 同侧,且 $AB/\!/\alpha$ 时,使 $MA-MB$ 为最大的 M 不存在,或者说它是直线 AB 与 α 相交的无穷远点.

最后,若 A,B 在 α 异侧,要求 M 使 $MA-MB$ 为最大,只要先取 A 或 B 的对称点,便化归上款.

28. 参看图 C.153,以二面角的棱为轴将平面 α 旋转使落于 β 上,以 A' 表 A 的新位置(作 $AC\perp$ 棱,在 β 上作 $CA'\perp$ 棱并取 $CA'=CA$),则棱上每点到 A 和 A' 有等距离,故所求点即 $A'B$ 与棱的交点.

29. 参看图 C.154,设 a 为已知直线,A,B 为已知点. 以 α 表平面 (aA),以 β 表平面 (aB),问题便化归于在二面角 $\angle(\alpha,\beta)$ 的棱上求一点 M 使 $MA+MB$ 为最小(3.6 作图题 3),或 $MA-MB$ 为最大(28 题).

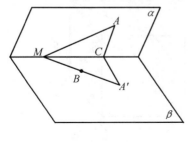

图 C.153

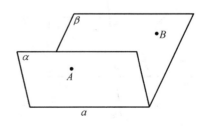

图 C.154

30. 参看图 C.155,因线 $APQB$ 拉紧,故 $AP+PQ+QB$ 为最小,问题便在于决定 P,Q 的位置使这个和为最小.

设 A 在多面角的 OGH 面上,B 在 OEF 面上,中间隔着一个面 OFG. 作 $AC\perp OG$,在 OFG 的延面上作 $CA'\perp OG$,并截 $CA'=CA$. 仿此,作 $BD\perp OF$,在 OGF 的延面上作 $DB'\perp OF$,并截 $DB'=DB$. 联结 $A'B'$,其与 OG,OF 的交点 P,Q 即所求者.

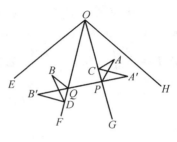

图 C.155

事实上,以 P',Q' 表 OG,OF 上任意点,则有
$$AP+PQ+QB=A'B',\ AP'+P'Q'+Q'B\geqslant A'B'$$
所以 $$AP'+P'Q'+Q'B\geqslant AP+PQ+QB$$
其中等式只当 P' 重于 P 且 Q' 重于 Q 时成立.

31. 参看图 C.156,设问题已解,将点 P 平移已知的长度和方向(这方向自然平行于 α)至 P_1,则 PA 平移为 P_1B. 所求路线满足新条件:P_1,Q 为 α 异侧两点,在 α 上求一点 B 使 P_1B+BQ 为最短,故 B 即 P_1Q 与 α 的交点. 由于可以向两个方位平移,故有两解.

若 P,Q 在 α 同侧,先作 P 关于 α 的对称点 P',便化为上面的情形.

32. 参看图 C.157,设 $ABCDA_1B_1C_1D_1$ 为立方体,E 为 AA_1 中点. 求沿表面从 E 到 C_1 的最短路线.

显然最短路线是立方体表面上的折线. 要得到最短路线,显然只有从 E 穿过一条邻棱如 A_1B_1 或一条对棱如 BB_1,这两路线记为 AF_1C_1 和 AF_2C_1.

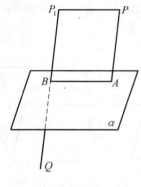

图 C.156

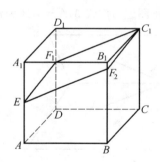

图 C.157

设将面 $A_1B_1C_1D_1$ 绕 A_1B_1 为轴旋转 $90°$,或将面 BB_1C_1C 绕 BB_1 为轴旋转 $90°$,使要研究的图形成为平面图形(图 C.158),显见 $A_1F_1=\dfrac{A_1B_1}{3}$,$B_1F_2=\dfrac{BB_1}{4}$. 若以 a 表立方体一棱长度,则

$$EF_1C_1=\sqrt{a^2+\left(\dfrac{3a}{2}\right)^2}=\dfrac{\sqrt{13}}{2}a$$

$$EF_2C_1=\sqrt{(2a)^2+\left(\dfrac{a}{2}\right)^2}=\dfrac{\sqrt{17}}{2}a$$

可见最短路线应该穿过一条邻棱 A_1B_1(或 A_1D_1)上的一个 $\dfrac{1}{3}$ 点.

33. 参看图 C.159,设 $ABCDA_1B_1C_1D_1$ 为长方体,求由 A 到对顶 C_1 沿表面走的最短距离.

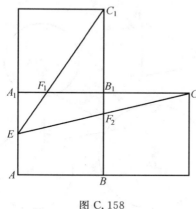

图 C.158

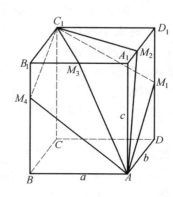

图 C.159

最短路线可能穿过棱 DD_1, A_1D_1, A_1B_1, BB_1. 这四条路线顺次记为 $d_1 = AM_1C_1$, $d_2 = AM_2C_1$, $d_3 = AM_3C_1$, $d_4 = AM_4C_1$. 要穿过 DD_1 上一点 M_1 距离为最短,则 M_1 应该是这样一点,即将两面 AA_1D_1D 和 DD_1C_1C 展开在同一平面上(图 C.160),联结 AC_1 与 DD_1 相交而得. 于是

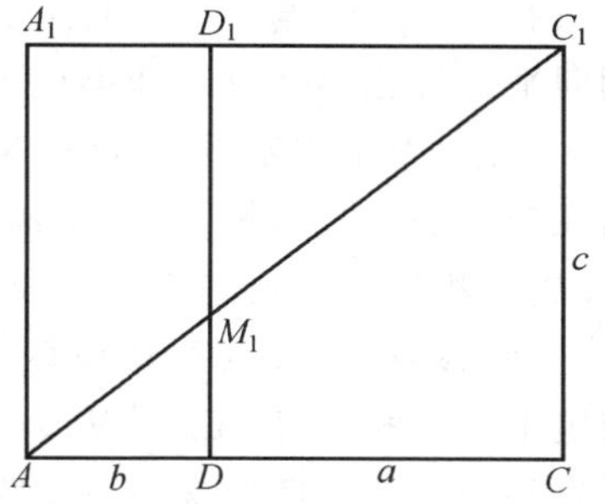

$$d_1^2 = (a+b)^2 + c^2$$

仿此
$$d_2^2 = (a+c)^2 + b^2$$
$$d_3^2 = a^2 + (b+c)^2$$
$$d_4^2 = (a+b)^2 + c^2 = d_1^2$$

图 C.160

d_1 和 d_4 相等,我们在 d_1, d_2, d_3 中挑一条短的. 由于

$$d_1^2 - d_2^2 = 2a(b-c), d_1^2 - d_3^2 = 2b(a-c), d_2^2 - d_3^2 = 2c(a-b) > 0$$

(1) 若 $c \leqslant b < a$,则 $d_3 < d_2 < d_1$,最短路线为 AM_3C_1.

(2) 若 $b < c < a$,则 $d_3 < d_1 < d_2$,最短路线为 AM_3C_1.

(3) 若 $b < a \leqslant c$,则 $d_1 \leqslant d_3 < d_2$,最短路线为 AM_1C_1.

总之,最短路线是穿过最长棱的那一条,至于在什么地方穿此棱,不难从比例关系立即求得.

34. 以 P 为反射中心作第一球关于 P 的对称图形,其与第二球的交点即

B. 解答数为 $0,1$, 或 ∞,∞^2.

35. 这向量规定一个平移,已知球面经过平移便给出所求的轨迹.

36. 参看图 C.161,设给定 $\triangle A'B'C'$ 的大小和位置及三球面 O_1,O_2,O_3. 设问题已解, $\triangle ABC$ 为所求者,为固定思路计,并设 $\triangle ABC$ 不仅与 $\triangle A'B'C'$ 合同且对应边同向平行,且固定 A,B,C 分别在球 O_1,O_2,O_3 上.

将球 O_2 平移 $\overrightarrow{B'A'}$,将球 O_3 平移 $\overrightarrow{C'A'}$,显见 A 是球 O_1 与这两球的公共点(25 题),因之 A 可定. 解答数 $0,1,2,\infty$ 或 ∞^2(最后的情况只有 $\triangle A'B'C'$ 与 $\triangle O_1O_2O_3$ 的边同向平行且相等并且三球半径相等时才发生).

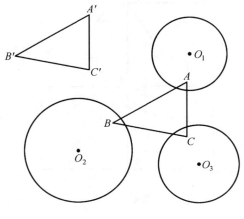

图 C.161

37. 设大小固定的 $\triangle ABC$ 顶点 A,B 在定平面 α,β 上移动,则顶点 C 一方面在与 α 平行的两平面 α_1 或 α_2 上,另一方面又在与 β 平行的两平面 β_1 或 β_2 上. 故一般情况下轨迹为四直线.

38. 参看图 C.162,假设两定线 a,b 与定平面 π 相交于 A,B. 从 a 上一点 E 引直线 $EC/\!/b$ 且交 π 于 C,联结直线 AC,则 AC 为通过 a 而平行于 b 的平面与 π 的交线,故为定线. 设将所求线沿直线 b 平移以至 π 上之一位置 BD,则 D 为两轨迹交点,一即直线 AC,一即以 B 为心,以定长 d 为半径在 π 上所作之圆周,

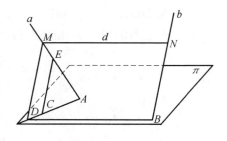

图 C.162

故 D 可定. 既得 D,作 $DM/\!/b$ 与 a 相交于 M,作 $MN/\!/DB$ 与 b 相交于 N,便得所求线段 MN.

讨论不再赘述.

39. 参看图 C.163,设 a,b 为两条不共面直线,π 为已知平面,动直线 CD 保持与 a,b 相交且与 π 平行而动,求分 CD 成定比 $m:n$ 之点 M 的轨迹($CM:MD=m:n$).

通过 C 作 $CE \mathbin{/\mkern-5mu/} b$，$AE$ 是通过 a 且平行于 b 的平面与 π 的交线，故为定线. 联结 BE，并作 $MN \mathbin{/\mkern-5mu/} CE \mathbin{/\mkern-5mu/} b$，及 $NP \mathbin{/\mkern-5mu/} EA$. 易见 EB 与 AB 分别被 N,P 分成定比 $m:n$. 可知 P 为 AB 上的定点，而 M 之轨迹为一平面，即通过 P 所引平行于 a,b 的平面.

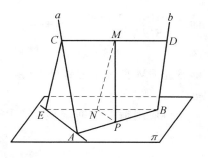

图 C.163

由于假设 a,b 不共面，a,b 不可能都与 π 平行否则轨迹不存在. 若 a,b 中有一线例如 b 与 π 平行，则动直线只能在通过 b 而平行于 π 的平面 π' 上. 这时，点 M 的轨迹是一条直线，即直线 b 的位似形，其位似心即 π' 与 a 的交点，而位似比即 $m:(m+n)$.

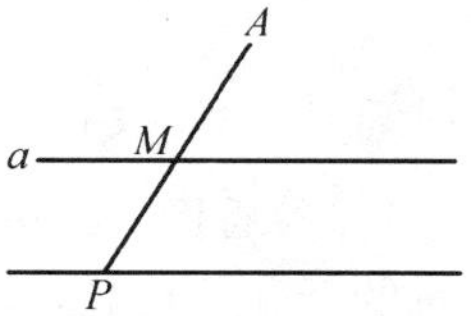

40. 参看图 C.164，设 P 为轨迹上任一点，则 $AP:AM=2:1$，故轨迹为一直线，即以 A 为位似心，以 $2:1$ 为位似比所作直线 a 的位似形.

41. 仿上题，轨迹是一个平面，即 α 的位似形（位似心为 A，位似比为 $2:1$）.

42. 所求轨迹为一圆周，即给定圆周的一个位似形（以已知点为位似心，以 $1:2$ 为位似比）.

图 C.164

43. 轨迹是图形 F 的一个位似形，以定点为位似心，以定比为位似比.

44. 参看图 C.1（习题 1 第 9 题），设 A,B,C 固定，D 在一图形 F 上变动. 则 BD 的中点 N 的轨迹是 F 的位似形 F'，以 B 为位似心，以 $\frac{1}{2}$ 为位似比. 由于 AC 的中点 M 固定，而 EG,FH,MN 在点 O 互相平分，故 O 的轨迹是图形 F' 的位似形 F''，以 M 为位似心，以 $\frac{1}{2}$ 为位似比.

从 3.7 知道，两个位似的乘积仍为位似变换，三个位似心共线，并且位似系数之间有这样的关系，$k_{13}=k_{12}k_{23}$. 这里两个位似心为 B,M，位似系数为 $k_{12}=\frac{1}{2}, k_{23}=\frac{1}{2}$，所以可以预料从 F 到 F'' 是以 BM 上一点为位似心，以 $\frac{1}{4}$ 为位似比得到的. 我们就本题证验普遍定理：设 DO 交 BM 于 S，应用梅涅劳斯定理于 $\triangle BMN$，把 DOS 看做截线（图 C.165），则

$$\frac{BS}{SM} \cdot \frac{MO}{ON} \cdot \frac{ND}{DB} = -1$$

即 $\dfrac{BS}{SM} \cdot \dfrac{1}{1} \cdot \left(-\dfrac{1}{2}\right) = -1$

故 $BS = 2SM$

即 S 是 BM 的一个三等分点，距 M 较近．

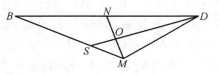

图 C.165

再应用梅涅劳斯定理于 $\triangle BSD$，则

$$\dfrac{BM}{MS} \cdot \dfrac{SO}{OD} \cdot \dfrac{DN}{NB} = -1$$

即 $\left(-\dfrac{1}{3}\right) \cdot \dfrac{SO}{OD} \cdot \dfrac{1}{1} = -1$

所以 $\dfrac{SO}{OD} = \dfrac{1}{3}$

从而确有 $\dfrac{SO}{SD} = \dfrac{1}{4}$

45. 参看图 C.166，设四面体 $ABCD$ 各面的重心为 A', B', C', D'，则 AA'，BB', CC', DD' 相交于一点 G（即四面体的重心，1.11 定理 1，习题 1 第 138 题），且 G 为各线段的一个 $\dfrac{1}{4}$ 点．故 $ABCD$ 与 $A'B'C'D'$ 位似，以重心 G 为位似心，位似比为 $-\dfrac{1}{3}$，即

$$GA' : GA = GB' : GB = GC' : GC = GD' : GD = -\dfrac{1}{3}$$

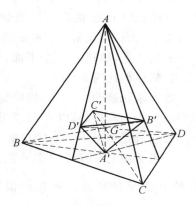

图 C.166

46. 参看图 C.167，设一组平行面之一 π 截三面角 $S-ABC$ 于 $\triangle ABC$，H 为 $\triangle ABC$ 的垂心．在射线 SH 上任取一点 H'，通过 H' 作平面 $\pi' \parallel \pi$，π' 截 $S-ABC$ 于 $\triangle A'B'C'$，则由于两平行面被一平面所截，两截线平行，故 $BC \parallel B'C'$，$AB \parallel A'B'$，$AH \parallel A'H'$，$CH \parallel C'H'$．但因 $BC \perp AH$，$AB \perp CH$，从而也有 $B'C' \perp A'H'$，$A'B' \perp C'H'$，即是说射线 SH

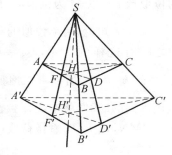

图 C.167

上任一点 H' 是一个平行截面的垂心.

由于一个三角形只有一个垂心,可知平行截面的垂心在 SH 上.

故垂心轨迹为 SH.

其他仿此.

47. 证法 1:应用 3.7 定理 1. 两个正位似或两个反位似之积都是正位似,所以所说的四条直线上,或含有三个相似外心,或含两个相似外心和一个相似内心.

证法 2:参看图 C.168,通过三球心作截面得三圆,三圆两两的位似心即三球的位似心,用平面几何的知识得证.

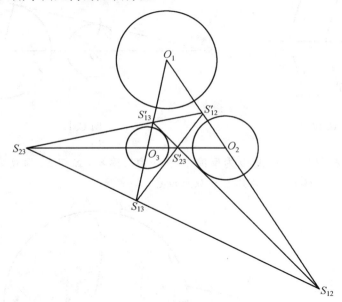

图 C.168

证法 3:相似心分连心线与两球半径成比例. 应用梅涅劳斯定理于 $\triangle O_1O_2O_3$ 得证.

48. 3.10.4 结尾已提示一个作法. 现在再介绍一法.

两球的公切面必通过它们的两个相似中心之一(3.8),所以三球的公切面必通过上题所说的四直线 $S_{12}S_{23}S_{13},S_{12}S'_{23}S'_{13},S'_{12}S_{23}S'_{13},S'_{12}S'_{23}S_{13}$ 之一. 所以通过每一直线作平面切于三球之一(习题 2 第 4 题),即为三球公切面. 最多八解.

49. 参看图 C.169,设给定点为 X,给定直线为 a,b. 在 a,b 上各任取两点

A, A_1 及 B, B_1 但需 $A_1B_1 \parallel AB$. 联结 AX 及 BX. 作 $A_1X_1 \parallel AX, B_1X_1 \parallel BX$, 以 X_1 表示 A_1X_1 和 B_1X_1 的交点. 则 XX_1 即所求直线. 无法到达的交点实际上是 $\triangle ABX$ 和 $\triangle A_1B_1X_1$ 的位似中心.

50. 参看图 C.170, 设 S 为反演中心, k 为反演幂, 球 O, O' 互为反形. S 为两球的一个位似中心. 作公切线 STT', 其中 T 和 T' 表示切点, 则 T 与 T' 互为反点, 因而 $ST \cdot ST' = k$. 由于 $SO > ST, SO' > ST'$, 所以 $SO \cdot SO' \neq k$, 即球心不互为反点.

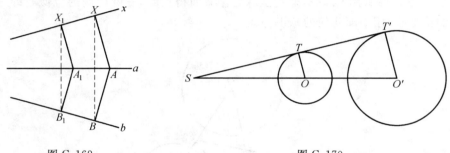

图 C.169   图 C.170

51. 参看图 C.171, 设 O 为反演中心, k 为反演幂, Σ 与 Σ' 为互为反形的两圆周, $A, A'; B, B'; C, C'$ 为其上三双互反点.

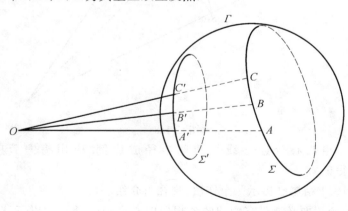

图 C.171

四点 A, B, C, A' 决定一球面 Γ, Σ 有三点 A, B, C 在 Γ 上便整个在 Γ 上. 设 OB, OC 与球面 Γ 再交于 B_1, C_1, 则

$$OB_1 \cdot OB = OA \cdot OA' = k = OB' \cdot OB$$

$$OC_1 \cdot OC = OA \cdot OA' = k = OC' \cdot OC$$

由是 $OB_1 = OB', OC_1 = OC'$. 由于所考虑的都是有向线段,所以 B_1 即 B', C_1 即 C'. 足见圆周 Σ' 也有三点 A', B'(即 B_1), C'(即 C_1)在 Γ 上. 这证明了互为反形的两圆在同一球面上.

至于 Γ 反演为其自身,乃是由于 O 对于 Γ 的幂等于反演幂 k 的缘故.

52. 参看图 C.172,若 A,A',B,B' 不共线,则由于 $OA \cdot OA' = k = OB \cdot OB'$,这四点必共圆,从而 $\triangle OAB \sim \triangle OB'A'$,故

$$OA : OB' = AB : B'A'$$

所以
$$B'A' = \frac{OB'}{OA}AB = \frac{OB' \cdot OB}{OA \cdot OB} \cdot AB = \frac{k}{OA \cdot OB}AB$$

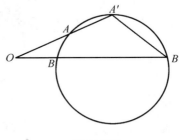

图 C.172

若 A,A',B,B' 共线,则由有向线段加减法,得

$$B'A' = OA' - OB' = \frac{k}{OA} - \frac{k}{OB} = \frac{k}{OA \cdot OB}(OB - OA) = \frac{k}{OA \cdot OB} \cdot AB$$

53. 参看图 C.173,设四点 A,B,C,D 与反演中心 O 共线且成调和分割,以 A',B',C',D' 表反点,k 表反演幂. 则由上题,有

$$A'C' = \frac{k}{OA \cdot OC} \cdot CA, \quad B'C' = \frac{k}{OB \cdot OC} \cdot CB$$

$$A'D' = \frac{k}{OA \cdot OD} \cdot DA, \quad B'D' = \frac{k}{OB \cdot OD} \cdot DB$$

于是由 $\frac{AC}{BC} = -\frac{AD}{BD}$,立刻得 $\frac{A'C'}{B'C'} = -\frac{A'D'}{B'D'}$.

取消"与反演中心共线"这个限制,我们的命题由近世几何依然成立. 这时直线 $ABCD$ 反演为通过 O 的圆周,则由 $(ABCD) = -1$,导出 $-1 = O(ABCD) = O(A'B'C'D') = (A'B'C'D')$.

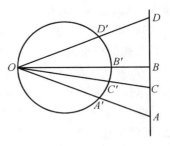

图 C.173

54. 以 O 为反演中心,以 k 为反演幂,作平面 α 的反形得一通过 O 的球 α'. α' 与平面 β 的交点即 B. 解数可能为 $0,1,\infty$.

55. 证法 1:参看图 C.174,设球 O'' 与两球 O,O' 相切于 A,B,则 A 为两球 O 与 O' 的一个位似心,B 为两球 O' 与 O'' 的一个位似心,故直线 AB 交 OO' 于两球

O, O' 的一个位似心 S(47题).

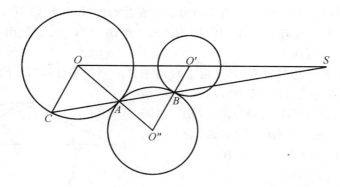

图 C.174

证法 2：通过三球心 O, O', O'' 作平面，化归平面几何的命题：设圆 O'' 切于圆 O 及 O'，则切点的连线必通过圆 O 和 O' 的一个位似心。要证这平面几何命题，或者仿证法 1 应用位似形性质，或者应用梅涅劳斯定理，或者这样：设直线 AB 与圆 O 的第二个交点为 C，则

$$\angle OCA = \angle OAC = \angle O'AB = \angle O'BA$$

所以
$$OC \parallel O'B$$

从而
$$SO : SO' = OC : O'B = \text{半径之比 } r : r'$$

即 S 为圆（因而球）O, O' 的一个位似中心。

56. 以两球的相似外心为反演中心的双曲型反演，以及以相似内心为反演中心的椭圆型反演。

57. 要作一球切于四定球，应用伸缩半径法，首先可化为下题：

求作一球切于三定球 O_1, O_2, O_3，并通过一定点 A。

取 A 为反演中心，A 关于 O_1 的幂为反演幂反演之，问题又化归于下题：

求作一平面使切于三球 O_1, O_2', O_3'。(48题)

58. 参看图 C.175，平面 SAG 与 SBC 的交线记为 SA'。在平面 SAA' 上，通过点 G 利用相似法作直线 AGA' 使 $AG : GA' = 2 : 1$，这样就定下点 A。

仿此定点 B，并通过三点 A, B, G 作平面。

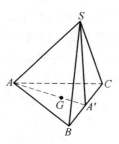

图 C.175

习题 4

1. 设长方体的三维为 x, y, z,则
$$x^2+y^2=c^2, y^2+z^2=a^2, z^2+x^2=b^2$$

从此解出
$$x^2=\frac{1}{2}(-a^2+b^2+c^2), y^2=\frac{1}{2}(a^2-b^2+c^2), z^2=\frac{1}{2}(a^2+b^2-c^2)$$
$$4x^2y^2=(-a^2+b^2+c^2)(a^2-b^2+c^2)=c^4-(a^2-b^2)^2$$

余类推,所以
$$S=2(xy+yz+zx)=\sqrt{c^4-(a^2-b^2)^2}+\sqrt{a^4-(b^2-c^2)^2}+\sqrt{b^4-(c^2-a^2)^2}$$

2. 设长宽高为 x, y, z,则 $x+y+z=k$. 由于
$$(x-y)^2+(y-z)^2+(z-x)^2\geqslant 0$$

可见 $x^2+y^2+z^2\geqslant xy+yz+zx$(等式当亦只当 $x=y=z$ 时成立)
$$k^2=x^2+y^2+z^2+2(xy+yz+zx)\geqslant 3(xy+yz+zx)$$

所以
$$S=2(xy+yz+zx)\leqslant \frac{2}{3}k^2$$

等式当亦只当 $x=y=z$ 时成立,即当长方体变为立方体时成立.

3. 设长宽高为 x, y, z. 由假设 $xy+yz+zx=k$,求证 $V=xyz$. 当 $x=y=z$ 时为最大. 由代数,若 $u+v+w=$ 常数.,则 uvw 当亦只当 $u=v=w$ 时为最大.

注意: $V^2=x^2y^2z^2=xy \cdot yz \cdot zx$,而 $xy+yz+zx=k$,故 V^2(亦即 V)最大的条件为 $xy=yz=zx$ 或 $x=y=z$.

4. 参看图 C.176,将三棱柱 $ABCA_1B_1C_1$ 补形成为一四棱柱 $ABCDA_1B_1C_1D_1$,体积就增加了 1 倍. 取 ABB_1A_1 作这四棱柱的底,那么相应的高就等于从棱 CC_1 到平面 ABB_1A_1 的距离 h,所以
$$V_{ABCA_1B_1C_1}=\frac{1}{2}V_{ABCDA_1B_1C_1D_1}=\frac{1}{2}S_{ABB_1A_1}\cdot h$$

5. 参看图 C.177,设 $A'B'C'D'$ 为直截面,则梯形 $A'B'C'D'$ 两底 $A'B'$, $C'D'$

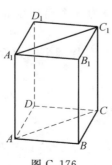

图 C.176

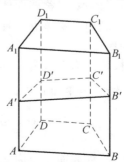

图 C.177

间的距离,等于平行面 ABB_1A_1,DCC_1D_1 间的距离 h,则

$$U_{ABCDA_1B_1C_1D_1} = S_{A'B'C'D'} \cdot AA_1 =$$
$$\frac{1}{2}(A'B'+C'D')h \cdot AA_1 =$$
$$\frac{1}{2}(A'B' \cdot AA_1 + C'D' \cdot AA_1)h = \frac{1}{2}(S_{ABB_1A_1} + S_{DCC_1D_1})h$$

6. 参看图 C.178,有

$$V_{ABCA_1B_1C_1} = V_{B_1ABC} + V_{B_1ACA_1} + V_{B_1A_1CC_1} =$$
$$V_{B_1ABC} + V_{BACA_1} + V_{B_1ACC_1} =$$
$$V_{B_1ABC} + V_{A_1ABC} + V_{BACC_1} =$$
$$V_{A_1ABC} + V_{B_1ABC} + V_{C_1ABC}$$

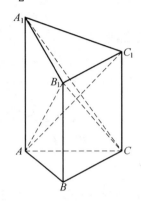

图 C.178

7. 参看图 C.179,设 $a\parallel b\parallel c$,$AA_1 = BB_1 = CC_1 = l$,则平行四边形 AA_1B_1B,AA_1C_1C,BB_1C_1C 的底边同为定长 l,高是定长,故三棱柱 $ABCA_1B_1C_1$ 的侧面积为常数.又其体积等于以直截面为底,以侧棱为高的直棱柱,二者既皆一定,故 $V_{ABCA_1B_1C_1}$ 亦为常数.

8. 设棱柱的直截面面积为 S,其他截面面积为 S',其间夹角为 θ,则由习题 1 第 73 题,有

$$S = S'|\cos\theta| < S'$$

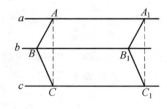

图 C.179

9. 平行六面体有一个对称中心,即各对角线的交点.通过定直线及此对称心的平面即所求者.这平面将平行六面体分为两部分,它们之所以等积,是由于可以分解为两两互相对称的四面体之和,而每一对对称四面体对应的底与高相等从而等积.

10. 只要从底面上一顶点引直线将底面分为 n 个面积相等的部分,即可化为平面几何问题.

11. 设三棱柱底面三边为 a,b,c,面积为 S,外接圆半径为 R.以 h 表三棱柱的高,V 表其体积.由平面几何,$S = \dfrac{abc}{4R}$,故

$$V = Sh = \frac{abc}{4R} \cdot 4R = abc$$

12. 设直三棱柱底面三边为 a,b,c,高为 h,记 $p' = \dfrac{1}{2}(a+b+c)$,则由海伦

公式,有
$$S^2=p'(p'-a)(p'-b)(p'-c), 又 m=ah, n=bh, p=ch, V=Sh$$
$$16V^2=16S^2h^2=(a+b+c)(-a+b+c)(a-b+c)(a+b-c)h^2=$$
$$\frac{1}{h^2}(m+n+p)(-m+n+p)(m-n+p)(m+n-p)$$
$$16S^2=(a+b+c)(-a+b+c)(a-b+c)(a+b-c)=$$
$$\frac{1}{h^4}(m+n+p)(-m+n+p)(m-n+p)(m+n-p)$$

从最后两式消去 h^2,得
$$16V^4=S^2(m+n+p)(-m+n+p)(m-n+p)(m+n-p)$$
所以
$$V=\frac{1}{2}\sqrt[4]{S^2(m+n+p)(-m+n+p)(m-n+p)(m+n-p)}$$

13.
$$V=\frac{1}{3}Sh=\frac{1}{3}(233)^2\times 146.5 \approx 2\,649\,303$$
$$W \approx 3 \times 2\,649\,303 = 7\,947\,909$$
$$S=4\times\frac{1}{2}al=2al=2\times 233\sqrt{146.5^2+116.5^2}\approx$$
$$466\times\sqrt{35\,035}\approx 466\times 187.2\approx 87\,236$$

14. 参看图 C.180,设 O 为平行六面体 $ABCDA_1B_1C_1D_1$ 的交点. 比方我们考察四棱锥 $O-A_1B_1C_1D_1$. 以 h 表示平行六面体上下两底间的距离,则此锥以 $A_1B_1C_1D_1$ 为底而以 $\frac{h}{2}$ 为高,故

$$V_{O-A_1B_1C_1D_1}=\frac{1}{3}S_{A_1B_1C_1D_1}\cdot\frac{h}{2}=\frac{1}{6}S_{A_1B_1C_1D_1}\cdot h=\frac{1}{6}V_{ABCDA_1B_1C_1D_1}$$

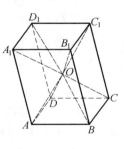

图 C.180

其他各锥也都是平行六面体的 $\frac{1}{6}$.

15. 设 O 为平行六面体 $ABCDA_1B_1C_1D_1$ 内部任一点,考察一双相对的棱锥 $O-ABCD$ 和 $O-A_1B_1C_1D_1$,以 h_1 和 h_2 表示它们的高,则

$$V_{O-ABCD}+V_{O-A_1B_1C_1D_1}=\frac{1}{3}S_{ABCD}\cdot h_1+\frac{1}{3}S_{A_1B_1C_1D_1}\cdot h_2=$$
$$\frac{1}{3}S_{ABCD}(h_1+h_2)=\frac{1}{3}V_{ABCDA_1B_1C_1D_1}$$

仿此每一双相对的棱锥体积之和都是平行六面体的 $\frac{1}{3}$.

16. 设将外切多面体各顶与球心相连,将多面体分为 n 个棱锥(n 表面数),它们有共同的高即球半径 r,而底面积为各侧面之积 $S_1 \cdot S_2 \cdot \cdots \cdot S_n$,故

$$V = \frac{1}{3}S_1 \cdot r + \frac{1}{3}S_2 \cdot r + \cdots + \frac{1}{3}S_n \cdot r = \frac{r}{3}(S_1 + S_2 + \cdots + S_n) = \frac{r}{3}S$$

设同球的两个多面体表面积为 S_1, S_2,而体积为 V_1, V_2,则

$$V_1 : V_2 = \frac{r}{3}S_1 : \frac{r}{3}S_2 = S_1 : S_2$$

17. 参看图 C.181,设锥顶为 P,底面为 $A_1A_2\cdots A_n$. 以 O 表 P 在底面上的射影,作 $OH_i \perp A_iA_{i+1}$,则由三垂线定理,$PH_i \perp A_iA_{i+1}$.

OH_i 为 PH_i 在底面上的射影,故 $OH_i < PH_i$,从而

$$S_{\triangle OA_iA_{i+1}} < S_{\triangle PA_iA_{i+1}}, i = 1, 2, \cdots, n$$

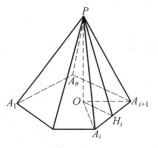

图 C.181

(1) 若 O 在多边形 $A_1A_2\cdots A_n$ 周界上或内部,左端各项之和即棱锥底面积,右端各项之和即侧面积. 所以底面积小于侧面积.

(2) 若 O 在多边形 $A_1A_2\cdots A_n$ 外部,则左端各项的和或差等于底面积,因此底面积 $< \sum_i S_{\triangle OA_iA_{i+1}} < \sum_i S_{\triangle PA_iA_{i+1}} =$ 侧面积.

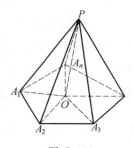

图 C.182

18. 参看图 C.182,设 O 为正棱锥 P-$A_1A_2\cdots A_n$ 底面的中心,它到各侧面有相等的距离 d. 将 O 与各 A_i 相连,则

$$V = V_{P\text{-}OA_1A_2} + V_{P\text{-}OA_2A_3} + \cdots + V_{P\text{-}OA_nA_1} =$$

$$\frac{1}{3}S_{\triangle PA_1A_2} \cdot d + \frac{1}{3}S_{\triangle PA_2A_3} \cdot d + \cdots + \frac{1}{3}S_{\triangle PA_nA_1} \cdot d =$$

$$\frac{d}{3}(S_{\triangle PA_1A_2} + S_{\triangle PA_2A_3} + \cdots + S_{\triangle PA_nA_1}) = \frac{d}{3} \cdot 侧面积$$

19. 以 $AMNP$ 表示立方体 $ABCDA_1B_1C_1D_1$(图 C.183)被截下的一个四面体(图 C.184),它的侧棱

$$AM = AN = AP = 2$$

且

$$MN = NP = PM = 2\sqrt{2}$$

$$S_{\triangle MNP}=\frac{\sqrt{3}}{4}(2\sqrt{2})^2=2\sqrt{3}$$

$$AO^2=AE^2-\left(\frac{PE}{3}\right)^2=AM^2-ME^2-\left(\frac{\sqrt{6}}{3}\right)^2=$$

$$4-2-\frac{2}{3}=\frac{4}{3}$$

$$V_{AMNP}=\frac{1}{3}\cdot 2\sqrt{3}\cdot\frac{2}{\sqrt{3}}=\frac{4}{3}$$

故立方体截去八个角所余体积为

$$V=4^3-8\cdot\frac{4}{3}=\frac{160}{3}$$

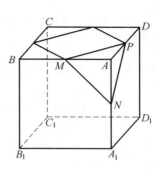

图 C.183

这体积也可以这样直接求

$$V_{AMNP}=\frac{1}{8}V_{ABDA_1}=\frac{1}{8}\cdot\frac{1}{3}V_{ABCDA_1B_1C_1D_1}=$$

$$\frac{1}{8}\cdot\frac{1}{6}V_{ABCDA_1B_1C_1D_1}=\frac{64}{48}=\frac{4}{3}$$

截去八个角以后的表示含六个正方形和八个三角形,故表面积为

$$S=6(2\sqrt{2})^2+8(2\sqrt{3})=16(3+\sqrt{3})$$

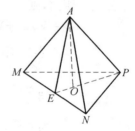

图 C.184

20. 所求体积 $V=\frac{1}{3}$ 底面积 $\cdot$ 高 $=\frac{1}{3}\cdot\frac{1}{2}ab\cdot c=\frac{1}{6}abc.$

21. 参看图 C.185,由题意设 $SA\perp SB$, $SB\perp SC,SC\perp SA,AB=BC=CA,SO\perp ABC.$

(1) $SA^2+SB^2=AB^2$, $SB^2+SC^2=BC^2$, $SC^2+SA^2=CA^2$,故有

$$SA^2+SB^2=SB^2+SC^2=SC^2+SA^2$$

所以 $SA=SB=SC$

(2) $SO^2=SA^2-AO^2=SA^2-\left(\frac{2\sqrt{3}}{3}\frac{1}{2}AB\right)^2=$

$$SA^2-\frac{1}{3}AB^2=$$

$$SA^2-\frac{1}{3}(SA^2+SB^2)=\frac{1}{3}SA^2$$

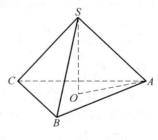

图 C.185

(3)以 V 表 $SABC$ 的体积,以 h_1,h_2,h_3 表示底面 ABC 内任一点 M 到三侧面的距离,则

$$V=V_{SMAB}+V_{SMBC}+V_{SMCA}=\frac{1}{3}S_{\triangle SBC}\cdot h_1+\frac{1}{3}S_{\triangle SCA}\cdot h_2+\frac{1}{3}S_{\triangle SAB}\cdot h_3=\frac{1}{3}S_{\triangle SAB}(h_1+h_2+h_3)$$

即 $\quad\frac{1}{3}S_{\triangle SAB}\cdot SC=\frac{1}{3}S_{\triangle SAB}(h_1+h_2+h_3)$

所以 $\quad h_1+h_2+h_3=SC=$ 侧棱长

22. 参看图 C.186,设 $S_{\triangle SAB}=S_{\triangle SBC}=S_{\triangle SCA}$,以 M 表底面 $\triangle ABC$ 内部任一点,以 h_1,h_2,h_3 表示 M 到三个侧面的距离,则

$$V_{SABC}=V_{SMBC}+V_{SMCA}+V_{SMAB}=$$
$$\frac{1}{3}S_{\triangle SBC}\cdot h_1+\frac{1}{3}S_{\triangle SCA}\cdot h_2+$$
$$\frac{1}{3}S_{\triangle SAB}\cdot h_3=$$
$$\frac{1}{3}S_{\triangle SAB}(h_1+h_2+h_3)$$

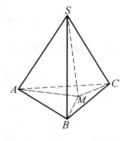

图 C.186

所以 $\quad h_1+h_2+h_3=\dfrac{3V_{SABC}}{S_{\triangle SAB}}=$ 常数

23. 正棱锥各侧面面积相等,故上题证法推广之即得证.

24. 设正多面体体积为 V,一侧面面积为 S,内部一点到各侧面的距离为 $h_1,h_2,\cdots,h_n$. 将该点与各顶点连线,分之为 n 个棱锥,则

$$V=\frac{1}{3}Sh_1+\cdots+\frac{1}{3}Sh_n=\frac{S}{3}(h_1+\cdots+h_n)$$

所以 $\quad h_1+h_2+\cdots+h_n=\dfrac{3V}{S}=$ 常数

25. 参看图 C.187,设四面体 $ABCD$ 的外接平行六面体为 $AFBGECHD$,后者体积简记作 V. 平行六面体由五个部分组成,即原先的四面体 $ABCD$,以及以它的一面为面的四个四面体,例如 $HBCD$.

以 h 表示上下两底间的距离,则 h

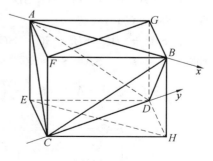

图 C.187

即 B-CDH 的高，故 $V_{HBCD}=\frac{1}{3}S_{CDH}\cdot h=\frac{1}{6}S_{ECHD}\cdot h=\frac{1}{6}V$，等等．故
$$V_{ABCD}=V-4\cdot\frac{1}{6}V=\frac{1}{3}V$$

26. 设 x,y 为不共面直线，在其上各取定长线段 $AB=a$ 及 $CD=b$ 以形成四面体 $ABCD$．作它的外接平行六面体 $AFBGECHD$，这平行六面体的两面 $AFBG$ 和 $ECHD$ 是通过 x,y 这两条不共面直线而互相平行的平面，因而是唯一决定的，并且它们之间的距离 h 等于 x,y 间的最短距离，所以也是随 x,y 而确定的．因
$$S_{AFBG}=\frac{1}{2}ab\sin\angle(x,y)$$

所以由上题
$$V_{ABCD}=\frac{1}{3}V_{AFBGECHD}=\frac{1}{3}\cdot S_{AFBG}\cdot h=\frac{1}{6}abh\sin\angle(x,y)=\text{常数}$$

27. 参看图 C.188，设四面体 $ABCD$ 各棱中点为 E,F,G,H,M,N，则
$$EF\parallel BC\parallel HG$$
其余类似.

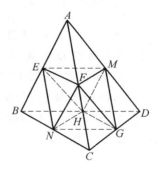

图 C.188

四面体 $ABCD$ 由五个部分合成，即八面体 $EFGHMN$ 以及四个四面体 $AEFM$，$BEHN$，$CNFG$，$DGHM$．拿 $AEFM$ 为例，它的底是四面体 $ABCD$ 的底 $\triangle BCD$ 的 $\frac{1}{4}$，而它的高是原先四面体的高的一半，所以
$$V_{AEFM}=\frac{1}{8}V_{ABCD}$$

仿此
$$V_{BEHN}=V_{CNFG}=V_{DGHM}=\frac{1}{8}V_{ABCD}$$

故
$$V_{EFGHMN}=V_{ABCD}-4\cdot\frac{1}{8}V_{ABCD}=\frac{1}{2}V_{ABCD}$$

28. 证法 1：参看图 C.189，设平面 π 垂直于四面体 $ABCD$ 的棱 AB，则 A 与 B 投射为 π 上同一点 B'，C,D 投射为 C',D'，故
$$V_{ABCD}=V_{B'C'D'ACD}-V_{B'C'D'BCD}（\text{应用 6 题}）=$$
$$S_{\triangle B'C'D'}\cdot\frac{AB'+CC'+DD'}{3}-$$

$$S_{\triangle B'C'D'} \cdot \frac{BB'+CC'+DD'}{3} =$$
$$\frac{1}{3} \cdot AB \cdot S_{\triangle B'C'D'}$$

证法 2：设底面 BCD 与 π 的交角为 θ，则（习题 1 第 73 题）
$$S_{\triangle BCD} \cdot |\cos \theta| = S_{\triangle B'C'D'}$$

作 $AE \perp BCD$，则平面 BCD 与 π 的交角等于其法线 AE 与 AB 间的交角，故
$$AE = AB|\cos \theta|$$

故 $V_{ABCD} = \frac{1}{3} S_{\triangle BCD} \cdot AE = \frac{1}{3} S_{\triangle B'C'D'} \cdot AB$

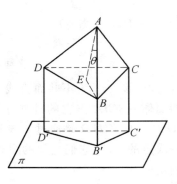

图 C.189

29. 参看图 C.190，设通过四面体 $ABCD$ 一双对棱中点 M,N 的平面截 AC 于 E 截 BD 于 F，则由习题 1 第 14 题，有
$$\frac{CE}{CA} = \frac{DF}{DB}$$

四面体 $ABCD$ 在截面两侧的部分各为 ①$BENFM$ 和 $BENC$；②$AENFM$ 和 $AFND$.

首先，四棱锥 $B-ENFM$ 和 $A-ENFM$ 同底等高（因为 $AM=BM$），故等积. 其次，$BENC$ 和 $AFND$ 也等积. 事实上

$$\frac{V_{BENC}}{V_{BACD}} = \frac{S_{ENC}}{S_{ACD}} = \frac{CE \cdot CN}{CA \cdot CD} = \frac{CE}{CA} \cdot \frac{1}{2}$$

$$\frac{V_{AFND}}{V_{ABCD}} = \frac{S_{FND}}{S_{BCD}} = \frac{DF \cdot DN}{DB \cdot DC} = \frac{DF}{DB} \cdot \frac{1}{2}$$

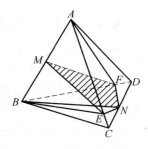

图 C.190

故亦有 $V_{BENC} = V_{AFND}$. 因此命题证明了.

30. 参看图 C.191，有
$$\frac{OB'}{AB} = \frac{V_{OACD}}{V_{BACD}}, \frac{OC'}{AC} = \frac{V_{OABD}}{V_{CABD}}, \frac{OD'}{AD} = \frac{V_{OABC}}{V_{DABC}}$$

相加，得
$$\frac{OB'}{AB} + \frac{OC'}{AC} + \frac{OD'}{AD} = \frac{V_{OACD}+V_{OABD}+V_{OABC}}{V_{ABCD}} = 1$$

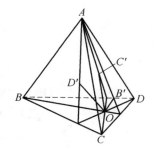

图 C.191

31. 参看图 C.192,

(1) $\dfrac{OA'}{AA'} = \dfrac{V_{OBCD}}{V_{ABCD}}$, $\dfrac{OB'}{BB'} = \dfrac{V_{OACD}}{V_{BACD}}$, $\dfrac{OC'}{CC'} =$

$\dfrac{V_{OABD}}{V_{CABD}}$, $\dfrac{OD'}{DD'} = \dfrac{V_{OABC}}{V_{DABC}}$. 相加,得

$$\dfrac{OA'}{AA'} + \dfrac{OB'}{BB'} + \dfrac{OC'}{CC'} + \dfrac{OD'}{DD'} = 1$$

(2) $\dfrac{AO}{AA'} + \dfrac{BO}{BB'} + \dfrac{CO}{CC'} + \dfrac{DO}{DD'} =$

$\left(1 - \dfrac{OA'}{AA'}\right) + \cdots + \left(1 - \dfrac{OD'}{DD'}\right) =$

$4 - \left(\dfrac{OA'}{AA'} + \dfrac{OB'}{BB'} + \dfrac{OC'}{CC'} + \dfrac{OD'}{DD'}\right) = 3$

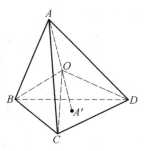

图 C.192

32. (1) 以 I 表示四面体 $ABCD$ 的内切球心,则

$$V = V_{IBCD} + V_{IACD} + V_{IABD} + V_{IABC} = \dfrac{r}{3}(S_1 + S_2 + S_3 + S_4) = \dfrac{r}{3}S$$

所以 $$r = \dfrac{3V}{S}$$

(2) 以 I_1 表示三面角 A 内的旁切球心,则

$$V = V_{I_1 ACD} + V_{I_1 ABD} + V_{I_1 ABC} - V_{I_1 BCD} = \dfrac{r_1}{3}(S_2 + S_3 + S_4 - S_1)$$

所以 $$r_1 = \dfrac{3V}{S_2 + S_3 + S_4 - S_1} = \dfrac{rS}{S_2 + S_3 + S_4 - S_1}.$$

(3) 由(2)及类似结果,有

$$\dfrac{1}{r_1} + \dfrac{1}{r_2} + \dfrac{1}{r_3} + \dfrac{1}{r_4} = \dfrac{(-S_1 + S_2 + S_3 + S_4) + \cdots + (S_1 + S_2 + S_3 - S_4)}{rS} =$$

$$\dfrac{2(S_1 + S_2 + S_3 + S_4)}{rS} = \dfrac{2S}{rS} = \dfrac{2}{r}$$

33. 所求点即四面体的重心.

34. 参看图 C.193,以 S, h 表示棱锥的底和高,以 S' 和 $h - h'$ 表示内接棱柱的底和高,则

$$\dfrac{S'}{S} = \dfrac{h'^2}{h^2}$$

$$V_{柱} = S'(h - h') = \dfrac{S}{h^2} \cdot h'^2 (h - h') = \dfrac{4S}{h^2} \cdot \dfrac{h'}{2} \cdot \dfrac{h'}{2} \cdot (h - h')$$

由于 $\dfrac{h'}{2} + \dfrac{h'}{2} + (h - h') = $ 常数 h,由代数的简单知识,$V_{柱}$ 最大的条件是 $\dfrac{h'}{2} =$

$\dfrac{h'}{2}=h-h'$,或 $h'=\dfrac{2}{3}h$.

35. 参看图 C.194,作平面 ABC 的垂线 DE 和 $D'E'$,则

$$\dfrac{V_{ABCD}}{V_{AB'C'D'}}=\dfrac{\frac{1}{3}S_{\triangle ABC}\cdot DE}{\frac{1}{3}S_{\triangle AB'C'}\cdot D'E'}=\dfrac{S_{\triangle ABC}}{S_{\triangle AB'C'}}\cdot\dfrac{DE}{D'E'}=$$

$$\dfrac{AB\cdot AC}{AB'\cdot AC'}\cdot\dfrac{AD}{AD'}=\dfrac{AB\cdot AC\cdot AD}{AB'\cdot AC'\cdot AD'}$$

以上假设相等的三面角有相同转向,若转向相反,则取其中一个的对称形论之.

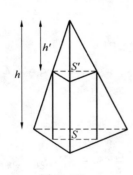

图 C.193

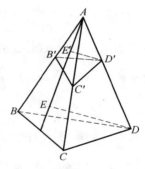

图 C.194

36. 参看图 C.195,设四面体 $ABCD$ 中二面角 AB 的平分面交棱 CD 于 E,则所得两四面体 $ABCE$ 与 $ABDE$ 有同底 $\triangle ABE$,故 $V_{ABCE}:V_{ABDE}=CE:DE$.

从另一方面观之,若以 $\triangle ABC$ 及 $\triangle ABD$ 作为这两四面体的底,则有等高,故又有

$$V_{ABCE}:V_{ABDE}=S_{\triangle ABC}:S_{\triangle ABD}$$

所以 $\qquad CE:DE=S_{\triangle ABC}:S_{\triangle ABD}$

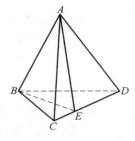

图 C.195

37. 参看图 C.196,设四面体 $ABCD$ 及 $AB'C'D$ 有一棱 AD 公用,B' 在面 ABD 上,C' 在面 ACD 上. 以 B_1 表示 AB' 与 BD 的交点,以 C_1 表示 AC' 与 CD 的交点,则

$$\frac{V_{ABCD}}{V_{AB_1C_1D}}=\frac{S_{\triangle BDC}}{S_{\triangle B_1DC_1}}=\frac{DB\cdot DC}{DB_1\cdot DC_1}=$$
$$\frac{DB}{DB_1}\cdot\frac{DC}{DC_1}=\frac{S_{\triangle ADB}}{S_{\triangle ADB_1}}\cdot\frac{S_{\triangle ADC}}{S_{\triangle ADC_1}}$$
$$\frac{V_{AB_1C_1D}}{V_{AB'C'D}}=\frac{S_{\triangle AC_1D}\cdot 点 B_1 到平面 ACD 的距离}{S_{\triangle AC'D}\cdot 点 B' 到平面 ACD 的距离}=$$
$$\frac{S_{\triangle AC_1D}}{S_{\triangle AC'D}}\cdot\frac{AB_1}{AB'}=\frac{S_{\triangle AC_1D}}{S_{\triangle AC'D}}\cdot\frac{S_{\triangle AB_1D}}{S_{\triangle AB'D}}$$

相乘,得
$$\frac{V_{ABCD}}{V_{AB'C'D}}=\frac{S_{\triangle ADB}\cdot S_{\triangle ADC}}{S_{\triangle ADB'}\cdot S_{\triangle ADC'}}$$

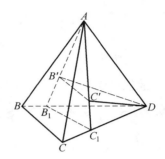

图 C.196

38. 参看图 C.197,由假设容易推知点 A' 距三侧面等远,故
$$V_{A'ABC}:V_{A'ACD}:V_{A'ADB}=S_{\triangle ABC}:S_{\triangle ACD}:S_{\triangle ADB}$$

另一方面,这三个四面体有同高,即 A 到平面 BCD 的距离,故又有
$$V_{A'ABC}:V_{V'ACD}:V_{A'ADB}=S_{\triangle A'BC}:S_{\triangle A'CD}:S_{\triangle A'DB}$$

所以
$$S_{\triangle ABC}:S_{\triangle ACD}:S_{\triangle ADB}=S_{\triangle A'BC}:S_{\triangle A'CD}:S_{\triangle A'DB}$$

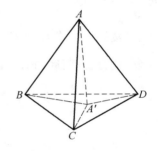

图 C.197

39. 参看图 C.198,设高为 x,侧面上的高为 l,则
$$l=\sqrt{\left(\frac{a-b}{2}\right)^2+x^2}$$

由条件得方程
$$a^2+b^2=4\cdot\frac{1}{2}(a+b)l=(a+b)\sqrt{(a-b)^2+4x^2}$$

解之,得 $x=\frac{ab}{a+b}$.

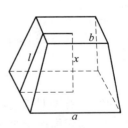

图 C.198

40. 参看图 C.199,从中截面上任一点 O 到各顶点连线,分拟柱为若干棱锥. 以上、下底为底的棱锥其体积即 $\frac{h}{6}S$ 和 $\frac{h}{6}S_1$.

每一侧面若非三角形便以一对角线分为两个三角形,相应地将一个四棱锥分而为两个三棱锥. 以 V_{OABC} 为例观之,有

$$V_{OABC}=4V_{OADE}=4\cdot\frac{1}{3}S_{\triangle ODE}\cdot\frac{h}{2}=$$
$$\frac{4}{6}hS_{\triangle ODE}$$

故拟柱体积 V 为

$$V=\frac{h}{6}S+\frac{h}{6}S_1+\frac{4}{6}h\sum S_{\triangle ODE}=$$
$$\frac{h}{6}(S+4M+S_1)$$

41.(1)棱柱:$V=\frac{h}{6}(S+4M+S_1)=$
$\frac{h}{6}(S+4S+S)=Sh.$

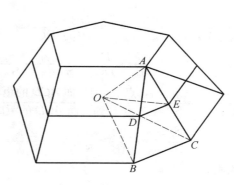

图 C.199

(2)棱锥:$V=\frac{h}{6}(S+4M+S_1)=\frac{h}{6}(S+S+0)=\frac{1}{3}Sh.$

(3)棱台:设两底的对应边为 a,b,(图 C.200),则

$$\frac{S}{a^2}=\frac{M}{m^2}=\frac{S_1}{b^2},m=\frac{a+b}{2}$$

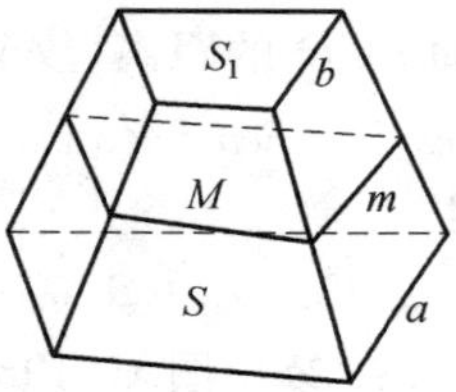

故

$$\frac{\sqrt{S}}{a}=\frac{\sqrt{M}}{m}=\frac{\sqrt{S_1}}{b}=\frac{\frac{1}{2}(\sqrt{S}+\sqrt{S_1})}{\frac{1}{2}(a+b)}$$

从而

$$2\sqrt{M}=\sqrt{S}+\sqrt{S_1}$$
$$4M=S+S_1+2\sqrt{SS_1}$$

故

$$V=\frac{h}{6}(S+4M+S_1)=\frac{h}{6}(S+S+S_1+2\sqrt{SS_1}+S_1)=$$
$$\frac{h}{3}(S+\sqrt{SS_1}+S_1)$$

图 C.200

42.参看图 C.201,从上底各顶向下底作垂线,并分刍童为九份,中间是一个长方体,四面四份可合成两个长方体,四角四份可合成一四棱锥,故

$$V=abh+\frac{c-a}{2}bh+\frac{d-b}{2}ah+$$
$$\frac{1}{3}(c-a)(d-b)h$$

化简得

$$V=\frac{h}{6}[(2b+d)a+(2d+b)c]$$

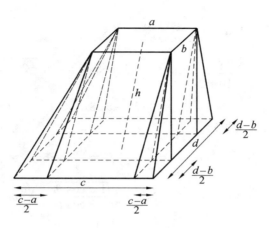

图 C.201

把"刍童"看做拟柱,则

$$S=cd, S_1=ab, M=\frac{a+c}{2}\cdot\frac{b+d}{2}$$

故

$$V=\frac{h}{6}(S+4M+S_1)=\frac{h}{6}[cd+(a+c)(b+d)+ab]=$$
$$\frac{h}{6}[(2b+d)a+(2d+b)c]$$

与我国公式一致.

43. 当"刍童"变为底是矩形的四棱台时,$\frac{a}{c}=\frac{b}{d}$,即 $ad=bc$. 这时 $S=cd$, $S_1=ab$, $\sqrt{SS_1}=\sqrt{ad\cdot bc}=ad$,故

$$V=\frac{h}{6}[(2b+d)a+(2d+b)c]=\frac{h}{6}(2ab+2cd+2ad)=$$
$$\frac{h}{3}(cd+ad+ab)=\frac{h}{3}(S+\sqrt{SS_1}+S_1)$$

45. 以 A_n 表正 n 边形面积,以 S_n 表正 n 面体表面积(假设边长和棱长皆为 a),则

$$S_4=4A_3=\sqrt{3}a^2$$
$$S_6=6A_4=6a^2$$
$$S_8=8A_3=2\sqrt{3}a^2$$
$$S_{12}=12A_5=12\cdot\frac{5}{4}a^2\tan 54°=15a^2\cdot\frac{\sin 54°}{\sin 36°}=$$

$$15a^2 \cdot \frac{3-4\sin^2 18°}{2\cos 18°} =$$

$$\frac{15(3+\sqrt{5})}{\sqrt{10+2\sqrt{5}}}a^2 = \frac{1}{4}(15+9\sqrt{5})\sqrt{10-2\sqrt{5}}\,a^2$$

$$S_{20} = 20A_3 = 5\sqrt{3}\,a^2$$

46. 应用题目上的提示.

(1) $d_4 = \frac{1}{3} \cdot \frac{a}{2}\sqrt{3} = \frac{a}{6}\sqrt{3}$, $\rho_4 = \frac{2}{3} \cdot \frac{a}{2}\sqrt{3} = \frac{\sqrt{3}}{3}a$, $\cos\theta_4 = \frac{1}{3}$, 故

$$r_4 = d_4 \tan\frac{\theta_4}{2} = \frac{a}{6}\sqrt{3} \cdot \sqrt{\frac{1-\cos\theta_4}{1+\cos\theta_4}} = \frac{\sqrt{6}}{12}a$$

$$R_4^2 = r_4^2 + \rho_4^2 = \frac{1}{24}a^2 + \frac{1}{3}a^2 = \frac{6}{16}a^2$$

$$R_4 = \frac{\sqrt{6}}{4}a$$

(可注意正四面体的外心、内心重合于重心,$R_4 = 3r_4$)

(2) 显然 $r_6 = \frac{1}{2}a$, $R_6 = \frac{\sqrt{3}}{2}a$.

(3) $d_8 = \frac{a}{6}\sqrt{3}$, $\rho_8 = \frac{a}{3}\sqrt{3}$, $\cos\theta_8 = -\frac{1}{3}$, 故

$$r_8 = d_8 \tan\frac{\theta_8}{2} = \frac{a}{6}\sqrt{3}\sqrt{\frac{1-\cos\theta_8}{1+\cos\theta_8}} = \frac{\sqrt{6}}{6}a$$

$$R_8^2 = r_8^2 + \rho_8^2 = \frac{1}{6}a^2 + \frac{1}{3}a^2 = \frac{1}{2}a^2, \quad R_8 = \frac{\sqrt{2}}{2}a$$

(4) $d_{12} = \frac{a}{2}\tan 54°$, $\rho_{12} = \frac{a}{2}\sec 54°$, $\sin\frac{\theta_{12}}{2} = \frac{\cos 36°}{\cos 18°}$

$$\tan\frac{\theta_{12}}{2} = \frac{\frac{\cos 36°}{\cos 18°}}{\sqrt{1-\left(\frac{\cos 36°}{\cos 18°}\right)^2}} = \frac{\cos 36°}{\sqrt{\sin 54° \sin 18°}}$$

$$r_{12} = d_{12}\tan\frac{\theta_{12}}{2} = \frac{a}{2}\tan 54° \cdot \frac{\cos 36°}{\sqrt{\sin 54° \sin 18°}} =$$

$$\frac{a}{2}\frac{\cos 36°}{\cos 54°}\sqrt{\frac{\sin 54°}{\sin 18°}} = \frac{a}{2} \cdot \frac{1-2\sin^2 18°}{\cos 18°(4\cos^2 18°-3)}\sqrt{3-4\sin^2 18°} =$$

$$\frac{a}{2} \cdot \frac{1}{\cos 18°} \cdot \frac{1-2\sin^2 18°}{1-4\sin^2 18°}\sqrt{3-4\sin^2 18°} =$$

$$\frac{a}{2}\cdot\frac{4}{\sqrt{10+2\sqrt{5}}}\cdot\frac{1-2\cdot\frac{6-2\sqrt{5}}{16}}{1-4\cdot\frac{6-2\sqrt{5}}{16}}\sqrt{3-4\cdot\frac{6-2\sqrt{5}}{16}}=$$

$$\frac{a}{2}\sqrt{\frac{25+11\sqrt{5}}{10}}$$

$$R_{12}^2=r_{12}^2+\rho_{12}^2=\frac{a^2}{40}(25+11\sqrt{5})+\frac{a^2}{4}\frac{1}{\cos^2 54°}=$$

$$\frac{a^2}{40}(25+11\sqrt{5})+\frac{a^2}{4}\cdot\frac{1}{\cos^2 18°}\cdot\frac{1}{(1-4\sin^2 18°)^2}=$$

$$\frac{a^2}{40}(25+11\sqrt{5})+\frac{a^2}{4}\cdot\frac{8}{5+\sqrt{5}}\frac{1}{\left(1-4\cdot\frac{6-2\sqrt{5}}{16}\right)^2}=\frac{a^2}{16}(18+6\sqrt{5})$$

$$R_{12}=\frac{a}{4}(\sqrt{15}+\sqrt{3})$$

(5) $$d_{20}=\frac{a}{b}\sqrt{3},\rho_{20}=\frac{a}{3}\sqrt{3},\sin\frac{\theta_{20}}{2}=\frac{1}{6}(\sqrt{15}+\sqrt{3})$$

$$r_{20}=d_{20}\tan\frac{\theta_{20}}{2}=\frac{a}{6}\sqrt{3}\cdot\frac{\frac{1}{6}(\sqrt{15}+\sqrt{3})}{\sqrt{1-\frac{1}{36}(18+2\sqrt{45})}}=$$

$$\frac{a}{36}\cdot 3(\sqrt{5}+1)\cdot\frac{6}{\sqrt{18-2\sqrt{45}}}=$$

$$\frac{a}{2}(\sqrt{5}+1)\cdot\frac{1}{\sqrt{15}-\sqrt{3}}=\frac{a}{12}(3\sqrt{3}+\sqrt{15})$$

$$R_{20}^2=r_{20}^2+\rho_{20}^2=\frac{a^2}{144}(42+18\sqrt{5})+\frac{a^2}{3}=\frac{a^2}{8}(5+\sqrt{5})$$

$$R_{20}=\frac{a}{4}\sqrt{10+2\sqrt{5}}$$

47. 将正 n 面体体积 V_n 视为 n 个棱锥之和，这些锥面以球心为顶点，以一个面（面积 A_n）为底面，高即内切球半径 r，故

$$V_n=n\cdot\frac{1}{3}A_n\cdot r_n=\frac{1}{3}r_n S_n$$

应用上两题可得

$$V_4 = \frac{\sqrt{2}}{12}a^3$$

$$V_6 = a^3$$

$$V_8 = \frac{\sqrt{2}}{3}a^3$$

$$V_{12} = \frac{15+7\sqrt{5}}{4}a^3$$

$$V_{20} = \frac{5}{12}(3+\sqrt{5})a^3$$

48. 参看图 C.202，有

$$\widehat{AMB} = \frac{1}{6} \cdot 2\pi r = \frac{1}{3}\pi r$$

$$S_{AMBA} = \frac{1}{6}\pi r^2 - \frac{\sqrt{3}}{4}r^2 = \left(\frac{\pi}{6} - \frac{\sqrt{3}}{4}\right)r^2$$

较小部分的表面积 $= \frac{1}{3}\pi r \cdot h + 2 \cdot \left(\frac{\pi}{6} - \frac{\sqrt{3}}{4}\right)r^2 + rh =$

$$\frac{1}{3}\pi rh + \left(\frac{\pi}{3} - \frac{\sqrt{3}}{2}\right)r^2 + rh$$

较小部分体积 $= \left(\frac{\pi}{6} - \frac{\sqrt{3}}{4}\right)r^2 h$

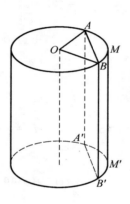

图 C.202

较大部分表面积 $= 2\pi rh + 2\pi r^2 - \frac{1}{3}\pi rh - \left(\frac{\pi}{3} - \frac{\sqrt{3}}{2}\right)r^2 + rh =$

$$\frac{5}{3}\pi rh + \left(\frac{5}{3}\pi + \frac{\sqrt{3}}{2}\right)r^2 + rh$$

较大部分体积 $= \pi r^2 h - \left(\frac{\pi}{6} - \frac{\sqrt{3}}{4}\right)r^2 h = \left(\frac{5}{6}\pi + \frac{\sqrt{3}}{4}\right)r^2 h$

49. 设底半径为 r，高为 h，则

$$S = \pi r^2, \quad L = \pi rl = \pi r\sqrt{r^2+h^2}, \quad V = \frac{1}{3}\pi r^2 h$$

从前两式消去 r，得

$$h^2 = \frac{1}{\pi S}(L^2 - S^2)$$

故

$$V = \frac{1}{3}\pi r^2 h = \frac{1}{3}Sh = \frac{1}{3}S\sqrt{\frac{L^2-S^2}{\pi S}} = \frac{1}{3}\sqrt{\frac{S(L^2-S^2)}{\pi}}$$

50.(1)参看图 C.203,以 MN 为旋转轴,以 $V_{(AMN)}$ 和 $V_{(BMNC)}$ 分别表示三角形两部分的旋转体积.作 MN 的垂线 AA',BB',CC',以 r 表其长度,则

$$V_{(AMN)} = V_{(AMA')} + V_{(ANA')} =$$
$$\frac{1}{3}\pi r^2 (MA' + NA') =$$
$$\frac{1}{3}\pi r^2 \cdot MN$$
$$V_{(BMNC)} = V_{(BB'C'C)} - V_{(BMB')} - V_{(CNC')} =$$
$$V_{(BB'C'C)} - V_{(AMA')} - V_{(ANA')} =$$
$$\pi r^2 \cdot BC - \frac{1}{3}\pi r^2 \cdot MN = \frac{5}{3}\pi r^2 \cdot MN$$

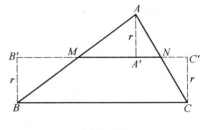

图 C.203

所以 $\qquad V_{(AMN)} : V_{(BMNC)} = 1 : 5$

(2)参看图 C.204,以 BC 为旋转轴,仍以 $2r$ 表 $\triangle ABC$ 之高,并作 BC 的垂线 AA_1,MM_1,NN_1,则

$$V_{(ABC)} = \frac{1}{3}\pi(2r)^2 (BA_1 + CA_1) = \frac{8}{3}\pi r^2 \cdot MN$$
$$V_{(BMNC)} = V_{(BMM_1)} + V_{(MM_1 N_1 N)} + V_{(CNN_1)} =$$
$$\frac{1}{3}\pi r^2 (BM_1 + CN_1) + \pi r^2 \cdot M_1 N_1 =$$
$$\frac{1}{3}\pi r^2 \cdot MN + \pi r^2 \cdot MN = \frac{4}{3}\pi r^2 \cdot MN$$

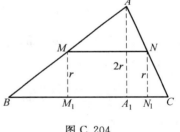

图 C.204

所以 $\qquad V_{(ABC)} : V_{(BMNC)} = 2 : 1$

51.参看图 C.205,由相似形关系 $\dfrac{DE}{BC} = \dfrac{AE}{AB}$,取平方得

$$\frac{r^2}{R^2} = \frac{(h-r)^2 - r^2}{h^2} = \frac{h^2 - 2rh}{h^2} = 1 - \frac{2r}{h}$$

两端以 r^2 除之,移项得证

$$\frac{1}{r^2} - \frac{1}{R^2} = \frac{2}{rh}$$

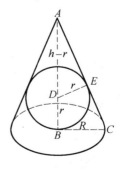

图 C.205

52. 参看图 C.206, $V_1 = \frac{1}{3}\pi b^2 a$, $V_2 = \frac{1}{3}\pi a^2 b$, $V = \frac{\pi}{3} h^2(AD+BD) = \frac{\pi}{3} h^2 c$. 若以 S 表 $\triangle ABC$ 的面积,则

$$2S = ab = ch$$

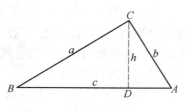

图 C.206

且 $V_1 = \frac{4\pi S^2}{3a}, V_2 = \frac{4\pi S^2}{3b}, V = \frac{4\pi S^2}{3c}$

消去 a, b, c 便得

$$\frac{1}{V_1^2} + \frac{1}{V_2^2} = \frac{1}{V^2}$$

53. 参看图 C.207,以 S 表 $\triangle ABC$ 的面积,G 表重心,$GD \perp AB$,则

$$V = \frac{1}{3}\pi \cdot BC^2 \cdot AB = \frac{1}{3}\pi \cdot BC \cdot AB \cdot BC =$$
$$\frac{1}{3}\pi \cdot 2S \cdot BC = 2\pi \cdot \frac{BC}{3} \cdot S = (2\pi \cdot GD)S$$

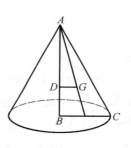

图 C.207

54. 设三角形三边为 a, b, c, 对应高为 h_a, h_b, h_c, 面积为 S, 则

$$V_a = \frac{1}{3}\pi h_a^2 a = \frac{\pi}{3a}(ah_a)^2 = \frac{4\pi}{3a}S^2$$

仿此 $V_b = \frac{4\pi}{3b}S^2$

$$V_c = \frac{4\pi}{3c}S^2$$

故

$$\frac{a}{\frac{1}{V_a}} = \frac{b}{\frac{1}{V_b}} = \frac{c}{\frac{1}{V_c}} = \lambda = \frac{4\pi}{3}S^2$$

但

$16S^2 = (a+b+c)(-a+b+c)(a-b+c)(a+b-c) =$
$\lambda^4\left(\frac{1}{V_a}+\frac{1}{V_b}+\frac{1}{V_c}\right)\left(\frac{-1}{V_a}+\frac{1}{V_b}+\frac{1}{V_c}\right)\left(\frac{1}{V_a}-\frac{1}{V_b}+\frac{1}{V_c}\right)\left(\frac{1}{V_a}+\frac{1}{V_b}-\frac{1}{V_c}\right) =$
$\left(\frac{4\pi}{3}\right)^4 S^8 P$

所以 $$S^6=\frac{81}{16\pi^4 P}, S^2=\frac{3}{2\pi}\sqrt[3]{\frac{3}{2\pi P}}$$

故 $$a=\frac{1}{V_a}\cdot 2\sqrt[3]{\frac{3}{2\pi P}}, b=\frac{1}{V_b}\cdot 2\sqrt[3]{\frac{3}{2\pi P}}, c=\frac{1}{V_c}\cdot 2\sqrt[3]{\frac{3}{2\pi P}}$$

其中 $P=\left(\frac{1}{V_a}+\frac{1}{V_b}+\frac{1}{V_c}\right)\left(-\frac{1}{V_a}+\frac{1}{V_b}+\frac{1}{V_c}\right)\left(\frac{1}{V_a}-\frac{1}{V_b}+\frac{1}{V_c}\right)\left(\frac{1}{V_a}+\frac{1}{V_b}-\frac{1}{V_c}\right).$

55. 因为 $S_柱=2\pi rh, S_锥=\pi rl=\pi r\sqrt{h^2+r^2}$. 由此知,当 h 大于、等于或小于 $\frac{\sqrt{3}}{3}r$ 时,$S_柱$ 大于、等于或小于 $S_锥$.

56. 参看图 C.208,因为 $\triangle ABC$ 是等边三角形,$OB=4$, $AO=4\sqrt{3}$, $OD=EF=1$, $OF=DE=3\sqrt{3}$, $AF=\sqrt{3}$.

钻孔的部分是一个圆柱和一个圆锥合成的,其体积各为

$$V_1=\pi\cdot OD^2\cdot OF=3\sqrt{3}\pi$$
$$V_2=\frac{1}{3}\pi\cdot EF^2\cdot AF=\frac{1}{3}\pi\cdot 1^2\cdot\sqrt{3}=\frac{\sqrt{3}}{3}\pi$$

所以 $V=V_1+V_2=\frac{10}{3}\sqrt{3}\pi$

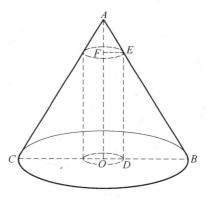

图 C.208

57. 北温带面积 $=2\pi rh=$

$$2\pi\cdot 4\,000\cdot\frac{13}{25}\cdot 4\,000\approx$$
$$52\,275\,000$$

$$\lambda=\frac{2\pi rh}{4\pi r^2}=\frac{h}{2r}=\frac{\frac{13}{25}r}{2r}=\frac{13}{50}=26\%$$

58. 参看图 C.209,因为
$$AC\cdot CO=BC^2=OB^2-OC^2$$

即
$$(h+x)(r-x)=r^2-(r-x)^2=2rx-x^2$$

解之,得 $x=\frac{rh}{r+h}$.

在点 A 可看见的面积是以 x 为高的球冠,故

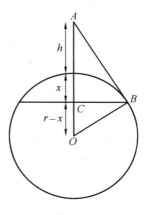

图 C.209

$$S = 2\pi rx = \frac{2\pi r^2 h}{r+h}$$

59. 参看图 C.210，第二球被第一球所截球冠高以 h 表之，其面积为
$$S = 2\pi r_2 h = \pi \cdot 2r_2 \cdot h = \pi r_1^2 = 常数$$

60. 参看图 C.211，设球半径为 r，所求平面距球心为 x，两球冠的高各为 $r-x$ 与 $r+x$，故由假设得
$$2\pi r(r+x) - 2\pi r(r-x) = \pi \rho^2$$
即
$$4\pi rx = \pi(r^2 - x^2)$$
所以
$$x = (\sqrt{5} - 2)r$$

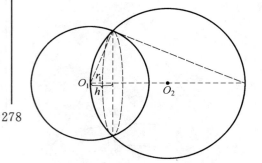

图 C.210

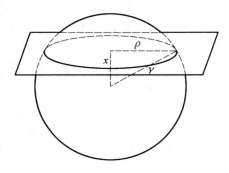

图 C.211

61. 参看图 C.212，以 l 表连心线 OO'，则
$$l = R + r - d$$
$$r^2 = R^2 + l^2 - 2l \cdot OI$$

由是
$$BI = R - OI = R - \frac{R^2 + l^2 - r^2}{2l} = \frac{r^2 - (l-R)^2}{2l} =$$
$$\frac{(r+R-l)(r-R+l)}{2l} = \frac{d}{2l}(r-R+l)$$

互换 R 与 r 得
$$DI = \frac{d}{2l}(R - r + l)$$

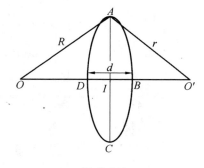

图 C.212

所以 $S = 2\pi R \cdot BI + 2\pi r \cdot DI = \frac{d\pi}{l}[R(r-R+l) + r(R-r+l)] =$

$$\frac{\pi d}{l}[l(R+r)-(R-r)^2] = \frac{\pi d}{l}[(R+r-d)(R+r)-(R-r)^2] =$$

$$\frac{\pi d}{l}[4Rr-d(R+r)] = \frac{\pi d[4Rr-d(R+r)]}{R+r-d}$$

62. 参看图 C.213，设球半径为 R，内接圆锥底半径为 r，母线长为 l，底面所截的较小球冠的高为 x. 由题意得方程

$$\pi rl = 2\pi Rx$$

即

$$rl = 2Rx \qquad ①$$

但

$$r^2 = x(2R-x) \qquad ②$$

$$l^2 = 2R(2R-x) \qquad ③$$

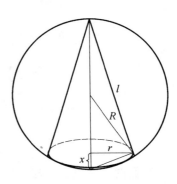

图 C.213

消去 r 与 l 得

$$x(2R-x) \cdot 2R(2R-x) = r^2 l^2 = (rl)^2 = 4R^2 x^2$$

即

$$(2R-x)^2 = 2Rx$$

或

$$x^2 - 6Rx + 4R^2 = 0$$

解之，得 $x = (3-\sqrt{5})R$.

得到 x 便可作内接圆锥了.

63. 参看图 C.214，设将半圆绕 OA 为轴旋转以得半球. 以点 $M_1, M_2, \cdots, M_n$ 将 OA 分为 n 等份，则

$$M_i N_i^2 = ON_i^2 - OM_i^2 = \left(1-\frac{i^2}{n^2}\right)r^2$$

以 V 表示球体积，则

$$\frac{V}{2} = \lim_{n\to\infty} \sum_{i=1}^{n} \pi\left(1-\frac{i^2}{n^2}\right)r^2 \cdot \frac{r}{n} =$$

$$\pi r^3 \lim_{n\to\infty} \sum_{i=1}^{n}\left(\frac{1}{n}-\frac{i^2}{n^3}\right) =$$

$$\pi r^3 \lim_{n\to\infty}\left(1-\frac{1^2+2^2+\cdots+n^2}{n^3}\right) =$$

$$\pi r^3 \lim_{n\to\infty}\left[1-\frac{n(n+1)(2n+1)}{6n^3}\right] = \frac{2}{3}\pi r^3$$

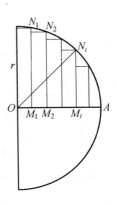

图 C.214

仍得 $V = \frac{4}{3}\pi r^3$. 我们的圆柱筑在每层上底上，筑在下底上结果同.

64. 参看图 C.215，设 $M_iN_i = \dfrac{i}{h}r$，则

$$V = \lim_{n\to\infty}\sum_{i=1}^{n}\pi M_i N_i^2 \cdot \dfrac{h}{n} =$$

$$\lim_{n\to\infty}\sum_{i=1}^{n}\pi \cdot \dfrac{i^2}{n^2}r^2 \cdot \dfrac{h}{n} =$$

$$\pi r^2 h \lim_{n\to\infty}\sum_{i=1}^{n}\dfrac{i^2}{n^3} =$$

$$\pi r^2 h \lim_{n\to\infty}\dfrac{n(n+1)(2n+1)}{6n^3} =$$

$$\dfrac{1}{3}\pi r^2 h$$

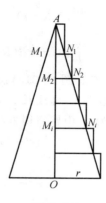

图 C.215

我们的圆柱筑在每层下底上，筑在上底上结果同.

65. 参看图 C.216，易知

$$\dfrac{c - x_k}{c - a} = \dfrac{k}{n}, x_k = c\left(1 - \dfrac{k}{n}\right) + a \cdot \dfrac{k}{n}$$

仿此

$$y_k = d\left(1 - \dfrac{k}{n}\right) + b \cdot \dfrac{k}{n}, k = 1, 2, \cdots, n$$

$$V = \lim_{n\to\infty}\dfrac{h}{n}\sum_{k=1}^{n}x_k y_k = \dfrac{h}{6}[(2b+d)a + (2d+b)c]$$

66. 参看图 C.217，因为

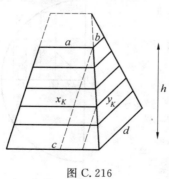

图 C.216

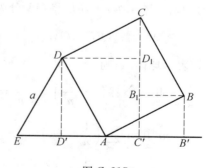

图 C.217

$$ED' = \dfrac{a}{2}, DD' = \dfrac{a}{2}\sqrt{3}$$

$$D'C' = DD_1 = \dfrac{a}{2}\sqrt{3}$$

$$C'B' = B_1B = \frac{a}{2}$$

$$DD' = \frac{a}{2}\sqrt{3}$$

$$CC' = \frac{a}{2}(\sqrt{3}+1)$$

$$BB' = \frac{a}{2}, AB' = \frac{a}{2}\sqrt{3}$$

$$V_{(ABCDE)} = V_{(DED')} + V_{(CDD'C')} + V_{(BCC'B')} - V_{(BAB')} =$$

$$\frac{\pi}{3}DD'^2 \cdot ED' + \frac{\pi}{3}D'C'(DD'^2 + DD' \cdot CC' + CC'^2) +$$

$$\frac{\pi}{3}C'B'(CC'^2 + CC' \cdot BB' + BB'^2) - \frac{\pi}{3}BB'^2 \cdot AB'$$

以上面的数据代入,得

$$V_{(ABCDE)} = \frac{\pi}{4}(3 + 2\sqrt{3})a^3$$

67. 参看图 C.218,以 V_1 表示较小部分体积,V_2 表示较大部分体积. 以 R 表球半径. V_1 是由球扇挖去一个圆锥,则

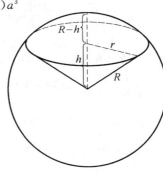

$$V_1 = \frac{2}{3}\pi R^2(R-h) - \frac{1}{3}\pi r^2 h =$$

$$\frac{2}{3}\pi R^2(R-h) - \frac{1}{3}\pi(R^2-h^2)h =$$

$$\frac{2}{3}\pi R^3 - \pi R^2 h + \frac{1}{3}\pi h^3$$

$$V_2 = \frac{4}{3}\pi R^3 - V_1 = \frac{2}{3}\pi R^3 + \pi R^2 h - \frac{1}{3}\pi h^3$$

图 C.218

68. (1) 球缺体积公式为:$V = \pi h^2 \left(R - \frac{h}{3} \right)$,其中 R 表球半径,而 h 表球缺的高(即球冠的高). 要证明可以直接下手,也可以在上题 V_1 中将 h 换为 $R-h$ 即得.

(2) 参看图 C.219,即求体积是混合三角形 $A'AC$ 绕 OO' 为轴旋转而得,是一个圆台挖去两个球

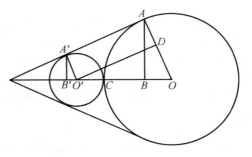

图 C.219

缺,即

$$V = \frac{\pi}{3}BB'(AB^2 + AB \cdot A'B' + A'B'^2) -$$
$$\pi B'C^2\left(A'O - \frac{1}{3}B'C\right) - \pi BC^2\left(AO - \frac{1}{3}BC\right)$$

由于 $\triangle A'O'B' \backsim \triangle AOB \backsim \triangle O'OD$,若以 R, R' 表两球半径,则有

$$\frac{O'B'}{R'} = \frac{OB}{R} = \frac{R - R'}{R + R'}$$

从此得出

$$OB = \frac{R-R'}{R+R'}R, \ BC = R - OB = \frac{2RR'}{R+R'}, \ AB^2 = R^2 - OB^2 = \frac{4R^3R'}{(R+R')^2}$$

$$O'B' = \frac{R-R'}{R+R'}R', \ B'C = R' + O'B' = \frac{2RR'}{R+R'}, \ A'B'^2 = R'^2 - O'B'^2 = \frac{4R'^3R}{(R+R')^2}$$

代入得

$$V = \frac{4\pi RR'}{3(R+R')}\left[\frac{4R^3R'}{(R+R')^2} + \frac{4R^2R'^2}{(R+R')^2} + \frac{4RR'^3}{(R+R')^2}\right] -$$
$$\frac{4\pi R^2 R'^2}{(R+R')^2}\left[R' - \frac{2RR'}{3(R+R')}\right] - \frac{4\pi R^2 R'^2}{(R+R')^2}\left[R - \frac{2RR'}{3(R+R')}\right]$$

即 $V = \frac{4\pi R^2 R'^2}{3(R+R')^3}[4(R^2 + RR' + R'^2) - (RR' + 3R'^2) - (RR' + 3R^2)] =$

$$\frac{4\pi R^2 R'^2}{3(R+R')^3}(R^2 + 2RR' + R'^2) = \frac{4\pi R^2 R'^2}{3(R+R')}$$

69. 参看图 C.220,由于

$$V_{锥} = \frac{1}{3}\pi r^2 \cdot 2r = \frac{2}{3}\pi r^3$$

$$V_{球} = \frac{4}{3}\pi r^3$$

$$V_{柱} = \pi r^2 \cdot 2r = 2\pi r^3$$

故

$$V_{锥} : V_{球} : V_{柱} = \frac{2}{3} : \frac{4}{3} : 2 = 1 : 2 : 3$$

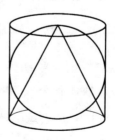

图 C.220

70. 参看图 C.221,设球半径为 r,则圆锥高为 $3r$,底半径为 $\sqrt{3}r$,母线为 $2\sqrt{3}r$.

(1) $S_{锥} = \pi(\sqrt{3}r)(2\sqrt{3}r) + \pi(\sqrt{3}r)^2 = 9\pi r^2$

$S_{柱} = 2\pi r \cdot 2r + 2\pi r^2 = 6\pi r^2$

$$S_{球} = 4\pi r^2$$

所以 $\qquad S_{锥} : S_{柱} = S_{柱} : S_{球}$

(2)
$$V_{锥} = \frac{1}{3}\pi(\sqrt{3}r)^2 \cdot 3r = 3\pi r^3$$

$$V_{柱} = \pi r^2 \cdot 2r = 2\pi r^3$$

$$V_{球} = \frac{4}{3}\pi r^3$$

所以 $\qquad V_{锥} : V_{柱} = V_{柱} : V_{球}$

71. 参看图 C.222，设球半径为 r，则锥底半径为 $\frac{\sqrt{3}}{2}r$，高为 $\frac{3}{2}r$，母线为 $\sqrt{3}r$；柱半径为 $\frac{\sqrt{2}}{2}r$，高为 $\sqrt{2}r$.

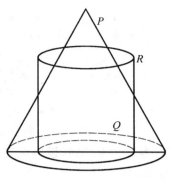

图 C.221

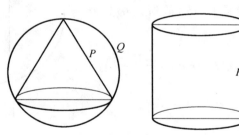

图 C.222

(1)
$$S_{锥} = \pi\left(\frac{\sqrt{3}}{2}r\right)(\sqrt{3}r) + \pi\left(\frac{\sqrt{3}}{2}r\right)^2 = \frac{9}{4}\pi r^2$$

$$S_{柱} = 2\pi\left(\frac{\sqrt{2}}{2}r\right)(\sqrt{2}r) + 2\pi\left(\frac{\sqrt{2}}{2}r\right)^2 = 3\pi r^2$$

$$S_{球} = 4\pi r^2$$

所以 $\qquad S_{锥} : S_{柱} = S_{柱} : S_{球}$

(2)
$$V_{锥} = \frac{1}{3}\pi\left(\frac{\sqrt{3}}{2}r\right)^2 \cdot \frac{3}{2}r = \frac{3}{8}\pi r^3$$

$$V_{柱} = \pi\left(\frac{\sqrt{2}}{2}r\right)^2(\sqrt{2}r) = \frac{\sqrt{2}}{2}\pi r^3$$

$$V_{球} = \frac{4}{3}\pi r^3$$

所以 $$V_{锥}:V_{柱}=V_{柱}:V_{球}$$

72. 参看图 C.223，因为
$$S_{球}=4\pi r^2, V_{球}=\frac{4}{3}\pi r^3$$
$$S_{柱}=2\pi r \cdot 2r+2\pi r^2=6\pi r^2$$
$$V_{柱}=\pi r^2 \cdot 2r=2\pi r^3$$

所以 $S_{球}:S_{柱}=2:3=V_{球}:V_{柱}$

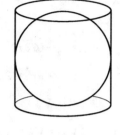

图 C.223

73. 参看图 C.224，设球半径为 R，圆洞半径为 r 而高为 $2h$，则
$$r^2+h^2=R^2$$

穿洞以后，从球挖去了一个以 r 为半径，以 $2h$ 为高的圆柱（其体积为 $\pi r^2 \cdot 2h=2\pi r^2 h$），和以 $R-h$ 为高的两个球缺（其体积为 $2\pi(R-h)^2\left(R-\frac{R-h}{3}\right)$，可参看 68 题，故所余部分的体积为
$$V=\frac{4}{3}\pi R^3-2\pi r^2 h-2\pi(R-h)^2\left(R-\frac{R-h}{3}\right)=$$
$$\frac{4}{3}\pi R^3-2\pi(R^2-h^2)h-$$
$$2\pi(R-h)^2\left(R-\frac{R-h}{3}\right)$$

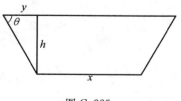

图 C.224

化简后得 $V=\frac{4}{3}\pi h^3$.

74. 参看图 C.225，设梯形高为 h，面积为 S，其余如图 C.225 所示，则
$$S=(x+y)h=hx+h^2\cot\theta$$

记 $u=x+h\csc\theta$. 由于 S 与 h 均为常数，故本题化为求 θ 使 u 为最小. 因为
$$hu=hx+2h^2\csc\theta=S-h^2\cot\theta+2h^2\csc\theta=$$
$$S+h^2(2\csc\theta-\cot\theta)$$

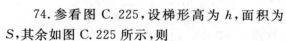

图 C.225

所以 $$u=\frac{S}{h}+h(2\csc\theta-\cot\theta)$$

再记 $v=\frac{2-\cos\theta}{\sin\theta}$，这样，本题又化为求 v 的极小值. 由 v 的表达式，$v\sin\theta+$

$\cos\theta = 2$，以 $\sqrt{v^2+1}$ 除之得（图 C.226）

$$\frac{v}{\sqrt{v^2+1}}\sin\theta + \frac{1}{\sqrt{v^2+1}}\cos\theta = \frac{2}{\sqrt{v^2+1}}$$

即

$$\sin(\theta+\alpha) = \frac{2}{\sqrt{v^2+1}}$$

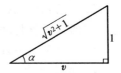

图 C.226

当 v 达到极小，右端达到极大，即为 1。于是 $v_{\min} = \sqrt{3}$，由此得 $\alpha = \frac{\pi}{6}$。再由 $\sin(\theta + \frac{\pi}{6}) = 1$，得 $\theta = \frac{\pi}{3}$。

习题 5

1. 两个非对径点和球心决定一平面，作这平面与已知球面相交的圆周（习题 2 第 2 题），即为联结该两点的大圆。

2. 参看图 C.227，设 PA, PB 的极为 A'，B'，大圆 $A'B'$ 交 PA, PB 于 A, B，则
$$\angle AOA' = \angle BOB'$$
故 $\angle APB = \angle AOB = \angle A'OB'$

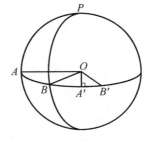

图 C.227

3. 定理 3：设 P 与 P' 是已知大圆的两极，M 为球面上除 P 与 P' 以外的任一点（图 C.228）。由 5.2 定理 2，凡通过 M 而与已知大圆正交的大圆必通过 P, M, P' 三点，故有一个且只有一个存在。

若 M 重合于 P 或 P'，则通过 P 与 P' 的任一大圆都正交于已知大圆。

定理 4：设 PA 与 PB 为两个所设大圆，以 A' 与 B' 表示它们的极，则 A' 与 B' 不重合也非对径点。由 5.2 定理 2，与 PA 及 PB 垂直的大圆必通过 A' 及 B'，则有一个且仅有一个存在，即大圆 AB。

4. 设 M 为已知点，设其异于给定大圆的极 P 与 P'。作平面 PMP'，并定这平面与球面的交线（习题 2 第 2 题），即所求大圆。

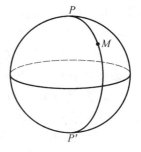

图 C.228

5. 在已知大圆弧上取两点,作两点的直线段,并作这直线段的垂直平分面,它与球的交线就是联结该两点的大圆弧的垂直平分大圆弧.

6. 过三定点 A,B,C 作平面,通过球心作平面 ABC 的垂线,这垂线通过球心 O. 在这垂线上点 O 的两侧各取一点使其与 O 的距离等于球半径,这两点即所求.

7. 三边在球心所张的角既然为 $60°,80°,90°$,则每一边是大圆弧长 2π 的 $\frac{60}{360},\frac{80}{360},\frac{90}{360}$,故三边长分别为

$$2\pi \cdot \frac{1}{6} = \frac{\pi}{3}$$

$$2\pi \cdot \frac{2}{9} = \frac{4\pi}{9}$$

$$2\pi \cdot \frac{1}{4} = \frac{\pi}{2}$$

8. 若以弧度为角的单位,则弧长 s 与中心角 θ 间的关系是 $s=r\theta$,所以已知三角形的三边各为 $\frac{2}{10}=\frac{1}{5}, \frac{\frac{32}{9}}{10}=\frac{16}{45}, \frac{3}{10}$ 弧度,所以极三角形的三角是

$$\left(\pi - \frac{1}{5}\right) 弧度 = 168°32'28''$$

$$\left(\pi - \frac{16}{45}\right) 弧度 = 162°48'41''$$

$$\left(\pi - \frac{3}{10}\right) 弧度 = 159°37'42''$$

9. 参看图 C.229,若 △ABC 是三直角三角形,则 A 是 BC 的极,B 是 CA 的极,C 是 AB 的极,从而 △ABC 与其极三角形相重合. 反之,若 △ABC 与其极 △$A_0B_0C_0$ 相重合,则 AB 的极 C'_0. 必重合于 C(或 C 的对径点),从而 $CA=CB$ 在一象限;仿此知 △ABC 各边都是一象限. 若以 O 表球心,则 OA,OB,OC 互垂,$O-ABC$ 是三直三面角,ABC 是三直角球面三角形.

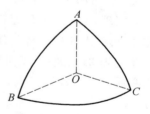

图 C.229

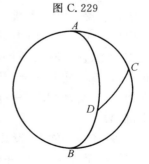

图 C.230

10. 参看图 C.230,因 A 与 B 为对径点,故 $\angle CAD = \angle DBC$. 又因 $\angle CDA = \angle DCB$,故等角的补角相等,即 $\angle ACD = \angle BDC$. 可见

△ACD 与 △BDC 三角对应相等,故相合同. 所以 BC=AD.

11. 参看图 C.231,为固定思路计,设三边 a,b,c 中 a 为最大边. 在一条大圆弧上取这样的圆弧 $BC=a$. 假若有一个 △ABC 存在满足 $BC=a, CA=b, AB=c$,则点 A 的一个轨迹是以 B 为极的一个圆周(一般是小圆)g,它的球面距离为 c. 这圆周 g 把球面分为两个球冠,其中一个含 B 而另一个不含 B. 同理,A 的又一轨迹是以 C 为极的一圆周,极距离为 b.

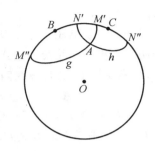

图 C.231

在大圆上截取 $BM'=BM''=c$,并以 M' 表示在劣弧 BC 上的一点(由于 $a \geqslant c$, M' 至多与 C 重合). 同理设 $CN'=CN''=b$, 并以 N' 表示在劣弧 BC 上的一点(N' 至多与 B 重合).

由假设 $a-b<c$,所以沿劣弧从 B 走向 C,先碰到 N' 后碰到 M'. 由于 $c<$ 大圆周 $-(a+b)$,所以沿优弧从 B 走向 C,先碰到 M'' 后碰到 N'',所以 N' 与 N'' 属于以圆周 g 为界的两个不同的球冠,因此 h 与 g 一定相交于一点 A,故有满足条件的三角形存在.

12. 参看图 C.232,设四边形 ABCD 中,$AB=CD$,且 $AD=BC$. 以 M 表对角线 AC 与 BD 之交点,以 E, E' 表示一双对边的两个交点(对径点),以 F, F' 表示另一双对边的两个交点. △ABD≡△CDB(三双边对应相等),故 $\angle AMB = \angle CDM$. 仿此可证 $\angle BAM = \angle DCM$. 从而 △ABM≡△CDM,故 $MA=MC$, $MB=MD$.

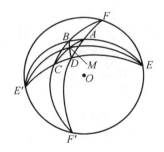

图 C.232

要证明 M 是大圆 $EFE'F'$ 的极,可注意由 10 题得 $AE'=CE$,故 △MAE'≡△MCE(两边及夹角对应相等),从而 $ME=ME'$. 仿此,$MF=MF'$. 若以 O 表球心,则 OM 在 EE' 的中垂面上(因 O 与 M 均距 E, E' 等远),也在 FF' 的中垂面上,故 OM 垂直于平面 $EFE'F'$,因之 M 是大圆 $EFE'F'$ 的极. 也可这样,从等腰 △MEE' 观之,$MO \perp EOE'$. 从等腰 △MFF' 观之,$MO \perp FOF'$,故 $MO \perp$ 平面 $EFE'F'$,即 M 是大圆 $EFE'F'$ 之极.

13. 参看图 C.233,设在球面四边形 ABCD 中,有
$$AB=CD, AD=BC$$

联结对角线 BD，则 $\triangle ABD \equiv \triangle CDB$（三双对应边相等），故

$$\angle A = \angle C, \angle ABD = \angle CDB, \angle CBD = \angle ADB$$

从后两式又得出 $\angle ABC = \angle ADC$，即两双对角相等.

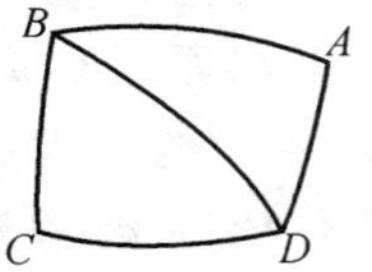

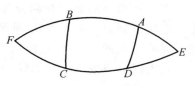

图 C.233

14. 参看图 C.234，设在四边形 $ABCD$ 中，有

$$\angle A = \angle C, \angle B = \angle D$$

延长一双对边 AB 与 CD 使相交于两个对径点 E 及 F，则 $\triangle ADF \equiv \triangle CBE$（三角对应相等），故

$$AD = BC, DF = BE, CE = AF$$

从而 $\qquad DF + CE = BE + AF$

即

$$\text{半大圆周} + CD = \text{半大圆周} + AB$$

故 $\qquad AB = CD$

图 C.234

15. 参看图 C.235，设在四边形 $ABCD$ 中，有

$$AB = BC = CD = DA$$

以 M 表对角线交点，则由 12 题，$MA = MC$，故 $\triangle BMA \equiv \triangle BMC$（三边对应相等）. 因之 $\angle BMA = \angle BMC = d$，即 $AC \perp BD$.

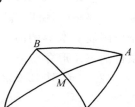

图 C.235

16. 证法 1：参看图 C.236，设在四边形 $ABCD$ 中，有

$$\angle A = \angle B, \angle C = \angle D$$

延长 AB 与 CD 相交于两个对径点 E 及 F，则 $\triangle BCF \equiv \triangle ADE$（三角对应相等），故

$$BC = AD$$

证法 2：设 O 为 AD 与 BC 的一个交点，则 $\triangle OAB$ 和 $\triangle OCD$ 都等腰，即

$$OA = OB, OD = OC$$

所以 $\qquad AD = BC$

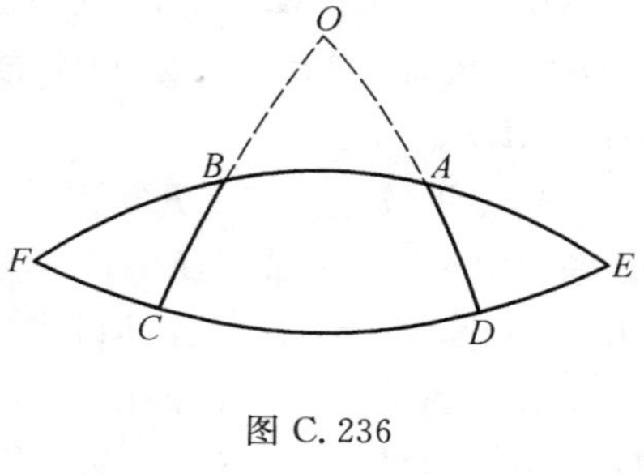

图 C.236

17. 参看图 C.237，以 P 表圆 $ABCD$ 的极，则

$$PA = PB = PC = PD$$

故有

$$\angle PAB = \angle PBA, \angle PBC = \angle PCB$$

∠PCD=∠PDC, ∠PAD=∠PDA

所以　　　∠A+∠C=∠B+∠D

以上设 P 在 ABCD 内部,若 P 在一边上或在外部可仿此证之.

18. 联结球面四边形的对角线化为两个三角形,每个三角形的内角和大于 $2d$,故四角形内角和大于 $4d$.

图 C.237

19. 从凸球面 n 边形的一顶点引对角线将 n 边形分为 $n-2$ 个三角形,从而得出凸 n 边形内角和大于 $(n-2)2d$.

20. 设 $\triangle ABC$ 的极三角形为 $\triangle A_0B_0C_0$,且 $a=b$,则
$$A_0=\pi-a=\pi-b=B_0$$
所以也有 $a_0=b_0$,即 $\triangle A_0B_0C_0$ 也是等腰三角形.

若 $\triangle ABC$ 为等边三角形,$a=b=c$,则 $A_0=B_0=C_0$,从而有 $a_0=b_0=c_0$,所以 $\triangle A_0B_0C_0$ 也是等边三角形.

21. 参看图 C.238,由假设,有
$$AB=BC=CA$$
$$AA'=BB'=CC'$$
从而
$$A'B=B'C=C'A$$
故
$$\triangle AA'C'\equiv\triangle BB'A'\equiv\triangle CC'B'$$
所以
$$A'C'=A'B'=B'C'$$
即 $\triangle A'B'C'$ 为等边三角形.

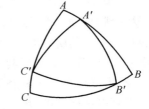

图 C.238

22. 参看图 C.239,在 ∠A 内作大圆弧 AD 使 ∠BAD=∠B,则
$$\angle CAD=\angle C$$
从而
$$DA=DB=DC$$

设 O 为球心,则 O 与 D 两点到 A,B,C 三点各有等距离,故 $OD\perp$ 平面 ABC. D 是通过球心 O 而与平面 ABC 垂直的直线 OD 与球面的一个交点,故 BC 的中点 D 是圆 ABC 的一个极.

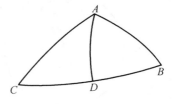

图 C.239

23. 参看图 C.240，联结圆 ABC 的极 P 到 A,B,C 三点，则
$$PA=PB=PC$$
于是
$$\angle PAB=\angle PBA, \angle PAC=\angle PCA$$
故 $\angle B+\angle C-\angle A=\angle PBC+\angle PCB=$常数.

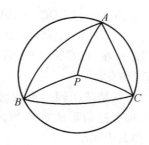

图 C.240

24. 因 $A+B+C>\pi$，故有（例如说）$\pi-A<B+C$，即所欲证者.

25. 参看图 C.241，球面三角形和平面三角形一样，两边之和大于第三边，故平面几何证法依然有效：以 E 表示 BD 与 AE 的交点，则
$$AB+AC=AB+AE+EC>BE+EC=$$
$$BD+DE+EC>BD+DC$$

26. 参看图 C.242，

(1) 设 AA',BB',CC' 是球面 $\triangle ABC$ 的中线，O 为球心，则 OAA' 是通过三面角 $O-ABC$

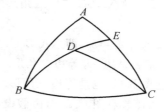

图 C.241

的一棱 OA 和其所对之面 OBC 的平分角线 OA' 的平面. 习题 1 第 120 题，三平面 OAA',OBB',OCC' 共线，故大圆弧 AA',BB',CC' 共点.

(2) 由习题 1 第 119 题得证.

也可以这样理解（图 C.243）：设边 AB,AC 的中垂线相交于 P，则 $PA=PB,PA=PC$，故 $PA=PC$. 可证 AC 的中垂线也通过 P. P 是圆 ABC 的极.

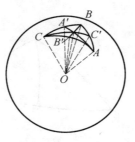

图 C.242

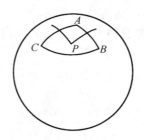

图 C.243

(3) 由习题 2 第 38 题得证.

(4) 仿习题 2 第 38 题可证：三面角中，一个二面角的平分面和另两二面角的外角平分面共线. 以三面角顶为心作球面截之，便推出证明.

(5) 由习题 1 第 121 题得证.

27. 在平面几何证明这两命题时,都曾延长了中线,由 5.5,可知这两命题在球面几何未必成立.

(1) 参看图 C.244,设 AO 是 $\triangle ABC$ 的中线,且 $\angle BAO = \angle CAO$.

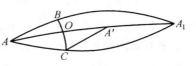

图 C.244

① 若中线 AO 小于一象限,则仍有 $AB = AC$:以 A_1 表示 A 的对径点,延长 AO 至 A' 使 $OA' = AO$,则 A' 仍在半大圆弧 AA_1 上. 联结 CA',仍然有 $\triangle AOB \equiv \triangle A'OC$(两边一夹角对应相等),故 $\angle OA'C = \angle OAB = \angle OAC$,从而 $AC = A'C$,所以 $AB = A'C = AC$,即命题成立.

② 若中线 AO 大于一象限,$\triangle ABC$ 仍等腰. 此时以 $\triangle A_1BC$ 代替 $\triangle ABC$ 化归于①,即命题成立.

③ 参看图 C.245,若中线 AO 等于一象限,则不论 $\triangle ABC$ 等腰与否,中线 AO 必平分 $\angle A$,且 $AO = \frac{1}{2}(AB + AC)$:这时 A' 与 A_1 重合,$\angle OAB = \angle OA'C = \angle OAC$,且 $AO = \frac{1}{2}AOA_1 = \frac{1}{2}ACA_1 = \frac{1}{2}(AC + A_1C) = \frac{1}{2}(AC + AB)$. 命题不成立.

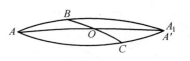

图 C.245

(2) 参看图 C.246,设 AO 为中线,$AB < AC$.

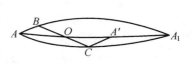

图 C.246

① 若中线 AO 小于一象限,则平面几何的结论依然有效:$\angle OAB > \angle OAC$. 因为仿上有 $\triangle AOB \equiv \triangle A'OC$,$A'C = AB < AC$,$\angle OAC < \angle OA'C$,所以 $\angle OAC < \angle OAB$. 命题成立.

② 若中线 AO 大于一象限,不等式成立,但改变了方向. 这可以 $\triangle A_1BC$ 替代 $\triangle ABC$ 化归于①. 命题不成立

③ 若中线 AO 等于一象限,则由(1)之③有 $\angle OAB = \angle OAC$,不论 AB 等于 AC 或否. 故此时命题亦不成立.

28. 参看图 C.247,设 C 为小圆心,P 为共近极,O 为球心,$PA = \frac{1}{3}$ 象限. 则

$\angle AOP = 30°$，从而由直角 $\triangle AOC$ 可知

小圆半径 $AC = \dfrac{1}{2}AO = \dfrac{1}{2}$ 球半径

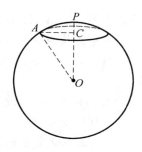

图 C.247

29. 参看图 C.248，两圆中心此地应解释为球面上两圆的极，连心线应解释为连两极 A 与 B 的大圆弧，公弦应解释为连两交点 P 与 Q 的大圆弧．由于 $PA = QA$，$PB = QB$（不论视为线段或大圆弧），线段 PQ 的中垂面既通过 A 又通过 B，这中垂面当然也通过球心，所以"球面上两圆相交，则连其极的大圆垂直平分连这两圆交点的大圆弧"．

30. 证法 1：参看图 C.249，从点 A 向小圆引球面切线 AB 和 AC，在切点 B 作大圆弧 AB 的切线 BD，在切点 C 作大圆弧 AC 的切线 CD，则这两切线（也是球的切线）相交于平面 AOB 及 AOC 交线 OA 上一点 D[①]，且 $\overline{DB} = \overline{DC}$. 于是

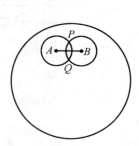

图 C.248

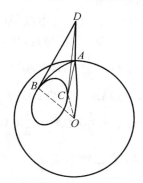

图 C.249

$$S_{\triangle BDO} = S_{\triangle CDO}$$
$$\angle BOD = \angle COD$$

所以大圆弧 $AB = AC$．

证法 2：参看图 C.250，以 P 表小圆之极，联结大圆弧 PB，PC，BC，则 $PB \perp AB$，$PC \perp AC$（5.7 定理 1）．因 $PB = PC$，故 $\angle PBC = \angle PCB$，从而 $\angle ABC = \angle ACB$，于是得 $AB = AC$．

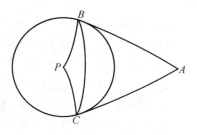

图 C.250

[①] 即小圆平面与直线 OA 的交点．

31. 参看图 C.251, 设 $ABCD$ 外切于一圆, 以 E, F, G, H 表切点, 则
$$AE = AH, BE = BF$$
$$DG = DH, CG = CF$$
各端相加, 得
$$AB + CD = AD + BC$$

反之, 设 $ABCD$ 为球面四边形, 满足 $AB + CD = AD + BC$.

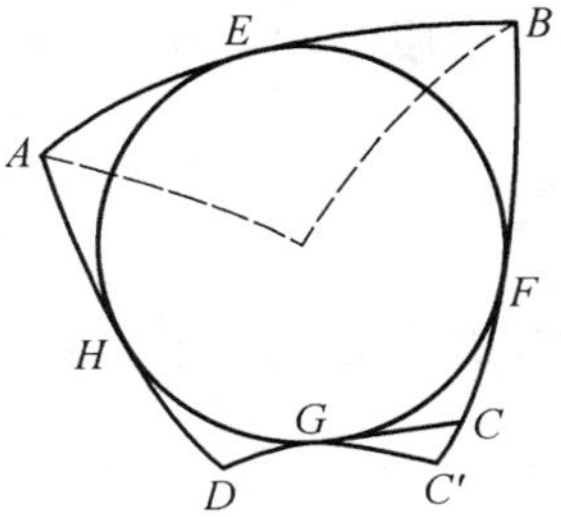

作一圆以切于 BC, AB, AD. 若 DC 不切于此圆, 则引 DC' 以切于此圆. 应用已证部分, 有
$$BC' + AD = AB + C'D$$
但由假设, $BC + AD = AB + CD$.

设 C 介于 B 与 C' 之间, 将上两式各端相减, 则得
$$CC' = C'D - CD$$
即球面 $\triangle DCC'$ 中, 一边等于其他两边之差, 矛盾! 故 DC 亦必切于圆.

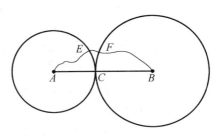

图 C.251

32. 延长球面三角形三边, 形成八个球面三角形. 故全部解答包含八款. 对于其中每一款, 求切于三边的小圆之极 (作两角的球面平分角线使其交).

33. 参看图 C.252, 设 A, B 为球面上两点, 在大圆劣弧 AB 上任取一点 C, 以 A 及 B 为 "中心", 以 AC 及 BC 为 "半径" 作两圆, 则此两圆除 C 以外没有其他公共点. 因若尚有一公共点 D, 则在 $\triangle ABD$ 中, 两边之和将等于第三边了.

因此球面上联结 A 及 B 两点任何其他的线, 必与这两圆各交于一点 E, F.

图 C.252

$AEFB$ 不可能成为联结 A, B 的最短线, 因为将 AE 在球面上绕 A 旋转直至 E 落于 C, 将 BF 绕 B 旋转直至 F 落于 C, 我们将得出一条短于 $AEFB$ 而联结 A, B 的线.

可见联结 A, B 的最短线必通过 C. 由于 C 为大圆劣弧 AB 上任一点, 可见最短线就是大圆劣弧 AB.

34. 以 $\triangle A_0 B_0 C_0$ 表示 $\triangle ABC$ 的极三角形, 以弧度作为角或弧的单位, 则
$$S_{\triangle ABC} = r^2(A + B + C - \pi) = r^2(\pi - a_0 + \pi - b_0 + \pi - c_0 - \pi)$$
即
$$S_{\triangle ABC} = r^2(2\pi - a_0 - b_0 - c_0)$$

或△ABC的面积与其极三角形周界小于大圆周的部分成比例.

35. 由假设, $A=B=C, r=2$. 代入面积公式
$$\pi = r^2(A+B+C-\pi) = 4(3A-\pi)$$
所以
$$A=B=C=\frac{5}{12}\pi = 75°$$

36. 由题设, 有
$$1=4\pi r^2, r^2=\frac{1}{4\pi}, r=\frac{1}{2\sqrt{\pi}}$$
又 $A+B+C=310°=\frac{31}{18}\pi$ 所以 △ABC 的面积为
$$S=r^2(A+B+C-\pi)=\frac{1}{4\pi}\left(\frac{31}{18}\pi-\pi\right)=\frac{13}{72}$$
球棱锥 $O-ABC$ 的体积为
$$V=\frac{1}{3}Sr=\frac{1}{3}\cdot\frac{13}{72}\cdot\frac{1}{2\sqrt{\pi}}=\frac{13}{432\sqrt{\pi}}$$

37. 参看图 C.253, 从 A 作对角线 $AC,\cdots,AK$, 以分凸 n 边形为 $n-2$ 个球面三角和, 它们的内角和分别以 $S_1,\cdots,S_{n-2}$ 表之, 则
$$S_1+S_2+\cdots+S_{n-2}=A+B+\cdots+K+L$$
故 $S=S_{\triangle ABC}+\cdots+S_{\triangle AKL}=$
$$r^2(S_1-\pi)+\cdots+r^2(S_{n-2}-\pi)=$$
$$r^2[S_1+\cdots+S_{n-2}-(n-2)\pi]=$$
$$r^2[(A+B+\cdots+K+L)-(n-2)\pi]$$

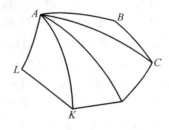

图 C.253

其中角以弧度作单位.

38. 参看图 C.254, 设 P 为小圆 $AB'C'$ 的极, 则
$$2\angle PB'C'=2\angle PC'B'=\angle PB'C'+\angle PC'B'=$$
$$B'+C'-A=\pi-B+\pi-C-A=$$
$$\pi-(A+B+C-\pi)=\pi-E$$
其中 $E=A+B+C-\pi$ 是 △ABC 的球面过胜. 由假设, △ABC 的面积为常数. 故 E 为常数. 可见 $\angle PB'C'=\angle PC'B'=\frac{1}{2}(\pi-E)$ 为常数. 因

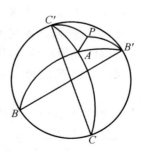

图 C.254

B' 与 C' 为定点,于是 P 也是定点.

因 $PA=PB'=PC'$,可见点 A 的轨迹是以 P 为极通过 B' 和 C' 的小圆.

39. 当 $\sin C = \sin 90° = 1$ 时,由正弦定律
$$\frac{\sin a}{\sin A}=\frac{\sin b}{\sin B}=\frac{\sin c}{\sin C}$$
得出 $\sin a = \sin c \sin A$, $\sin b = \sin c \sin B$.

40. 当 $\cos C = \cos 90° = 0$ 时,由边的余弦定律
$$\cos C = \cos a \cos b + \sin a \sin b \cos C$$
及角的余弦定律
$$\begin{cases} \cos A = -\cos B \cos C + \sin B \sin C \cos a \\ \cos C = -\cos A \cos B + \sin A \sin B \cos c \\ \cos B = -\cos C \cos A + \sin C \sin A \cos b \end{cases}$$
得出
$$\begin{cases} \cos c = \cos a \cos b \\ \cos A = \sin B \cos a \\ \cos c = \cot A \cot B \\ \cos B = \sin A \cos b \end{cases}$$

由上一式知 $\cos a$, $\cos b$, $\cos c$ 可能皆为正,亦可能两负一正,即大于 $90°$ 的边数必为偶数,小于 $90°$ 的边数必为奇数.

41. 应用边的余弦定律 $\cos a = \cos b \cos c + \sin b \sin c \cos A$,得
$1 - \cos a = 1 - \cos b \cos c - \sin b \sin c \cos A =$
$1 - (\cos b \cos c + \sin b \sin c) + \sin b \sin c (1 - \cos A) =$
$1 - \cos(b-c) + \sin b \sin c (1 - \cos A)$

42. 应用角的余弦定律 $\cos A = -\cos B \cos C + \sin B \sin C \cos a$,得
$1 - \cos A = 1 + \cos B \cos C - \sin B \sin C \cos a =$
$1 + \cos B \cos C - \sin B \sin C + \sin B \sin C (1 - \cos a) =$
$1 + \cos(B-C) + \sin B \sin C (1 - \cos a)$

43. 设球面 $\triangle ABC$ 中有 $A=a$,则由正弦定律
$$\frac{\sin a}{\sin A}=\frac{\sin b}{\sin B}=\frac{\sin c}{\sin C}$$
得 $\sin b = \sin B$ 及 $\sin c = \sin C$,故 b 与 B 相等或相补,c 与 C 相等或相补.

44. 设 $\triangle ABC$ 为球面等边三角形,则

$$\sin\frac{A}{2}=\sqrt{\frac{\sin(p-b)\sin(p-c)}{\sin b\sin c}}=\frac{\sin(p-a)}{\sin a}=\frac{\sin\frac{a}{2}}{\sin a}=\frac{1}{2\cos\frac{a}{2}}$$

所以
$$2\cos\frac{a}{2}\sin\frac{A}{2}=1$$

45. 设 $\triangle ABC$ 为球等边三角形，则

$$\tan^2\frac{a}{2}=\frac{-\cos P\cos(P-A)}{\cos(P-B)\cos(P-C)}=\frac{-\cos\frac{3A}{2}\cos\frac{A}{2}}{\cos\frac{A}{2}\cos\frac{A}{2}}=$$

$$-\frac{\cos 3(\frac{A}{2})}{\cos\frac{A}{2}}=3-4\cos^2\frac{A}{2}=1-2\cos A$$

又因 $3a=a+b+c<360°$，故

$$0°<a<120°$$

代入 $\tan^2\frac{a}{2}=1-2\cos A$，则

$$-1<\cos A<\frac{1}{2}$$

故
$$60°<A<180°$$

这最后的关系是显然的，因为一方面球面三角形每一角小于 $180°$，另一方面 $3A=A+B+C>180°$，因之 $A>60°$．

46. 设在球面 $\triangle ABC$ 中，$b+c=\pi$，则 $\sin b=\sin c$．于是由正弦定律 $\frac{\sin b}{\sin B}=\frac{\sin c}{\sin C}$，得出 $\sin B=\sin C$，故有两种可能，即 $B=C$ 或 $B+C=\pi$．

（1）若 $B=C$（图 C.255），此时 $\triangle ABC$ 为等腰三角形，由假设 $b+c=\pi$，可知 $b=c=\frac{\pi}{2}$，从而 A 为大圆 BC 之极，故亦有 $B=C=\frac{\pi}{2}$，所以

$$\sin 2B+\sin 2C=\sin\pi+\sin\pi=0$$

图 C.255

(2) 若 $B+C=\pi$，则
$$\sin 2B+\sin 2C=2\sin(B+C)\cos(B-C)=2\sin\pi\cos(B-C)=0$$

47. 参看图 C.256，由于 $AD=BD=\dfrac{AB}{2}$，在 $\triangle ACD$ 及 $\triangle BCD$ 中应用边的余弦定律

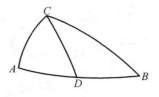

图 C.256

$$\cos AC=\cos\frac{AB}{2}\cos CD+\sin\frac{AB}{2}\sin CD\cos\angle ADC$$
$$\cos BC=\cos\frac{AB}{2}\cos CD+\sin\frac{AB}{2}\sin CD\cos\angle BDC$$

所以 $\cos AC+\cos BC=2\cos\dfrac{AB}{2}\cos CD$

48. 参看图 C.257，在 $\triangle ABD$ 和 $\triangle ACE$ 中应用边的余弦定律

$$\cos m_b=\cos\frac{b}{2}\cos c+\sin\frac{b}{2}\sin c\cos A$$
$$\cos m_c=\cos\frac{c}{2}\cos b+\sin\frac{c}{2}\sin b\cos A$$

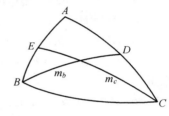

图 C.257

相减，应用假设 $m_b=m_c$，得

$$0=\cos\frac{b}{2}\cos c-\cos\frac{c}{2}\cos b+(\sin\frac{b}{2}\sin c-\sin\frac{c}{2}\sin b)\cos A$$

即

$$0=\cos\frac{b}{2}(2\cos^2\frac{c}{2}-1)-\cos\frac{c}{2}(2\cos^2\frac{b}{2}-1)+$$
$$2\sin\frac{b}{2}\sin\frac{c}{2}(\cos\frac{c}{2}-\cos\frac{b}{2})\cos A=$$
$$2\cos\frac{b}{2}\cos\frac{c}{2}(\cos\frac{c}{2}-\cos\frac{b}{2})+$$
$$(\cos\frac{c}{2}-\cos\frac{b}{2})+2\sin\frac{b}{2}\sin\frac{c}{2}(\cos\frac{c}{2}-\cos\frac{b}{2})\cos A=$$
$$(\cos\frac{c}{2}-\cos\frac{b}{2})(2\cos\frac{b}{2}\cos\frac{c}{2}+1+2\sin\frac{b}{2}\sin\frac{c}{2}\cos A)$$

(1) 若 $\cos\dfrac{b}{2}=\cos\dfrac{c}{2}$，则 $b=c$．

(2) 若 $2\cos\dfrac{b}{2}\cos\dfrac{c}{2}+1+2\sin\dfrac{b}{2}\sin\dfrac{c}{2}\cos A=0$, 则以 $\cos A=\dfrac{\cos a-\cos b\cos c}{\sin b\sin c}$ 代入, 并以 $2\cos\dfrac{b}{2}\cos\dfrac{c}{2}$ 乘两端, 得

$$4\cos^2\dfrac{b}{2}\cos^2\dfrac{c}{2}+2\cos\dfrac{b}{2}\cos\dfrac{c}{2}+(1-2\sin^2\dfrac{a}{2})-$$
$$(2\cos^2\dfrac{b}{2}-1)(2\cos^2\dfrac{c}{2}-1)=0$$

乘出, 化简便得

$$\sin^2\dfrac{a}{2}=\cos^2\dfrac{b}{2}+\cos^2\dfrac{c}{2}+\cos\dfrac{b}{2}\cos\dfrac{c}{2}$$

49. 参看图 C.258, 应用边的余弦定律

$\cos AC=\cos a\cos c+\sin a\sin c\cos\theta$

$\cos BD=\cos b\cos d+\sin b\sin d\cos\theta=$
$\sin a\sin c+\cos a\cos c\cos\theta$

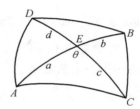

图 C.258

相乘得

$\cos AC\cos BD=\sin a\cos a\sin c\cos c+$
$\cos\theta(\sin^2 a\sin^2 c+\cos^2 a\cos^2 c)+$
$\sin a\cos a\sin c\cos c\cos^2\theta$

仿此 $\cos AD=\cos a\cos d-\sin a\sin d\cos\theta=\cos a\sin c-\sin a\cos c\cos\theta$

$\cos BC=\cos b\cos c-\sin b\sin c\cos\theta=\sin a\cos c-\cos a\sin c\cos\theta$

$\cos AD\cos BC=\sin a\cos a\sin c\cos c-\cos\theta(\cos^2 a\sin^2 c+\sin^2 a\cos^2 c)+$
$\sin a\cos a\sin c\cos c\cos^2\theta$

所以

$\cos AC\cos BD-\cos BC\cos AD=$
$\cos\theta(\sin^2 a\sin^2 c+\cos^2 a\cos^2 c+$
$\cos^2 a\sin^2 c+\sin^2 a\cos^2 c)=$
$\cos\theta[\sin^2 a(\sin^2 c+\cos^2 c)+\cos^2 a(\sin^2 c+\cos^2 c)]=$
$\cos\theta(\sin^2 a+\cos^2 a)=\cos\theta=\cos\angle AEC$

50. 参看图 C.259, 设两地为 A, B, 在同一纬度圈上, C 为这小圆中心, 则

$\overline{BC}=\overline{OB}\cos l=r\cos l$

$\overset{\frown}{AB}$(小圆弧)$=\overline{BC}\cdot 2\lambda=2\lambda r\cos l$

$\overline{AB}=2\overline{BC}\sin\lambda=2r\sin\lambda\cos l$

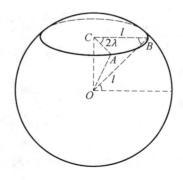

图 C.259

在等腰△AOB中,设∠AOB=2θ(弧度),则
$$\sin\theta = \frac{\overline{AB}}{2r} = \sin\lambda\cos l$$
所以
$$2\theta = 2\arcsin(\sin\lambda\cos l)$$
$$\overset{\frown}{AB}(大圆弧) = r \cdot 2\theta = 2r\arcsin(\sin\lambda\cos l)$$
故大圆航海较纬线东西航海缩短航程 $2r[\lambda\cos l - \arcsin(\sin\lambda\cos l)]$. 至于这是一个正数,乃由 33 题保证.

附录 D　八旬回顾[①]

朱德祥

1. 启蒙教育.

我从小病不离身,身体羸弱.兄大我三岁,弟小我六岁.八岁丧父,母亲含辛茹苦拉扯着我们兄弟三人,家里什么都卖光了.叔祖父母无子嗣,带我作嗣孙,我母子四人幸而没有沦为乞丐.穷人在旧社会总是受歧视的,使我感到在人格方面,应该一律平等.

我就读的茶庵殿小学采取复式教学,两个老师教四个班,教室秩序井然有序.教语文的是清朝的秀才王辑之,普遍受到尊敬.教算术的老师吴先生我认为也是好老师,每堂课都有口算,把数的运算让大多数同学比较熟练地掌握;三年级教珠算,加减乘除都学会,知其然并且还要知其所以然.

初小毕业那一天,王辑之先生向我招手,并说:"毕业了,你要在家里种田了,还是个孩子,我看你农忙在家里帮帮忙,农闲还来校,替你补习补习.别人来,要收学费,你来,分文不收.失学是可怜的,农闲一定要来."王老师对我的关怀,至今言犹在耳.后来,我上高小,老师知道我没有洗脸盆,立刻给我一个小口脸盆,我 50 岁以后专买这种小口脸盆,使我不忘恩师是怎样爱护和栽培学生的.我考取清华大学,王老师特来信祝贺,鼓励我努力学习,并争取出国深造.

2. 一生的转折点——上高小.

[①] 该文是朱德祥先生 1991 年 80 岁时所写,刊登在《朱德祥执教五十五周年文集》(西南师范大学出版社,1991 年出版)中.朱德祥先生是我国著名的几何学家和数学教育家,把毕生的精力都奉献给了祖国的教育事业.他的学识和为人受到国内同行和众多的学生的推崇.在这篇文章里,朱先生用不多的篇幅简要地回顾了自己的一生,谈了许多对人生、特别是对教育的见解.把这篇朱先生对自己一生的回顾和评价放在本书的附录中,是希望读者对他有一个更好地了解,也是对朱德祥先生的深切缅怀.

我家一贫如洗,但人穷不等于志穷.1924年夏,一天在外婆家除草,晚间大舅吴品三(小学教师)归来,说次日要到20里外的骑岸镇小学接放暑假的表弟吴中枢,并且说带我去,让我也参加一次入学考试.我回到家告诉母亲,只说舅舅带我去骑岸镇接表弟,当然不提参加高小入学考试,母亲同意我去了.

有王、吴两位老师的良好教育,加上失学后的努力,高小是考取了.当年水旱天灾频行,我家衣食难周,哪里有钱读高小.我成天哭闹,母亲别无办法,只有伤心落泪.如是一个月,姑母在父亲去世后,常回来看看,见了这凄惨情况,同意用她的名义借钱给我读书,最高兴的是幼稚的我和关心我的王辑之老师,因为结束了可悲的失学是我一生重大的转折;最苦闷的是母亲,从此家庭的债台又高了一层.

我从高小五年级开始学英文,教英文的老师同时教中文(包括白话文和文言文),每次上课都非常令人神往.教五年级算术的是我小舅吴蕴皇,是少见的优秀教师.小舅对我严格要求,每天(星期日除外)让我解一道课外习题,每周让我写一篇作文.深深记得他批改的一篇作文上有八个字:"浮云富贵,敝屣功名."这八个字支配了我一生.次年(1925年)小舅去南京求学,临行给了我两本书,即陈文编的《小代数》和一本《算术难问三百题解》.自学这两本书大大提高了我的数学解题能力.

接受了初小四年和高小两年的小学教育,总结老师讲的和自己想的,得出这么几个体会:时者金也,寸金难买寸光阴;莫等闲白了少年头;只要功夫深铁杵磨成针;欲问收获,先问耕耘;禾荒小苗不结实,人荒小学难成才.学以致用,这些体会贯穿和指导着我几十年来的教学生涯.我一生不敢松懈地为我热爱的教育事业竭尽心力,跟受惠于小学这种良好的教育分不开的.

3. 全国第一所师范学校.

1924年大舅把我送上高小,1926年送我考南通师范.上高小,母亲哭了一个月,上师范,她没有流泪,这是因为上高小,伙食费自付,读师范,初中部只付半膳,后三年师范科膳费全免,还发一点衣服.要交点杂费,借亲戚的物件,我这个15岁的孩子自己去典当铺当当,我还没有典当铺的柜台高!穷人的钱是每个毛孔出汗出血得来的.

1894年甲午战争,中国海军惨败.南通状元张謇(字季直,曾任清朝中央教育会会长、北洋政府农商总长)意识到日本要亡我们的国,灭我们的种,于是辞官归里,办农工商业以培植教育,他称之为"父教育而母实业".办了几十个企业.仅就教育事业讲,他办了完整的一套:育婴堂,小学,盲哑学校,养老院,南通师范,南通中学,商校,南通图书馆,南通博物馆,南通纺织学院,南通医学院和医院,南通农学院,等等.他办教育是为救亡.他认为救国的基础是师范教育,用他的话叫做:"不民胡国,不智胡民,不学胡智,不师胡学."所以办学是从南通师范办起的(全国第一所师范,1902年开校).并规定小学教师必须是师范毕业生,高中毕业生可以代课三年,经县教育局考试合格方为正式教师.

南通师范的校训是"坚苦自立,忠实不欺".师生一体遵守校训,形成严谨治学,艰苦朴素的校风.

南通师范校长张謇1926年逝世,我参加了追悼会,从未见其人,却深知其忧国爱民的伟大贡献.

南通师范教我业精于勤而荒于嬉,奋发图强.高中一年级开始用英文自学斯盖二氏的解析几何.有不清楚的请教数学老师赵景周(北大数学系毕业).从我们这一班起,高三的课程除必修课外,分文史地、英数理、音体美三个组上课.我们英数理组13人.由于代数、几何、三角都学完,赵老师提出学微积分.没有中文课本可用,便用英文本.我们组13人都努力学习,这是1931~1932年之间的事.

师范学校教我如何做公民,如何做老师,许多老师示范,最使我尊重的是顾怡生老师.他强调国家兴旺匹夫有责;人生不是一帆风顺的而是云龙起伏的,要能克服困难,顶天立地;要能化悲观为乐观,化消极为积极,与其苦苦恼恼地干,不如高高兴兴地干,反正得干;等等,这类话使我度过艰难困苦的诸多局面.甚至生死难卜的场合,我都能泰然处之.一句话,我一生宣传师范教育,奠基在20世纪30年代.

4.在家乡工作两年(1932~1934年).

1932年毕业,母校留我工作.任务是在校办公室半天,统计缺勤和成绩,管理杂事.在这个半天中去南通师范附小教6年级算术,一周四节课.教书50多年,功效最好的就是这第一年.另一个半天管理图书馆,是自学的最好场地和机会.此外,初中部数学教师有缺课的,由我代课.

1933年南通一个教会学校——崇英女中初三数学教师生病,请我去代课,每周四节,月薪40元,两校合计有64元,回家告诉母亲,她十分高兴.可惜当生病的老师听说全班学生反映要我教下去,他立即出院.我只得40元,难脱灾难.

1934年得表弟吴中枢从清华大学来函说:"清华今年初次在全国招收10名清寒公费生,除一般考试外,加试语文、数学,表哥可以考取的,只有两月了,赶快准备."没有梦想的事竟然达到了.

5.大学生活.

1934年考取清华大学清寒公费生,立刻回家告诉哥哥,他既感到兴奋又非常忧虑. 他说:"过去母亲跟我当家,当不下来;去年母亲去世,我跟你当家,当不下来;如今你要走,我独木难支啊!"我当机立断,不去免费求学了. 回到南通师范,被胡履之老师知道了,他责怪我一番. 然后拍拍胸膛,说:"这问题由我解决. 我在你好朋友和老师中找 10 个人,每人每年借给你 10 元,每年凑百元给你哥. 四年后如果你还不出这四百元,那就由我姓胡的还."启程去北平,胡先生还送我 50 元作为"远道不时之需".

清华大学的清寒公费生每年有 240 元. 我先后在华罗庚、陈省身、曾远荣、赵访熊、杨武之、熊庆来等诸位先生和外系许多先生教导下,按清华校训"自强不息". 在水平很高、严谨要求的学府陶冶,三生有幸.

清华大学算学系和外语系使我终身怀念. 清华大学规定必修课程、选修课程修满 132 个学分毕业. 在清华大学读书每学期上课 14 周半,考试半周;每学期星期四开课,星期三考完. 考试很认真,不及格只有补修,没有补考. 清寒公费生考分有一定标准,不达标就不得公费. 每学期从开课之日起,腿就发酸,直到放假. 清华理科规定学两年第二外语,我选修法语两年,旁听德语一年,字典都由英语转(英法、法英、英德、德英,新中国成立后在昆明学了俄语两年,用英俄、俄英字典).

1934～1937 年在清华养成了很好的习惯,一年 365 天除进北平城外,都在下午 4～5 时去体育馆打球、跑步、练腕力、游泳、洗澡(清华的清洁卫生条件相当好,每天从 7～22 时都有热水淋浴). 我的经验,经过这一小时后,头脑特别清爽,难题都留在下一小时解. 天天锻炼身体是清华给我的习惯,它能延年益寿.

1937 年日军大举入侵中华,我是 6 月 19 日离校第一次回家,学校南迁长沙全不知道. 杨武之教授发两函到南通,通知我学校迁湘,公费停发,可能有点补助. 于是奔长沙临时大学,于 11 月 1 日开课,后来西南联大定该日为纪念日. 在长沙衡阳上课约三月,南京失守,武汉紧张,北京大学、清华大学、南开大学组成的长沙临时大学再迁到昆明组成了国际闻名的国立西南联合大学. 经检查身体合格的学生组成长沙临时大学湘黔滇旅行团,我参加了旅行团,于 1938 年 2 月从长沙步行 68 日,1938 年 4 月 28 日抵达昆明,5 月 4 日就上课了. 我于 1938 年 7 月毕业,高等教育结束了.

6. 大学毕业后的八年(1938～1946 年).

我在清华大学毕业得理学士学位. 1938 年 8 月应熊庆来校长的邀请到云南大学担任助教. 11 月云大附中(因空袭迁往路南县,现更名为石林县)向熊庆来校长先生求援,望派一数学教师,校长决定让我去,说定两个半月后即回云大,事实上恩师熊校长两次来信,嘱我继续在附中任教,直到 1940 年春才回来的.在云大附中教三个班每周共18学时,作业全部批改.

陈省身教授由清华去德国留学,很快得到博士,又到巴黎跟知名学者研究一年,于1937年回到长沙,1938年来西南联大.我大学最后一年的几何都是跟他学的.他知道我欠债很多,承他的深情厚谊,把他在巴黎新买的两本书R. Garnier著的《代数与几何》交给我翻译,以求出版后得点稿费用来还债.我在云大附中争分夺秒,仅用一年就完成译稿.陈先生将两本法文书和稿件寄重庆国立编译馆.这是1940年的事.遗憾的是,原书和稿件五年后全失落了!幸好我留有草稿,稍加删增,用做昆明师院的近世几何教材,并交流到当时的兄弟院校.这是解放初的事.

我从路南回到云大,教本科班的微积分、微分方程以及先修班的课.1938～1944年在云大专任;从1944～1946年在西南联大专任,是应赵访熊老师之邀.在西南联大教工学院的高等微积分,在云大兼课.

这八年中,因空袭、住房、经济、情谊等错综复杂的原因,最辛苦的是1940～1941年.我在云大每周上7节课,在昆华农校(住所)每周上24节课,总计每周31节课,习题本全部批改.

7.1946年后献身师范教育.

1945年日本帝国主义无条件投降,次年西南联大回到北方,联大师院奉令留昆继续办,改名国立昆明师范学院.数学系杨武之先生留任.他重病托孤,病稍愈命我出试题准备招首届新生,找教师准备开学,并让我向清华梅校长请假一年再回清华.梅校长来函说,初回北方,更加需才孔急,速回校.我被留在昆明师院40年直到1986年退休.实际上是退而未休.

回想1946年,我拿了清华的工资办昆明师院的事,替系主任请名医治病,出试题招生,除自己上课以外,还为系上招聘教师,先请到教师高本萌、迟宗陶(助教),后来又请来教师于家乐(兼任)、唐绍宾、刘声烈等先生.我曾说过,我跟昆明师院结下了不解之缘.1983年昆明师范学院更名为云南师范大学.

8.几十年来做的一些点滴工作.

(1)编写的讲义.

①综合几何讲义油印件,完成于1947年.用综合法介绍射影几何.共分七章:投影空间;调和分割;交比;一维、二维射影几何,变换群;对合;二次曲线;极与极线.昆明师院第一届学生开始使用.当时教材出版的很少.旧中国师范院校只有15所.自力更生义不容辞.

②几何轨迹与作图,讲义为1946级学生使用,着重基础知识,逻辑思维,活学活用.Courant写的 *What is Mathematics* 上的新颖观点和经典题材,收入了

不少.由学生记笔记.

③解放初,云南首创空中大学,数学教师由云大和昆明师院提供.我写三角教材(铅印活页)并录音广播.

④1953～1954年,从俄文翻译法国数学家J.阿达玛的几何教程平面部分,为昆明师范学院数学系奉教育部命新招的数学科的学生做教材,交流到兄弟院校,颇受欢迎,沿用几年,1957年印成铅印本.

⑤1951年为了我系教学需要,将我大学初毕业的一年翻译的法国数学家Rene Garnier 著的《代数与几何》改写成《近世几何》讲义.这是用代数法讲射影几何的.

⑥1959～1960年,由于给物理系毕业班讲平面几何,学生对象变了,只得另写一份《初等几何》,那是我在下放到马街电机厂工具车间五个月后写的,特别重视联系实际.一年以后重新修改,加强理论、方法和技巧,作为数学系教材."文化大革命"后,又稍加修改,函授处印成铅印本,交流到全国,为后来出版打下基础.

⑦1960～1961年编写偏微分方程教材,作为1961级教材.当时大跃进,这是系里新设的课程.

⑧编写诺模图,也是为1961级学生写的.

⑨工农兵学员在校时(1972年起),数学系在几何方面由刘声烈老师和我写了《初等几何》上、下册,先是油印,后铅印(1977年).

⑩1982年,云南省教育厅为了培训师专、教育学院、民族学院的数学教师,让我讲空间解析几何.我写了讲义,讲平面、柱面、锥面、特殊二次曲面.用向量工具纠正了流行教材中的一些错误.讲义不长,包括的内容不少,方法比较别致,可见教学中思维方法很重要.

⑪1986年为系上开的助教进修班短期讲课,科目是几何基础,写了两份讲义:公理法和黎曼几何简介.让读者对公理法的本质有比较清楚的认识.

⑫A. Donnedu 著《微分几何·重积分》译自法文(1980～1982年).其中一部分是卧床在医院时搞的.这是法国高校理科一套六本数学教材的第六本,由云南大学、武汉大学、云南工学院、昆明师院四校合作翻译,是上海科技出版社约稿.该社怕这套书受"新数学"的影响而迟迟不排版.这时云南人民出版社调来云南,排了一部分,遇到经济困难,没有出书.

(2)出版的教材和参考书.

教育部先后三次发函给我,我写了高师院校三本试用教材,都由高教出版社出版.

①《初等数学复习及研究(立体几何)》,1960年印2万册,1979年印32万册,累计34万册.

②《高等几何》,1983,1985,1986,1987年共印四次,累计24.4万册.

③《初等几何研究》,1985~1990年共印四次,累计11.5万册.

中国科学院吴新谋先生推荐我翻译法国的一套数学名著:

④J. Hadamard 著《几何教材平面部分》,1953~1954年由俄文译做昆明师范学院教材,1964年由上海科学技术出版社出版.1964,1965,1980,1983年共印四次,累计21.4万册.

⑤J. Hadamard 著《几何教材立体部分》,由法文译出,1966年上海科学技术出版社出版.1966,1980,1983年共印三次,累计5.89万册.

⑥J. Tannery 著《理论和实用算术》,1982年上海科学技术出版社出版.1982,1984年共印两次,累计2.3万册.

在北京、上海出版的六本书共计185.3万字,到1991年4月止,共计印99.49万册.

⑦《新编解析几何》与朱维宗合作写出,1989年西南师范大学出版社出版,初印2 600册.

⑧《数学园地——方法·能力·技巧》云南教育出版社出版,1990年印2 000册.

⑨《射影几何条目》(《中国大百科全书·数学》,561~567页).与吴大任先生合作,完成于1988年.

(3)开学术会议和讲学.

我于1937年离开北京,17年后我重回北京参加教育部的会议.时逢1954年全国特大水灾,若在旧社会将会是寸步难行,而1954年的水灾,没有给人民群众的生活造成太大的影响.真是新旧社会两重天!

1954年中华人民共和国教育部在北京召开高师院校的两个会议.第一个是高师数学专科教学计划会,部里同意昆明师范学院数学系的请求,给一个列席代表名额.开会时发来的却是出席证,并说由我主持会议.初解放,从实际出发,数学科(两年制)的重点放在初等数学上.第二个会议是为高师数学系制定教学大纲.与会的同志多半来自北京、东北和华东.

1955年教育部在长沙湖南大学召开高师院校数学教学大纲审定会.在这次会议后,部里的司长指定我写《初等数学复习及研究(立体几何)》.

1957年,省工会选我为先进工作者.

1958年学术思想批判,把上面这本书稿批判得一无是处.我申请去马街电机厂向工人学习,先做钳工,后开铣床.大跃进时28天算一周,由于我从小有一点苦干精神,多次受车间表扬.原来同意我学习一年,实际上五个月就接回学校,挥泪跟车间的师傅和徒工们告别.我经常与昆明市中学师生见面,谈谈如何学习和教书育人."文化大革命"后期,省科协、省数学会多次主办数学报告会,座无虚席,有的在窗外面听,听众有来自市郊甚至来自曲靖的,有些是工厂技术人员.可见青少年爱祖国、爱科学、向学心切.

1969~1970年前后七月,昆明师范学院先后组织了两个教育革命小分队,从小学教师中培训附设初中班的教师.下乡调查研究知道有的老太婆把棺材板捐出来做桌凳,让孙孙上学;大理洱海大队小学生上初中,要到海东大队,遇逆风时,学生把书包和衣服一只手举到头上,另一只手划水到东岸.中国农村这些艰难求学的事例深深地印在我的脑海里.有一个教了20年书的学员说,到现在才晓得怎么做教师.其实做教师是一门学问,一种技术,一种艺术,是没有止境的.

我的出身决不会忘怀,不知道有多少良师益友帮助过我.前人栽树我吃果,我理应栽树.历史系、体育系请我向学生讲话,我介绍自己的经历.函授处每来一批新学员,开场白都请我讲.云南民族学院、昆明师专搞教育实习,请我动员,据说效果都不差.省内地州县市请我开会、讲学或兼而有之的,有楚雄(多次),玉溪(多次),个旧,建水一中,建水民族师范(与刘声烈、冯荣轩老师同行二至三次),陆良(三天),曲靖(长期),大理(长期加多次),丽江(一月),德宏(一周),保山(三天).

1982年迪庆、大理、昭通三个地州联合用吉普车接送郑佩瑶和我按序到三地讲学,对象是中学教师,利用暑期,讲学时间加车行时间共计一月少一天,这次任务是省数学会计划的.

1983年昆明师范学院数学系主办了一个高等几何学习班,只通知边远省份,不通知通都大邑.北到黑龙江,南到海南岛,来了126位听众.当时有些同志正在教但没有学过这门课.

1987年主办全国高等师范数学教育研讨会.

1988年主办全国高等几何教研会(两者都在昆明.)

出省讲学的地方有桂林师专,河南安阳师专(讲学六天,听众是来自河南、山东、河北等省的老师),重庆(多次),贵州(多次多地),四川南充.多半是利用开学术会议的机会.各地的关怀,对我有很大的促进.到处奔走,使我忘了老之将至.

毕生从事教育事业,总结经验教训,要办好教育,首先要办好高、中、小、幼各级师范教育.这是关系到社会主义物质文明和精神文明的一件大事.我国教育,40多年来有长足进步,但中小学师生负担过重,侧重于教材的灌输,死记硬背,搞变相的题海战术,学生没有时间发展自己的专长和爱好,不利于青少年全面发展,影响了民族素质的提高.

我一生唯一的菲薄贡献是在祖国西南边疆民族地区,率妻子儿女全部从事我一生热爱并为之艰苦奋斗的教育事业,力求不辜负云南人民养育之恩.

附录 E 原书的参考文献

1. 别列标尔金.初等几何教程(下卷).赵慈根、梁绍鸿、钟善基,译.北京:高等教育出版社,1955.

2. 别列标尔基娜,诺伏塞洛夫.几何与三角.尹伯平,译.北京:高等教育出版社,1955.

3. Н. А. ГЛАГОПЕВ. Элементарная геометрия. Ч. Ⅱ. 1954.

4. 基雪辽夫.立体几何学.前东北人民政府教育部译.

5. 安特列也夫.初等几何学教程(下册).东北工学院数学教研组,译.北京:高等教育出版社,1956.

6. А. С. БОГОМОПОВ, Геометриясистематический курс. 1949.

7. 里亚平.立体几何课中存在与唯一的证明.麦兆娴,译.华南师院"中学数学"第一期.

8. 考切特考娃.空间几何作图的基础.石皓,译.数学通报,1955(3).

9. 巴甫洛夫,马希克维奇.球面三角学.刘亚星,译.北京:高等教育出版社,1954.

10. 那查列也夫,尼基金,依格拉虔柯夫,等.几何习题集.德仰淑,钟善基,译.北京:高等教育出版社,1954.

11. Б. ДЕПОНЕ. ЖИТОМИРСКИЙ. Задачник по геометрии, 1952.

12. 巴瑞彬.几何证题集.魏庚人,译.

13. 现行中学立体几何教本.

14. 杜石然.祖暅之公理.数学通报,1954(8).

15. 钱宝琮.关于祖暅和他的缀术.数学通报,1954(3).

16. 韩清波、李恩波、魏元雄.高中立体几何教科书,1933.

17. 常福元.球面三角学.1934.

18. 仲光然.三 S 立体几何学.9 版.中华书局.1937.

19. 中学数学教学大纲(修正草案 1954,修订草案 1956～1957 年度).

(以上系 1955 年初等数学复习及研究(立体几何)试行教学大纲所列,此外有 M′Clleland,Preston,Spherical Trigonometry 编者未能见到).

20. J. Hadamard,Lecons de Géométrie élémentaire,Ⅱ,Géométrie dansl′espace,1932,第七版.

21. E. Rouché,Ch. de Comberousse,Traitè de Géométrie,1883,第五版.

22. F. G. M. Exercises de Géométrie,1920,第六版.

23. A. Dalle,2000 Théorèmes et problèmes de Géométrie,1912,第 3 版.

24. N. Altshiller-Court,Modern pure solid geometry,1935.

25. 纳汤松. 无穷小量的求和. 高彻,译. 1954.

26. Н. Н. СТЕПАНОВ. Сферическая тригонометрия,1948.

27. 长泽龟之助. 续几何学辞典. 7 版. 薛德炯,吴载耀,译. 1953.

编辑手记

牛津大学出版社出版的《世界名著丛书》的第280种是《现代英国小品文选》,其中有一篇Gilbert Norwood(1880—?)的文章叫做《书太多了》.大意是说千百年来出版了无数的书,现在每年还在大量增加,于是乎发出了"我们被书压倒了,憋死了,埋葬了"的呼声.的确现在书太多了,去年全国出版新书达到27万种之多.为什么要在这27万种之上再加一种,而且还是老书新版.要回答这个问题我们要从价值谈起.我们接受的知识大多是因果知识,因果知识只是告诉你客观世界是什么样子,对于这个客观世界的评价是价值.这些年书越出越多,但大多数读书人却觉得好书越来越少.何谓好书就是一种价值评判,尽管每个人的评价标准不同,但有一个共识就是时隔多年还不断地被人想起的书一定是好书,就是通常所说的经典.在我们工作室成功的再版了梁绍鸿先生的大作《初等数学复习及研究(平面几何)》之后不断有读者打电话来要求出版这本朱德祥先生的《初等数学复习及研究(立体几何)》,读者的呼声既是民间的共识也是市场的呼唤.

2004年11月14日,数学大家吴文俊先生接受《文汇报》记者采访时,发表了"推陈出新,始能创新"的见解,他说:"有了陈,才有新,不能都讲新,没有陈哪来的新! 创新是要有基础的,只有了解得透,有较宽的知识面,才会有洞见,才会有底气,才会有创新."

在整个社会患上创新焦虑症,置身于处处想创新,时时要创新的社会氛围中,我们要格外警惕"伪创新"和"被创新",要保持清醒,在四处泛滥的"创新"海洋中需要有一定时间进行"锚定".中国社会永远在激进与传统的两极振荡,前些年新课改轰轰烈烈,加进了许多花哨的新玩意,看似热闹,实则空虚.在两会期间有委员反映教材被改得支离破碎,数学已失去体系,中国初等数学教育的优良传统将丧失贻尽.在中学数学课本的编写与使用中,我们既要避免如当年法国布尔巴基学派在推广中学课本时的过分抽象化、过度专业化的倾向,也要避免当前中国这种教师表演化、学生游戏化、课本故事化的去数学化倾向.

一个人吃什么食物可以影响到他的外在形象?有人调侃说:当代的美国人,吃惯了汉堡包,喝多了可口可乐,于是粗糙举目,痴肥满街,那么一个人读的书如果粗俗不堪,其精神面貌会是怎样呢?一个学生如果所学课本浅显散乱,那么可以想象他的知识结构和学养基础会是怎样.

朱德祥先生的这本著作可以视为新中国成立后立体几何中体系最完备,安排最合理,取材最恰当的一本书.现在拿出来看,一不过时,二很经典,特别是经其子朱维宗教授的修订更趋完善.在写此手记之时,接到前辈——陕西师大张有余教授电话,提到周达父子(子周炜良是陈省身先生的同学,著名代数几何专家)子承父业,朱维宗先生亦是如此,这在数学界并不多见.

中国人评唐宋八大家文章时说:韩愈文章"如崇山大海",柳宗元文章"如幽岩怪壑",欧阳修文章"如秋山平远",苏轼文章"如长江大河",王安石文章"如断岸千尺",曾巩文章"如波泽春涨"……说得玄之又玄.其实正如李敖所说"所谓文章,基本问题只有两个:一,你要表述什么?二,你表达得好不好?"文章如此,著作也是如此,内容与表述是两个基本点.从这种评价标准讲,朱先生的著作堪称一流,特别是笔法平实不摆花架子,是老一辈数学家的特质,作为编辑我极为欣赏这种风格,所以后期我们还会推出多部朱德祥先生的译作,特别是他翻译的法国著名数学家的系列著作,让更多的读者读到货真价实的"好数学","真数学".

在线音乐公司 Rhapsody 公司为《连线杂志》主编克里斯·安德森提供了一个月的顾客消费数据,安德森用流行程度将这些数据进行排序,他惊奇地发现,热门曲目在被下载无数次后,流行度骤降,而排名在十万名之后的冷门曲目,却一直有下载需求.那根曲线就像一条长长的尾巴,一直向后延伸,这说明什么样的商品都会有人需要.据此安德森提出了著名的长尾效应(The Long Tail).图书与歌曲一样,读者的阅读口味令人难以琢磨,所以我们觉得,只要是有价值的东西就一定会有市场.《初等数学复习及研究(平面几何)》出版后,获得了众多读者的好评,这也坚定了我们挖掘、整理、重现这些初等数学经典的决心.根据我们的计划,将会有更多的国内外优秀作品被再版,也希望广大读者多提建议及线索.

现代西方经济学对人的行为分析走过了由完全理性到情感加理性的过程,其实任何一个貌似深思熟虑的决定中都会夹杂着个人的"私心",在任何冠冕堂皇的大道理下,总有一点私人因素在里面.2009 年 10 月 22~24 日,在美丽的地中海海滨城市——西班牙瓦伦西亚的市政委员会会议中心举办了题为"21 世纪数学教育范式——与亚洲同行分享教育经验"的会议,其初衷是西方人越来越关注东亚的教育发展,想要了解亚洲数学教育的第一手资料,希望能从东亚国家和地区借鉴一些好的教学方法和理念,这些是官方原因,私人原因是因为瓦伦西亚市市长是一位爱好数学的女士,她说她年轻时就学过"数学分析"这门课程,对数学有一种特殊的感情和态度,以至于在瓦伦西亚市政厅举行鸡尾酒会招待与会代表.我们这套初等数学经典教程系列有多部,之所以第二部选择立体几何卷,除了平面几何卷的成功之外,还有一点私人感受在起作用.对立体几何的初识是在 30 多年前,1979 年我上高中,数学开始由沙洪泽老师教,沙老师以三角见长,有"沙三角"之称,可是讲到立体几何时突然换了一个老师,这让我们感到很奇怪,这个疑问 30 年之后在我与沙老师的一次交谈中才知道原委.他说当时大学刚毕业第一次讲高中课,对立体几何非常不熟,几乎可以称得上"不会讲",所以才请别的老师代课,这使我大吃一惊,原来做学生时,无论如何也想不到,居然还有老师不熟的东西,直到后来在我也当了数学老师之后才发现其实老师都喜欢避重就轻,熟悉的猛讲,不熟的略讲,这当然与华罗庚先生专讲自己弱项的大师风范有天壤之别.但另一方面也说明立体几何确实是高中数学的一块硬骨头,它需要讲授者和学习者具备一种天生的能力——空间想象力,而这一能力却有相当多的人很弱,所以学习起来自然困难.在世界各国中学生数学竞赛包括 IMO 中,立体几何试题极少.因为它太难出了,不是过易就是过难,而且在图书市场上,近些年专讲立体几何的书几乎是一个空白,至今没能被填补,在这个背景之下,朱老的这本书就更显弥足珍贵了.

在图书行业有一句谚语"你无法从一本大部头中学到什么(You can't learn anything from fat book)."1928 年华罗庚辍学回到金坛时,手中仅有的三本数学书都很薄.其中那本微积分才 50 页,但并没有影响他日后成为数学泰斗.还好,这是我们工作室少有的一本小部头图书,您一定会从中学到很多.

策划编辑　刘培杰

2010.3.31

后　记

　　2009年5月接到哈尔滨工业大学出版社刘培杰老师的电话，刘老师说应读者要求，计划再版《初等数学复习及研究（立体几何）》，梁绍鸿先生的名著《初等数学复习及研究（平面几何）》已由哈尔滨工业大学出版社出版，尚强老师的题解也出版了．接到这个电话让我激动万分！朱德祥先生已于1994年10月仙逝，在他去世的15年后，他的一本学术代表作将再版，又时逢建国60周年大庆．2009年6月29日刘培杰老师寄来了《图书出版合同》，约定2009年10月10日前务必交稿．本书的再版得到云南师范大学和数学学院、教务处的大力支持，特别是数学学院郭震院长将本书的再版列入云南师范大学本科教学质量与教学改革工程项目"几何课程"精品教材建设，并提供宝贵的再版修改建议．在此向刘培杰老师、郭震院长、云南师范大学"几何课程"精品教材建设教学团队成员致以深深的感谢！

　　从2009年7月接受任务以来，除完成好学校交给我的教学任务外，利用一切空闲时间，重新阅读、修改教材，修改过去所做的习题解答，以希望能让广大的读者满意．

　　这次修订《初等数学复习及研究（立体几何）》，除重点考虑了郭震教授的意见和"几何课程"精品教材建设教学团队成员的意见外，还采纳了一些国内同行的建议．修订中花时最大的是"习题简解"．一个完整的学习过程包含"感知—保持—再现"这个流程．防止感知片面，促进保持、加深记忆和信息输出，重要的就是要做习题．因为习题在课程中的功能是进一步加深理解和掌握数学知识技能．限于篇幅，习题简解写得较精简，对全书427道习题中的绝大部分给出了答案、提示或解答．对其中相当富有启发性的习题给出了不止一种解答，这些习题及解答对深入理解立体几何是大有好处的．希望读者要学会怎样使用题解，以发挥题解的功效．一做题就翻题解是学不好数学的．

　　20世纪末，人教版高中数学教材引入了"向量"，用向量工具学习立体几何的确能给立体几何学习带来一些方便．但事物有两面性，过于依赖向量，对培养空间想象能力可能会有影响．许多中学一线教师在他们的教学实践中常常是"综合法"和"向量法"并重，培养学生的几何思维能力，我对此很赞同．

后 记

在相当长的一段时间中,"球面几何"和"球面三角"没有进入到数学课程. 2003 年出版的《普通高中数学课程标准》,将"球面上的几何"列为选修课程中的系列 3,作为其中一个专题. 2004 年以来,我为本科生开设"几何基础"时,有意识地用了本书第五章中的一些内容,在教学实践中感到这章内容对已进入高中新课程或即将进入数学新课程的教师学习球面几何会有所帮助. 希望本书再版能对中学数学教师教学提供一些帮助,对广大数学爱好者学习几何有所帮助. 限于我的水平,再版中一定有许多不足之处,希望读者给我指出,以便改进.

在本书的修订中,云南师范大学课程与教学论(数学)2008 级研究生唐海军给予了不少帮助,除帮我打印文稿,还协助校订书稿,在此向唐海军致谢!

再一次感谢所有对本书再版提供过帮助的单位和个人,特别是刘培杰老师、郑佩瑶教授和郭震教授!本书的再版是对朱德祥先生最好的纪念!

朱维宗
2009 年国庆

哈尔滨工业大学出版社刘培杰数学工作室
已出版(即将出版)图书目录

书　名	出版时间	定　价	编号
新编中学数学解题方法全书(高中版)上卷	2007—09	38.00	7
新编中学数学解题方法全书(高中版)中卷	2007—09	48.00	8
新编中学数学解题方法全书(高中版)下卷(一)	2007—09	42.00	17
新编中学数学解题方法全书(高中版)下卷(二)	2007—09	38.00	18
新编中学数学解题方法全书(高中版)下卷(三)	2010—06	48.00	
新编中学数学解题方法全书(初中版)上卷	2008—01	28.00	29
新编中学数学解题方法全书(初中版)中卷	2010—06	38.00	
新编平面解析几何解题方法全书	2010—01	18.00	61
数学眼光透视	2008—01	38.00	24
数学思想领悟	2008—01	38.00	25
数学应用展观	2008—01	38.00	26
数学建模导引	2008—01	28.00	23
数学方法溯源	2008—01	38.00	27
数学史话览胜	2008—01	28.00	28
从毕达哥拉斯到怀尔斯	2007—10	48.00	9
从迪利克雷到维斯卡尔迪	2008—01	48.00	21
从哥德巴赫到陈景润	2008—05	98.00	35
从庞加莱到佩雷尔曼	即将出版	88.00	
天庭的秩序——三体问题的历史	即将出版	88.00	
历届IMO试题集(1959—2005)	2006—05	58.00	5
历届CMO试题集	2008—09	28.00	40
全国大学生数学夏令营数学竞赛试题及解答	2007—03	28.00	40
历届美国大学生数学竞赛试题集	2009—03	88.00	43
历届俄罗斯大学生数学竞赛试题及解答	即将出版	68.00	

哈尔滨工业大学出版社刘培杰数学工作室
已出版(即将出版)图书目录

书 名	出版时间	定 价	编号
数学奥林匹克与数学文化(第一辑)	2006—05	48.00	4
数学奥林匹克与数学文化(第二辑)(竞赛卷)	2008—01	48.00	19
数学奥林匹克与数学文化(第二辑)(文化卷)	2008—07	58.00	36
数学奥林匹克与数学文化(第三辑)(竞赛卷)	2010—01	48.00	59
发展空间想象力	2010—01	38.00	57
走向国际数学奥林匹克的平面几何试题诠释(上、下)(第2版)	2010—02	98.00	63,64
平面几何证明方法全书	2007—08	35.00	1
平面几何证明方法全书习题解答(第2版)	2006—12	18.00	10
最新世界各国数学奥林匹克中的平面几何试题	2007—09	38.00	14
初等数学复习及研究(平面几何)	2008—09	58.00	38
初等数学复习及研究(立体几何)	2010—06	38.00	
初等数学复习及研究(平面几何)习题解答	2009—01	48.00	42
世界著名平面几何经典著作钩沉——几何作图专题卷(上)	2009—06	48.00	49
世界著名平面几何经典著作钩沉——几何作图专题卷(下)	即将出版	48.00	
世界著名三角学经典著作钩沉(平面三角卷Ⅰ)	2010—06	28.00	
世界著名三角学经典著作钩沉(平面三角卷Ⅱ)	即将出版	28.00	
几何变换与几何证题	2010—01	88.00	
几何瑰宝——平面几何500名题暨1000条定理(上、下)	2010—07	138.00	
三角形的五心	2009—06	28.00	51
俄罗斯平面几何问题集	2009—08	88.00	55
500个最新世界著名数学智力趣题	2008—06	48.00	3
400个最新世界著名数学最值问题	2008—09	48.00	36
500个世界著名数学征解问题	2009—06	48.00	52
400个中国最佳初等数学征解老问题	2010—01	48.00	60
数学拼盘和斐波那契魔方	2010—07	38.00	
超越吉米多维奇——数列的极限	2009—11	48.00	58
初等数论难题集(第一卷)	2009—05	68.00	44
初等数论难题集(第二卷)(上)	即将出版	48.00	
初等数论难题集(第二卷)(下)	即将出版	38.00	
组合数学难题集	即将出版	38.00	

哈尔滨工业大学出版社刘培杰数学工作室
已出版(即将出版)图书目录

书 名	出版时间	定价	编号
博弈论精粹	2008-03	58.00	30
多项式和无理数	2008-01	68.00	22
模糊数据统计学	2008-03	48.00	31
解析不等式新论	2009-06	68.00	48
数学奥林匹克不等式研究	2009-08	68.00	56
初等数学研究(Ⅰ)	2008-09	68.00	37
初等数学研究(Ⅱ)(上、下)	2009-05	118.00	46,47
中国初等数学研究 2009卷(第1辑)	2009-05	20.00	45
中国初等数学研究 2010卷(第2辑)	2010-05	30.00	68
数学奥林匹克超级题库(初中卷上)	2010-01	58.00	66
中等数学英语阅读文选	2006-12	38.00	13
统计学专业英语	2007-03	28.00	16
数学 我爱你	2008-01	28.00	20
精神的圣徒 别样的人生——60位中国数学家成长的历程	2008-09	48.00	39
数学史概论	2009-06	78.00	50
斐波那契数列	2010-02	28.00	65
最新全国及各省市高考数学试卷解法研究及点拨评析	2009-02	38.00	41
高考数学的理论与实践	2009-08	38.00	53
中考数学专题总复习	2007-04	28.00	6
向量法巧解数学高考题	2009-08	28.00	54
新编中学数学解题方法全书(高考复习卷)	2010-01	48.00	67
新编中学数学解题方法全书(高考真题卷)	2010-01	38.00	62

联系地址:哈尔滨市南岗区复华四道街10号哈尔滨工业大学出版社刘培杰数学工作室
邮 编:150006
联系电话:0451-86281378   13904613167
E-mail:lpj1378@yahoo.com.cn